아무도 내게 명령할 수 없다

마르틴 루터의 정치사상과 근대

아무도 내게 명령할 수 없다

마르틴 루터의 정치사상과 근대

양명수 지음

Martin Luther

이화여자대학교출판문화원

나의 두 스승, 장기천 목사님(1931-2006)과 선한용 교수님(1931-)께 바칩니다.

일러두기

1. 루터의 글을 인용할 때에는 지원용 교수가 책임편집하고 루터교 출판사인 컨콜디아사에서 발행한 『루터선집』(1981)을 기본으로 하되 필요한 경우에는 원문을 해석하여 인용했다. 앞으로 개선된 한글판 전집이 나오기를 기대한다.
2. 독일어로 된 루터 저작은 Kurt Abend 교수가 루터의 중요한 글들을 뽑아 10권으로(1957–1974) 발행한 선집을 디지털 자료로 만든 루터선집 *Martin Luther, Gesammelte Werke*(Berlin: Directmedia, 2002)를 사용했다. 약어로 GW로 표기했다.
3. 라틴어나 독일어로 된 루터의 저작 원문은 1883년 발행된 후 21세기에 이르기까지 계속 자료를 보충하는 바이마르판 루터전집 *D. Martin Luthers Werke. Schriftliche Gesamtausgabe*가 모든 글을 총망라하고 있으며 표준판으로 사용된다. 본문을 바이마르판에서 인용할 경우에는 약어로 WA로 표기했다.
4. 영어판을 인용할 때에는 영어 표준판처럼 사용되는 *American Edition of Luther's Works* (Philadelphia and St. Louis: Concordia, 1955–)를 사용했다. 약어로 LW로 표기했다.
5. 본문에 나오는 인명과 지명의 원어는 찾아보기에 명기해두었다.

■ 서문 ■

종교개혁의 원리는 한국 교회를 바로 세우는 데에도 중요하고 한국 사회의 민주화를 위해서도 중요하다. 2017년에 맞은 종교개혁 500주년은 그 두 가지 관점에서 나에게 큰 의미로 다가왔다. 루터는 종교의 본질을 회복하기 위해 교회를 개혁했는데, 종교의 변화를 통해 서구는 합리적이고 민주적인 사회로 변화하기 시작했다. 루터신학은 종교를 바로잡는 데 그치지 않고 새로운 인간관과 정치관을 정립해서 서구 사회가 중세를 벗어나 근대로 들어가는 데 결정적인 영향을 주었다. 그래서 루터의 종교개혁을 프랑스 혁명처럼 독일 혁명이라고 부른다.

"아무도 내게 명령할 수 없다." 교회와 국가 또는 그 어떤 외부적 권위에 대한 개인의 자유를 선언한 루터의 이 명제는 근대적인 자율적 인간의 탄생을 예고한다. 종교개혁은 500년 전의 사건이지만 한국 사회로서는 현재의 문제이다. 종교개혁 이후에 서구는 합리적인 시민 사회를 이루었지만 21세기의 대한민국은 여전히 합리적이기보다는 매우 종교적인 사회이다. 다른 종교는 논외로 하고 적어도 한국의 그리스도교는 루터가 비판했던 중세 교회와 비슷한 점이 많다. 교회주의, 종교행위를 통한 공적주의, 권위주의에 근거한 타율적 신앙, 힘을 숭배하는 성부 중심의 신학, 근거 없는 성직자 특권주의 등이 그렇다.

루터는 당시의 목회자들이 일반인보다 훨씬 세속적이라고 보았는데 한국 교회의 현실이 그렇다. 루터가 교회를 비판한 내용을 보면 그 신랄함과 세밀함에 놀라게 된다. 루터는 성직자들로부터의 구원을 외쳤다. 그리고 사람을 구원하기 위해서는 종교 기관이 모두 파괴되어도 괜찮다고 주장했다. 루터가 당시의 가톨릭 교황과 주교와 사제에 대해 퍼부은 공격을 나는 개신교인으로서 현재의 한국 개신교회에 대한 비판으로 알아들었다. 루터가 교회를 개혁함으로써 그리스도교의 복음을 되살렸듯이 나도 복음의 진리가 드러나기를 바라는 마음으로 이 책을 썼다. 루터가 되살린 복음을 바탕으로 철학자 칸트는 독일의 도덕성을 되살리고 헤겔은 절대정신을 세웠다. 칸트와 헤겔은 모두 루터의 후예들이다. 사람을 생각 없이 만들고 권위에 순종하게 만드는 거짓 종교로부터 해방되어서 정의가 서고 우리 사회의 정신이 깊어지면 좋겠다.

서구의 중세 시대에 평신도들은 생각의 주체가 되지 못한 채 교회가 전하는 하나님의 심판을 두려워했다. 그들은 죽은 다음에 가는 저세상에서 있을 심판을 무서워했다. 루터와 겨룬 신성로마제국의 황제는 카를 5세인데 전임 황제가 그의 할아버지인 막시밀리안 1세였다. 막시밀리안 1세는 죽으면서 유언을 남겼는데 그의 시체를 몽둥이로 때리고 그의 이빨을 부수라는 부탁이었다. 그런 식으로 죄를 회개해야만 하나님의 심판 앞에 설 수 있다고 그는 생각했다. 당시의 교회가 면죄부를 팔아 돈을 거둘 수 있었던 까닭도 민중들이 내세의 심판을 두려워했기 때문이다. 면죄부는 가난한 사람도 구입할 수 있을 정도로 가격이 비싸지 않았지만 많이 구입할수록 효력이 크다는 선전 때문에 민중들은 안심할 수 없었다.

루터의 개혁은 민중을 두려움으로부터 해방시켰다. 진리를 독점한 교회와 목회자들로부터 평신도들을 해방시켰다. 루터가 전한 하나님은 심판의 하나님이 아니라 사랑의 하나님이었다. 사람을 위협하고 두렵게 만들어 교회에 종속시키고 목회자의 지시에 붙들어두는 종교를 루터는 거짓 종교라고 선언했다. 그는 그리스도교 신앙의 본질을 자유로 보았고 자유를 막는 종교 지도자들을 사탄이라고 몰아붙였다.

루터의 종교개혁을 도운 작센의 군주가 프리드리히 3세이다. 그는 겉으로는 가톨릭이었지만 죽을 때에는 루터의 가르침에 따른 의식을 치렀다. 성 교회에 묻힌 그의 장례 예배 때 루터가 설교했다. 그런 프리드리히 3세도 성물 수천 점을 모을 정도로 미신적 신앙에 붙들려 있었다. 루터는 자기를 돕는 프리드리히 3세의 성물 수집을 호되게 비판했다. 하나님의 권능과 기적은 보이는 물건을 통해서가 아니라 오직 말씀을 통해 작동된다고 루터는 설교했다. 하나님 나라는 하나님의 말씀을 듣는 개인의 내면에서 이루어진다.

신앙의 비마술화를 통해 개인들이 진리 인식과 실천의 주체로 등장했다. 루터파의 복음주의 교회는 성상을 없애고 성인 기념일을 대폭 축소하고 금식을 철폐하고 수도원과 교회 재산을 국가가 접수하고 독일어로 예배를 드리는 등 예배 의식의 대폭적인 변화를 이루었다. 그러나 루터의 신학은 교회뿐 아니라 국가와 사회의 변화를 가져왔다. 만인사제설을 통해 모든 개인이 진리 인식의 주체로 전면에 등장한다. 루터가 근대 정치철학에 가장 큰 영향을 준 부분이 거기에 있다. 루터의 종교개혁은 종교적으로 평신도의 시대를 열었고 정치적으로는 보통사람의 시대를 열었다. 주체적 개인의 등장이라는 측면에서 루터의 정치사상의 진수는 교회보다는 오히려 칸트와 헤겔 등을 거치며 시민사회의 철학과 법사상을 통해 전달되었다.

루터의 일생을 따라 종교개혁의 진행 과정을 다룬 책은 우리나라에 꽤 많이 번역되어 있다. 그러나 이 책은 근대 형성에 영향을 준 루터의 사상을 다룬 책이다. 그래서 루터의 사상을 이해하는 데 필요한 경우에만 조금씩 역사적 사실들을 언급했다.

시대가 루터를 부르고 있었다. 적어도 종교개혁 100년 전부터 교회의 부패에 대한 비판이 교회 안에서도 제기되고 있었고 교회 밖에서는 인문주의자들이 타락한 교회를 조롱하고 있었다. 그리고 독일의 군주들과 기사 계급 중에는 로마 교회의 간섭에 불만을 가진 사람들이 꽤 많았다. 민중들은 의식적으로 교회에 반대하지 못했지만 자기들을 착취하는 영주들이 교회 권력과 연대를 이루고 있다는 사실을 알고 있었다. 그런 상황에서 루터는 개혁 초기부터 암묵적인 지지자들을 얻을 수 있었다. 그러나 종교개혁의 과정은 위기의 연속이었고 루터는 여러 번 고비를 넘겼다. 보호자와 후원자들 덕분에 루터는 중간에 살해당하지 않고 개혁을 완수할 수 있었다.

루터가 속한 비텐베르크대학의 창립자인 작센의 선제후 프리드리히 3세가 루터를 보호한 대표적인 정치인이다. 1521년에 보름스 제국의회에서 뜻을 굽히지 않은 루터가 비텐베르크로 귀환하는 길에 바르트부르크 성으로 납치되는 일이 벌어졌는데, 그 납치극을 꾸민 인물이 프리드리히 3세였다. 그 덕분에 루터는 감쪽같이 행방불명이 된 채 적대자들의 위협으로부터 보호받을 수 있었다. 이름을 바꾸고 수염을 길러 변장한 채 1년 가까이 숨어 지내는 동안 루터는 신약 성서를 번역했다. 프리드리히 3세의 뒤를 이은 선제후 요한과 요한 프리드리히 1세 역시 충실하게 루터를 후원하고 루터의 적대자인 교황과 황제로부터 루터를 보호했다.

헤세의 군주 필립은 1521년의 보름스 제국의회에 참석했다가 루터라는 인물에 마음이 움직이고 1524년에 루터파 군주가 되었다. 그는 쉬말칼덴 동맹의 지도자로서 루터의 신학적 견해를 들어가며 프로테스탄트 운동의 핵심 세력으로 활동했다. 루터 자신은 종교적 진리를 위한 군사 동맹을 탐탁하지 않게 여겼지만 쉬말칼덴 동맹은 영국의 헨리 8세와 프랑스의 프랑수아 1세가 외교 협약을 체결할 정도로 당시의 유럽 국제 질서에서 존재감을 과시했다. 동맹의 강력한 군사력은 종교개혁이 좌절되지 않도록 하는 데 도움이 되었다.

한편 작센에서 라이프치히대학과 그 이남 지역은 선제후 프리드리히 3세의 사촌인 게오르크 공작이 다스렸는데, 게오르크는 루터에 반대한 열렬한 가톨릭 지지자였지만 그의 뒤를 이은 아들이 루터 지지로 돌아섰다. 작센과 붙어 있으며 현재의 베를린이 포함된 브란덴부르크 지역의 군주도 루터의 반대파였는데 역시 그 후계자가 루터 쪽으로 돌아선다. 그처럼 신성로마제국의 동쪽과 중북부가 비교적 이른 시기에 루터파가 되면서 종교개혁이 정착되어갔다.

무엇보다도 루터에게는 뜻을 같이한 충실한 동료들이 있었다. 튀빙겐대학에서 영입되어 비텐베르크대학의 교수로 있던 필립 멜란히톤은 나이로는 제자뻘이지만 다혈질적인 루터에 비해 차분한 성격으로 루터를 보좌하면서 보완했다. 루터의 신학에 기초를 둔 최초의 체계적인 조직신학 책을 쓴 인물도 멜란히톤이다. 그는 언제나 루터의 신앙을 믿었으며 위기의 순간마다 루터의 견해를 물어 일을 처리했다. 독신주의에 가까웠던 멜란히톤은 루터의 중매로 결혼까지 하게 되었다. 게오르크 슈팔라틴은 선제후 프리드리히 3세의 궁정 사제로서 루터와 수많은 서신을 교환하며 의견을 주고받았고 끝까지 루터의 측근으로 개혁을 수행했다.

그런가 하면 요하네스 부겐하겐은 첫 루터파 목사로 청빙되어 비텐베르크 시 교회의 설교자로서 루터와 동고동락했고 1527년에 전염병이 돌 때 시민들이 모두 피신한 후에도 끝까지 루터와 남아 목사로서 사람들을 돌보았다. 부겐하겐이 다른 도시에 파견되어 종교개혁을 지도해야 했을 때에는 그를 대신해서 루터가 시 교회에서 설교했다. 루터의 결혼식 주례자도 부겐하겐 목사였다. 니콜라스 폰 암스도르프는 비텐베르크대학의 신학자인데 보름스 제국의회에 출두하는 루터의 위험한 여행에 교수 대표로 동행했다. 그는 1541년에 나움부르크에서 루터의 안수로 복음주의 교회의 첫 주교가 된다. 유스투스 요나스는 수도원의 지도층이었다가 루터의 가장 친한 친구가 되었으며 비텐베르크대학의 법학 교수로 활동하며 루터를 도왔고 아이슬레벤에서 루터의 임종을 지켰다.

한편 살림을 하며 아이들을 낳아 기른 루터의 아내 폰보라는 개혁의 동반자로서 늘 루터에게 위안과 용기를 주었으며 막 출범한 프로테스탄트 가정의 모범을 보였다. 루터는 수도원 대신에 가정을 매우 중요한 신앙 공동체로 생각했는데 아내 폰보라가 중요한 역할을 했다. 루터는 재산을 아내에게 물려주라는 유언서를 작성했고 그 유언은 작센의 군주인 요한 프리드리히 1세에 의해 루터의 뜻대로 집행되었다. 아내에게 재산을 물려주는 일은 당시의 관습에서 벗어나는 것이었다. 루터와 폰보라의 결혼 기념일에는 지금도 비텐베르크 시의 가장 큰 축제가 매년 열리고 있다.

루터는 수많은 논쟁을 통해 개혁의 여정을 꾸려나갔다. 상대와 직접 논쟁을 벌인 경우도 있지만 그의 많은 설교와 글들이 논쟁적이었다. 말하자면 루터는 논쟁을 통해 자기 생각을 더 세밀하게 정립해나갔고 이론 투쟁을 통해 개혁 세력을 넓혀갔다고 할 수 있다. 논쟁은 적대자들을 향한 것이기도 했지만 때로는 개혁 진영 안에서도 의견 대립이 있었다. 루터는 그럴 때마다 사태 해결을 위해 자기주장과 행동의 신학적인 근거를 밝혀야 했다.

교회의 부패를 공개적으로 고발하고 용감하게 최고 권력자와 투쟁에 나선 일 자체가 개혁 초기부터 숨은 지지자들의 마음을 샀을 수 있다. 그러나 개혁이 지속되어 성공하려면 민중과 지식인의 폭넓은 공감대가 이루어질 만큼 쉬우면서도 명쾌한 비판 논리와 설득력이 필요했다. 그러면서도 미래의 비전을 제시해야 했다. 루터의 말과 글은 쉽고 분명했다. 새로운 주장이고 신학적인 얘기라 그 내용은 어려운 부분도 있지만 루터는 쉬운 말로 논리를 전개했다. 성서에 관한 지식과 철학적 훈련을 바탕으로 펼친 그의 심오한 역설의 논리는 지식인들을 움직였고, 그 속에 들어 있는 명쾌한 정신 혁명의 메시지는 민중을 움직였다. 마침 출판 기술의 발달로 루터의 글은 빠른 시일에 유럽 전역에 퍼졌고 논쟁을 불러일으켰다.

루터가 그처럼 토론하고 논쟁할 수 있었던 것도 어떤 면에서는 기적과 같다. 가톨릭 교회는 교회의 심장부를 공격한 루터를 죽이지 않고 토론과 논쟁의 장으로 불러냈다. 작센 군주의 무시할 수 없는 영향력과 그의 지혜로운 조치도 한몫했지만, 교회는 공의회를 통한 신학 논쟁의 전통을 가지고 있었다. 한편 보름스 제국의회로 루터를 부른 황제 카를 5세도 루터를 죽일 수 있었으나 그렇게 하지 않았다. 그는 황제에 취임하면서 자신의 영토에서 변론을 하지 못하고 죽는 사람이 없도록 하겠다고 약속했다. 그 약속을 지키기 위해 그는 보름스로 오는 루터에게 안전 통행증을 주고 자신의 기사를 보내 호위하게 했다. 물론 보름스에서 루터를 열렬히 환영한 수천 명의 민중들도 루터의 적대자들에게 심리적인 압력을 행사해서 루터를 보호했을 것이다. 그 이후에는 오스만 튀르크의 침략에 대비하느라 카를 5세가 루터와 루터파를 척결할 기회를 놓쳤을 가능성이 있다. 루터 사후에 프로테스탄트 군대에 최종적으로 패하고 나서 카를 5세는 보름스에서 루터를 죽이지 않은 것을 후회했다고 한다. 한편 학문의 자유를 인정한 당시의 대학 문화도 인상적인데, 1517년에 95개조 반박문을 교회 정문에 붙이고 긴 투쟁에 들어간 루터를 위해 비텐베르크대학은 학문적인 논쟁으로 교수가 불이익을 당할 수 없다는 공식 견해를 확인했다.

힘으로 하지 않고 말로 하고 감정을 절제하면서 이성으로 서로의 견해를 주고받는 토론과 논쟁의 문화가 서구에 언제부터 자리 잡았는지 모르겠다. 그러나 적어도 종교개혁이 토론 문화에 중요한 기여를 했을 것 같다. 토론 문화는 다른 사람의 생각을 존중하며 자기를 발전시켜 나가는 법을 배우게 한다. 일방으로 들어야 하는 권위주의를 제거하고 한 사회의 관용의 능력을 키운다. 또한 상대를 설득하려면 정교하게 생각을 다듬어야 하기 때문에 토론 문화는 이론 발전에 기여한다. 루터는 토론과 논쟁을 통해 논리를 다듬어가며 개혁을 수행해나갔고, 다른 한편으로 평신도와 일반인들 모두를 진리 인식의 주체로 만들어 사회가 거대한 토론의 장이 되는 길을 예비했다. 진리의 독점이 무너지면서 토론은 활성화된다.

교회가 홀로 신리를 독점한 것처럼 위세를 부리던 시대에 인문주의자들은 그런 사태를 조롱할 줄 알았지만 현실을 바꾸지는 못했다. 그러나 하나님의 사람 루터가 그 일을 해냈다. 생각해보면 루터(1483-1546)와 퇴계(1501-1570) 선생은 같은 시대의 인물이다. 루터가 퇴계보다 18년 위이다. 퇴계 선생이 중세 철학을 대표할만한 분이라면 유럽은 루터로 말미암아 근대로 접어들었다. 두 사람이 살았던 유럽과 조선의 차이는 사상의 깊이보다는 진리의 독점이 지속되느냐 아니냐에 달렸던 것 같다. 조선에서 백성은 가르쳐서 변화시켜야 할 대상이었다. 진리 인식은 계속 왕과 사대부들의 독점물로 남았다. 반면에 루터는 사람은 누구나 직접 하나님의 뜻을 알 수 있으며 원칙적으로 다른 누구의 가르침을 받을 필요가 없다고 했다. 그는 진리의 독점을 막기 위해 그리스도교 경전인 성서를 쉬운 모국어로 번역했다. 또한 그는 특권층 중심의 수도원 교육을 멀리하고 일반 아이들을 위한 학교를 세워 대중 교육의 시대를 열었다. 개인의 자유와 평등을 향한 거대한 발걸음이 거기서 비롯되었다.

루터의 정치사상은 종교를 개혁하는 과정에 형성되었다. 루터는 자기 자신과 인류의 구원을 위해 교회를 개혁해야 했고, 그 과정에서 사람과 세상에 대한 새로운 담론이 출현하면서 정치 권력의 역할을 생각하게 되었다. 정치 권력의 기원과 정당성 문제와 그 힘이 미치는 범위를 다룰 때 루터는 인간의 영혼 구원을 위해 국가와 정치가 할 수 있는 역할에 초점을 맞추었다. 그러므로 루터의 정치사상은 그의 신학의 일부이다.

루터의 종교개혁이 후대의 정치와 사회에 미친 가장 큰 영향은 새로운 신앙이 탄생하면서 교회의 권력을 제거한 데 있다. 권위의 중심이 교회로부터 개인으로 옮겨지면서 개인이 신앙과 가치 판단의 주체로 등장한다. 개인의 등장은 계몽주의로 이어지면서 자유주의를 낳는다. 교회 권력의 제거는 또한 주권 국가의 탄생으로 이어지면서 정교 분리의 근대적 정치 질서가 형성되는 데 결정적인 영향을 미쳤다.

오늘날 서구 사회는 세속화되었다. 서구의 세속화는 종교개혁의 영향이 컸다. 루터로 말미암아 처음으로 세속 사회가 존재하게 되었다고 말할 정도이다. 권위와 권력을 가진 기관으로서의 교회는 사라지고 각각의 개인이 종교적 권위의 중심이 되면서 일어난 현상이 세속화이다. 물론 루터를 비롯한 종교개혁자들은 현대와 같은 물질주의적 세속화를 시도하지 않았고 오히려 그 반대의 측면이 크다. 사실 루터는 이전에 세속적으로 여겨졌던 일상 노동에 신학적 의미를 부여함으로써 교회의 담을 헐고 거룩함의 영역을 일상으로 확대하려고 했다. 그처럼 루터신학의 세속화는 일상의 직업과 삶의 영역에 영적인 의미를 부여하는 작업이었다. 그러나 교회의 권세를 없앤 결과 군주의 세속 권세가 강화되었고 종교는 공적인 영역에서 후퇴했다. 그러면서 종교적 독선 대신에 합리적 사유가 사회적 권위를 가지게 되었다.

세속화된 현대의 서구 사회에서 교회의 권세는 더 이상 찾아볼 수 없으며 따라서 교회 개혁도 주제가 되지 않는다. 그러나 종교가 바뀌면서 세상이 바뀌었다는 점은 여전히 중요한 주제이다. 더구나 종교적인 한국 사회를 위해서 루터의 교회 개혁의 과정과 원리는 생각할 거리가 많다. 어떤 의미에서 한국은 서구와 달리 세속화되지 않았다. 한편으로는 물질주의적 세속화가 가속화되고 있지만 다른 한편으로 한국은 종교 행위에 의지해서 심리적 불안을 해소하는 종교적 사회이다.

한국에 국교가 있지는 않지만 종교를 가진 사람들의 수가 인구의 절반을 차지하고, 그리스도교만 하더라도 가톨릭과 개신교를 합하면 30%에 달한다. 2015년 통계청 자료에 따르면, 전체 인구의 43.9%가 종교 인구이고, 그 가운데 개신교가 19.7%, 불교가 15.5%, 천주교가 9.7%를 차지한다. 특정 종교에 속하지 않았어도 점을 보고 굿을 하는 사람들까지 합하면 아마 인구의 상당 부분이 종교에 의존적이라고 해야 할지도 모른다. 사제의 역할을 담당하는 인구도 많다. 막스 베버가 근대 사회의 특징으로 제시한 탈주술화는 한국 사회와 거리가 있어 보인다. 그러므로 서구 사회와 달리 한국에서 루터의 교회 개혁은 현재적인 의미를 지닌다.

루터의 정치사상을 알려면 교회 개혁을 위한 그의 새로운 신학이 어떻게 근대적 인간과 근대 정치의 탄생에 영향을 주었는지를 보아야 한다. 이 책은 신학사상과 정치사상의 연결고리에 관한 연구서이다. 1장에서는 루터의 두 왕국론의 의미를 분석하면서 교회 개혁의 세 가지 원리를 살펴보았다. 2장에서는 루터의 개혁 신학이 근대적 개인과 주체 탄생으로 이어지는 내용을 분석했고, 3장에서는 근대의 정치적 자유주의의 기원에 루터의 종교적 자유주의가 있었음을 살펴보았다. 4장에서는 루터의 국가관을 중심으로 정치의 의미와 한계를 다루었으며, 5장에서는 루터의 사상이 어떻게 근대 법실증주의로 연결되는지 분석하고 저항권의 문제를 살펴보았다. 6장에서는 루터의 자연법 사상을 정리하고 그의 직업소명설에 들어 있는 정치사회적인 의미를 복지제도와 관련하여 분석했다. 결론에 해당하는 7장에서는 루터 사상과 그리스도교가 한국 사회에 주는 의미를 정리해보고, 유럽 학자들이 중요하게 다루는 반유대주의와 루터의 관계를 살펴보았다.

2017년 여름부터 연구년을 맞아 이 책을 쓸 수 있었다. 연구년 중에 베를린자유대학에 몇 개월 머무르며 편안한 환경에서 공부하고 글을 쓸 수 있었다. 베를린에 있는 동안 다른 방문학자 분들과 비텐베르크와 아이슬레벤 같은 루터의 도시들을 돌아보며 개혁의 뜻을 같이 나누고 마음에 새겼다. 그리고 이른 시기에 종교개혁을 받아들인 하르츠산 밑의 중세 도시들을 함께 찾아다니며 교회 건축에 대해 많이 배웠다. 그 모든 일들이 의미 있고 즐거운 추억으로 남아 있다.

2018년 가을에
한강 하류의 한뫼재에서
양명수

■ 차례 ■

1장

교회 개혁의 원리:
누구나 사제이다

Martin Luther

500년 전에 루터가 당시의 교회와 성직자들에 대해 얼마나 분개하고 있었는지 루터의 말을 통해 직접 들어보자. 입으로는 영혼 구원을 설교하면서 세속적 욕심에 가득 차 있는 목회자들을 향해서 루터는 말한다.

> 성직자들이 모든 일에 있어서 속된 신분을 가진 사람들보다 더 세속적인 것을 우리는 분명히 보고 있다.[1]

그런데도 교단은 이익단체가 되어 자기들끼리 부패를 감싸기에 급급하다. 루터는 말한다.

> 세상에서는 악한 자를 벌하는데 교회에서는 악한 자에게 더 높은 자리를 준다.[2]

설교자들은 자신의 말이 하나님의 뜻이라고 하면서 마구 떠든다. 그러나 루터는 말한다.

---

1 마르틴 루터, 「선한 행위에 관하여」, 『루터선집 9』, p.102.

2 「로마서 강의」, GW, p.680.

1517년 면죄부 판매의 설교사 요한 테첼이 말에 탄 채 면죄부 구입을 독려하는 모습. 한 아버지가 아들의 손을 잡고 와서 헌금 궤에 돈을 넣고 있다.

사제 없이도 우리 스스로 성서의 뜻을 이해할 수 있다. 왜 우리가 신앙도 없고 성령도 없는 저들을 따라야 하는가?[3]

목회자들은 하나님이 자기를 위해 기적을 일으키셨다고 자랑하고 자기를 해하는 자들이 천재지변을 당했다고 주장한다. 그러나 루터는 말한다.

그런 기적과 재앙이 있다면 순전히 악마의 장난이다. 악한 때에는 기적과 재앙은 아무것도 증언하지 않는다.[4]

목회자들은 자신의 뜻을 거스르면 마치 저주라도 받는 듯이 위협하고 암암리에 공포심을 조장한다. 그러나 루터는 말한다.

저들은 거짓된 공포심을 불러일으켜 우리의 양심을 무기력하게 하고

3 「독일 그리스도인 귀족에게」, 『루터선집 9』, p.149.

4 위의 책, p.152.

둔하게 해왔다.[5] 믿음과 자유에 대한 가르침으로 사람들이 성직자들로부터 구출되어야 한다.[6]

목회자들은 자기들이 하나님의 종이므로 사람을 섬길 필요가 없다고 하면서 군림하려고 한다. 그러나 루터는 말한다.

지금까지 사람들은 비판을 모르는 평신도로 지내왔다. 그들은 쉽게 설득당하고 잘 알아보려고 하지 않았다. 그러나 오늘날 평신도들은 교회의 비밀스런 부패와 불의를 차츰 알아가고 있다. 그리고 목회자들의 업무 수행을 비판적 관점을 가지고 주시하고 있다.[7]

루터는 교회로 돈이 흘러들어가는 것을 반대했다. 하나님을 위하여 교회에 돈을 바치는 일은 성서적이지 않고 인간이 고안해낸 것일 뿐이다.[8] 사람들의 신앙을 돈벌이의 기회로 만들면서도 부도덕함에 대한 자기반성 없이 하나님을 들먹이는 목회자들을 향해 루터는 말한다.

그들이야말로 적그리스도요 악마의 무리이다.[9]
그들은 그런 삶을 개혁하려고 하지 않고 스스로 개혁할 수도 없다.[10]

---

5 위의 책, p.153.
6 「그리스도인의 자유」, 『루터선집 5』, p.333.
7 「로마서 강의」, GW, p.679.
8 「고리대금업」(1524), p.302. 손규태, 『마르틴 루터의 사상과 윤리』, 서울: 대한기독교서회, 2004에 번역되어 실려 있다.
9 「독일 그리스도인 귀족에게」, 『루터선집 9』, p.153.
10 「독일 국민에게 경고함」(1530), LW 47, p.37.

루터의 공격이 교회 자체를 파괴할 수 있다는 염려에 대해 루터는 과격한 언어로 이렇게 말했다.

> 뭇 영혼들이 저들에 의해 계속 도륙당하는 것이 옳은가? …… 한 영혼이라도 멸망에 이르도록 놔두기보다는 모든 주교들이 죽임을 당하고, 모든 종교 기관과 수도원이 완전히 파괴되는 것이 낫다.[11]

교회의 부패에 분노하고 전통신학을 의심하게 된 루터는 1517년 10월 31일 비텐베르크 성城 교회에 95개조의 반박문을 내걸고 길고 긴 투쟁에 들어간다.[12] 교회의 부패와 평신도들의 순종은 잘못된 신학에 기초를 두고 있었기 때문에, 진리를 위한 루터의 도전은 새로운 교리와 신학의 정립으로 이어진다. 예일대학의 역사학자 펠리칸은 루터의 종교개혁이 양방향의 개혁이었다고 보는데, 하나는 도그마의 개혁이고 또 하나는 교회의 개혁이다.[13]

루터의 글과 말은 인간과 교회와 세상에 대한 새로운 생각과 영감으로 가득 차 있다. 루터는 수많은 논쟁을 통해서 자신의 새로운 신학을 정립하고 세상에 알린다. 적대자들과 직접 얼굴을 마주하고 벌인 논쟁이 아니더라도 루터가 쓴 수많은 논문이나 팸플릿은 거의 모두 논쟁의

---

11 「교황과 주교들의 거짓 영적 신분에 대하여」(1522), LW 39, p. 253.

12 루터가 95개조 반박문을 비텐베르크 성 교회 정문에 부착했는지에 대해서는 루터의 언급이 없고 직접 본 사람의 증언이 기록으로 남아 있지 않아서 논란이 있다. 그러나 학자들은 개연성이 많다고 본다. 이 문제에 대해서는 박홍식, 『미완의 개혁가, 마르틴 루터: 500년 전 루터는 무엇을 이루고 무엇을 남겼는가』, 파주: 21세기북스, 2017, pp. 29-45와 http://www.luther2017.de 의 "On the doors of the Wittenberg churches."를 참조하라.

13 Jaroslav Pelikan, *The Christian Tradition: A History of the Development of Doctrine 4. Reformation of Church and Dogma (1300-1700)*, Chicago and London: The University Press of Chicago, 1984, p. 128.

성격을 띤다. 그때그때 벌어지는 여러 가지 상황에 대처하며 자신의 견해를 밝힌 글들이 많고 그를 비판하는 가톨릭이나 다른 종교개혁자들을 반박하기 위한 글들이 많다. 문헌으로 남아 있는 설교들도 논쟁의 성격을 띠면서 신학적으로 중요한 글들이 많다. 교황측은 물론이고 자신과 다른 견해를 가진 개혁가들을 공박할 때에 루터는 그들을 가리켜 사탄이라는 표현을 많이 쓴다. 그만큼 루터는 뚜렷한 신학적 견해를 가지고 있었고 자신의 길에 대한 확신을 가지고 있었으며, 그만큼 개혁이 좌절되거나 진리가 왜곡될까봐 염려하는 위기의식도 가지고 있었다.

논쟁 초기에 루터는 교회의 변화에 어느 정도 기대를 걸었다. 1517년에 공표한 95개조 반박문은 토론을 위한 것이었다. 비텐베르크대학에서는 누구나 토론거리를 성城 교회의 정문에 붙일 수 있었다.[14] 1518년 10월에 아우구스부르크에서 있었던 교황의 사절 카예탄의 심문에서 자신의 주장을 굽히지 않은 이후에 루터는 11월 28일에 자신의 생각을 듣는 청문회로 일반 공의회를 열어달라고 교황에게 요청할 정도로 대화를 바랐다. 그리고 1519년 3월에 루터는 교황과 교회의 권위를 부정하고 싶은 마음이 없다는 편지를 교황에게 보냈다. 그가 1520년에 쓴 「그리스도인의 자유」에는 당시의 교황인 레오 10세에게 보내는 공개장 형태의 글이 붙어 있는데, 그 글에서 루터는 교회의 부패를 신랄하게 비판하고 교황의 측근들과 신학자들을 공격했지만 교황에 대해서는 예의를 갖추려고 애썼다. 또한 1521년에 보름스 제국의회 이후 바르트부르크 성에 숨어 있는 동안 동료 교수인 칼슈타트의 주도로 일어난 비텐베르크의 급진 개혁을 루터는 비판했다. 그러나 교황의 파문교서로

---

14 영주가 살던 성castle의 부속 건물로 지어진 교회여서 성 교회라고 부른다. 현재 교회 안에는 루터와 멜란히톤의 동상이 서 있고, 지하에는 그들의 시신이 안장되어 있다.

1520년 말에는 교회와 돌이킬 수 없는 작별의 길을 가게 된다. 그런데 1530년에 열린 아우구스부르크 제국의회 때에도 루터파는 자신들이 제출한 신앙 고백문에 대해 가톨릭 측과 토론을 거쳐 합의하기를 바랐다.[15]

물론 개혁의 목소리를 세상에 드러낸 첫 시점부터 루터의 비판은 신랄했다. 교회의 부패에 대한 루터의 환멸은 성서를 근거로 성직자의 특권을 없애는 새로운 신학의 정립으로 이어진다. 그 결과 유명한 만인사제설이 나오고 직업소명설이 등장하게 되면서 자유롭고 평등한 근대 사회를 예비하게 된다. 만인사제설Priestertum aller Gläubigen은 당시에 높은 신분으로 일컬어지던 사제들을 향한 비판이면서 동시에 평신도들의 의식 개혁을 위한 것이었다. 교회 개혁을 위해 루터는 내부적으로 평신도들의 의식을 일깨워 목회자들의 권위에 복종할 필요가 없음을 알렸다. 설교하고 성례전을 집행하고 성서를 해석하는 일이 목회자의 특권이 아니며 평신도도 같은 자격을 가지고 있다고 그는 주장했다.

1520년에 루터는 「그리스도인의 신분 개선에 관해 독일 그리스도인 귀족에게」라는 제목의 글을 발표한다. 누구나 쉽게 읽도록 독일어로 쓴 글인데,[16] 발달된 인쇄술로 인해 짧은 시간에 베스트셀러가 된 이 글에서 루터는 신부나 목사의 지위는 교인들의 위임에 의해 주어진다고 주장한다. 그래서 그는 가톨릭에서 일곱 성사 중의 하나였던 신부 서

---

15 루터 자신은 가톨릭과의 합의를 기대하지 않은 채 안전을 위해 근처의 성에 홀로 남아 있었으나 멜란히톤을 비롯한 루터의 동료들은 합의를 기대하며 아우구스부르크에 입성했다.

16 독일어 제목은 *An den christlichen Adel deutscher Nation von des christlichen Standes Besserung*이다. 이 책에서는 줄여서 「독일 그리스도인 귀족에게」로 표기한다.

품식을 성례전에서 제외한다. 성례전은 하나님이 직접 자신을 드러내시며 사람을 영원한 하나님 나라로 연결시키는 사건인데, 성직자의 지위는 사람들의 공동체에 의해 주어지기 때문이다.[17]

만인사제설을 근거로 루터는 국가의 통치자들이 교회의 부패를 다스리고 교회 규율의 책임자가 되는 길을 열었다. 정치인도 그가 그리스도인이라면 영적 신분을 가진 사제이기 때문에 교회에 관여할 수 있다. 중세에는 교회와 수도원의 재산과 불법에 대해 국가가 관여할 수 없었지만 이제 루터의 교회 개혁은 국가의 힘을 키우는 결과를 가져온다. 부와 권력에 관심을 보이는 교회를 세속 권력이 다스려야 한다는 주장은 1515-1516년 동안 이루어진 「로마서 강의」에서부터 보이고, 1523년의 글 「세상 권세에 대하여, 세상 권세에 어디까지 복종해야 하나」[18]에서 정연한 논리를 갖춘다. 정치사상에 대한 루터의 글은 이후에도 많이 등장하는데, 대개 이 글에서 보인 원칙이 끝까지 유지된다고 볼 수 있다.

「세상 권세에 대하여」에서 루터는 두 왕국 곧 하나님 나라와 세상 나라에 대해 말한다. 하나님 나라를 교회가 아닌 개인의 내면에서 찾음으로써 국가에 대항할만한 권력 기관이 사라지게 된다. 그리고 세상 통치자들의 권력은 하나님에게서 온다고 루터는 주장한다. 그런 주장은 성직자들의 권한이 교인들의 공동체에서 온다고 한 「독일 그리스도인 귀족에게」의 주장과 맞물려 의미심장하다. 세상 권력자들의 권세가 하나님에게서 온다는 주장은 사도 바울의 로마서 13장 1절을 근거로

---

17 가톨릭에는 일곱 성사가 있었지만 루터의 개혁으로 인해 개신교에는 세례와 성만찬만 성례전으로 남게 된다.

18 원 제목은 *Von weltlicher Obrigkeit, wie weit man ihr Gehorsam schuldig sei*이다. 이 책에서는 「세상 권세에 대하여」로 표기한다.

하지만, 루터의 주장은 단순히 국가 권력에 순종하라는 말이 아니다. 하나님이 준 통치자들의 권세는 사람들이 준 고위 성직자들의 권세보다 절대적으로 우월하고 견고함을 루터는 말한다. 그처럼 루터의 두 왕국론은 교회 권력을 제거할 신학적 근거를 제공하는 이론이다.

현대 사회에서 통치자의 권력은 국민 주권의 원리에 따라 공동체의 위임에 의해 형성된다. 그런데 서구 역사에서 국민 주권의 원리가 확립되기 위해서는 먼저 교회의 권력을 제거하고 권위의 중심이 개인에게로 이동해야 했다. 정치 질서의 변화에 미친 루터의 공헌이 거기에 있다. 루터가 만든 신학의 변화와 교회 개혁은 한국 사회에서 개인의 존엄성 확립과 민주 사회 건설을 위해 중요한 의미를 지닌다.

루터의 교회 개혁 원리를 세 가지로 말할 수 있다. 첫째, 루터는 교회의 권세와 권력이라는 개념을 인정하지 않았다. 둘째, 만인사제설을 통해 교회 내의 권위주의를 없앴다. 셋째, 교회도 국가의 통치를 받도록 했다.

1. 교회의 권세를 없애라

두 나라와 하나님의 두 가지 통치 방식

루터의 정치사상은 그의 두 왕국론을 통해 설명할 수 있다. 두 왕국과 하나님의 두 가지 통치 방식에 대해서 루터가 분명하게 언급한 글은 「세상 권세에 대하여」(1523)이다. 두 왕국과 두 가지 통치는 약간 차이가 있는데, 루터가 말하는 두 통치론은 하나님이 두 가지 방식으로 인간을 통치하심을 가리킨다.[19] 하나는 '영적인 통치'로서 한 사람의 내면을 다스려 하나님 나라로 만드는 통치이다. '그리스도의 통치'라는 말을 쓰기도 한다. 또 하나는 하나님의 '세상적 통치'로서, 하나님 나라의 바깥 곧 세상 나라에서 하나님이 통치자들의 검을 통해 외부적 평화를 이루신다.[20] 그러니까 두 통치론은 하나님이 인간 내면의 하나님 나라와 바깥의 세상 나라에서 모두 통치하심을 가리킨다. 다만 통치 방식에 차이가 있다. 영적인 통치는 개인의 내면에서 하나님이 말씀으로 통치하고 세상적 통치는 하나님이 군주를 통해 통치한다. 하나님은 복음으로 인간의 영혼을 통치하시지만 동시에 국가의 법을 통해 인간의 행위를 다스리신다.

그런데 루터는 하나님의 두 가지 통치 방식을 말하기 전에 두 나라에 대해서 말했다.

> 우리는 아담의 후손과 모든 인간을 두 부류로 나누어야 한다. 한 부류는 하나님 나라에 속했고, 다른 부류는 세상 나라에 속한 사람들이다. 하나님 나라에 속한 사람들은 참된 신앙인들로서 그리스도 안에 있고, 그리스도 밑에 있다.[21]

루터가 말하는 '세상 나라'는 그 의미로 보면 '세상'을 가리키기도 하고 '나라'를 가리키기도 한다. '세상'은 공간으로는 개인 내면의 바깥이

---

19 Regiment를 '정부'로 번역하기도 하는데 하나님의 통치 방식을 가리키기 때문에 '통치'로 번역하는 게 나아 보인다. 정부는 국가와 잘 구분되지 않는데, 루터는 두 나라(국가)와 두 가지 통치 방식을 구분한다. 국가 개념에 대해서는 이 책 4장에서 다시 설명한다.

20 「세상 권세에 대하여」, GW, p.4.539. 하나님의 나라Reich Gottes, Gottes Reich를 그리스도의 나라Christi Reich라고도 한다. 세상 나라는 weltliche Reich 또는 Reich der Welt라고 표기한다.

21 「세상 권세에 대하여」, GW, p.4.356.

고 문화로는 개인을 지배하는 집단적 삶의 방식과 관습이나 풍조를 가리킨다. 따라서 때로는 가치중립적인 의미로 쓰이기도 하지만, 세상이라는 말에는 인간들의 욕망이 만든 일반적 삶의 방식을 위험하게 보는 비판적 사고가 들어 있다. '나라'는 말 그대로 통치 질서가 있는 국가를 가리킨다. 인간 세상은 중앙 권력을 통해 질서를 이루고 있다는 점에서 세상과 국가를 동일하게 볼 수도 있다. 그리고 국가의 법에는 세상 풍조가 집약되어 들어 있다. 그 점에서도 세상과 국가는 동일하게 볼 수 있다. 학자들은 루터의 '세상 나라'를 주로 국가의 통치 질서와 법에 초점을 맞추어 생각한다. 그러나 '세상 나라'라는 개념에는 국가와 법의 문제뿐 아니라 법에 들어 있는 인류의 관습과 문화 그리고 생활 방식에 대한 비판 의식이 포함되어 있다.

한편 루터는 세상 나라와 구분되는 하나님 나라에 대해 말했다. 하나님 나라에서는 그리스도가 왕이다. 하나님 나라의 백성은 그리스도 밑에서 그리스도의 통치를 받는 이들이다. 루터가 말한 하나님 나라는 죽은 다음에 가는 저세상의 나라도 아니고, 하나님의 뜻이 이 세상에서 이루어진 나라도 아니다. 물론 눈에 보이는 제도 교회를 가리키지도 않는다. 그가 말하는 하나님 나라는 이 세상에 사는 그리스도인들의 내면에서 이루어지는 나라이다. 루터의 글 「소교리문답」을 보면 주기도문 중의 "당신의 나라가 임하시며"라는 구절에 대한 질문과 답이 나온다. "어떻게 하나님의 나라가 임합니까?"라는 물음에 대해 루터는 이렇게 답한다. "하나님께서 우리에게 성령을 보내실 때에 하나님 나라가 임합니다."[22] 성령의 인도하심을 받는 모든 개인의 영혼에 하나님 나라가 임한다.

22 『루터선집 9』, p.390.

19세기 독일의 철학자 피히테는 이렇게 말한다.

> 루터는 옛 신앙과 과감하게 단절하여 양심의 불안을 극복했다. 그의 말 한마디 한마디는 하나님의 자녀가 얻은 자유로 인한 환희와 승리로 가득 찼다. 이제 하나님의 자녀는 더 이상 구원을 자기 밖에서 찾지 않고 죽음 너머에서 찾지도 않는다. 자기 자신에게서 직접적인 구원 감정이 일어남을 느낀다. 그 점에서 루터는 장차 모든 세대의 모범이 되었고 우리 모두를 위해서 일했다.[23]

20세기의 신학자 루돌프 불트만은 루터가 유대교나 영지주의의 미래적 종말론을 현재적 종말론으로 만들었다고 본다.[24] 참된 믿음으로 하나님의 말씀의 지배를 받는 자의 내면에서 하나님 나라가 지금 여기서 이루어진다. 또한 나라라는 말에 들어 있는 공동체 성격을 살려서 정의하자면, 세상의 법이 아닌 복음의 지배를 받는 사람들로 구성된 영적인 실체가 하나님 나라이다.[25] 하나님 나라는 이처럼 개인의 내면일 수도 있고 하나님의 통치를 받는 개인들의 연합체로 볼 수도 있다.

루터에게는 영적인 실체인 하나님 나라가 세상보다 더 현실적이고 생생한 실재일 수 있다. 그리스도는 세상에서 하나님 나라를 시작하려고 오셨으며, 그래서 하나님 나라에 대해 말씀을 많이 하셨다. 루터는 성서의 복음서를 들어 그 점을 상기시키면서 그리스도의 복음은 곧 하

---

23 Fichte, *Addresses to the German Nation*, ed. and note Gregory Moore, Cambridge: Cambridge University Press, 2009, p.77.

24 루돌프 불트만, 『학문과 실존 III』, 허혁 역, 서울: 성광문화사, 1980, p.6.

25 토마스 코쯔, 「종교개혁이 뜻하는 것」, 『루터 사상의 진수』, 지원용 편, 서울: 컨콜디아사, 1986, p. 28.

나님 나라에 관한 말씀이라고 단언한다. 루터가 하나님 나라의 성서적 근거를 설명하려고 제시한 복음서의 말씀 중에 가장 먼저 나오는 구절은 "내 나라는 이 세상에 속하지 않았다"(요한복음 18:36-37)고 하신 예수의 말씀이다. 하나님의 나라와 세상 나라는 다르다.

그러면 루터는 왜 두 나라를 말하다가 내용이 조금 다른 두 가지 통치의 문제로 넘어갔을까? 세상 나라도 하나님의 영역이요, 세상 나라에서 이루어지는 법의 통치도 하나님의 통치 방식에 속한다는 점을 말하기 위해서이다.

루터의 두 왕국론에 따르면 세상 나라가 하나님의 나라와 분리되어 두 나라가 완전히 별개의 영역으로 보일 수 있다. 참된 그리스도인은 하나님 나라에 속하고, 그렇지 않은 사람은 세상 나라에 속한다고 루터가 말했기 때문이다. 두 나라가 신학적으로 분리되면 세상은 큰 의미를 부여할만한 곳이 아니게 되고 그리스도인은 세상 나라의 통치자들에게 비협조적인 자세를 가지게 된다. 물론 루터도 처음에는 세상이나 국가와 거리를 두고 영혼의 문제에만 관심을 두었지만 곧 국가와 시민 질서의 중요성을 인정한다.

루터는 「로마서 강의」를 통해 새롭게 제시한 신학 개념을 가지고 1518년에 「두 가지 정의에 관하여」 라는 제목으로 설교했다. 두 가지 정의는 '그리스도의 정의'와 '우리 자신의 정의'이다. 그리스도의 정의는 우리 밖으로부터extra nos, von außen 우리에게 은총으로 주어져 우리를 의롭게 하는 '낯선 정의'이다.[26] 한편 '우리 자신의 정의'는 '행함의 정의'이다. 이 설교에서 말하는 행함의 정의는 은총으로 의롭게 여김 받

26 「두 가지 정의에 관하여」, GW, p.945. '낯선 정의'는 justitia aliena, fremmde Gerechtigkeit로 표기되고, '자신의 정의'는 justitia propria, unsere eigene Gerechtigkeit로, 그리고 '행위의 정의'는 jutitia activa(또는 justitia actualis), tätige Gerechtigkeit로 표기된다.

은 그리스도인이 자신을 성화시키는 노력을 가리킨다.[27] 이 글에서는 국가의 법을 준수하는 '시민적 정의'는 아직 논의되지 않는다. 이 글을 쓸 때까지 루터가 세상 나라에 대해 아직 신학적 의미를 크게 부여하지 않았기 때문이다. 루터는 1519년까지도 법적 정의 곧 시민으로서의 정의를 그리스도인의 정의와는 무관한 것으로 생각했다. 법을 지켜 생기는 정의는 내면의 정의가 아니고, 세상 앞에서coram mundo의 정의가 하나님 앞에서coram Deo는 불의일 수 있기 때문이다.

그러나 그리스도인들 역시 탐심을 가지고 있는 죄인이므로 불법을 행할 수 있고 따라서 법을 지키는 시민적 정의는 그리스도인에게도 중요한 과제이다. '믿음으로 의롭게 여김 받음'에 집중하면서 루터는 그리스도인이 의인이면서도 여전히 죄인이라는 점을 확인한다. 1515년부터 1517년까지 진행된 바울서신 강의에서 처음으로 그리스도인이 '의인이면서 죄인'이라는 언급이 나온다. 그러나 하나님의 정의를 죄인을 의롭게 여기시는 은총으로 정확히 이해하게 된 때는 1519년 두 번째 시편 강의에 들어가면서부터이다.[28] 그런데 1519년 문서인 「죽음의 준비에 관한 설교」에 보면 "죄는 더 이상 죄가 아니다"라고 말하는 대목이 나온다.[29] 죄가 객관적으로 그리스도에게 전가되고 파괴되었다는 말이다. 죄를 용서받은 그리스도인도 여전히 죄인이라는 측면이 아직 분명히 강조되지 않는다. 1520년대로 넘어가서야 루터는 의롭게 여김 받은 후에도 여전히 인간은 탐심이 남아 있는 죄인이며 세례 후에도 죄인임을 분명하게 주장한다.[30] 세속적 욕망을 완전히 벗어나지 못하는 죄인이

---

27 위의 글, GW, p.949 이하.

28 베른하르트 로제, 앞의 책, p.136 참조.

29 엄진섭 역, 「죽음의 준비에 관한 설교」, 『루터연구』 19, 2002, p.101.

30 「라토무스에 대한 반박」(1521), 『루터선집 5』, p.432 참조.

라는 점에서 그리스도인에게도 범죄를 억제하는 세속법이 필요하다.

이러한 진단은 그의 인간 본성론에 기초를 두고 있다. 1517년에 루터는 「스콜라신학에 대한 논쟁」이라는 제목의 글을 썼는데, 그 글의 핵심은 인간의 의지가 자유롭지 않고 죄에 매여 있다는 점이다. 사람의 본성은 부패해서 자연적으로 하나님을 사랑할 수는 없다고 루터는 주장한다.[31] 이러한 인간관은 아우구스티누스의 영향을 받은 것으로서 첫 번째 시편 강의에서부터 확고하게 등장하는데, 1518년의 「하이델베르크 논쟁」에서 말한 십자가신학도 같은 인간관을 바탕으로 삼고 있다. "사람은 선을 행할 때에도 죄를 짓는다."[32] 영적인 흠결은 도덕적 흠결로 이어지고 도덕성의 결핍은 언제든 법적 불의로 이어질 수 있다. 그래서 범죄 가능성을 국가법으로 억제하는 일이 필요하다. 그리스도인도 예외가 아니다.

더구나 열광주의자들을 겪으면서 루터는 법질서의 중요성을 더 강하게 생각하게 된다. 열광주의자는 1521년 말에 비텐베르크에서 폭력을 수반한 급진 개혁 운동을 일으킨 칼쉬타트와 거기에 합류한 츠비카우의 예언자들, 농민 혁명을 일으킨 토마스 뮌처, 그리고 재침례파를 모두 포함한 개념이다. 재침례파는 그리스도인에게는 국가 권력이 필요 없다고 하며 무정부주의로 가는 경향을 보였다. 위기감을 느낀 루터는 1522년에 법의 이중용법에 대해 말하면서, 국가법을 지키는 일이 그리스도인에게도 중요함을 강조하게 된다. 법은 죄를 알게 하여cognitio peccati 은총을 구하게 하는 신학적 기능과 인간의 외부 행위를 규제하여 범죄를 막는cohecere peccatum 시민적 기능을 수행한다. 법의

31 GW, p.917 이하.

32 GW, p.984.

신학적 용법이란 사랑의 계명 앞에서 무능함을 느낀 인간이 은총을 구하도록 하는 법의 기능을 가리킨다. 또한 형벌의 위협이 없다면 법을 지키지 않을 자신의 부도덕성을 보며 사람은 은총을 구하게 되는데, 멜란히톤은 그 점을 가리켜 법의 신학적 기능이라고 했다.[33]

법의 두 가지 기능에는 두 가지 정의가 대응되는데, 믿음의 정의와 시민적 정의justitia civilis이다.[34] 1518년의 글에서는 신앙의 열매인 성화로 설명된 행함의 정의justitia operum가 1522년에는 법을 통해 범죄를 막고 처벌하는 시민적 정의와 일치하는 개념이 된다. 루터는 이런 개념의 변화를 통하여 세상의 법도 하나님이 쓰시는 도구이고, 세상 나라도 하나님의 통치하에 있음을 알렸다. 이처럼 법의 시민적 용법과 시민적 정의의 개념을 정립하면서 루터는 1523년에 두 왕국과 두 가지 통치에 대해 분명하게 말할 수 있었다.[35] 비그리스도인은 물론이고 그리스도인들을 위해서도 세상 권세의 법의 통치는 필요하다.

구분해야 하나 분리할 수 없다

그러나 하나님의 나라와 세상 나라는 반드시 구분되어야 하며 혼동되어서는 안 된다. 하나님 나라는 하나님 나라이고 세상 나라는 세상 나라이다. 세상을 가리켜 곧 하나님의 나라라고 말할 수 없다. 세상 나라를 하나님 나라로 만들 수 있다고 생각해도 안 된다. 세상은 복음으로 통치할 수 없기 때문이다.[36] 그런 점에서 세상 나라와 하나님 나라

---

33 헤롤드 버만, 『법과 혁명 2』, 김철 역, 서울: 한국학술정보, 2003, p. 244.

34 Gerhard Ebeling, "Martin Luther, Theologie", in *Die Religion in Geschichte und Gegenwart*, Bd.4, Tübingen: J.C.B. Mohr, 1956–1965, p. 509.

35 같은 곳.

사이에는 거리가 있다.

두 나라의 구분을 강조함으로써 루터는 그리스도인들이 세상 풍조에 빠지지 않고 세상의 삶의 방식과 긴장 관계를 유지하게 만든다. 교회와 국가의 관계로 보면, 두 나라의 구분은 교황이 세속 권세에 간섭하는 것을 막고 정치가 신앙 문제에 개입하는 것도 막아서 이른바 통치의 혼동confusio regnorum을 막는 역할을 한다. 루터는 당시에 교회와 국가 사이에 통치의 혼동이 일어나고 있다고 탄식했다. "세상의 왕들은 영적으로 통치하고, 영적인 왕들은 세상적으로 통치한다."[37] 세상의 왕이 영적으로 통치한다는 말은 군주가 개인의 신앙 문제에 개입하는 것을 가리킨다. 알브레히트 작센의 게오르크 공작이 루터의 신약 성서 번역본을 불온 문서로 보고 수거하는 명령을 내렸는데, 그것은 세상 나라의 권세자가 하나님 나라의 일인 신앙 문제에 관여하는 통치의 혼동이다.

한편 영적인 왕들이 세상적으로 통치한다는 것은 교회의 고위 성직자들이 재물과 토지와 정치 권력을 탐하며 법적인 강제력을 가지고 사람들을 위협하는 일을 가리킨다. 그것은 영적인 힘을 가져야 할 사람들이 세상의 방식으로 힘을 가지려고 하는 통치의 혼동이다. 루터가 생각한 최악의 상태가 통치의 혼동이고 루터는 통치의 혼동을 사탄의 일이라고 보았다. 교회의 사제와 주교들이 세속적인 권세의 영역까지 넘보면 자신의 역할을 망친다. 그들은 자신들이 관심을 가져야 할 하나님의 영적인 통치를 막는 최고 주범들이 될 수 있다. 거꾸로, 군주들이 백성들에게 어떤 신앙을 강요하면, 그것 역시 하나님의 자유로운 영적인 통치를 훼방하는 일이다.

---

36 「세상 권세에 대하여」, GW, p.4.361. 루터는 어떤 형태의 신정정치도 반대한다.

37 위의 글, GW, p.4.396.

자기 영역을 혼동하는 통치자를 루터는 독재자라고 부른다. 성직자들이 인간의 내면 문제를 다루지 않고 세속적인 것에 욕심을 내고 힘을 행사하는 것이나, 황제나 제후가 백성들의 영적인 신앙 문제에 직접 간섭하는 것은 모두 독재다. 루터는 통치의 혼동의 주범으로 세상 권세보다는 교회의 권세자들을 꼽는다. 물질을 다루는 독재 군주보다 영혼의 진리를 독점하고 왜곡하는 사제들이야말로 용서받을 수 없는 신성 모독의 범죄자들이다. 루터가 독재자라는 명칭을 특별히 사제와 교황 같은 종교 지도자에게 적용한 점에 주목해야 한다. "교황의 독재만큼 사람들이 오래 참아온 독재가 어디에 있습니까?"[38] 고대 이래로 서구 전통에서 독재자는 축출의 대상이고 죽여도 된다. 루터는 교회의 세력가들을 영적인 독재자로 정의하면서 하나님의 진리에 대항하는 적그리스도요 사탄이라고 불렀다.

그러므로 두 나라는 반드시 구분되어야 한다. 그러나 두 나라 모두 하나님의 통치 영역이다. 그 점에서 두 나라는 분리되지 않는다. 하나님 나라에서는 그리스도의 영적인 통치가 이루어지고, 세상 나라에서는 하나님이 세상적으로 통치하신다. 하나님의 나라에서는 성서와 설교를 통해서 하나님이 복음으로 인간의 내면을 통치하시고, 세상 나라에서는 통치자들을 통해서 하나님이 법으로 인간의 외부 행위를 규율하신다.

이처럼 두 나라는 통치 방식에서 차이가 나지만 모두 한 분 하나님에게로 귀속된다. 세상 나라의 권세도 하나님에게서 왔다. 사람의 영혼을 통치하기 위해 하나님은 개인의 내면에서 성령으로 직접 통치하

---

38 「라토무스에 대한 반박」, WA 8, p.48. 『루터선집 5』, p.390. 루터는 보름스 제국의회에서도 교황을 불가사의한 독재자라고 불렀다. 「보름스 제국의회에서의 루터」, 『루터선집 5』, p.359. 또한 「세상 권세에 대하여」, GW, p.4.388.

시지만, 세상의 통치를 위해 하나님은 세상의 권세자들을 통해 간접으로 통치하신다. 직접 통치와 간접 통치의 차이가 있지만 두 가지 모두 하나님의 통치이다. 두 통치론을 통해 루터는 하나님의 나라와 세상 나라가 분리될 수 없음을 강조할 수 있었다. 두 나라는 구분되지만 분리할 수 없다. "두 가지 통치를 끊임없이 구분해야 한다. 그러나 반드시 둘 모두 있도록 해야 한다."[39] 그리스도인은 서로 구분되는 두 나라를 동시에 살아야 한다.

두 나라가 분리될 수 없음을 강조함으로써, 루터는 재침례파의 무정부주의나 극단의 정적주의를 막을 수 있었다. 루터는 그리스도인을 내면의 나라인 하나님 나라의 백성이라고 보았지만 외부의 세상 나라를 벗어나 내면에만 침잠하는 삶은 생각하지 않았다. 오히려 그는 사람들이 세상의 직업을 소명으로 알고 이웃을 위해 봉사하기를 바랐다. 루터는 또한 그리스도인들이 세상 나라의 통치를 벗어나 따로 공동체를 만들어 살아야 한다고 생각하지도 않았다. 그리스도인은 세상의 통치 권세가 원활하게 돌아가도록 모든 일을 다해야 하며 세상 나라의 공직도 맡아야 한다.[40] 기본적으로 루터는 이 세상 전체를 하나님의 통치 영역으로 보았다.

물론 루터가 세상의 제도 변화를 통해서 하나님의 뜻이 세상에서 온전히 이루어지기를 바란 것은 아니다. 신학자 위르겐 몰트만의 비판대로 루터는 하나님 나라를 실현하기 위한 구체적 정의의 기준을 마련하는 일에 관심이 없었다.[41] 루터에게 하나님 나라는 그리스도인의 내면에서 이루어지며 따라서 루터 신학의 중심축이 세상을 바꾸는 일에 있

39 위의 글, GW, p.4.361.

40 위의 글, GW, p.4.367.

41 위르겐 몰트만, 『정치신학, 정치윤리』, 조성로 역, 서울: 대한기독교서회, 1992, p.182.

지 않다. 다만 그리스도인은 내면에서 이루어진 자유를 가지고 세상의 규율을 따른다.[42] 믿음의 정의는 법적 정의를 존중한다. 하나님의 통치를 받으며 영적으로 높은 질서에 속한 그리스도인이 세상 보존을 위해 낮은 질서의 국가의 통치 권세에 따른다.

교회에는 높은 사람이 없다

루터는 두 왕국론과 하나님의 두 통치론을 통해 결과적으로 교회가 가지고 있던 권세를 제거했다. 루터는 '권세'라는 말을 오직 세상 나라의 통치자들에게만 적용한다. 하나님만이 통치하시는 교회에는 권세를 가진 자가 있을 수 없다. 루터가 이른바 두 왕국에 대해 말하면서 사용하는 용어는 나라, 통치, 그리고 권세라는 말이다. 권세를 가리키는 독일어는 오브리히카이트Obrigkeit이다. 루터 당시의 말로는 오버카이트Oberkeit, Uberkeyt인데, 윗사람들Oberen에 대한 복종을 염두에 둔 개념이다.[43] 세상 나라에는 위아래가 있어 통치 질서가 형성되고 국가의 권력이 존재한다. 그러나 교회는 하나님 안에서 어떤 위아래도 없는 곳이며 모두가 평등하고 따라서 인간의 통치가 있어서는 안 되는 곳이다. 교회에 통치가 있다면 중앙 권력 없이 오직 각 개인에 대한 그리스도의 통치가 있을 뿐이다. 하나님의 나라에서는 개인 영혼에 대한 말씀의 통치 곧 복음의 통치가 이루어진다. 세상 나라에서는 법에 의한 군주의 통치가 이루어지고, 그 법에는 강제력이 따른다. 법을 어긴 자는 처벌을 받는다. 그런 점에서 세상 나라에서 이루어지는 통치를 루

---

42 「그리스도인의 자유」, 『루터선집 5』, p.329.

43 베른하르트 로제, 『마르틴 루터의 신학- 역사적이며 조직신학적으로 본 루터 신학』, 정병식 역, 서울: 한국신학연구소, 2002, p.221-222.

터는 검의 통치라고도 한다. 그러나 하나님 나라는 법적 강제력의 나라가 아니고 복음이 주는 자유의 나라이다.

권세란 강제력을 가지고 다스리는 법적 권한을 가리킨다. 강제력이란 법을 지키지 않으면 벌을 받는다고 압박하는 심리적 힘과 법을 어긴 자를 처벌하고 신체에 해를 가할 수 있는 물리적 힘을 함께 가리킨다. 실정법의 심리적 압력은 국가의 형벌권 즉 물리적 힘을 배경으로 삼는다. 벌에 대한 두려움이 불법 행위를 막는다. 이렇듯 법을 제정하여 강제하고 법을 어긴 자를 처벌할 수 있는 힘을 가리켜 권세라고 한다.

마르틴 루터가 사용한 권세라는 말이 라틴어로는 포테스타스 potestas이다. 포테스타스는 최고의 권력을 가리키는데, 중세에는 두 개의 포테스타스를 인정했다. 영적인 권세는 교황이 지니고 세속적인 권세는 황제나 왕들이 가진다. 이것을 두 개의 검 이론이라고 한다. 교회도 강제력을 가진 교회법을 제정해서 공포하고 교회법을 어긴 자들에게 불이익을 주거나 처벌하고 처형하는 재판 관할권을 가지고 있었다. 게다가 군주에 대해 교황이 우위권을 가지고 있었다.[44] 그럴 수 있었던 것은 중세 사회가 영혼 구원이라는 '하나의 목적'을 가진 사회였기 때문이다. 인생의 목적은 영혼 구원에 있다고 생각했다. 영혼 구원의 문제는 교황과 주교의 소관이므로 교황의 권세가 황제의 권세보다 우위에 있었다. 아리스토텔레스는 『정치학』에서 정치 공동체인 국가를 최고의 공동체로 보았으나, 중세의 아퀴나스는 하나의 목적론을 기반으로 국가 대신에 초자연적 구원의 공동체인 교회에 궁극성을 부여했다.

---

44 "교회는 세상 통치자를 제압할 권능을 가지고 있다." Thomas Aquinas, *Summa Theologiae*, II-II qu. 12 art. 2 ad. 1.

르네상스 시대에 들어가면서 단테는 1313년에 쓴 『군주제론』을 통해 두 가지 목적duo ultima을 내세운다. 인간은 썩는 육체와 썩지 않는 영혼을 가졌는데, 두 부분은 서로 다른 목적을 가진다. 인간의 육체는 이생에서의 행복이 목적이고 인간의 영혼은 영생에서의 행복이 목적이다. 인간은 두 가지 목적에 도달하기 위해 각기 다른 안내자를 필요로 하는데, 하나는 국가의 군주이고 또 하나는 교회의 교황이다.[45] 이 책에서 단테는 성서와 아리스토텔레스와 신학자들을 인용하면서 이생의 행복도 인생의 중요한 목적이고, 군주의 권세와 교황의 권세가 서로 다른 목적에 봉사하는 독립적 권력임을 주장한다. 군주의 권세는 교황에게서 오는 것이 아니라 직접 하나님에게서 온다.[46] 두 목적론을 통해 단테는 군주의 권세를 교회의 권세와 별개의 독립된 힘으로 만들려고 했다.

루터의 '권세'라는 개념은 바로 포테스타스의 의미를 지닌다.[47] 루터가 사용하는 세상 권세weltliche Obrigkeit라는 말은 라틴어로는 포테스타스 세쿨라리스potestas secularis이다. 아직 국가 주권이나 인민 주권이라는 개념이 나오기 이전이므로 권세는 최고 통치자에게 속한 것으로 이해되었다. 중세에 권세는 교회의 최고 통치자인 교황과 국가의 최고 통치자인 황제에게 속했다. 그러나 루터는 중세의 두 권세 개념과 달리 교회의 권세를 인정하지 않았다. 권세라고 하면 세상 통치자들의 권세 곧 세상 권세가 있을 뿐이다. 루터는 '세상 권세'라는 말 대신

---

45 Dante, *Monarchy*, tr and ed. Prue Shaw, Cambridge: Cambridge University Press, 1996, p.92.

46 위의 책, p.86. 보카치오에 따르면 단테의 『군주제론』은 이단 문서로 지목되어 1329년에 볼로냐에서 공개적으로 불태워졌다. 교황청 금서 목록에 들었다가 1881년에 해제되었다.

47 한스 바르트, 『마르틴 루터의 신학』, 정병식, 홍지훈 역, 서울: 대한기독교서회, 2015, p. 577.

에 그냥 '권세'라는 말을 많이 쓰는데, '권세'는 당연히 세상 통치자들의 권세를 가리킨다.

루터는 스콜라주의와 달리 하나의 목적론에 따른 두 권세론을 말하지 않고, 단테와 달리 두 개의 목적론에 따른 두 권세론을 말하지도 않는다. 중세의 스콜라신학은 두 권세론을 말하며 하나의 목적론을 통해 군주를 교황 밑에 두려고 했고, 14세기의 단테는 두 목적론을 말하며 정치 권력을 교회 권력으로부터 독립시키려 했지만 교회의 권세를 여전히 중요하게 다루었다.[48] 그러나 루터는 물리적 강제력을 수반한 권세는 오직 군주에게만 인정했다. 그는 강제력 있는 법을 제정하고 판결하는 권한이 교황이나 주교에게 해당되지 않음을 선언했다. 교회는 하나님을 섬기고 사람을 섬기는 곳이며, 하나님 나라는 법을 만들어 죄를 정하고 벌하는 나라가 아니라 복음으로 죄를 용서하는 나라이다. 그것은 오직 신앙과 영성으로 이루어지는 나라이고 신앙과 관련된 문제는 강제력으로 다스릴 수 없다.[49]

모든 강제력은 세상적인 것이다. 주교와 사제들이 그리스도의 이름으로 사용하는 강제력은 교회와 사제들이 이권에 개입해서 재산과 권력을 보존하거나 주민들의 재산 분쟁과 부도덕한 행위를 심판하기 위한 것이었다. 도덕과 관련된 사항을 빼면 나머지는 모두 세속적인 것들이다. 세속적인 것은 세상 권세에 넘겨야 한다. 루터는 주교들이 교회법을 통해 강제력을 가지고 인간의 신체를 구속하는 것은 영을 관할하는 교회의 직무를 벗어난 세상적 통치라고 보았다.[50] 그리고 루터는

48 단테는 교황을 통한 하늘의 은총이 주어지면 군주의 권력 행사가 좀 더 효과적일 수 있다고 말한다. Dante, *Monarchy*, p.72.

49 루터는 이 문제 때문에 군주나 영주가 주민들에게 신교나 구교를 강요할 수 없다고 하며 통치자들이 이단 처벌에 관여하는 것도 반대한다. 「세상 권세에 대하여」, GW, p.4.386.

도덕의 문제를 신앙에 귀속시켰다. 다시 말해서 선한 행위는 오직 신앙의 열매이다. 신앙은 개인의 자율적 영역이므로 도덕 판단도 개인의 문제가 되었다. 이제 도덕성 문제는 각자의 양심과 공동체의 사발적 규율에 맡길 일이며 교회가 강제력을 가지고 간섭하거나 심판할 문제가 아니다. 물론 부도덕이 불법이 되면 국가가 개입하지만 불법이 아닌 부도덕에 대해서 교회법으로 징계하는 일은 옳지 않다.

그렇게 해서 루터는 교회의 권세와 권위를 제거한다. 루터 당시에는 교황이나 주교가 영적 권세를 가지고 있다고 보았는데, 루터는 영적 권세라는 말도 쓰지 않는다. 성직자들이 권세를 가졌다면 그것은 '세상적 권력'일 뿐이다.[51] 성직자들이 영적 지도자라고 하면서 권력을 쥐는 것은 자기모순이고 그 권력은 하나님의 나라를 위협하는 사탄의 권세이다. 사제들은 영혼 구원을 독점한 자들이 아니며 하나님 나라의 통치자들이 아니다. 하나님 나라에서 이루어지는 영적인 통치는 개인마다 직접 관여하시는 그리스도의 통치이므로 다른 누구의 개입이 필요 없다. 하나님의 뜻을 알기 위해서 "모든 그리스도인은 하나님에 의해 가르침을 받아야 한다."[52] 각자의 그리스도인은 성직자를 통하지 않고 성서를 통해 직접 하나님의 가르침을 받는다. 종교개혁의 대표적인 구호인 "오직 성서로만sola scriptura"은 하나님의 직접 통치를 의미한다.[53]

세상 나라는 죄를 벌하는 나라이므로 권세가 필요하다. 세상 나라의

---

50 위의 글, GW, p.4.396.

51 「독일 그리스도인 귀족에게」, GW, p.1.331.

52 위의 글, GW, p.1.338.

53 Christophe Schwöbel, "Sola scriptura – Schriftprinzip und Schriftgebrauch" in *Luther Heute, Ausstrahlungen der Wittenberger Reformation*, heraus. Ulrich Heckel, Jürgen Kampmann, Volker Leppin und Christoph Schwöbel, Tübingen: Mohr Siebeck, 2017, p.1 참조.

통치는 강제력을 기반으로 이루어진다. 세상 권세는 하나님이 주신 것이며 세상 나라에서 하나님은 권세자들을 통해 간접으로 통치하신다. 그렇게 세상 권세자들의 권세는 신학적으로 정당화되고 인정된다. 그러나 교회는 하나님의 나라를 위해서 존재하는데 하나님이 직접 개인들을 통치하시므로 또 다른 권세자가 필요 없다. 루터는 분명히 말한다.

> 세속 권세와 달리 교회의 권세는 하나님에게서 온 것이 아니다. 하나님은 오늘날 군림하고 있는 이 사제 무리들을 알지 못하신다 …… 그렇다고 그들이 사람들에 의해서 세워진constitut 것도 아니며 오히려 하나님과 사람들의 뜻을 거슬러 자기 스스로를 높인 것이다.[54]

세속 권세 곧 왕의 권세는 하나님이 준 것이다. 그러나 군림하는 사제들로 이루어진 교회의 권세는 하나님에게서 온 것도 아니고 사람들에게서 온 것도 아니다. 그들은 자기 스스로를 높인 신성 모독자들이요 진리의 반역자일 뿐이다. 교회에 권세자가 있어서는 안 된다. 그리스도인들이 만드는 영적 공동체에는 윗사람이 없고 오직 그리스도만 홀로 윗사람이다.[55] 루터는 단정적으로 말한다.

> 사제나 주교의 통치는 권세나 권력이 아니라 봉사와 직무다. 그들은 다

---

54 "Magistratus Ecclesiasticus *ex deo non sit* sicut prophanus. Deus enim nescit hoc vulgus pontificum, quod hodie *regnat*...sed nec per homines constituti sunt, imo seipsos erexerunt *invitis deo et hominibus*.," 「라토무스에 대한 반박」, WA 8, p.49. 『루터선집 5』 p.392. 이 책의 주에 나오는 인용문의 이탤릭체는 필자가 본문에서 강조한 부분을 표시한 것이다. 한편 「교황과 주교들의 거짓 영적 신분에 대하여」, LW 39, p.252에도 같은 내용이 있다.

55 「세상 권세에 대하여」, GW, p.4.398.

른 그리스도인들보다 더 높거나 우월하지 않다.[56] 사제들은 지배자가 아니라 종들이다.[57]

높은 사람이나 낮은 사람은 세상에나 존재한다. 드물지만 루터가 검이나 통치자라는 말을 사제와 주교에게 적용하기도 한다. 영적인 통치자 또는 영적인 검이라는 말을 쓴다. 그러나 영적인 검이란 하나님의 말씀을 가리킨다. 그 검은 물리적 강제력이 아니라 말씀의 영적인 힘 곧 하나님의 강제력이다. 영혼 골수를 쪼개고 회개하게 함으로 그리스도의 은총에 굴복시키는 말씀의 힘을 가리켜 영적인 검이라고 한다. 군주처럼 명령하고 집행하고 판결하는ordinis, magisterii, jurisdictionis 권세를 가졌던 교회에 대해 루터는 말씀의 권세potestas Verbi만을 인정했다.[58] 목회자들의 권한은 "규범을 만들거나 통치하라고Regiment 주어진 것이 아니다."[59]

그러니 "세상적 검은 설교하지 않아도 되는 자들에게 맡기라"[60]고 루터는 외친다. 사제가 아닌 평신도를 가리켜 "설교하지 않는 이들"이라고 하지 않고 "설교하지 않아도 되는 이들"이라고 한 표현도 의미심장하다. 이 말에는 평신도도 설교할 자격이 있지만 그 의무에서 벗어난 사람들이라는 의미가 들어 있다. 한편, 세상의 왕과 대조해서 주교에게 영적인 왕이라고 루터가 칭하는 경우도 있다. '영적인 왕의 통치'[61]라는 말을 쓴다. 그러나 이 용어는 주교를 세상 왕에 빗대어 조롱

56 위의 글, GW, p.4.399.

57 「교회의 바빌론 감금」, 『루터선집 7』, p.142.

58 Gerhard Ebeling, "Martin Luther, Theologie", p.505.

59 「독일 그리스도인 귀족에게」, GW, p.1.339.

60 「세상 권세에 대하여」, GW, p.4.384.

61 위의 글, GW, p.4.396.

하며 하는 말이다. 성직자들이 왕처럼 군림하면서 본래의 직무를 넘어 강제력을 가지고 사람들을 위협하는 현실을 비판하느라고 쓴 말이다.

루터는 두 왕국론을 통해 통치의 혼동을 막고 교회의 권세를 제거하고자 했다. 권세라는 말을 오직 세상 통치자에게만 적용함으로써 중세의 두 권세론에서 벗어나 정교 분리를 분명히 하고 근대의 세속 사회를 열었다. 세상 나라와 다른 하나님 나라를 말했지만 하나님의 통치가 직접 개인에게 이루어진다고 함으로써, 영혼 구원을 이유로 성직자들이 힘을 가질 기회를 없애버렸다. 루터의 종교개혁이 서구 정치사에 미친 가장 큰 영향이 거기에 있다.

유럽의 군주나 제후들은 루터로부터 교회 권력을 제거할 수 있는 신학적인 근거를 얻었다. 중세 신학에 의해 교회에 묶여 있던 정치 권력이 종교개혁 신학에 의해 교회 권력으로부터 자유롭게 되었다. 대표적인 예로 영국의 헨리 8세는 교황의 재판권을 거부하고 교회를 국가 밑에 두는 수장령을 발표해서 스스로 우두머리가 된다.[62] 오늘날 이슬람 국가와 달리 기독교 문화권이 세속화된 데는 종교개혁의 영향이 크다. 종교개혁 이후 서구 사회는 합리적 사유를 기반으로 민주주의를 향한 발걸음을 내디뎠다.

2. 그리스도인은 누구나 사제요 주교요 교황이다

루터는 평신도들을 일깨워 교회의 권위주의를 제거하려고 했다. 누구나 하나님 앞에서 평등하므로 교회에서는 아무런 지위의 차이가 없

62 퀜틴 스키너, 『근대 정치사상의 토대 2』, 박동천 역, 서울: 한국문화사, 2012, p. 155-159.

다. 개혁은 영적 차원에서 자유와 평등을 확립하며 이루어졌다. 루터는 영혼 구원을 두고 하나님의 직접 통치를 말함으로써 개인을 성직자들의 권력으로부터 자유롭게 만들었고, 평신도와 사제의 신분의 동등성을 말함으로써 인간 평등의 발걸음을 내디뎠다. 교회는 성도의 교통이 이루어지는 영적 공동체이다. 루터는 제도 교회를 흔들기 위해 교회를 가리키는 말로 전통적 용어인 키르헤Kirche보다는 공동체Gemeinde라는 말을 즐겨 썼다.[63] 공동체는 위계질서 없이 독립한 개인들의 평등한 교통으로 이루어진다. 영적 공동체 안에서 수직적 위계질서는 하나님의 뜻과 아무런 상관이 없다. 루터는 평신도가 목회자에게 복종해야 할 이유가 없음을 보이기 위한 신학 논리를 폈다.

행위의 동등함과 신분의 평등

1520년 8월에 발표한 「독일 그리스도인 귀족에게」에서 루터는 신분의 동등성을 선언한다. 그때까지 통용되었던 영적 신분geistliche Stand과 세상적 신분weltliche Stand의 구분을 루터는 거부한다. 사제와 주교는 영적인 신분의 사람들이고 군주를 포함한 평신도들은 세상적 신분이라고 하는 당시의 이원적 신분론에 대해 루터는 성서적 근거가 없다고 본다. 영적인 신분은 누구나 신앙이 있으면 갖게 되며 사제들만 영적인 신분을 갖는 게 아니다. "모든 그리스도인은 진실로 영적인 신분

63 파울 알트하우스, 『마르틴 루터의 신학』, 구영철 역, 서울: 성광문화사, 1994, p. 404. 루터신학에 따라 지어진 개신교 최초의 교회가 1544년 10월 4일에 토르가우에 세워졌다. 루터는 봉헌 예배의 설교에서 예배당 건물이 중요하지 않으며 신도는 우물 곁이든 바깥세상 어디에서도 모여 예배드릴 수 있다고 했다. 스콧 헨드릭스, 『마르틴 루터: 새 시대를 펼친 비전의 신학자』, 손성현 역, 서울: IVP, 2017, p. 560.

에 속하며 직무의 차이 외에는 아무런 차이도 없다."[64]

> 평신도와 사제, 군주와 주교, 영적인 것과 세상적인 것 사이에는 실제로 직무Amt와 일Werke의 차이밖에는 아무런 차이가 없다. 그들에게 신분의 차이는 전혀 없다.[65]

그런데 만인사제설을 통해 신분의 동등성을 제시하기 전에 루터의 복음주의 신학은 행위의 동등성을 주장했다. 정치사회적 의미를 지니는 신분의 동등성 문제는 행위의 동등성이라고 하는 새로운 신앙론에 근거를 두고 있다. 1520년 6월에 발표한 글 「선한 행위에 관하여」에서 루터는 신앙이 있으면 모든 행위는 동일하다고 주장했다. 루터가 신앙만 강조하고 행위를 소홀히 한다는 적대자들의 주장에 대해서 루터는 신앙이야말로 가장 중요한 행위요 선한 행위라고 했다. 루터는 인문주의자들의 도덕주의에 반대해서 참으로 선한 행위는 신앙에서 나간다고 보았다. 더 나아가 신앙에서 나가는 행위는 모두 선하고 신앙에서 나가는 행위만 선하다. 루터는 도덕을 신앙으로 환원했다. 그 결과 모든 사람이 스스로 자신의 행위가 선한지 악한지를 판단하는 주체가 되었다. 신앙이 있는지 없는지는 자기만 알기 때문이다.

선이란 하나님을 기쁘시게 하는 행위를 가리키고, 하나님을 기쁘시게 하는 행위는 신앙밖에 없다. 그리고 신앙의 본질은 겉으로 드러나는 종교 행위에 있지 않고 각자의 속마음에 있다. 속마음을 하나님에게 두는 일이 신앙이다. 선하고 악한 행위는 속마음에서 갈린다. 겉으

64 「독일 그리스도인 귀족에게」, 『루터선집 9』, p. 142.
65 위의 글, GW, p. 1. 144.

로 보이는 행위 이전에 속마음을 어디에 두는지, 그 마음의 움직임이 이미 행위이다. 그러므로 신앙 자체가 이미 "최고의 행위"이다.[66] 그리스도인은 사람들이 겉만 보고 말하는 선악의 판단에 의지하지 말아야 한다.[67] 내 속마음을 아는 자는 나밖에 없으니 행위의 선악은 외부에서 판단할 수 없다. 나에게 하나님을 기쁘게 하는 믿음이 있는지 없는지는 나만이 알고 있으므로, 나의 행위가 옳은지 그른지 내가 잘 알며 사제의 가르침을 필요로 하지 않는다.[68]

모든 행위는 신앙 안에서 이루어져야 선하며 신앙은 모든 선한 행위의 원천이다. 신앙 안에서 하는 행위는 어떤 것이든 모두 동일하게 선하다. 선악은 이미 내면의 신앙과 불신앙에서 결정되었기 때문이다. 믿음 안에서 하는 행위는 예배를 드리거나 노동을 하거나 밥을 먹거나 모두 동일하게 하나님을 기쁘시게 하는 선한 행위이다. 믿음 밖에서 하는 행위는 예배를 드리거나 노동을 하거나 밥을 먹거나 모두 동일하게 죄이다. 신앙과 무관하게 보이는 일상의 노동과 작은 일들도 하나님을 기쁘게 하는 신앙의 행위가 될 수 있고, 아무리 기도를 많이 하고 금식하고 헌금해도 마음의 중심에 하나님이 아닌 재물이 있거나 탐심이 있으면 죄의 행위이다.

예배드리고 금식하고 헌금하고 순례하는 등 외부적으로 분주한 종교 행위는 오히려 내면적인 참 신앙이 없기 때문에 일어나는 일일 수도 있다.[69] 믿음이 있으면 "지푸라기 하나를 들어 올리는 작은 일이라도

---

66 「선한 행위에 관하여」, GW, p. 1. 227. 『루터선집 9』, p. 38.

67 "인간이나 인간의 법규나 관습에서 배워서는 안 된다." 「선한 행위에 관하여」, 『루터선집 9』, p. 35.

68 위의 글, pp. 37-39.

69 위의 글, p. 45.

선하다."[70] 이 극단적인 동등성 선언은 겉으로 보이는 행위의 외적인 평가를 벗어나 내면의 신앙에 따른 내적인 정의를 세우려는 루터의 종교개혁 신학을 잘 보여준다. 행위의 정의와 신앙의 정의를 구분하는 것은 루터의 초기 신학의 핵심이다. 교회 개혁의 관점에서 볼 때 행위의 동등성은 종교적인 행위와 세속적인 행위의 구분을 없애려는 루터의 의도를 잘 드러낸다.

행위의 동등성은 신분의 동등성으로 연결된다. 「선한 행위에 관하여」에서 행위의 동등성을 강조한 루터는 「독일 그리스도인 귀족에게」에서는 신분의 평등을 여러 번 강조한다. 물론 그런 주장에는 독일의 귀족과 군주들이 로마의 교황과 주교의 권위에 눌리지 말기를 바라는 개혁 운동의 전략적 의도가 들어 있을 수 있다. 당시에 독일의 군주와 영주들은 교황청의 재정 착취와 권력 남용에 대해서 큰 불만을 가지고 있었다. 그 문제는 독일 교회에 대한 교황청의 지나친 간섭과도 연결되어 있었다. 뿐만 아니라 당시의 통치자들과 정치인들은 중세의 전통을 따라 신민의 영혼 구원의 문제에도 책임을 느끼고 있었다.

그러므로 구원에 대한 루터의 새로운 가르침은 로마로부터의 독립이라는 정치적 바람과 연결되어 독일의 군주와 영주들에게 상당한 설득력을 형성했다. 특히 작센 지역의 선제후는 로마로부터 지역의 권익을 수호하는 일에 있어서 최전선에 서 있었다. 또한 독일 그리스도인들을 향한 루터의 외침에 로마로부터의 해방을 원하는 민족애가 들어 있을 수 있다. 당시에 이미 프랑스나 영국이나 네덜란드는 민족국가로 발전되는 움직임이 있었다. 루터의 글에는 불쌍한 독일 민중들이 로마 교회의 사기꾼들에게 돈을 뜯기고 있다는 민족적 발언들이 많이

70 위의 글, p.38.

나온다.

그러나 루터의 개혁은 정치적이고 민족적인 관점과 무관하다. 그는 정치적 동기로 개혁을 시작하지 않았고 정치가들의 전략에 의지해서 개혁을 진행하지도 않았다. 언제나 신앙과 신학이 앞섰으며 개혁에 동참한 정치인들은 자신들의 행위의 신학적 정당성을 루터에게 물어야 했다. 종교개혁은 민족적 동기와도 무관하다. 독일의 애국 운동가 울리히 폰 후텐이 1520년 말에 루터에게 독일 해방 운동을 위한 지도자가 되기를 제안하기도 했다. 그러나 루터의 관심은 민족 해방이 아니라 하나님의 진리를 되찾는 데 있었다. 그는 하나님의 교회를 민족주의로 바꾸는 것에 반대했다.[71]

그러므로 루터의 만인사제설은 단지 군주나 유력한 세력가들의 힘을 얻기 위한 글이 아니다. 학자들이 읽도록 라틴어로 쓴 이전의 문서들과 달리 루터는 「독일 그리스도인 귀족에게」를 대중이 읽도록 독일어로 출판했다. 이 글에서 설파한 루터의 평신도 신학은 모든 그리스도인들을 향한 것이었다. 그는 군주뿐 아니라 소시민들과 농민들을 거론하며 신분의 평등을 주장했다. 예배 행위와 구두 만드는 행위의 동일성은 예배를 주관하는 사제와 생업에 종사하는 노동자의 영적 지위의 동일성을 의미한다. 루터는 이렇게 말한다.

> 우리가 흔히 보듯이, 교황과 주교와 사제와 수도사를 영적 신분이라 부르고 군주와 영주와 수공업자와 농민들을 속된 신분이라 한다. 그것은 매우 정교한 허구이고 사기다.[72]

---

71 헤이코 오버만, 『하나님과 악마 사이의 인간, 루터』, 이양호 · 황성국 역, 서울: 한국신학연구소, 1996, p. 78.

72 「독일 그리스도인 귀족에게」, GW, p. 1.329. 『루터선집 9』, p. 142.

적어도 하나님 앞에서 신분의 차이는 없다. 겉의 직업이나 지위가 아닌 내면의 신앙으로 말미암아 영적 신분을 가진 자인지 아닌지가 판가름 난다. 하는 일에는 차이가 있지만 신앙을 가진 모든 이들은 영적인 신분에서 전혀 차이가 없다. 성직이 따로 없고 모든 일이 성직이다. 신부와 목사의 일만 성직이 아니라 가족의 일원으로 아이들을 양육하고 가정을 책임지는 일 그리고 국민의 일원으로 직업 노동을 하는 일이 모두 거룩한 성직이다.[73] 하나님의 말씀에 따라 신앙으로 하는 모든 일과 노동은 동일하게 성직이다. 적어도 종교의 영역에서 신분 체제는 극복되었다. 이것은 신분 해방을 향한 새로운 시대정신의 탄생을 의미한다.

물론 루터는 정치사회적인 신분 해방을 의도하지는 않았다. 루터는 사회 개혁이 아닌 종교개혁을 시도한 사람이다. 그는 내면의 차원에서 일어나는 신분 해방 곧 영적인 신분 해방을 말했다. 하나님 앞에서 동일한 사람들이 세상 사람들 앞에서는 여전히 차별을 겪는다. 그럼에도 불구하고, 루터는 당시의 신분 제도에 개혁의 손을 댄 셈이다. 루터가 일으킨 영적인 신분 해방은 정치적 의미를 지닌다. 1세기에 사도 바울이 "유대인이나 헬라인이나 종이나 자유인이나 남자나 여자나 다 그리스도 예수 안에서 하나이니라"(갈라디아서 3:28)라고 할 때, 그는 영적인 차원에서 일어나는 그리스도인의 자유와 신분 해방을 말한 셈이다. 그 해방은 정신의 깊이를 가져오기는 했지만 당장 현실을 개혁하는 말씀은 아니다. 루터와 다른 점은, 바울 당시의 교회에는 계급적 위계질서가 없었고 교회가 권력 기관이 아니었다는 점이다.

그러나 루터 당시에는 영적인 신분의 차이가 곧바로 정치 경제적 계

---

73 「그리스도의 성만찬에 관한 고백」(1528), 『루터선집 7』, pp. 489-490.

급을 이루고 있었다. 사제와 평신도는 신분이 달랐다. 사제는 평신도보다 영적으로 우위에 있다고 여겨졌고, 영적인 우위는 매우 중요한 권위를 형성하며 중세 사회의 근본적인 신분의 차이를 가져왔다. 사제는 영적인 신분을 가진 자이고 평신도의 직업은 세속적 신분을 만든다. 그러한 신분의 차이는 의식 구조에서 권력 관계를 형성했을 뿐 아니라 사회경제적 차원에서의 차별로 이어졌다. 영적인 신분을 가진 사제와 주교와 교황은 세속적 차원에서도 권력을 휘둘렀다. 그들은 세속법이 규정하는 법 위에 있었고 방대한 재산을 소유하고 있으면서도 세금을 내지 않았다. 그런 상황에서 루터의 평등 선언은 사제 계급의 특권 박탈을 의미하며 동시에 군주와 국가의 힘을 강화시키기 때문에 정치적 의미를 가질 수밖에 없었다. 정치학자 피기스는 중요한 그의 저서 『정치사상, 제르송부터 그로티우스까지』에서 근대 정치의 시작을 교회의 권세가 국가로 넘어간 것에서 찾으며, 그 일에 공헌한 가장 중요한 인물로 마르틴 루터를 꼽는다.[74]

미국의 법학자 헤롤드 버만 교수의 말대로 루터의 종교개혁은 유럽의 법체계에 엄청난 변화를 가져왔다. 서양의 법은 12세기 초에 정립된 교회법canon law을 모델로 형성되었다. 그러므로 교회의 위계질서를 정면에서 뒤흔들고 그 권위를 박탈한 루터의 종교개혁은 서구 사회 전체에 큰 변화를 가져오게 된다. 종교개혁은 루터의 의도를 훨씬 넘어 개인의 자유와 양심의 권위를 확보하는 방향으로 사회의 변화를 가져왔다. 신앙 혁명이 결과적으로 세상의 혁명을 가져왔기 때문에, 루터의 종교개혁은 찰스 1세를 처형한 영국 혁명이나 루이 16세를 처형

74 John Figgis, *Political Thought from Gerson to Grotius*, Kitchener: Batoche Books, 1960, 1999, p.9. 그는 루터와 헨리 8세와 필립 2세가 동업자라고 본다. 동업의 시작은 물론 루터이다.

한 프랑스 혁명과 함께 독일 혁명으로 불린다.[75] 루터는 그 시대의 중요한 과제를 종교개혁으로 수행했고, 일단 종교의 권위주의가 사라진 후에 일상의 권위주의에 금이 가기 시작했다. 독일의 종교사회학자 에른스트 트뢸치는 루터가 모든 직업을 평등하게 영적인 일로 만든 일이 사회의 위계질서를 없애며 국가가 교회로부터 독립하고 세속 국가가 탄생하는 데 기여했다고 본다.[76]

만인사제설

신분의 차이를 없앤 루터는 모든 그리스도인이 사제라고 선언한다. "그리스도인은 누구나 세례를 통하여 사제로 서품되었다."[77] 루터는 사제 서품을 성례전으로 만든 교회법을 폐기했다. 그리스도인이라면 누구나 세례를 받는데, 그 세례를 통해 누구나 사제가 된다. 누구나 사제요, 주교요, 교황이라고 할 수 있다.[78] 만인사제설은 1520년 11월에 발표한 「그리스도인의 자유」에서도 다시 확인된다.

> 우리는 모두 사제들이다. 그것은 왕보다 나은 일이다. 사제는 하나님 앞에 서며, 하나님 앞에서 다른 사람들을 위해 기도할 자격이 있기 때문이다 …… 사제나 수사나 영적이라는 말들이 모두 잘못 쓰이고 있다. 그 말들을 모든 사람에게 사용하지 않고, 영적인 지위를 가졌다고

75 헤롤드 버만, 『법과 혁명 2』, p. 28.

76 Ernst Troeltsch, *Protestantism and Progress, A historical study of the relation of protestantism to the modern world*, tr. W. Montgomery, Boston: Beacon Press, 1958, pp. 106-108.

77 「독일 그리스도인 귀족에게」, GW, p. 1.329.

78 위의 글, GW, p. 1.330.

일컬어지는 소수의 무리에만 그 말들이 적용되고 있다.[79]

크라나흐가 그린 비텐베르크 시(市) 교회의 제단화 중 그리스도의 최후의 만찬을 그린 그림. 수염을 기른 채 뒤를 돌아다보는 오른쪽 밑의 남자가 마르틴 루터이다. 사도로 그려진 인물들은 모두 비텐베르크 시민들이다. 만인사제설을 반영한 그림이다.

누구나 이미 사제인데 다만 특정인에게 일과 직무를 맡겨서 목사나 신부를 만든다. 주교가 특정인에게 주는 사제 서품식은 이미 사제인 모든 그리스도인 회중의 명령을 받아 이루어지는 것이다.[80]

루터의 논리대로라면 사제의 지위는 세례를 통해 하나님으로부터 모든 사람에게 주어지지만, 목회자의 직무는 하나님에게서 오지 않고 사람들이 준다. 누구나 사제이지만 누구나 목회자가 되는 건 아니다. 루터는 사제sacerdos와 목회자minister를 구분했다. 사제는 제사장을 뜻하며 목회자는 목사나 신부를 가리킨다.[81] 제사장은 하나님 앞에 서서 세상을 위해 그리고 남들을 위해 기도하며 일한다. 루터는 실제로 평신도들에게 다른 그리스도인의 참회를 듣고 죄를 용서하는 권한도 인정했다. 그러한 사제의 지위는 누구나 세례를 통해서 하나님으로부터

79 「그리스도인의 자유」, GW, pp. 1.505-1.506.
80 「독일 그리스도인 귀족에게」, GW, p. 1.330.
81 베른하르트 로제, 『마르틴 루터의 신학』, p. 406.

받는다. 그러나 목사나 신부의 직무는 특정인이 담당하며 그 직무는 공동체인 교회가 교회를 위해 특정인에게 위임한 것이다. 때로 루터는 사제라는 말로 사제와 목사 또는 신부를 모두 가리켜 사용하기도 한다. 그런 경우에는 지위나 신분이라는 개념을 직무와 구분해서 이렇게 말할 수 있다. 사제의 지위와 신분은 세례 받은 모든 그리스도인에게 주어져 있지만 사제의 직무는 특정인에게 주어진다.

여하튼 신부나 목사라는 직무가 가지는 권한의 근거는 그들이 공동체로부터 그 일을 위임받았다는 데 있다. 루터가 「교회의 바빌론 포로」(1520)에서 사제 서품이 성례전이 아니라고 주장하는 것도 같은 맥락에서 하는 말이다. 똑같은 자격을 가진 평신도들이 자신들을 위해서 특정한 사람들에게 신부와 목사의 직무를 맡겼다. 그러므로 목회자들은 특별한 신분을 가진 사람들이 아니라 특별한 일을 맡은 사람들일 뿐이다. 그 일을 위해 교육도 받고 안수도 받는다. 특별한 직무나 특별한 일은 있지만 특별한 신분이나 특별한 사람은 없다. 그러므로 "그들의 직무를 그냥 직무로 생각해야 한다. 공동체에 필요한 직무이고, 공동체에 속한 직무로 생각해야 한다."[82] 루터는 이어서 말한다.

> 우리는 모두 똑같이 사제들이기 때문에 사제의 일에 대해 모두 똑같은 권능을 가지고 있다. 그러므로 우리의 동의와 선택 없이 스스로 나서서 그 일을 맡으면 안 된다 …… 공동체의 의사와 명령 없이 스스로 맡아서는 안 된다.[83]

82 「독일 그리스도인 귀족에게」, GW, p. 1.331.

83 같은 곳.

특정인에게 목회자의 일을 맡겼지만 힘과 권능은 여전히 평신도 공동체에 있다. 그 공동체의 의지Wille와 동의Bewilligen와 선택Erwählen과 명령Befehl에 따라 목회자의 직무가 주어진다. 1530년의 글에서도 루터는 목사직이 개인적인 소명이 있어야 하지만 공동체의 위임과 명령에 의한 것임을 분명히 한다. "모든 그리스도인들이 제사장이지만, 모두가 목사는 아니다. 목사가 된다는 것은 그가 그리스도인이요 목사일 뿐만 아니라 직임과 그에게 위임된 사역의 장이 있어야만 한다. 이런 소명과 명령이 목사와 설교자를 만드는 것이다."[84] 소명은 다른 직업처럼 목사 개인과 하나님과의 관계에서 생기는 것이고 명령은 신자들의 공동체가 목사직을 그에게 내리는 것이다.

루터의 주장은 17-18세기에 출현하는 사회계약론과 유사한 구조를 지니고 있다. 사회계약론은 국가 권력의 기원과 관련된 학설로서, 개인들의 필요에 의해 공동체 구성원들의 합의와 계약으로 국가가 구성되고 공권력이 생겨난다고 본다. 국가의 공무를 맡은 사람은 공동체에 의해 일할 권한을 갖게 된다. 그러므로 권력의 소유자 개념은 사라지고 공무를 맡은 공무원 개념이 등장하며, 그들은 공동체를 위해 일하기로 한 계약을 지켜야 한다. 사회계약론은 신분의 차이를 없애고 국가 권력의 기반을 국민에게 두는 데 기여한 학설이다. 사제직에 대한 루터의 공동체 위임설은 사회계약론과 달리 국가가 아닌 교회의 직제를 두고 전개한 주장이지만 혁명적 사유인 것은 분명하다.[85]

물론 루터의 생각은 중세 후기에 발생한 교회 비판의 연장선에 있다. 루터 이전 100여 년 동안 거의 모든 사람들이 교회 개혁을 주장했다.

---

84 WA 31 I, p. 211(17-20)(시편 82편 주해, 1530). 베른하르트 로제, 앞의 책, p. 406에서 재인용. 여기에서 괄호 안의 숫자 17-20은 행을 가리킴.

85 베른하르트 로제는 '민주적인 대표론'이라는 용어를 사용한다. 위의 책, p. 409.

14-15세기에 소르본 학파를 중심으로 공의회주의conciliarism를 주창했다. 공의회주의는 교회 지도자와 신학자들이 모여 교리를 논하는 회의체인 공의회councils의 결정으로 교황을 견제하려는 움직임이었으며, 일종의 입헌군주제 방식으로 인민 주권 또는 평신도 주권에 접근한다.[86] 후기스콜라주의의 이러한 변화는 루터에게도 영향을 주었지만 그의 만인사제설과 목회직의 공동체 위임설은 질적으로 다른 신앙 혁명이요 교회 혁명으로서 탈권위주의와 개인주의의 시작을 엿볼 수 있다.

사제와 주교들은 신앙 공동체의 구성원들을 대신해서 공무를 맡은 사람Amtmann[87]이다. 이런 논리로 루터는 성직에서 권력을 삭제하고 봉사의 개념만 남겨두려고 했다. 이는 사회계약론을 통해 벼슬 대신 공무원이라는 개념이 등장하면서 공권력을 봉사의 개념으로 바꾼 것과 같다. 정치적 사회계약론이 등장하기 전에 종교적 사회계약론이 등장한 셈이다. 물론 종교개혁이 서양의 민주주의에 직접 기여하는 측면은 루터 교회보다는 칼뱅주의의 영향이 컸다. 칼뱅주의는 계약 국가란 개념에 도달하고, 장로 제도와 노회 제도를 국가에 적용해서 대의제에 의한 권력 성립을 생각했다.[88] 그러나 그 출발은 루터가 주장한 사제직의 공동체 위임론에서 볼 수 있다.

만인사제설은 그처럼 목회자의 직무를 봉사로 만들면서 다른 한편으로 모든 직업활동을 영적인 일로 만든다. 일상에서 하는 모든 일이 사제가 하는 영적인 일이 될 수 있다. 그러므로 세상의 권력자는 자신의 검을 들고 영적인 일을 할 수 있다. 아리스토텔레스는 『니코마코스 윤리학』에서 국가가 형벌을 통해 인간을 직접 덕스럽게 만드는 효과를

86 퀜틴 스키너, 『근대 정치사상의 토대 2』, p. 173.

87 「독일 그리스도인 귀족에게」, GW 1, p. 331.

88 Ernst Troeltsch, *Protestantism and Progress*, pp. 115-116.

기대했는데,[89] 루터는 국가의 강제력이 간접적으로 인간을 참 신앙으로 인도하는 효과를 기대한다. 물론 국가는 인간의 내면에 관여할 수 없다. 내면의 신앙과 양심은 강제력으로 다룰 수 없는 부분이요, 하나님의 통치 영역이다. 그러나 국가는 교회 세력가들의 행위들이 불법일 때, 그 행위를 처벌하는 방식으로 교회의 정화에 기여한다.

비록 영적인 일을 하는 목사와 세상의 일을 하는 평신도가 따로 있지만, 이제 그리스도인에게는 그 자체로 세속적인 일이란 더 이상 존재하지 않는다. 국가의 관리들은 재정 관리와 형벌과 전쟁이라고 하는 육적인 일을 담당하지만 소명의식을 가지고 하면 세상을 보존하는 그 일이 영적인 일이 될 수 있다. 그러므로 세상 권세도 그리스도교 공동체의 하나의 목적 곧 영혼 구원이라고 하는 목적에 간접으로 이바지한다.

루터는 영적인 질서에서 신분의 구별을 없앰으로써 평신도와 사제의 위계질서를 없앴다. 사제의 공동체 위임설을 통해 교회 지도자들의 권한은 하나님에게서 온 것이 아니라 사람에게서 온 것이 되었다. 루터는 당시의 목회자들의 권한이 하나님에게서 오지 않았을 뿐 아니라 사람에게서 온 것도 아니라고 말한다. 공동체에서 그들을 임명한 적이 없기 때문이다. 그리고 성직자가 아니더라도 모든 그리스도인들이 자기 직업을 성직으로 알고 일하게 되었다. 이것은 결과적으로 세상 통치자가 영적인 소명의식을 가지고 교회에 깊이 개입하게 되는 길을 열어놓았다.

---

89 아리스토텔레스, 『니코마코스 윤리학』, 이창우 외 역, 서울: 이제이북스, 2008, p.379 (1180a) 이하.

3. 국가 권력이 교회에 개입하라

루터의 두 왕국론과 만인사제설은 신학적으로 교회의 권력을 박탈할 뿐 아니라 교회 문제에 세속 권력이 개입할 길을 열어놓았다. 하이델베르크대학의 보른캄 교수는 두 왕국론에 들어 있는 세 가지 주제에 대해 말했는데, 그중 첫 번째가 교회와 국가의 관계이다. 그것은 교회의 권세와 교회의 정치 활동에 대한 국가의 의무를 다룬다.[90] 보른캄이 두 왕국론의 첫 번째 주제로 교회와 국가의 관계를 꼽았듯이 루터는 교회의 권세를 무너뜨리는 국가 권력의 정당성을 뒷받침하는 이론을 제공한다. 하나님의 말씀을 통해 인간의 영혼 구원을 도와야 할 사람들이 땅과 건물과 사람을 지배하며 소유를 늘려가는 현실을 루터는 비판한다. 국가는 신앙 문제에 관여할 수 없지만 신앙과 관련되지 않은 일에 대해서는 교회도 세상 권세의 통치를 받는다.[91]

군주의 교회 관할권

눈에 보이지 않는 인간 내면을 돌보는 일을 맡은 교회 지도자들이 눈에 보이는 외부 세력의 확장에 나서면 외부를 관장하는 세상 권세 밑으로 들어가게 된다. 영이 아닌 물질은 세상 권세의 통치 영역이며 물질 문제에 관해서 군주가 교회를 다스릴 수 있다. 교회도 구성원을 통제할 내부 규율이 필요하고 외부로부터 재산과 조직을 보호할 법이 필

---

90 둘째는 하나님 나라와 세상 나라의 관계이고, 세 번째 주제는 이웃에 대한 그리스도인의 태도이다. 하인리히 보른캄, 「두 왕국의 교리」, 『루터 사상의 진수』, 지원용 편, 서울: 컨콜디아사, 1986, p.220 참조.

91 「세상 권세에 대하여」, GW, p.4.399.

요하지만, 그러한 교회법을 통과시키는 자는 지방 행정관이다. 종교개혁의 영향으로 독일에서는 국가 교회라는 새로운 종교 제도가 등장하게 되었다. 목회자와 신학자들과 상의하고 협력하면서 통치자들이 교회법을 제정한다. 교회법을 포함한 모든 법의 제정과 집행과 재판의 최종 권한은 교회에 있지 않고 국가에 있게 되었다.[92]

교회도 군주의 관할권 아래 있다는 주장은 이미 1515-1516년에 이루어진 「로마서 강의」에서부터 제기된 문제이다. 루터는 로마서 13장을 해설하면서 모든 권세는 하나님에게서 왔으니 모든 사람은 세상 권세에 복종해야 한다고 말한다. 그런 원칙론을 말한 후 루터는 곧바로 교회의 부패 문제를 다룬다. 교회가 누리고 있는 자유와 교회법과 재산이 교회를 해치고 있다. 사도 시대와 달리 교회가 세금을 안 내고 오히려 국민의 세금을 거두어 가는 현실을 루터는 비판한다. 목회자들은 교회가 국가 위에 있다고 주장하며 교회를 세상법이 미치지 못하는 성역으로 간주하고 있다. 루터는 그런 성직자들이 모두 범법자요 사탄적이라고 본다. 지금까지 그런 행태가 통한 것은 교회를 건드려서는 안 된다고 믿었던 관습 때문이라고 분석한다. 이어서 루터는 성직자의 문제도 세상 권세에 맡기자고 말한다. "성직자의 세상적 용무들을 세상의 강제력 밑에 두는 것은 자명한 일이다."[93]

앞에서 말한 대로 루터는 신앙을 전제로 한 모든 행위의 동등성과 영적 신분의 동등성을 주장하며 군주가 교회에 개입할 수 있는 신학적 근거를 마련했다. 교황과 황제의 관계는 사제와 평신도의 관계이므로, 군주로 하여금 교회에 개입하도록 하는 데는 평신도의 영적인 지위가

---

92 John Witte Jr., *Law and Protestantism, The Legal Teachings of the Lutheran Reformation*, Cambridge: Cambridge University Press, 2004, p.110.

93 「로마서 강의」, GW, p.680.

사제와 다를 바 없음을 밝혀야 했다. 세속화된 현대 사회에서는 교회의 재산 분쟁이나 직권 다툼이 사회 문제가 될 때 또는 개인의 권리 침해로 고소 고발이 있을 때 국가가 꼭 영적인 지위를 가지지 않고도 교회에 개입한다.

그러나 루터는 군주가 교회에 개입하는 것을 신앙의 사건으로 보았다. 하나님의 나라와 세상 나라가 그리스도인 개인 내면에서 분리될 수 없고 바깥세상의 모든 일과 직업이 내면의 하나님 나라와 연결되어 있다. 세상 나라의 통치자는 자기 직무로 교회를 정화함으로써 하나님 나라에 간접으로 봉사할 수 있다. 말씀의 권세를 잃고 세상적인 권력을 갖고 싶어 하는 교회에 대해 군주는 그리스도인으로서 하나님을 섬기는 자세로 국가의 강제력을 작동시켜야 한다. 물론 군주의 교회 개입은 교인의 신앙에 개입하는 것을 의미하지 않는다.

세상 권세가 악한 자를 벌하고 세상적 평화를 마련하는 일, "그 일은 육적인 일이지만 영적인 신분에 속한다."[94] 농부나 왕은 영적인 신분으로 육적인 일을 하고, 사제나 목사는 영적인 신분으로 영적인 일을 한다. 농부나 왕은 육적인 일로 영적인 일을 돕는다. 영적인 자각을 가지고 일할 때 육적인 일도 영적인 일이 될 수 있다.

> 그리스도교 세계의 세상 권세의 힘은 악한 자를 벌하고 의로운 자를 보호하라고 하나님으로부터 주어진 것이므로, 사람을 가리지 않고 그리스도왕국Christenheit의 몸 전체에 자유롭게 미치도록 하여야 한다. 교황이든 주교든 성직자이든 수도승이든 수녀이든 상관없이 그 힘이 모든 이들에게 미치도록 해야 한다.[95]

---

94 「독일 그리스도인 귀족에게」, GW, p. 1.335.

95 위의 글, GW, p. 1.334.

국가의 공권력이 죄인을 처벌하는 일은 공동체 전체의 영과 육을 강건하게 하는 데 도움이 된다. 그 일은 육적인 일로 보이지만 공동체의 정신을 정화하는 효과를 가져오니 결과적으로 영적인 일이 된다. 그러므로 공권력은 불법을 행한 자들을 누구든 예외 없이 처벌해야 한다. 그것이 공동체 전체를 살리기 위한 그의 역할이요 직무이다. 루터는 죄를 지은 자는 누구나 벌을 받아야 한다고 여러 번 강조한다. 이 말은 목회자의 재산과 신체와 자유에 대해 국가 권력이 관여해야 한다는 뜻으로 한 말이다.[96] 두 왕국론을 말한 「세상 권세에 대하여」에서 세상 권세의 기원과 정당성에 대해서 많은 부분을 할애한 까닭 중의 하나는 국가 권력이 교회의 목회자들에게 미치게 하기 위함이다.

루터는 「세상 권세에 대하여」(1523)에서 몇 단계의 논증을 거쳐서 성서를 근거로 세상 권세의 정당성을 부여한다. 가장 많이 사용하는 구절은 잘 알려진 로마서 13장 1,2절과 베드로전서 2장 13, 14절인데, 이 글에서 그에 못지않게 중요하게 다루는 성경 구절은 마태복음 5장 38절부터 44절까지이다. 그 구절은 산상수훈의 말씀으로서 악을 악으로 갚지 말고 원수를 사랑하라는 말씀이다. 이 성경 구절을 근거로 그리스도의 복음이 법을 무력화한다는 생각이 가능해진다. 그 구절을 해석하기에 따라서는 재침례파처럼 악을 처벌하는 국가의 검이 그리스도인들에게는 필요 없다고 주장할 수도 있다. 그러나 루터는 복음과 법은 양립한다고 본다. 물론 참된 그리스도인이라면 법이 필요 없다. 그리스도인은 법이 필요 없을 정도로 높은 도덕성으로 사는 사람들이어야 한다. 그러나 세상엔 참된 그리스도인이 드물다. 그래서 악을 징계하는 법의 효력에서 제외되는 사람은 없다. 1530년에 루터는 똑같은

---

96 『루터선집 9』, p. 146.

문제의식을 가지고 「마태복음 5-7장에 관한 주간 설교」에서 산상수훈을 해설하며 같은 결론에 도달한다.

복음이 법을 폐지했다는 주장에 대한 루터의 반론은 두 가지 상대를 염두에 둔 것이다. 하나는 앞에서 보았듯이 그리스도인에게는 국가의 통치가 필요 없다고 주장한 재침례파이다. 그리고 다른 하나는 중세 스콜라신학자들의 가르침이다. 스콜라신학은 성직자를 국가의 통치권이 미치지 않는 특별한 신분의 사람들로 만들었다. 스콜라신학자들은 악을 악으로 갚지 말고 원수를 사랑하라고 한 예수님의 계명은 반드시 지켜야 되는 계명precepta이라기보다는 영원한 행복을 좀 더 빨리 얻기 위한 권면consilia이라고 했다. 그 권면은 사제나 수도승처럼 특별한 자들을 위한 것이다. 그들은 세상의 법 너머에 살며 예수님의 권면을 받아 완전하게 되는 데 힘쓰는 자들이다.

이런 학설은 한편으로는 평신도들을 죄책감의 부담에서 자유롭게 해주면서 다른 한편으로는 사제와 평신도를 복음의 사람과 법의 사람으로 나누어놓게 된다. 사제들은 평신도들과 달리 하나님과 더욱 가깝고 더욱 도덕적이어서 법 위에 사는 지위를 가진 자들로 여겨졌다. 현실이 어떠했든 중세의 사제의 권위는 깊은 신앙과 높은 도덕성을 전제로 한 것이었다. 그런 생각을 근거로 교회에는 국가법이 미치지 않는다는 주장이 가능했다.

루터는 가톨릭 교회의 그런 주장을 궤변이라고 비난하면서 예수님의 계명은 누구에게나 해당된다고 주장한다.[97] 사랑의 계명과 높은 도덕성의 요구는 단순한 권면이 아니라 평신도를 포함한 모든 그리스도

97 「세상 권세에 대하여」, GW, p.4.355. 또한 「마태복음 5-7장에 관한 주간설교」, WA 32, p.300.

인이 반드시 지켜야 하는 계명이다. 평신도도 영적인 지위를 가지고 하나님의 통치를 받는 자들이다. 그러므로 평신도들에게도 높은 도덕성이 요구된다. 신분의 평등에는 의무의 평등도 같이 따라온다. 계명과 권면의 구분을 반대하는 루터의 주장은 결국 사제와 평신도의 구분을 폐지하는 논리이다. 한편으로 평신도들은 영적 지위가 향상되면서 영적 의무가 증가되고, 다른 한편으로 사제들도 평신도와 지위가 같아지면서 세상법의 적용을 받아야 한다. 목회자의 직무를 가진 자이든 평신도이든 모든 그리스도인들은 세상 나라에 살며 하나님 나라를 추구한다. 세상 나라에 사는 한 세상법의 적용을 받는다.

루터가 인간의 원죄로 생각한 것은 탐심cupiditas이다. 탐심은 "쾌락과 세상 재물을 향한 육체의 악한 욕망"을 가리킨다. 루터는 이 탐심이야말로 우리가 본성적으로 타고나는 원죄라고 본다. 탐심이라고 하는 악의 성향은 순간순간 억제할 수는 있으나 뿌리 뽑을 수는 없다.[98] 탐심을 억제하며 모범을 보여야 할 사제들이 오히려 탐심에 가득 차서 세상 재물과 높은 자리로 갈등을 일으킬 때, 그걸 다스리는 힘은 국가 권력에서 나온다.

사실 루터가 교회의 권세를 없앰으로써 강제력을 가진 권력은 국가에만 주어지게 되었다. 목회자의 권한은 교인들의 공동체에서 준 것이고 국가 권력은 하나님이 준 것이라면 교회 지도자와 국가 통치자의 관계에서 권위의 무게가 국가 쪽으로 급격히 쏠리게 된다. 권력 문제를 놓고 보면 교회에 대해 국가가 월등해지면서 국가가 교회에 개입할 근거가 마련되었다.[99] 영혼 구원에 있어서도 교회보다는 개인의 내면이 중요해

98 마르틴 루터, 「선한 행위에 관하여」, 『루터선집 9』, p.127.

99 Ronald Rittgers, *The Reformation of the Keys, Confession, Conscience and Authority in 16th Century Germany*, Cambridge and London: Havard University Press, 2004, p.63.

지면서 신학적으로 국가 권력에 대항할 집단 권력은 사라졌다. 이런 신학 작업들이 모두 교회에 국가 권력이 개입하는 길을 열어놓았다.

1528년과 1529년에 작센 지방을 시찰한 루터와 그의 동료들은 파괴된 교회를 위해 군주와 영주가 응급주교의 역할을 해야 한다고 생각했다. 그러면서 세상 정부의 교회에 대한 개입은 단순히 부패한 교회 권세자들을 징계하는 차원을 넘어 성직자를 군주가 임명하고 교회 재산과 운영을 관리 감독하는 역할로 확대된다. 루터는 긴급한 상황에서 군주가 임시 응급주교Notbischof의 역할을 할 수 있다고 인정한다.

참 교회에 대한 애정

그처럼 교회에 대한 국가 권력의 개입의 길이 열렸지만 국가와 교회는 언제나 구분해야 한다. 응급주교가 되는 영주는 영주로서가 아니라 한 사람의 그리스도인으로서 교회를 관장한다. 그는 만인사제설에 따라 영적인 신분을 가진 하나님 나라의 백성이자 누구에게나 해당되는 잠재적 주교로서 교회에 개입한다. 또한 임시로 그 일을 맡을 뿐이며 긴급 상황이 종료되면 임시주교 역할을 했던 영주는 목사들에게 교회의 관리를 넘겨야 한다. 세상 통치자인 영주의 교회 개입은 최소한에 그치게 함으로써 루터는 두 나라가 구분되어야 한다는 두 왕국론의 기본원칙을 지키려고 한 셈이다.[100]

만인사제설이 서구 민주주의 발전에 미친 영향은 지대하다. 그러나 루터 자신은 1525년의 농민 전쟁을 겪은 후 만인사제설을 강조하지 않았다. 쉬바벤 농민 동맹이 내건 12개 조항은 전반적으로 경제적 착취

100 카질 톰슨, 『마르틴 루터의 정치사상』, 김주한 역, 서울: 민들레 책방, 2003, pp. 202-214.

에 대한 저항이며 신분 해방을 요구하는 내용이었다. 그러나 첫 번째 와 두 번째 조항은 신학적인 주장으로서, 교회 공동체에서 자율적으로 목사를 초빙하고 면직시킬 수 있는 권한을 요구하고, 십일조도 교회 공동체에서 관리하고 목사의 생활비도 교회 공동체에서 지급하기를 요구했다.[101] 이런 주장은 목회자의 직무 수행이 교회 구성원들의 공동체적 의지에 의해 형성된다는 루터의 만인사제설을 따른 것이다. 루터에 의해 영감을 받고 교회 권위에 도전한 농민들은 수도원을 약탈하고 불살랐다. 그런데 루터는 물질에 눈이 어두운 사제들과 교회를 사탄으로 보았지만 영적 공동체로서의 교회는 존중되기를 원했다. 루터에게 참된 교회의 실체는 눈에 보이지 않지만, 그러나 참된 교회가 눈에 보이는 교회와 완전히 별개의 것은 아니었다.[102]

「아우구스부르크 고백」 10조는 이렇게 말한다. "하나의 거룩한 교회가 영원히 존재한다. 교회는 성도들의 모임이며 복음이 바르게 가르쳐지고 성례가 바르게 집전되는 곳이다."[103] 트뢸치는 루터의 교회론을 이렇게 정리한다. 말씀 선포와 성례가 있는 곳에 교회가 있다는 점에서 루터의 교회는 보이는 교회이지만, 교회의 힘은 영적인 것이며 따라서 보이지 않는다.[104] 따라서 보이는 힘을 가지려고 한 옛 교회는 이제 세력을 잃게 되었다. 교회는 성도의 모임congregatio sanctorum인데,

---

101 쉬바벤 농민 동맹의 12개 조항은 손규태, 앞의 책, 65쪽 이하에 번역되어 있다.

102 이영헌, 「루터와 교회」, 『루터 사상의 진수』, pp.284-286. 한스 바르트, 『마르틴 루터의 신학』, pp.527-532.

103 *Triglot Concordia: The Symbolical Books of the Evangelical Lutheran Church: German-Latin-English*, St. Louis: Concordia Publishing House, 1921, p.46. 영어만으로는 www.bookofconcord.org 에서 볼 수 있다.

104 Ernst Troeltsch, *The Social Teaching of Christian Churches II*, tr. O. Wyon, London: George Aleen & Unwin, 1931, 1956, p.481과 p.563.

라틴어로 성도라고 했지만 독일어로는 믿는 자들이라고 표기했다.

루터는 교회를 사람들로 보았다. 교회가 믿는 자들의 모임 Versammlung alle Gläubigen이 되면서 교회 개념이 인간학적으로 바뀌고, 구원의 매개자 역할을 하며 사람 위에서 군림하던 초자연적 기관으로서의 중세 교회는 거부된다. 독일의 루터 교회를 가보면 고색창연하고 때로는 관들이 즐비한 중세의 가톨릭 성당을 그대로 쓰면서 설교단만 중간에 새로 배치한 모습을 많이 보게 된다. 이는 교황주의자들을 사탄이라고 했지만 가톨릭 교회가 보존한 복음과 세례를 부정하지는 않은 루터신학의 영향으로 보인다. 동시에 건물이 중요하지 않고 사람이 중요하다는 루터의 교회관이 준 영향일 수도 있다. 다시 말해서 내면의 신앙을 가진 사람들의 모임이 교회이므로 구태여 건물을 새로 지을 필요를 못 느꼈기 때문이 아닌가 여겨진다.[105]

물론 눈에 보이는 교회라는 개념이 없어진 것은 아니다. 믿는 자들이 모여 말씀을 선포하고 성례를 베푸는 객관적 행위가 교회 성립의 조건이기 때문이다. 또한 사도신경에서 '거룩한 교회를 믿사오며'라고 할 때 거룩한 교회는 믿음의 대상인데 루터는 '하나의 거룩한 교회'를 명시함으로써 단지 믿음에 의해 만들어지는 교회가 아니라 믿음의 대상인 교회의 측면을 유지한다.[106] 그러나 믿음의 대상인 교회는 그리스도인들의 영적 공동체로서 보이지 않는 교회이다. 보이지 않는 교회는 6장에서 보듯이 루터의 사회사상으로 발전한다.

1520년에 만인사제설을 주장한 후에 루터는 1523년에도 「그리스도

---

105 최주훈, 『루터의 재발견』, 서울: 복 있는 사람, 2017, pp.232-233 참조.

106 André Birmelé, "The Theological Self-understanding of the Evangelical Lutheran Churches" in *Martin Luther, A Christian between Reforms and Modernity (1517-2017)*, ed. Alberto Melloni, Berlin: De Gruyter, 2017, p.772.

인들의 모임과 공동체가 모든 가르침을 판단할 권리와 힘이 있으며 또한 가르치는 자를 불러 임명하고 해고할 수 있는 권리와 힘을 성서에 근거해서 가지고 있음에 대하여」라는 긴 제목의 글을 썼으나, 그런 주장은 농민 전쟁의 충격으로 수그러들었다. 또한 작센 지방의 교회를 순회하면서 일반 신도들이 자유를 남용하는 것을 보고서 실망한 일도 영향을 미친 것 같다. 결국 평신도 위임에 의한 목사직 선임은 루터 교회의 헌법에도 채용되지 않았다.[107]

루터파 내부에서 목사 안수가 공동체의 위임이라는 관점이 수그러지면서 목사직을 그리스도의 말씀에 의한 것으로 보는 관점이 힘을 받았다. 「아우구스부르크 고백」 5조의 독일어는 목회직을 하나님이 제정하셨다고 밝히고 있다.[108] 이 말은 목사를 하나님이 세우셨다는 말은 아니지만 목회직에 대한 특별한 의미를 부여하는 것은 사실이다. 그러나 가톨릭의 사제 안수와 달리 루터 교회는 루터의 가르침대로 목사 안수를 성례에서 제외했고 목사를 평신도와 동등한 지위로 생각해왔다. 따라서 루터교에서는 목사 선임의 공동체 위임설과 그리스도 위임설이 공존한다고 보는 것이 옳을 듯하다.[109]

한편 세상 권세의 교회 개입과 관련해서 루터가 1530년 이후에 두 왕국론의 엄격한 구분을 수정하면서 멜란히톤이 주장한 세속 통치자의 종교 관할cura religionis을 인정했다는 주장이 있지만, 그것을 반박하는 주장도 있다. 작센의 영주가 교회를 관할하게 된 것은 응급 상황

107 베른하르트 로제, 앞의 책, p. 231.

108 "Gott hat das Predigtamt eingesetzt." 한편 목회직을 가리키는 말로 라틴어 minister를 쓰지만 독일어로는 Predigtamt를 사용한다. 이는 개신교 목회자의 직무가 설교에 중점이 있음을 보여준다.

109 André Birmelé, 앞의 글, p. 774 참조.

에만 해당되었기 때문에 루터는 영주의 일반적인 교회 관할권을 인정하지 않았다는 주장이다. 물론 루터의 사후인 1555년의 아우구스부르크 협약으로 그 지역의 영주가 그 지역의 종교를 관할하게 되었지만 루터의 의도와는 무관하다고 볼 수 있다.[110]

영주의 종교 관할에 관한 논쟁의 주제는 통치자가 자기 영토 내의 신민들의 신앙을 보호하고 신앙의 일체성을 관리할 수 있느냐는 점이다. 보호를 이유로 통치자가 지역 내의 신앙 문제에 개입했을 때 개인의 자유를 침해할 수 있다는 데 문제가 있다. 영주의 종교 관할 문제는 개인 대 국가의 구도에서 보면 루터의 의도와 관련해서 논쟁의 대상이 될 수 있다. 그러나 교회와 국가의 구도에서 보면 교회라는 단체가 권력을 잃고 국가의 영토 관할권 안에 들어간 것은 루터의 신학이 의도한 바이다.

다시 말해서 루터가 교회의 권력을 제거한 것은 부인할 수 없는 사실이고, 그것은 루터가 개인의 자유를 확보하기 위해 진행한 종교개혁의 핵심 사항이었으며 루터의 의도와 신학적 논증에 근거해서 진행되었다. 국가가 유일한 법 제정의 주체가 되었기 때문에 교회도 국가의 통치권 안으로 들어간다. 루터교를 택한 모든 나라가 그런 형태의 제도를 채택했다.

이것이 후대의 루터 교회가 국가 교회로서 국가에 대한 예언자적 역할을 하지 못하는 결과를 가져온 원인이 되기도 한다. 그러나 루터의 종교개혁이 부패한 종교 권력과 교회의 권위를 제거함으로써 근대적 주권 국가 탄생의 계기를 마련했으며 개인들이 권위의 중심이 되고 자

---

110 D. Whitford, "Cura Religionis or Two Kingdoms: The Late Luther on Religion and the State in the Lectures on Genesis", *Church History* 1/73 (March 2014), pp. 41-62.

유로운 주체가 탄생하게 되었다. 루터의 개혁 정신은 어떤 면에서 교회보다는 세속 사회 쪽으로 전달된 면이 있다.

교회의 권세가 사라졌다고 군주가 교회의 통치자로 행세하는 것을 루터가 허락한 것은 아니다. 비록 교회가 국가의 통치권 안으로 들어갔어도 교회 안에는 통치자가 없다는 관점도 존중되어야 한다. 이는 교회라는 단체의 권위보다는 개인의 신앙의 자유와 관련해서 중요한 부분으로 남는다. 루터는 죽기 전에 멜란히톤을 비롯한 자신의 측근들과 식탁담화Colloquia Mensalia의 형식으로 대화하며 여러 주제에 대한 자신의 생각을 밝히고 회고했는데, 그의 말을 모아 편집해서 낸 사람이 그의 제자이자 임종 때까지 가까이 있었던 아우리파버이다. 아우리파버는 1566년에 처음으로 루터의 식탁담화를 출판했는데, 그 책의 서문에서 루터가 세상 통치자나 법률가들이 세상일을 처리하듯이 교회를 주무르는 것은 반대했다고 밝히고 있다.[111]

1장의 이야기를 정리해보자.

루터는 인간의 영적 자유를 위한 교회의 소명을 다하게 하기 위해 교회의 권세를 제거했다. 권세의 수단이 되었던 교회의 법 제정 권한과 재판권을 박탈하고, 사제와 평신도의 위계질서를 인정하지 않았다. 그리고 그는 교회의 부패나 물질 부분에 대해 세상 나라의 통치자가 개입하도록 했다. 두 왕국론이나 만인사제설이나 직업소명설 등이 모두 교회 개혁을 뒷받침하기 위한 신학 논리였다.

종교개혁의 영향으로 교회가 법적이고 정치적인 기관의 성격을 상

---

111 John Aurifaber, "Preface to the Table Talk of Martin Luther", in *The Table Talk of Martin Luther*, tr. William Hazlitt, Philadelphia: The Lutheran Publication Society, 1997.

실함에 따라서, 국가는 인간의 삶에 직접적으로 영향을 주는 모든 문제를 다루는 유일한 기관이 된다. 교회가 관여했던 결혼과 가족과 상속에 관한 법도 국가에 넘어오게 되고, 교육과 복지도 국가의 관할 아래로 들어온다. 이른바 영토 주권을 가진 주권 국가가 출현하면서 시민 생활에 관한 모든 공적인 강제력은 국가의 시민법을 통해 이루어지게 된다. 그리하여 종교와 정치가 완전히 분리되는 근대 국가가 탄생하게 된다.

물론 루터는 오늘날과 같은 탈종교의 세속 국가를 의도하지는 않았다. 루터는 국가의 통치자나 국민들이 그리스도인으로서의 소명을 다하면서 봉사의 정신으로 서로를 섬기며 살기를 바랐다. 그러나 루터의 종교개혁에서 발단이 된 개인주의와 자유주의에 의해 현대 사회는 개인의 자기실현을 중시하게 되었다. 17세기 이후 서구 사회에 밀어닥친 근대적 정치사회의 변동은 루터의 교회 개혁이 다양한 방향으로 영향을 주며 이루어졌다. 교회 개혁으로 합리주의가 자리를 잡고 사회 전반의 권위주의가 무너지게 된다.

2장

내면성의 원리와 개인의 등장

Martin Luther

근대 민주국가는 개인주의, 합리주의, 민족주의의 결합으로 이루어졌다. 루터가 민주주의의 초기 역사를 형성한다[1]고 말하면 놀랄지 모른다. 민주주의는 정치 체제를 가리키는데, 적어도 루터 자신은 정치 경제적 개인주의나 자유주의와 거리가 멀어 보인다. 개인주의나 합리주의는 신앙의 자리에 이성이 들어서면서 생겼는데, 루터는 이성이 아닌 신앙의 우위를 말하고, 이성의 역할을 어느 정도 인정하고자 했던 스콜라신학에 반대하여 '오직 은총으로만'을 주장하지 않았는가.

자유주의와 민주주의에 기여한 독일의 인문주의자 칸트가 『실천이성비판』에서 이성의 숭고한 능력을 주장하고 자유의지를 내세운 반면에, 루터는 「노예의지에 관하여」에서 인문주의자 에라스무스와 논쟁하며 이성의 무능력을 말하고 자유를 상실한 인간의 노예의지를 말하지 않았는가. 아담 스미스가 종교적 자비의 원리가 아니라 합리적 이기심의 원리에 따라 직업을 통한 이윤 추구의 자본주의적 도덕을 내세운 반면에, 루터는 직업소명설을 통해서 직업을 돈벌이 수단으로 생각하지 말고 남을 섬기는 봉사의 수단으로 사용하라고 했다.

루터의 가르침과 행적은 합리주의와 거리가 멀어 보인다. 오히려 그는 교회에 갇혔던 신앙의 힘을 세속까지 확대하려고 했다. 그는 시공

1 한스 바르트, 『마르틴 루터의 신학』, p. 57.

간이 성과 속으로 나누어진 중세의 이분법을 거절하면서 주일과 평일의 시간 구분을 없앴고 교회와 세상의 공간 구분도 없앴다. 그리고 행위의 동등성을 내세우며 세상을 예배의 자리로 만들었다. 그처럼 시공간을 균등화하면서 성직과 일반 직업의 구분을 없애고 만인사제설에 따라 일반 직업도 성직이라고 했다.

그러한 루터의 태도는 개인주의나 합리주의와 아무런 상관이 없어 보인다. 민족주의와 루터는 더욱 관련이 없어 보인다. 루터가 로마 교회에 대항하던 초창기에 독일의 애국적 기사단이 루터의 지도하에 뭉쳐 독일을 위해 싸우자고 제안했을 때 루터는 그러한 민족주의의 길을 거절하지 않았는가. 그러나 역사의 흐름 속에서 루터의 새로운 신앙이 개인주의와 합리주의 출현에 영향을 주었다. 민족국가 출현에 미친 영향에 대해서는 4장에서 살펴볼 기회가 있을 것이다. 2장에서는 루터의 종교개혁으로 말미암아 개인이 등장하게 되었음을 보이고자 한다.

루터는 개인을 진리 인식과 실천의 주체로 만들었다. 헤겔은 루터 혁명의 핵심을 개인의 내면성이 강화되면서 생긴 주체의 출현에서 찾았다.[2] 헤겔은 루터 이후 자기 세대 이전까지를 루터가 제시한 주관적 자유의 원칙을 보편 정신으로 만든 시기로 본다.[3] 현대 프랑스의 정치철학자 라이너 슈만은 데카르트 이전에 이미 루터가 이후 400년 동안 서구의 사유가 나갈 방향을 제시했다고 본다. 슈만이 루터에게서 본 근대적 요소는 강화된 자기의식이다.[4]

---

2 G.W.F. Hegel, *Lectures on the Philosophy of World History*, ed. and tr. R. Brown and P. Hodgson, Oxford: Oxford University Press, 2011, p.503과 p.508. 내면성: Innerlichkeit, inwardness.

3 위의 책, p.509.

4 Reiner Schürmann, *Broken Hegemonies*, Bloomington: Indiana University Press, 2003, p.353.

학자들은 이처럼 개인의 주체성과 자기의식의 형성의 측면에서 근대의 출발을 루터에게서 찾는다. 루터의 '내면성의 원리'가 헤겔이 말하는 주체나 슈만이 말하는 자기의식의 핵심을 형성한다. 에른스트 트뢸치는 루터가 강조한 신앙을 내면의 기적으로 보았고,[5] 독일의 철학자 빌헬름 딜타이는 루터의 내면의 원리에서 근대의 시작을 본다.[6] 스탠퍼드대학의 교수 스피츠는 루터의 종교개혁을 내면 종교의 출현으로 보고 루터가 마련한 내면의 자유를 근대의 출현으로 본다.[7]

루터는 인간의 내면을 강화했다. 루터는 자신의 모든 문서에서 개인의 내면과 바깥을 구분했다. 그가 일으킨 종교개혁은 밖으로 보이는 종교 행위의 가치를 삭감하고 눈에 보이지 않는 내면의 신실함을 중하게 여기는 개혁이었다. 특정한 때에 특정한 장소에서 규정과 관습에 따라 벌이는 종교 행위는 외적인 것인데 그리스도인은 그런 외적인 것으로부터 자유로워졌다고 루터는 주장한다.[8] 신앙은 겉으로 보이는 행위와는 무관하다. 내면의 강화는 결과적으로 주체적 개인의 등장으로 연결된다.

"사람들은 점점 내면적인 기독교 신앙을 추구하기 시작했다. 영적인 삶은 수없이 거행되는 예배의식으로 소멸되지 않고 오히려 내적인 참여와 개인적인 단호함이라는 특징을 지니게 되었다."[9] 16세기의 뮌스

---

5 Ernst Troeltsch, *The Social Teaching of Christian Churches II*, p.469.

6 Wilhelm Dilthey, "The Interpretation and Analysis of Man in the 15th and 16th Centuries", in Lewis W. Spitz, ed. *The Reformation: Basic Interpretation*, Lexington, Mass.: D. C. Heath and Company, 1972, pp.11-24.

7 Lewis W. Spitz, *The Reformation: Basic Interpretation*, viii 이하.

8 예를 들어 「대교리문답」(1529)에 나오는 안식일 계명의 해설을 보라. 『루터선집 9』, pp.436-439.

9 미하엘 바인트커 외, 『종교개혁 유럽의 역사를 바꾸다』, 김재진 외 역, 서울: 대한기독교서회, 2016, pp.363-364.

터에서 일어난 변화를 묘사한 이 문장은 독일 여러 지역에 미치고 있던 루터의 영향을 잘 설명해주고 있다.

내면의 강화를 통한 개인의 등장은 몇 가지 측면에서 이루어졌다. 첫째, 교회로부터 독립된 개인의 등장이다. 루터는 진리가 계시되고 신앙이 성립하는 자리를 교회가 아닌 개인의 내면에서 찾았다. 둘째, 국가와 대중으로부터 독립된 개인의 등장이다. 개인의 내면이 바깥세상과 긴장을 이루면서 개인은 자기 세계를 가진 독립된 존재가 되었다. 여기에는 루터의 노예의지론도 중요한 역할을 했다. 셋째, 진리 인식과 실천의 주체인 개인의 등장이다. 외부적 권위로부터 독립한 개인이 각자 자신의 판단과 양심으로 하나님의 말씀을 이해하고 행동할 수 있게 되었다. 이 세 가지 측면은 완벽하게 구분되는 것은 아니고 서로 얽혀서 루터신학의 특징을 드러낸다.

1. 개인의 내면, 진리 계시의 자리

루터의 종교개혁은 신앙을 종교 행위가 아니라 눈에 보이지 않는 마음의 확신으로 보려는 작업이었다. 루터는 「로마서 서문」(1522)에서 마음의 바탕Herzens Grund을 강조한다. 하나님을 믿는지 안 믿는지는 속마음에서 결정된다. 겉으로 종교 행위를 해도 속으로는 하나님이 아닌 돈이나 권력 같은 우상을 섬길 수 있다. "성서는 마음 바탕을 들여다보아 모든 죄의 뿌리와 원천을 찾아낸다. 모든 죄의 뿌리와 원천은 마음의 바탕에 있는 불신앙이다."[10] 신앙은 마음의 바탕에서 일어나는 변화

10 GW, p. 3.065. 『루터선집 4』, p. 46.

이다.

따라서 종교 행위가 이루어지는 교회보다 개인의 내면이 중요해진다. 신앙이 형성되고 진리가 계시되는 자리는 개인의 내면이다. 내면에서 일어나는 일은 원칙적으로 개인 자신만 아는 세계이다. 신앙은 신에 대한 개인의 인식과 결단의 문제이지 집단의 문제가 아니다. 그런 식으로 개인의 자기 세계가 중요해지면서 종교개혁은 신앙 집단이나 정치 집단에서 벗어난 개인을 탄생시켰다. 대중 속의 종교 행위나 도덕 행위보다 개인 내면의 신앙이 중요하다. '오직 믿음으로만'이라는 루터의 구호는 행위에 대한 신앙의 우위를 말함으로써 내면성을 강조한다.

안과 밖, 행위에 대한 신앙의 우위

안과 밖의 구분은 루터신학의 기초적인 개념이다. 루터는 내면의 신앙과 바깥 행위를 구분하고 신앙이 행위에 앞서야 한다고 주장한다. 바깥 행위에는 교회의 예배나 금식 같은 종교 행위와 타자에 대한 행위가 있는데, 타자에 대한 행위는 선한 행위의 문제로서 도덕적이고 법적인 행위를 가리킨다. 루터는 행위에 대한 신앙의 우위를 통해 개인의 내면을 하나님의 뜻이 드러나는 계시의 자리로 만들었다.

첫째, 종교 행위에 대한 신앙의 우위이다. 이것은 교회로부터 독립된 개인이 등장하는 계기를 만든다. 1517년의 「95개조 반박문」에서 루터는 내면과 외부의 구분을 맨 앞에 배치했다. 1조는 그리스도께서 '회개하라'고 하실 때 그 회개는 평생 계속되어야 함을 말하고 2조에서 그 회개가 성례전을 가리키지 않는다고 말한 후에 3조에서 '내면의 회개'라는 용어를 사용하여 참된 회개를 말한다.

이듬해에 루터는 자신의 주장에 대한 신학적 해설을 썼다. 그 글에서 루터는 교회의 성례전에서 예식을 따라 이루어지는 외적 회개와 내면의 참된 회개를 구분했다. 내적인 회개는 외적인 회개 없이도 가능하지만, 성례전의 외적 회개는 내적인 회개가 없이는 아무런 가치가 없다.[11]

> 성례전을 받는 일은 신앙 안에서 발생하며, 신앙은 내면에서innerlich 그리스도를 모시게 되는 일임을 나는 말씀드립니다 …… 신앙 없이 외부적으로äußerlich 받는 성례전은 아무것도 아닙니다. 성례전을 하나님 앞에서 받아들이기에 합당한 것으로 만드는 것은 믿음입니다. 만일 믿음이 없다면, 외형적으로 성례전을 받는 것은 가짜요 외형적 과시에 불과한 것입니다.[12]

개인 내면의 신앙 없이 교회에서 받는 성찬식 그 자체가 효과를 낸다는 주장을 루터는 비판한다. 성만찬은 개인의 능동적 참여에 의한 일opus operantis이어야 하며 외부에서 그냥 이루어지는 일opus operantum에 그치면 아무런 의미가 없다. 외부적인 의식이 필요 없다는 말이 아니라, 내면의 신앙 없이 이루어지는 외부 행위는 아무것도 아니라는 말이다. 루터의 이런 주장은 단지 습관으로 이루어지는 종교 행위를 비판하는 데 그치지 않고, 하나님의 은총이 효과를 발휘하는 데 개인의 능동적 참여가 필요하다는 점을 중시한 교리적 가르침이다. 개인의 주체적이고 능동적인 참여란 다름 아닌 신앙을 가리킨다. 내면의

11 「면죄부의 효력에 관한 논쟁 해설」(1518), 『루터선집 5』, p.85.

12 「1522년 3월 14일의 설교」, WA 10 III, p.49(2-4). 『루터선집 10』, p.455.

신앙이 모든 종교 행위를 의미 있게 만드는 핵심이다.

루터는 예배와 금식과 헌금 등의 종교 행위가 그 사람의 신앙을 말해주지 않는다고 보았다. 그런 일에 더 분주한 까닭은 내면의 신앙이 없기 때문이라고도 했다. 그러나 루터가 종교 행위를 반대한 것은 아니며, 다만 그는 개인이 자기 결정에 의해 그런 종교 행위를 했을 때에만 은총의 효과가 있다고 보았다.[13] 개인의 자기 결정이란 마음의 바탕을 하나님에게 두는 내면의 신앙을 가리킨다. 교회에 가느냐 안 가느냐보다 중요한 것은 신앙이 있느냐 없느냐이다. 하나님의 뜻이 드러나는 자리는 교회 공간이 아니라 개인의 내면이다. 외부에서 주어진 교회 규율을 지키느냐 안 지키느냐보다 속마음에서 하나님을 신뢰하느냐가 더 중요하다. 신앙을 강조함으로써 루터는 개인을 독립적이고 책임적 주체로 만들었다.

둘째, 바깥으로 보이는 도덕 행위보다 신앙이 앞선다. 이것은 대중과 세상으로부터 독립된 개인의 등장을 예고한다. 1520년에 쓴 「선한 행위에 관하여」에서 루터는 바깥으로 보이는 선한 행위 이전에 내면의 신앙이 중요함을 강조한다.[14] 「그리스도인의 자유」(1520)에서는 내적인 사람과 외적인 사람을 나눈다. 인간 안의 두 본성 곧 영적인 본성과 육적인 본성을 가리켜 각각 내적인 사람과 외적인 사람이라고 부른다.[15] 내적인 사람homo interior과 외적인 사람homo exterior의 개념은 이미 아우구스티누스가 그의 초기 작품인 『참된 종교』에서 사용했

---

13 물론 루터는 믿음이 약한 자에게도 공동체의 신앙에 의해 성만찬의 효과가 미친다고 함으로써 신앙의 공동체성을 완전히 부인하지는 않았다. 그러나 중세와 다른 루터신학의 새로운 점은 종교적 개인주의에 있으며, 그것이 루터신학의 핵심을 이룬다. 신앙의 공동체성은 종교적 개인주의를 보완하는 역할을 한다.

14 GW, p. 1.238. 『루터선집 9』, p. 45.

15 GW, p. 1.491. 『루터선집 5』, p. 302.

다.[16] 아우구스티누스는 내적 사람을 새 사람 또는 하늘의 사람이라고도 불렀다.

루터는 내적인 사람을 영적인 사람이라고 부른다. 영적인 사람은 "외부적인 것을 벗어나고 넘어서서 하나님에 대하여 산다."[17] 외부적인 것을 넘어선다는 말은 타자를 대하기에 앞서 하나님을 대함을 의미한다. 세상의 일상적 삶은 타자와의 관계로 이루어져 있다. 사람은 다른 사람과 더불어 살며, 거기서 사회의 직무를 감당하고 도덕 및 법적인 정의와 공적도 이루기 마련이다.[18] 신앙은 타자와의 관계에서 벗어나 하나님을 대하는 일이다. 신앙은 내적인 사람을 만든다. 신앙이 없으면 하나님 없는 인간관계에서 자기 정체를 찾고 끝난다. 그런 사람은 외적인 사람이다.

타자와 이루는 분주한 세상사에 앞서 먼저 하나님과 할 일이 있다. 그 일은 저절로 되지 않고 '외부적인 것을 벗어나고 넘어서는' 내면의 결단이 필요하다. 그것이 신앙이다. 믿음은 "우리 안의 거룩한 일이다."[19] "신앙은 하나님과 우리 사이에 이루어져야 할 모든 일을 행한다."[20] 바깥의 타자와의 관계는 내면의 하나님과의 관계에서 파생되어야 한다. 윤리는 신앙에서 생긴다. 신앙과 선한 행위는 분리할 수 없지만, 신앙이 선한 행위에 우선한다. "경건하게 되는 것은 행위를 하는 것이 아니라 우선 행위 없이 하나님을 믿는 것이다. 그 후에 행위를 하라.

---

16 아우구스티누스, 『참된 종교』, 성염 역, 왜관: 분도출판사, 1989, p.105(26, 49). 괄호 안의 숫자는 원문의 장과 절을 가리킴.

17 「마태복음 5-7장에 관한 주간설교」(1530), WA 32, p.307. "wie man außer und über das äußerliche für Gott leben soll."

18 「그리스도인의 자유」, GW, p.1.510. 『루터선집 5』, p.317.

19 "göttlich Werk in uns." 「로마서 서문」, GW, p.3.068.

20 「선한 행위에 관하여」, 『루터선집 10』, p.82.

신앙 없이 어떤 선한 행위도 없다."[21]

그리스도인은 한편으로는 하나님을 대하고 다른 한편으로는 타자를 대한다. 루터는 그 두 측면을 완전히 다른 사람의 일인 것처럼 말하는데, 그렇게 함으로써 내면에서 형성되는 자기 세계가 독립된 지위를 갖게 되었다.

> 황제의 통치 안에 있는 한, 그리스도인이 아니라 아버지요, 주인이요, 군주다 …… 그리스도인으로서 당신은 당신 자신에 대해 있다. 그러나 당신의 종에 대해 당신은 다른 인격체가 되어 그를 보호할 책임이 있다.[22]

인용문에서 황제의 통치는 인간 세상을 가리킨다. 세상에서 사람은 여러 가지 역할 속에서 타자와 관계를 맺는다. 자식의 아버지가 되기도 하고 종의 주인이 되기도 하고 정부의 일을 맡는 관리가 되기도 한다. 그러나 그런 역할에서 그리스도인의 정체를 찾을 수 없다. 일과 역할로 말미암아 타자와 이루는 관계는 우연이다. 그리스도인은 필연적으로 하나님에 대해 있다. 하나님에 대해 있으려면 타자와의 관계를 벗어나서 자기 내면으로 눈을 돌려 자기에 대해 있어야 한다. 그래서 루터는 '그리스도인으로서 당신은 당신 자신에 대해 있다'고 말한다. 타자에 대해 있는 나와 나에 대해 있는 나는 서로 '다른 인격체andere Person'라고 할 정도로 차이가 크다. 루터는 '그리스도인'과 '관계 속의

---

21 「설교, 요한 1:1-14」, 『루터선집 10』, pp. 124-125.

22 「마태복음 5-7장에 관한 주간설교」, WA 32, p. 390(29-32). 인용문 후반의 원문은 다음과 같다. "Ein Christ *bist du für deine Person*, aber gegen deinem Knecht bist du *ein andere Person* und schuldig jn zu schützen."

그리스도인'을 구분한다.[23]

자기에 대해 있음은 단순히 인문주의적인 자기의식을 가리키지 않으며, 세상의 인간관계를 벗어나고 초월한 단독자의 내면세계를 가리킨다. 진리가 계시되는 자리는 타자와의 관계에서 찾을 수 없다. 루터의 진리는 나와 타자 사이가 아니라 나와 나 사이에서 드러난다. 단독자의 내면세계에서 하나님의 뜻이 드러난다. 하나님과의 관계에서 자기 자신을 새로이 정립하는 일이 그리스도인의 자유의 시작이다. 그 후에 그리스도인의 자유를 타자와의 관계로 밀고 나가야 한다. 타자에 대한 책임도 거기서 생겨난다.[24]

하나님의 나라, 독립된 자기 세계의 출현

내면과 바깥세상의 구분은 행위에 대한 신앙의 우위로 말할 수도 있지만, 하나님 나라와 세상 나라의 구분을 가리키기도 한다. 「세상 권세에 대하여」(1523)에서 두 나라를 구분함으로써 루터는 이전 글에서 신앙과 행위를 구분한 것보다 더 분명하게 개인의 등장을 예고했다. 하나님 나라와 세상 나라의 구분을 통해 루터는 개인의 내면을 확실하게 진리 계시의 자리로 만들었으며 개인을 교회와 대중과 국가와 세상으로부터 독립한 존재로 분명하게 드러냈다.

루터는 세상 나라를 외부적인 것으로 말한다. 또한 국가 권력이 외부의 평화를 만든다고 함으로써, 신앙으로 생기는 참된 내면의 평화와

---

23 위의 글, WA 32, p.390(33-34). 관계 속의 그리스도인: Christen in relatione.

24 미국의 루터주의 신학자 메일랜더는 인간이 타자로 나아가기 전에 하나님의 말씀을 믿으며 자신의 문제를 해결해야 한다고 말한다. Gilbert Meilaender, *Faith and Faithfulness. Basic Themes in Christian Ethics*, Notre Dame: University of Notre Dame Press, 1991, p.79.

구분했다. 그가 경제적 착취에 반기를 들고 일어난 농민 전쟁에 반대한 논리는 농민들이 그리스도인의 자유를 외부적인 것으로 만든다는 점에 있었다.[25] 그만큼 루터는 바깥세상과 구분되는 내면세계에 초점을 맞추고, 거기서 하나님 나라를 찾고자 했다. 루터에게 하나님 나라는 개인의 영혼을 지배하는 하나님의 통치 질서를 가리킨다. 하나님의 나라가 개인의 내면에 있음을 극적으로 표현하자면 이렇게 말할 수 있다. "우리가 하나님 나라이다."[26] 이것은 독립적 개인의 탄생을 의미한다. 내면으로의 철수가 아니라 세상과 긴장을 이루며 주체적으로 바깥세상에 참여할 개인의 내면을 확보했다는 점이 중요하다.

누구나 세상 나라 곧 국가 안에서 태어나고 정치 경제적 질서 속에서 산다. 신앙과 무관하게 인간의 자연이성이 만드는 보편적 생활 공동체는 국가이다. 그런데 루터는 두 왕국을 말함으로써, 행정 조직을 가지고 있는 세상 나라뿐 아니라 개인 내면의 나라도 있다는 점을 말하고 있다. 국가는 군주가 통치하지만 개인의 내면에서 그리스도가 직접 통치하는 나라도 있다. 루터는 국가나 세상의 질서가 결코 하나님 나라가 될 수 없음을 강조함으로써 개인의 내면이 세상과 다른 또 하나의 세상임을 분명하게 했다. 개인의 자기 세계와 바깥세상은 늘 구분된다. 개인의 자아는 영원하고 타자나 공동체에 묻히지 않는다. 개인은 여러 사람 중의 하나가 아니다.

루터는 내면의 하나님 나라를 세상 나라만큼 실체로 보았고, 세상 나라보다 오히려 하나님 나라가 더 중요한 실체였다. 칼로 다스리는 다윗의 국가는 사라지지만 말씀으로 통치하는 그리스도의 나라는 영

25 「쉬바벤 농민들의 12개 조항에 대한 평화의 권고」, GW, p.4.673.

26 "Wir sind das Reich Gottes", 「1522년 3월 9일의 설교」, WA 10 III, p.4(6-7). 『루터선집』, 10, p.431. 설교를 듣는 청중을 향해 '우리'라고 표현했지만 개인들 각자를 가리킨다.

원하다.[27] 「아이들을 학교에 보내야 한다」(1530)는 설교에서 루터는 하나님의 말씀을 전하는 직무를 실체로 보고, 지나가는 일시적 삶을 다루는 세상 통치자의 직무를 그림자와 같은 것으로 본다. 세상 권세의 통치는 그리스도의 통치에 비하면 한갓 그림이요, 그림자요, 모형에 불과하다.[28] 이처럼 그리스도의 나라 곧 하나님의 나라를 세상보다 더 실체적인 것으로 봄으로써, 인간의 내면이 강화되면서 세상에 맞설 수 있는 독립된 개인의 자기 세계가 확보되었다. 헤겔은 영원한 진리를 현실적으로 인식하려면 외부의 감각적인 것으로부터 내면으로 들어가야 한다고 주장하며 그 일이 독일의 수도사 루터에게서 일어났다고 본다.[29]

내면의 하나님 나라를 세상 나라보다 더 실체적이고 현실적인 것으로 경험하려면 그만큼 한 개인의 내면이 바깥세상과 거리를 두고 긴장을 이루어야 한다. 자기에 대해 있고 하나님에 대해 있는 개인의 자기 세계가 인간관계와 사회적 역할로 구성된 바깥세상과 팽팽한 긴장을 이루고 있어야 한다. 그러한 긴장이 없으면 나의 내면은 바깥세상에 의해 정복되고 하나님 나라는 존재할 수 없다. 그렇게 되면 세상과 국가 안에서 이루어지는 정치와 경제와 세상 문화가 나의 정체성을 형성하며, 나는 대중에서 독립하지 못한 채 여러 사람 중의 하나로 살게 된다.

루터는 세상 질서와 긴장을 이루는 개인의 내면세계를 하나님 나라의 이름으로 확보했다. 그 결과 독립된 개인이 출현한 점에서 루터의

---

27 WA 44, p.758. 루터는 창세기 49장을 해설하며 칼로 다스리는 다윗 왕조가 사라지고 말씀으로 통치하는 그리스도의 나라가 도래한다고 말한다.

28 WA 30 II, p.554(1-15). 영적인 직무와 정치인의 직무를 실체Körper selbst와 그림자Schatten의 관계로 본다. 또는 정치인의 직무를 실체가 아닌 그림, 모형Bild, Schatten, Figur이라고 보기도 한다.

29 G.W.F. Hegel, *Lectures on the Philosophy of World History*, p.503.

신학은 중세를 넘어 근대의 길을 열었다. 스콜라신학에서는 하나님 나라를 개인의 내면에서 찾지 않고 죽은 다음에 가는 곳으로 이해했다. 그리고 세상의 질서는 큰 갈등 없이 신학적으로 정당화되었다. 세상 나라 곧 국가는 하나님 나라보다 못하지만 교회를 통해 하나님 나라와 이어진다. 스콜라신학자들은 세상의 죄와 인간의 악보다는 세상 질서의 구원론적 역할에 초점을 두었다. 토마스 아퀴나스는 인간의 이성이 완전히 타락하지 않았다고 보았다. 이성의 법에 의해 돌아가는 세상의 통치 질서는 부족하긴 해도 하나님의 뜻에 어긋나지 않는 선이다. 물론 하나님 나라는 그보다 더 큰 선이지만 세상 나라도 선이다. 군주가 교황에게 복종하는 한, 세상 나라는 구원의 질서에 속한다.

세상이 사탄의 나라가 될 수 있다는 인식에서 생기는 매순간의 긴장이 스콜라신학에서는 보이지 않는다. 중세의 스콜라신학에 따르면 매개자인 교회를 통해 세상 나라의 인간은 저세상의 하나님 나라를 예약한다. 중세적 삶의 목적은 저세상에서 얻을 영혼 구원에 있었는데, 금욕 생활을 하는 사제와 수도승이 하나님의 대리인이 되어 인간의 영혼 구원을 관장했다. 구원은 위계질서에 따른 권위에 대한 순종으로 이루어진다. 평신도는 일상에서 죄를 지어도 교회의 권위에 순종하고 따르는 종교 행위들을 통해 영혼 구원의 목적을 이룰 수 있었다. 사제와 평신도가 위계질서를 통해 역할 분담을 이루면서 성과 속이 모순 없이 이어진다.

그처럼 중세의 스콜라신학은 평신도와 사제의 신분 이원화를 통해 저세상과 이 세상의 조화를 이루고 계시와 이성을 조화시키고 영혼 구원과 물질 생활의 조화를 이루었다. 조화는 개인의 노력 이전에 이미 교회라는 제도를 통해 보장되어 있었다. 에른스트 트뢸치는 이러한 종합을 이룬 중세 문명을 가리켜 '교회 문명'이라고 부른다. 그것은 진정한 의미에서 '권위주의 문명'이었다.[30] 세상 나라는 교회를 매개로 하나님 나라와 이어진다. 그리하여 중세에는 외부적이고 객관화된 제도 교회가 은총의 수단이 되었고, 죄와 벌의 두려움은 교회에 가서 교회법을 따라 행하는 종교 행위에 의해서 해소되었다.

반면에 루터에게서 계시와 이성은 쉽게 조화되지 않는다. 인간의 원죄가 강조되고 하나님과 인간의 거리가 멀어지며 대립한다. 루터가 복음과 법을 구분한 것도 개인의 내면과 바깥세상을 긴장 관계에 둔 것이다. 아퀴나스는 국가의 실정법을 구원의 질서에 포함시켰지만, 루터에게 구원은 법이 아니라 복음에 의해서만 가능하다. 교회법이든 국가의 실정법이든 법은 외부의 권위로 개인의 양심을 압박하고 명령한다. 그러나 복음은 명령하지 않고 위로한다. 명령을 통해 압박하느냐, 위로의 사랑으로 자유롭게 해주느냐. 그 차이 때문에 법과 복음은 물과 불의 관계처럼 대립한다.

> 법은 양심을 구속하고ligant 하나님의 말씀은 양심을 자유롭게 한다solvit. 그러므로 법이 구속 없이 자유롭게 지켜지지 않는 한 둘은 물과 불처럼 서로 부딪힌다.[31]

복음은 명령하지 않고 정죄하지 않는다. 말씀의 통치는 도덕주의로부터 자유롭게 한다. 세상과 국가는 법으로 통치하지만 하나님은 개인의 내면에서 복음의 말씀으로 통치하신다. 물론 말씀으로 자유로워진

---

30 Ernst Troeltsch, *Protestantism and Progress*, p. 11과 p. 13.

31 「노예의지에 관하여」, WA 18, p. 630(9-11). 참조. 『루터선집 6』, p. 79. 법이 자유롭게 지켜지는 것은 하나님의 말씀으로 양심이 자유로워진 후의 일이다. 루터가 가장 바람직하게 보는 상태이다.

자는 법을 자유롭게 지킬 수 있다. 세상으로부터의 자유가 세상을 향한 자유로 이어진다. 법 너머의 경지에서만 법을 자유롭게 지킬 수 있는데, 법에 매여서가 아니라 세상의 보존과 타자를 위해 법을 지킨다. 그런 식으로 그리스도인은 하나님 나라와 세상 나라를 모두 산다. 그러나 법과 복음은 대립하는 방식으로 양립한다는 점을 언제나 염두에 두어야 한다. 그렇지 않으면 어느새 법이 우리 영혼을 지배하고 있다. 대립의 긴장을 통해서만 개인은 세상과 독립된 자기 세계를 가진다.

사탄, 죄의 힘

하나님 나라와 세상 나라, 복음과 법, 계시와 이성의 구분과 대립의 긴장은 사탄과의 싸움으로 유도한다. 긴장이 사라지면 세상 나라는 언제든 자유를 파괴하는 거대한 힘으로 개인의 영혼을 장악한다. 매순간 긴장의 끈을 놓으면 안 되므로 사탄과의 싸움은 언제나 현재적이다. 사탄은 개인의 내면의 자유와 자기 세계를 언제든 파괴할 수 있는 바깥 세력을 상징한다.

스콜라신학에서 세상 나라와 하나님 나라가 시간적으로 현재와 미래로 나누어져 갈등 없이 이어진다면, 루터에게서 하나님 나라는 바깥의 세상 나라와 구분되는 현재적 내면의 세계이다. "너의 속마음에 똑바로 묻고 알아보라. 그러면 네가 하나님만 의지하는지 아닌지 알게 되리라."[32] 그렇게 종말이 현재의 내면으로 집약되었기 때문에 루터는 매순간 자유를 방해하는 사탄의 도전을 느낀다. 그리스도인은 끊임없이 사탄의 도전을 느끼고 매순간 내면의 싸움을 싸우면서 하나님 나라

---

32 「대교리문답」, GW, p. 1.733. 십계명의 제 1계명 해설.

에 속해야 한다.

> 오늘 나는 은혜를 갖고 있기에 성만찬에 적합합니다. 그러나 내일은 그렇지 못할 수 있습니다 …… 그러므로 성만찬을 받기에 합당한 사람들은 끊임없이 마귀와 죽음의 도전을 받고 있는 사람들입니다.[33]

사탄Satan은 히브리어에서 온 말이고 마귀나 악마diabolia는 그리스어에서 온 말이다. 루터가 말하는 사탄이나 마귀는 어떤 실체가 아니라 인간의 잘못된 의지의 힘을 가리킨다.[34] 물론 루터는 사탄을 실체처럼 겪었다. 『탁상담화』에 보면 루터는 정말 사탄을 실체처럼 느낀 것 같다. 그 점에서 중세적이다. 1521년에 루터가 바르트부르크 성에 변장하고 피신해 있을 때 파리로 둔갑한 사탄을 향해 잉크병을 집어 던져 오늘날까지 벽에 잉크 자국이 남아 있다는 얘기는 유명하다. 중세에는 그처럼 사탄을 내쫓는 여러 가지 기교에 대한 담론이 많았다.

그러나 루터가 느낀 사탄은 마술적 힘으로 사람들을 공포에 잡아두어 종교의 외부적 권위에 매이게 만드는 그런 실체적 존재가 아니다. 루터에게서 신앙이 개인 내면의 실존적 신앙으로 바뀌듯이 사탄도 신앙과 자유를 위한 실존적 투쟁의 산물이다. "악마가 없으면 신앙은 추상적인 철학 관념일 뿐이다"[35]라고 하는 지적은 루터가 겪은 사탄의

---

33 「수난절 첫째 주일 후 금요일 설교, 1522년 3월 14일」, WA 10 III, p.53(6-13). 『루터선집』 10, p.458. 그리스도인은 매순간 순종과 불순종의 결단을 요구받는다. 파울 알트하우스, 『말틴 루터의 윤리』, 이희숙 역, 서울: 컨콜디아사, 1989, p.64 참조.

34 Michael Gillespie, *The theological origins of modernity*, Chicago and London: The University of Chicago Press, 2008, p.106.

35 제임스 레스턴, 『루터의 밧모섬』, 서울: 이른비, 2015, p.150. "사탄의 능력에 대한 인식이 없다면, 그리스도에 대한 믿음은 그리스도에 대한 관념으로 축소된다." 헤이코 오버

정체가 무엇인지 잘 보여준다. 사탄은 신앙이 죽은 신앙이 되지 않게 하고 루터로 하여금 깨어 있게 하는 도구였다. 루터는 사탄을 늘 가깝게 느끼면서 인간의 힘으로 물리칠 수 없다고 생각했는데, 그것은 인간이 자신의 죄의 힘을 스스로 이길 수 없음을 가리킨다. 그래서 루터는 "죄 때문에 겪는 사탄의 횡포"[36]를 말했다. 다시 말해서 죄의 힘이 사탄이다.

사탄으로 인식된 죄의 힘은 한 개인의 잘못이기보다는 개인을 지배하는 인간 세상의 죄를 가리킨다. 루터는 사탄을 가리켜 '세상의 신'이라고 표현하기도 한다. 개인은 인간의 집단 의지가 만드는 죄 곧 세상의 죄를 피하기 어렵다. 문화와 삶의 방식에 반영된 집단 의지는 개인 위에서 개인을 지배하는 거대한 영적 세력을 형성한다. 그 힘과 파괴력이 한 사람이 감당하기 어려울 정도여서 사람 밖의 초월적 실체처럼 마귀나 사탄이라고 표현한다.

바깥세상의 죄는 내면화되어 개인의 의지를 형성한다. 나는 일상에서 기뻐하며 세상의 죄를 따른다. 사탄은 내 안에 깊이 들어와 매순간 나를 지배하려고 든다. 그래서 세상의 신과의 싸움은 개인이 자기 자신과 싸우는 싸움이기도 하다. 사탄은 그처럼 공간적으로 가까이 있고 시간적으로 매순간 영적인 자유를 위협하는 죄의 힘을 가리킨다. 루터는 그러한 죄의 힘을 사탄이라고 부름으로써 진리 왜곡의 경각심을 잃지 않게 하고 싸움이 만만치 않음을 알리며 죄와 거짓에 대한 싸움을 효과적으로 싸우도록 한다. 사탄과 싸워야 하기 때문에 복음의 진리는 개인에게 종말론적인 긴박성을 지닌다.

만, 『하나님과 악마 사이의 인간 루터』, p. 160.

36 「창세기 강의」, 『루터선집 1』, p. 50.

루터는 진리를 왜곡한다고 여겨지는 논쟁의 상대를 종종 사탄이나 마귀로 표현하는데, 대표적으로 교황이나 교황주의자들을 사탄이라고 불렀다. 루터의 주장을 반박하는 학자들이 있었던 루뱅대학을 가리켜 사탄의 회당이라고도 했다. 루터가 적수들을 가리켜 사탄이라고 할 때는 상대가 세상을 지배하고 있는 어떤 혼란과 파괴의 영에 의해 조종되고 있다는 의미이다. 루터는 자신이 사람과 싸우고 있지 않고 그 사람을 움직이는 어떤 거대한 거짓의 힘과 싸우고 있다고 생각했다. 그 힘은 개인이 이기기 어려우므로 하나님이 상대하셔야 한다. 그러므로 루터가 싸우는 싸움은 정확히 말하면 하나님과 사탄의 싸움이고 루터 자신은 하나님 편에서 그 싸움에 참여하는 것이다. 그렇게 함으로써 루터는 진리와 자유를 위한 싸움에서 자기 의를 드러내지 않고 승리할 수 있었다. 죄의 힘을 사탄이라는 이름으로 신격화한 까닭도 거기에 있다.

「그리스도의 성만찬에 대한 고백」(1528)에서 츠빙글리와 논쟁할 때에도 츠빙글리를 가리켜 친애하는 영 또는 미친 영이라고 말하는데, 그처럼 사람을 영이라고 말하는 것도 자신이 츠빙글리 자체보다는 그를 주도하는 어떤 영적인 힘과 싸우고 있다고 생각했기 때문이다. 이는 매우 강한 종말론적인 긴급성과 위기감의 표출이면서, 자신의 힘이 아닌 진리의 힘으로 싸우는 겸허한 자세의 표출이기도 하다. 루터는 자기 자신도 끊임없이 사탄의 유혹을 받고 있다고 보았다. 신 개념과 함께 사탄의 개념도 중세에 비해 더욱 실존적으로 바뀌었음을 알 수 있다. 개인은 내면에서 진리의 영과 거짓의 영이 싸우는 거대한 우주적 싸움에 참여하고 있다.

하나님 나라와 세상 나라는 매순간 서로 부딪히고 갈등한다. 개인이 하나님 나라에 처할 줄 알면 세상 나라는 하나님 나라를 도울 수도 있다. 그러나 만일 한 개인이 하나님 나라에 살 수 없다면 세상 나라는 자칫 사탄의 나라가 될 수 있다. 루터가 국가의 실정법을 병든 법이라고 하면서 건강한 법인 자연법과 구별하는 것도 세상 질서에 대한 루터의 우려를 보여준다. 루터가 두 왕국을 그리스도의 나라와 사탄의 나라로 나누며 사탄의 나라는 세상의 신이 지배하는 나라라고 할 때, 세상 나라와 사탄의 나라가 일치하는 듯이 보인다. 「노예의지에 관하여」(1525)에서 루터는 이렇게 말한다.

> 세상에는 서로 다투는 두 나라가 있는데, 하나는 사탄이 통치하는 나라이다. 그리스도는 사탄을 가리켜 세상 통치자라고 했고(요한복음 12:31) 바울은 이 세상의 신(고린도후서 4:4)이라고 했다. 바울이 증언하는 대로 그리스도의 영에 붙들려rapti 있지 아니한 자들은 모두 사탄의 의지에 포로가 되어captivos 있다. 또 다른 나라에서는 그리스도가 통치한다. 그 나라는 사탄의 통치에 저항하고 계속 다투는데, 우리 힘으로가 아니라 하나님의 은총으로 그리스도의 나라에 들어가며, 그때에 우리는 현재의 악한 세상에서 해방되고 어둠의 힘에서 구출된다.[37]

이 글에서는 세상이 사탄의 의지에 의해 지배되는 곳으로 보인다. 그러나 세상이나 국가가 곧 사탄의 나라는 아니다. 다만 개인이 세상의 의지에 의해 지배되기 쉬울 뿐이다. 구원의 길은 바깥세상에 휘둘리지 않는 개인의 내면에 있다. 참된 그리스도인은 세상 나라에 살며 세상 신의 지배를 받지 않는다. 세상 나라에 살면서도 세상의 육적 탐

37 WA 18, p.782(30-38). 『루터선집 6』, p.312 참조. 현재의 악한 세상에서 해방되고: liberamur praesenti seculo nequam.

심에 빠지지 않고 내면에서 그리스도의 영적 통치를 받아야 한다.

그런 영적 훈련의 환경을 마련하기 위해 세상의 평화가 필요하고, 세상 통치자인 군주는 그 일을 한다. 구원은 각 개인의 과제이지만 보존은 일차적으로 정치인의 직무이다. 밖으로는 군주의 통치를 존중하면서 내면에서는 그리스도의 통치를 받는 훈련의 자리가 세상 나라 곧 국가이다. 아우구스티누스처럼 루터도 세상을 훈련장으로 표현했다. 세상으로 나아가 신앙을 훈련해야 한다. 그리하여 루터는 수도원 생활을 하나님의 질서에 어긋나는 것으로 간주하고 결혼을 장려하며 일상 직업에 소명감을 불어넣었다. 세상 나라도 하나님의 통치 영역이다. 수도원이 아닌 세상 나라에 살며 동시에 내면에서 하나님 나라를 살아야 한다.

세상 나라와 구분되는 하나님 나라를 알지 못하면 그 사람에게 세상 나라는 사탄의 나라가 될 수 있다. 세상 나라가 사탄의 나라가 되느냐 아니냐는 개인에게 달렸다. 외부 세계로부터 구분되고 독립된 내면의 세계를 가지고 있어야 한다. 그리스도의 영에 붙들려 있지 않으면 사탄의 의지에 매여 세상의 노예가 된다. 사도 바울이 로마서에서 말한 대로 신앙으로 의의 종이 되느냐 불신으로 죄의 종이 되느냐의 선택이 인간 앞에 놓여 있다. 행위는 선하든지 악하든지 둘 중의 하나다. 신앙으로 하는 행위는 모두 선하고 믿음에서 나오지 않는 행위는 모두 악하다.[38] 극단적으로 보이는 이런 주장은 신앙으로 매순간 그리스도의 통치를 받지 않으면 세상의 죄의 힘의 지배를 받아 무지와 불안과 허무에서 벗어나기 어렵다는 종말론적 긴장을 표현한다.

그러므로 그리스도인은 세상 나라의 질서를 낯설게 볼 줄 알아야 한

38 「선한 행위에 관하여」, GW, p. 1. 226. 『루터선집 9』, p. 37.

다. 물론 루터는 참된 그리스도인이 드물다고 본다. 그럼에도 불구하고 루터가 참된 그리스도인을 기준으로 논리를 전개하는 까닭은 스콜라신학에서 훼손된 그리스도교 신앙의 본질을 되찾기 위해서이다. 아마도 중세 신학의 절충은 참된 그리스도인을 찾아보기 힘든 세상에 맞춘 해결책일지 모른다. 참된 내면의 신앙을 갖기 힘든 인간 현실을 고려하면서 사람을 법과 규율에 묶어두어 선으로 인도하려는 목회 차원의 결과물이 스콜라적인 절충이다. 그러나 루터가 볼 때 외부적 규율에 따르게 하는 일은 "마치 평신도들은 그리스도인이 아닌 것처럼"[39] 생각하는 셈이다. 그만큼 루터에겐 자유와 자율이 중요했고, 사람은 자유인이 되기 위해 외부로부터 독립된 자기 세계를 가져야 했다.

2. 노예의지론과 개인의 출현

루터가 독립된 개인의 내면을 확보하는 방식은 하나님 나라를 세상 나라와 구분하는 것이었다. 그와 같은 구분은 인간 세상이 죄에 물들어 자유와 구원을 이룰 수 없다고 보는 관점과 연결되어 있다. 그런 세계관의 바탕에는 인간의 본성이 타락해서 죄의 노예가 되어 있다고 보는 인간관이 깔려 있다. 루터의 노예의지론은 결과적으로 세상과 별개의 독립된 개인의 내면에서 이루어지는 하나님 나라를 통한 구원을 생각하게 했다. 다시 말해서 개인의 등장에 노예의지론이 중요한 역할을 했다. 칸트에게서 보이듯이 근대의 개인은 자유의지론을 통해 세상의 주인으로 전면에 등장하지만, 그러나 그 이전에 노예의지론을 통해 세

39 「그리스도인의 자유」, 『루터선집 5』, p.315.

상과 거리를 두는 일이 필요했다. 노예의지론은 오늘날에도 여전히 사회 비판 정신으로 의미가 있다. 비판 이론으로 유명한 프랑크푸르트학파의 호크하이머는 그리스도교가 서양에 준 가장 큰 혜택으로 원죄론을 들었다. 아우구스티누스의 원죄론에 기반을 둔 루터의 노예의지론은 인간을 무능하게 만드는 이론이 아니라 인간 세상의 폭력성을 일깨우고 인간과 인간 세상의 근본적 변화를 요구한다.

자유의지 대 노예의지

루터의 인간관은 아우구스티누스의 재발견이라고 할 수 있다.[40] 로마서에 있는 '하나님의 의'가 심판이 아니라 용서와 위로의 은총이라는 점을 루터는 아우구스티누스의 글을 읽으며 깨달았다. 하나님의 의는 종교개혁의 지렛대 역할을 한 개념이다. 그리고 루터는 아우구스티누스의 『영과 문자』를 읽으며 인간의 자유의지를 주장한 펠라기우스주의를 철저하게 반박하는 법을 배웠다. 아우구스티누스는 인류사상사에서 자유의지라는 말을 제일 먼저 사용했지만, 그의 결론은 인간에게 죄를 짓지 않을 자유가 없다는 데 있었다. 아우구스티누스를 읽은 루터는 중세를 지배한 아리스토텔레스의 철학과 대결할 준비가 되었다.

개혁의 횃불을 들었을 때 루터는 아우구스티누스를 따라 인간의 전적인 타락을 주장한다. "인간의 본성은 전적으로 타락했다."[41] 스콜라

40 헤이코 오버만은 루터가 1509년부터 아우구스티누스의 작품을 읽으며 아리스토텔레스의 허구를 깨달았다고 본다. 헤이코 오버만, 『하나님과 악마 사이의 인간 루터』, p. 242 이하. 그 해 겨울 학기에 루터는 비텐베르크대학 신학부 책임자로 있던 스승 슈파이츠의 부름으로 한 학기 동안 아리스토텔레스의 윤리학 강의를 하게 되었는데 그 강의를 준비하며 에르푸르트에서 아우구스티누스의 책을 읽었다.

41 "Natura tota corrupta est."

신학에 반대하여 루터는 자연이성이 영혼 구원을 위해 할 수 있는 일이 없다고 본다. 「스콜라신학에 대한 논쟁」(1517)에서 루터는 "인간은 나쁜 것만을 원하고 행한다"고 보고, 선악에 대한 자유로운 능력이 인간에게 있다는 주장을 반박한다. 이것은 인간이 선한 행위를 하지 못한다는 말이 아니라, 사람들이 선한 행위로 여기는 것도 하나님의 은총을 알게 되면 비참할 만큼 부족하다는 말이다. 인간의 전적인 타락이라는 교리는 신에게로 회심한 사람이 돌이켜 자신을 보고 세상의 현실을 볼 때 할 수 있는 말이다. 다시 말해서 신의 사랑의 은총 앞에서만 인간은 자신과 세상의 죄의 깊이를 안다.

루터 당시에도 사람들은 구제를 하는 등의 선행을 하고 있었다. 구제를 하는 것은 교회법이 정한 도덕적 선행이지만, 루터가 볼 때 도덕적 선으로는 영혼이 구원받지 못한다. 겉으로 선행을 해도 마음의 중심이 부패해 있는 한, 사람은 죄인이다. 모든 인간의 마음이 부패했으므로 인간은 모두 죄인이다. 인간의 본성이 악하다는 점은 도덕법이나 국가법이 가하는 외부의 억제력이 없다면 만인에 대한 만인의 투쟁이 벌어지리라는 사실에서도 알 수 있다.[42] 그런데 본성이 '타락했다'는 말은 원래는 그렇지 않았다는 뜻도 품고 있다.

본성이라는 말은 하나님이 본래 주신 성품을 가리키기도 하고, 타락한 이후 인간의 보편적 성향을 가리키기도 한다. 루터는 대부분의 글에서 인간이 본성적으로 악한 품성을 지녔다고 말한다. 그러나 어떤 경우에는 사람이 본성적으로von Natur aus 악하지는 않다고 말한다. 이런 모순되어 보이는 표현은 본성이라는 말로 때로는 창조의 선함을 가리키고 때로는 인간의 타락을 말하는 데서 비롯된다. 다시 말해서, 하

42 「세상 권세에 대하여」, GW, p.4.360.

나님이 만드신 본래의 인간은 악하지 않지만, 지금 인간의 자연적 의지natürlicher Wille는 불의하고 악하다.[43]

이로써 루터는 후기 스콜라신학의 가르침을 거부했다. 루터도 배운 바 있는 오캄을 비롯한 후기 스콜라신학에서는 "먼저 자기 안에 있는 것을 하라"고 했다. 이는 인간이 자기 의지로 어느 정도 선을 이루면 하나님이 은총으로 보완하신다는 가르침이다.[44] 스콜라신학은 하나님이 주신 선한 능력이 현재의 인간 안에 남아 있다고 본다. 그러나 루터는 창조의 선함을 인정하면서도 인간의 전적인 타락을 주장함으로써 선행을 내 안에서 하나님이 하시는 일로 본다. 죄와 은총의 대립과 긴장 속에서 신앙은 하나님이 선한 뜻을 이루도록 길을 낸다.

루터는 긴장을 모르는 스콜라신학이 신앙을 습관(habitus)으로 만들었다고 비판한다.[45] 신앙은 교회법을 지켜 행위를 몸에 배게 한다고 얻을 수 있는 게 아니라 몸에 밴 속마음의 습관을 벗어나는 내면의 결단으로 이루어진다. 선행은 아리스토텔레스가 『니코마코스 윤리학』에서 말하는 선행의 습관(에티카)을 들여 이루어지는 것이 아니라 성령의 인도하심으로 회개에서 출발하는 신앙으로 가능해진다. 인간은 매순간 사탄의 유혹을 받고 있으며 따라서 신앙과 선행은 매순간의 결단으로 이루어진다. 루터에게는 점차적 발전이라는 개념이 없다.[46]

루터에게서 신앙과 선행은 시간을 두고 익어가는 것이 아니라 순간

---

43 「스콜라신학에 대한 논쟁」, 명제 4,5,8,88. GW, p.917, p.927. 『루터선집 5』, pp.31-34.

44 "Si homo facit quod in se est, Deus dat gratiam"(사람이 자기 안에 있는 것을 행하면 하나님이 은총을 주신다). 나중에 철학자 임마누엘 칸트는 인문주의로 변형된 비슷한 논리를 편다.

45 「선한 행위에 관하여」, GW, p.1.227. 『루터선집 9』, p.38.

46 Ernst Troeltsch, *The Social Teaching of the Christian Churches II*, p.475.

의 반복이다. 키에르케고르나 하이데거가 말하는 '순간' 그리고 '반복'이라는 개념의 기원은 루터에게서 찾을 수 있다.[47] 가톨릭신학은 아리스토텔레스로부터 잠재성과 현실성의 개념을 가져와서 자연과 은총의 단절 대신에 점차적 발전을 통한 자연의 완성을 추구했다. 그러나 루터에겐 매순간 사탄과 자기를 이기고 하나님 편에 서는 결단이 있을 뿐이다.

루터는 「하이델베르크 논쟁」(1518)에서도 같은 인간관을 말한다. "선으로 결단할 수 있는 자유는 의지의 본래의(그러나 지나가버린) 가능성으로만 존재한다. 지금은 매순간 자신을 악으로 돌릴 수 있을 뿐이다."[48] 인간의 본래의 성품과 현재의 본성은 다르다. 본래 인간은 자유롭게 만들어졌다. 다시 말해서 선을 행할 수 있는 선택의 자유liberum arbitrium가 있었다. 그러나 지금은 악을 행할 수밖에 없는 필연성에 빠졌다. 물론 본래의 자유로부터 현실의 부자유로 떨어진 것은 인간의 책임이다. 아우구스티누스나 루터가 인간에게 본래 자유가 있었다고 말하는 것은 현재의 노예 상태가 인간의 책임임을 말하기 위한 것이다. 하나님은 자유를 주었고 사람은 부자유에 빠졌다.

자유의지의 무능에 대한 논의는 1525년에 벌인 에라스무스와의 논쟁에서 더 정교해진다. 원래 인문주의자들은 처음에 루터의 종교개혁을 열렬히 지지했다.[49] 그러나 루터와 에라스무스의 논쟁 덕분에 그리스도교 신앙과 인문주의의 차이가 명백해졌다. 루터는 여기서 인간의 노예

---

47 루터와 하이데거에 대해서는 "Luther et Heidegger", https://fr.wikipedia.org/wiki/Heidegger_et_Luther 참조.

48 「하이델베르크 논쟁」 명제 14, GW, p.978. 『루터선집 5』, p.247 참조.

49 루터가 강조한 말씀의 힘은 에라스무스를 비롯한 인문주의자들이 성서의 원어를 복원하고 원문에 접근할 수 있도록 했기 때문에 가능했다. 야로슬라프 펠리칸, 『성서, 역사와 만나다. 민족의 경전에서 인류의 고전으로』, 김경민 · 양세규 역, 서울: 비아, 2017, p.258.

의지를 말한다. 인간의 의지는 죄를 지을 수밖에 없는 필연성necessitas 속에 빠졌다. 필연성이라는 말은 "우리의 악한 의지의 무능"을 가리킨다.[50] 무능이란 인간의 이성과 의지가 영혼 구원을 위해서 할 수 있는 일이 없음을 가리킨다. 선을 원하는데 행하지 못할 뿐 아니라, 무지로 말미암아 선을 원하지도 않고 행하지도velle aut facere 못한다.[51]

사람은 죄의 노예이다. 탐심의 노예요, 자기 의의 노예요, 교만의 노예라는 점에서 루터는 사탄의 노예라는 말도 쓴다. 그러나 루터 자신이 지적하듯이 필연성이라는 말은 썩 좋은 말은 아니다. 무능해서 하지 못한다면 책임을 물을 수 없지 않은가. 필연적으로 죄를 지을 수밖에 없어서 죄를 짓는다면 죄가 아니지 않은가. 그러나 여기서 필연성이란 외부의 강제가 아니라 인간이 자기 스스로 빠져서 헤어 나오지 못하는 필연성이다. 나중에 칸트는 그것을 가리켜 '주관적 필연성'이라고 했다.[52] 그런 점에서 인간은 자발적으로 필연성에 빠져 변하지 못하는 상태에 있다.

> 필연적이라고 해서 강제를 가리키지는 않는다. 말하자면 강제적 필연성이 아니라 변치 못해서 생기는 필연성이다. 사람에게 하나님의 영이 없을 때에, 마치 목덜미를 붙잡혀 끌려가듯이 또는 도둑이나 강도가 억지로 형벌을 받듯이 원치 않는데(의지에 반해서) 강제로 악을 행하는 것

---

50 "impotentia nostrae voluntatis malae." 「노예의지에 관하여」, WA 18, p.616, 주1). 『루터선집 6』, p.62. 이 글은 루터의 글 중에서 가장 체계적인 글 가운데 하나이고 루터 자신도 소중하게 생각한 글이다.

51 같은 글, WA 18, p.758(31). 『루터선집 6』, p.274 참조.

52 칸트는 주관적 필연성이라는 말을 사용한다. 임마누엘 칸트, 『이성의 한계 안에서의 종교』, 백종현 역, 서울: 아카넷, 2015, p.200(V132). 주관적 필연성이란 뿌리 깊은 악의 성향이 인간 자신에 의해 초래된 것이라는 뜻이다. 같은 책, p.194(V129).

이 결코 아니며 자발적으로 기꺼운 의지로(원해서) 악을 행한다.[53]

무슨 강제력에 끌려서 비의지적으로 죄를 짓는 게 아니라 자발적으로 그리고 기꺼운 마음으로 악을 행한다. 기꺼운 마음으로 악을 행한다면 악을 악으로 인식하지 않는다는 말이다. 선과 악에 대한 인간의 무능은 무지와 결합되어 있다. 무지는 하나님의 뜻을 모르고 무능은 하나님의 뜻을 행하지 못함을 가리킨다. 창세기 3장을 해석하며 루터는 이렇게 말한다.

사람은 하나님이 원하시거나 명령하시는 것을 어느 것도 원하거나 행하지 않는다. 또한 하나님이 누구이고 자비가 무엇이고 정의가 무엇인지 모르고 결국 죄가 무엇인지 모른다.[54]

그런데, 자발적으로 악을 행한다면 그것은 자유의지를 가리키지 않는가. 그렇다면 루터는 에라스무스처럼 인간의 자유의지를 시인하는 것이 아닌가. 그러나 죄의 필연성 속의 자발성은 죄를 짓는 자발성을 가리킨다. 오직 죄를 향한 자유만 있다면, 그것은 자유가 아니라 필연이다. 선을 행할 자유는 없고 죄를 짓는 자유만 있다면 선택의 자유가 없는 셈이다. 죄의 필연성에 수반되는 자발성은 필연적으로 죄를 지을 수밖에 없는 노예의지의 상태가 인간의 책임임을 말하기 위한 개념이

53 "Necessario vero dico, non coacte, sed ut illi dicunt, necessitate immutabilitatis, non coactionis, hoc est, homo cum vacat spiritu Dei, non quidem violentia, velut raptus obtorto collo, nolens facit malum, quemadmodum fur aut latro nolens ad poenam ducitur, sed *sponte et libenti voluntate* facit." WA 18, p.634(21-25).

54 「창세기 강의」(1535-1538), 『루터선집 1』, p.51.

다. 자발적 의지가 있어야 책임도 지기 때문이다.

즐거움 때문에 인간은 악을 향한 자발적 의지를 바꾸지 못한다. "진실로 이와 같은 (악을) 행함의 기꺼움과 원함을 자기 힘으로 제거하거나 억제하거나 바꿀 수 없으며 즐거이 그렇게 나아간다. 만일 달리 행하도록 외부로부터 강압을 받는다고 해도 내부의지는 여전히 거꾸로 가며 분개해서 그 힘을 막거나 저항할 것이다."[55] 인간의 '내부의지' 자체가 부패했고, 악으로만 향하는 부패한 의지는 즐거이 그렇게 나아가는 성향inclinatio이 되었다. 사람은 그처럼 악으로 기울어진 성향을 바꾸거나 제거하지 못한다.

"하나님을 향해서 또는 구원과 저주와 관련된 것에서 인간은 자유의지를 가지고 있지 않다. 인간은 하나님의 포로요 신하요 종이거나 아니면 사탄의 의지의 포로요 신하요 종이거나 둘 중의 하나이다."[56] 이 상황을 루터는 다음과 같이 좀 더 실감나게 표현한다.

> 그러므로 인간의 의지는 멍에를 진 짐승과 같이 둘 사이에 위치한다. 만약 하나님이 그 위에 올라타신다면, 시편에서 "내가 이같이 우매 무지하니 주 앞에 짐승이오나 내가 항상 주와 함께 하니 주께서 내 오른손을 붙드셨나이다"(시편 73 : 22-23)라고 노래한 것처럼 인간의 의지는 하나님이 의지하는 바를 의지하고 준행할 것이다. 그러나 만약 사탄이

---

55 "Verum hanc libentiam seu voluntatem faciendi non potest suis viribus omittere, cohecere aut mutare sed pergit volendo et lubendo, etiam si ad extra cogatur aliud facere per vim, tamen *voluntas intus* manet aversa et indignatur cogenti aut resistenti." WA 18, p.634(21-25). 「노예의지에 관하여」, 『루터선집』, 6, p.86 참조.

56 "Caeterum erga Deum, vel in rebus, quae pertinent ad salutem vel damnationem, non habet liberum arbitrium, sed *captivus, subiectus et servus est vel voluntatis Dei vel voluntatis Satanae*." WA 18, p.638(9-11). 『루터선집』, 6, p.90 참조.

> 그 위에 올라탄다면 사탄이 의지하는 바를 의지하고 준행할 것이다. 인간의 의지는 그 위에 올라탈 이 두 존재를 선택하거나 또 찾아다닐 수 없다. 오히려 그 위에 올라탈 이 두 존재가 인간의 의지를 소유하여 이를 지배하기 위해 싸운다.[57]

그러므로 내 의지 위에 누가 올라타느냐에 따라 하나님의 종이거나 사탄의 종이거나 둘 중의 하나다. 어디에도 치우치지 않아 중립neutrum에 서 있는 "순수한 중간 의지"medium et purum velle는 없다.[58] 인간은 일상에서 이미 사탄의 종노릇을 하고 있다. 악한 의지 없이 자유롭게 빵 한 조각 먹을 수 없고 말 한마디 할 수 없다.[59]

이것은 꼭 도덕적 결정을 해야 하는 상황이 아니더라도 인간의 일상생활의 모든 순간에 인간의 탐심과 교만과 자기 의와 무지가 개입되어 있음을 의미한다. 그 상황에서 해방되려면 인간은 주인이 되기를 포기하고 하나님의 종이 되어야 한다. 자기가 주인이 되려고 하면 사탄의 종이 된다. 인간은 하나님의 종이 될 때 자유인이요 주인이요 주체가 된다. 그것이 영혼의 구원이다. 하나님의 통치를 받는 신율theonomy만이 인간이 죄의 노예에서 벗어나 자율적 존재가 될 수 있는 유일한 길이다. 그래서 루터는 「그리스도인의 자유」에서 하나님의 종

57 WA 18, p.635(17-22). 「노예의지에 관하여」, 『루터선집 6』, p.87. '올라탄다incidere'라는 표현은 퇴계 선생도 사용했다. 퇴계 선생은 칠정을 설명하며 기발이이승지氣發而理乘之라고 했다. '기발이이승지'란 기가 발하고 이가 거기에 올라탄다는 얘기인데 인간의 일상적 감정이 악으로부터 자유롭지 못함을 표현한 말이다. 양명수, 『퇴계사상의 신학적 이해』, 서울: 이화여자대학교출판부, 2016, p.47 이하 참조.

58 WA 18, p.670(1-2). WA 18, p.768(17-18). 「노예의지에 관하여」, 『루터선집 6』, p.137, p.289 참조.

59 WA 18, p.643(30-32). 또한 WA 18, p.768(21-26). 『루터선집 6』, p.98, p.290 참조.

으로서 만물 위에 있는 자유로운 주인임을 선언할 수 있었다.

그러므로, 내 의지에 올라타고 있는 사탄을 끌어내리고 하나님이 타시도록 해야 한다. 그러나 그 일은 내 힘으로 되는 일이 아니다. 다시 말해서 하나님에게 사로잡히는 것 역시 인간의 자유로운 선택이 아니라 전적으로 하나님의 은총으로 되는 일이다. 루터는 노예의지라는 개념을 통해 "인류의 비극적이고 우울한 상황miseria et caesitas humani generis"을 말하고, "하나님의 영에 의해 기적적으로 깨어나지 않으면" 진리를 보지도 듣지도 못하며 죄에서 벗어날 길이 없음을 말하고자 한다.[60] 인간이 할 수 있는 것은 하나님이 하시도록 하는 일이요 하나님의 은총을 받아들이는 일이다. 그것이 신앙이다. 다른 길은 없기 때문에 자기를 부인하고 은총을 받아들이는 신앙은 인간의 전 존재를 요구한다. 그리고 그 신앙도 하나님의 은총이다. 따라서 루터는 여러 곳에서 펠라기우스주의를 비판하고 「아우구스부르크 고백」 2조와 13조에도 펠라기우스 비판이 명기된다.

그러므로 루터의 노예의지론은 개인으로 하여금 철저하게 하나님에게로 돌아설 것을 요구한다. 철저하게 하나님에게로 돌아섬은 세상의 평가와 업적을 뒤로 하고 국가의 정치 경제 질서와 거리를 두고 대중으로부터 벗어나 개인이 자신의 내면으로 들어가는 것을 의미한다. 그것은 당연히 알고 따라가던 모든 관습이나 일상적 삶의 행태에서 벗어나 개인의 내면에서 그리스도를 주인으로 삼아 출발하는 새로운 자기 인식과 삶의 창조를 가리킨다. 루터의 노예의지론은 개인의 내면을 세상 질서를 새롭게 하는 창조적 근원으로 만들었다.[61]

---

60 WA 18, p.658(22-27). 같은 글, 『루터선집 6』, p.118 참조.

61 노예의지를 주장한 루터가 자유의지를 주장한 에라스무스보다 근대적 개인주의에 끼친 영향이 더 크다는 지적은 의미 있는 통찰이다. 김덕영, 『루터와 종교개혁, 근대와 그 시원

매우 역설적인 얘기지만 근대의 자유의지론은 루터의 노예의지론에 빚지고 있다. 루터가 노예의지론을 통해 진리의 계시와 인간 구원의 자리를 교회나 세상에서 찾지 않고 철지하게 개인의 내면에서 찾았기 때문이다. 먼저 하나님 안에서 세상으로부터 독립한 개인이 등장했기 때문에 이어서 세상을 새롭게 할 자유로운 도덕 주체로서의 근대적 개인이 탄생할 수 있었다. 자율적 개인이 등장하려면 타율에서 벗어나야 되는데 루터의 신율은 국가와 교회의 이중 규율에 따라 타율적 삶을 살던 인간을 해방했다.

스콜라신학은 이성의 전적인 타락을 부인했는데, 이성의 긍정이 개인의 자율적 판단을 긍정하는 쪽으로 가지 않고 오히려 이성의 법으로 구성된 국가의 규율을 긍정하는 역할을 했다. 교회의 신학이 국가의 권위를 인정하고 개인은 교회와 국가에 충성함으로써 구원의 질서로 편입되었다. 다시 말해서 중세 신학은 인간의 전적인 타락을 부인함으로써 개인들로 하여금 교회의 규율에 따르는 종교 행위와 일반 사회와 국가의 규율에 따르는 도덕적이고 법적인 행위를 통해 하나님 나라에 들어갈 수 있게 했다. 그러므로 중세에는 세상에 맞설 만한 개인의 자기 세계가 필요 없었고 개인의 특별한 내면적 결단이나 신앙이 필요 없었다.

루터의 노예의지론은 교회와 국가의 외부적 권위에 의존해서 구원을 찾던 일상을 뒤집어놓는 역할을 했다. 구원은 철저한 내면의 회개와 하나님의 은총으로만 가능하고, 그것은 세상에서 벗어난 개인의 자기 세계의 출현을 의미한다. 은총의 자리는 교회가 아니라 개인의 내면이고 은총을 얻을 수단은 그리스도를 믿는 개인의 내면적 결단 곧 신

에 관한 신학과 사회학』, 서울: 길, 2017, p. 242 참조.

앙이다. 노예의지론에 기초한 루터의 새로운 신앙이 개인의 출현을 낳은 측면이 거기에 있다.

신학적 정의와 정치적 정의

법을 어기면 벌을 받는데, 그것을 가리켜 루터는 시민적 정의 또는 정치적 정의라고 한다. 죄에 대한 벌이 정의이다. 그러나 루터는 정치적 정의보다 근원적인 정의의 문제를 제기했다. 그것은 외부에서 누가 고발하지 않아도 자기가 자기를 고발하는 문제이다. 양심이 민감할수록 자기 고발의 강도와 깊이가 크다. 그리스도인은 극복하기 어려운 죄의 힘을 자기 내면에서 느낀다. 그리고 신앙을 통해 그리스도의 은총으로 자기를 수용하며 도덕주의로부터 해방된다. 그것이 하나님의 의이며 신학적 정의이다. 신학적 정의는 깊은 내면에서 일어나는 자기 고발과 하나님의 사랑이 합해져서 이루어진다.

> 정의는 무엇보다도 우선 자기 고발이며, 자기를 고발하는 자야말로 일차로 의롭다. 그들은 참된 한 분 하나님을 가지고 있다. 그들은 하나님으로부터 하나님을 통해서 하나님 안에서 의롭게 여김 받는다. 행함의 의가 아니라 죄를 잊으시는 하나님의 자비를 통해서 죄 없이 되어 의롭게 여겨진다.[62]

62 "Justitia est *accusatio sui* in principio et iustus primum est *accusator sui*. Ilii habent vere unum Deum, ex quo, per quem et in quem justificantur, et sine peccato per misercordiam dei ignoscentem, non per suam justitiam operantem", 「비텐베르크 주민을 위한 십계명 설교」 WA 1, p. 427(36-39).

루터의 아내 폰보라Katharina von Bora는 아이를 기르고 살림을 맡아 했으나 다른 한편으로는 성서를 연구하며 루터의 개혁 동지가 되었다. 루터 신학에서 가정은 자녀에게 복음이 주는 자유를 전하고 동시에 법질서 존중을 가르치는 교육의 장이다. 작은 사진은 크라나흐가 그린 폰보라의 초상화이고 큰 사진은 폰보라의 방의 모습이다.

세상 나라의 법적 정의는 사회생활에서 생기는 부당한 행위를 고발하고 악한 행위를 한 자를 처벌한다. 그러나 루터는 정의 문제를 일차적으로 자기 고발accusatio sui로 본다. 종교적 차원의 자기 고발이란 단순히 도덕 양심을 가리키지 않으며 하나님과의 관계에서 인식되는 죄의식이다.

시민적 정의는 세상 나라의 정치 경제 질서를 위해 필요하다. 세상에는 법을 어긴 자가 있고 그렇지 않은 자가 있다. 죄에는 벌이 따라야 한다. 그래야 외부의 질서와 평화가 유지된다. 그러나 신학은 모든 인간의 내면으로 들어간다. 모두가 죄에 빠져 있는 인간의 참담한 상황을 그곳에서 본다. 하나님 앞에서 인간은 누구의 잘못을 말하기에 앞서 절대적 차원에서 느끼는 자신의 죄와 세상의 죄를 본다.

인간 세상의 죄에 연루되어 있을 뿐 아니라 죄의 괴수가 되어 있는 자신의 죄를 슬퍼하는 일이 신학적인 정의의 출발이다. 세상은 시민적 정의에 빠져 신학적 정의에 눈을 감는다. 스콜라신학은 신학적 정의를 외부적 종교 행위로 해소하고 시민적 정의와 신학적 정의의 간극을 무마해버렸다. 두 가지 정의의 구분은 복음과 율법의 구분, 하나님의 의와 인간의 의의 구분과 같다. 하나님의 의는 개인의 자기 고발에 대한 하나님의 은총이다. 애통해하는 자가 복이 있다. 하나님의 의는 죄에 대한 심판이 아니라 참된 용서요 위로이다. 죄의 깊이를 아는 자만이 용서의 은총을 받을 수 있다. 자신에 대해 절망하는 자만이 은총을 얻는다.[63] 루터는 그것을 '역설'이라고 말했다. "하나님의 진노 아래 하나님의 자비와 은총이 감추어져 있다."[64]

루터는 죄의 절망 속에서 희망의 하나님을 보는 역설의 신앙을 '신앙의 가장 높은 단계'로 보았다. 하나님의 은총으로만 인간은 죄의 노예에서 벗어나 자유를 회복한다. 그 자유를 위해 인간은 먼저 시민적 정의와 신학적 정의의 차이를 알아야 한다. "빌라도 앞에서 의롭게 만드는 정의가 곧 하나님 앞에서 의롭게 만들지는 않는다."[65]

> 내가 도적이 아니고 간음하지 않았고 세상 통치자에 의해 벌 받지 않았다고 해도, 하나님 앞에서 깨끗하고 의롭다거나, 그가 나를 벌하지 않으시는 것은 아니다. 그러므로 정의의 법정은 두 가지다. 하나는 정치적 법정이고 또 하나는 신학적 법정이다. 하나님은 세상과 매우 다르게

63 WA 18, p.633(3-4). 「노예의지에 관하여」, 『루터선집 6』, p.83. 「하이델베르크 논쟁」 명제 12. GW, p.977. 『루터선집 5』, p.247 참조.

64 "Sic aeternam suam clementiam et misericordiam abscondit sub aeterna ira." WA 18, p.633(14-15). 「노예의지에 관하여」, 『루터선집 6』, p.84 참조.

65 "Justitia quae coram Pliato justificat, non statim coram Deo justificat."

판단하신다. 정치적 정의는 나의 시민적 정의 즉 외부적 정의를 가리킨다. 국가의 재판관 앞에서 나를 의롭게 하는 정의가 곧바로 하나님 앞에서 정의가 되지는 않는다. 정치적 정의는 이 삶과 훈련을 보존하는 일에 관계된다.[66]

세상에서는 법을 위반하지 않고 자기의 직무를 잘 수행하면 좋은 시민이 된다. 루터는 그걸 가리켜 정치적 정의justitia politica 또는 시민적 정의justitia civili라고 하는데, 그것은 외부적 정의justitia externa이다. 법은 시민적 정의를 통해 외부적 평화와 질서를 이루며 삶과 세상을 보존한다. 그러나 법은 죄인을 구원하지 못한다. 그리스도인은 세상 법정뿐 아니라 하나님의 법정을 의식한다. 신학적 정의는 내면의 깊은 곳에서 죄의 회개와 하나님의 용서하시는 은총으로 이루어진다. 그러므로 신학적 정의는 정의에 그치지 않고 하나님의 사랑으로 끝난다.

아우구스티누스는 『신국론』에서 "인간 속의 정의justitia in homine"를 국가의 법적인 정의와 구분한다. 아우구스티누스가 말한 인간 속의 정의는 내면의 정의를 가리킨다. 원래 정의란 각자에게 그의 몫을 주는 것으로 알려져 있다. 국가의 법적인 정의는 각자의 몫에 따라 이익과 불이익을 분배하는 것을 목표로 삼는다. 법적 정의는 적합한 물질 분배와 적합한 형벌의 원칙에 대한 사람들의 합의의 산물이기도 하다는

66 "Non statim sequitur: Ego non sum fur, non mocchus, non punior a magistratu, ergo coram Deo sum purus, justus, ipse me non puniet. Duplex enim est forum, politicum et theologicum. Iam Deus longo aliter judicat, quam mundus. Politicum jus est contentum mea qualicunque civili et externa iustitia. At iustitia, quae me coram politico iudice iustificat, non est statim coram Deo iustitia, et tamen ad hanc vitam et disciplinam conservandam pertinet. *Promotionsdisputation von Palladius und Tilemann*, WA 39 I, p. 230.

점에서 정치적 정의라고 할 수 있다. 반면에 인간 속의 정의는 내면의 위계질서를 지키는 데서 생기는 정의이다. 육체는 영혼에 복종하고 영혼은 하나님께 복종할 때, 육체와 영혼과 하나님께 각자의 몫을 주게 된다.[67] 이것은 인간의 속마음의 사랑의 질서ordo amoris이기도 하다. 하나님을 목적으로 삼아 가장 사랑하고, 하나님 안에서 사람을 사랑하고, 그다음에 사물은 수단으로 사랑할 때 사랑의 질서가 지켜진다.[68] 그것이 하나님과 사람과 사물에 맞는 각자의 몫을 주는 것이다. 그러한 내면의 정의가 없을 때 세상은 탐심으로 얼룩져 정의롭게 되기 어렵다. 아우구스티누스가 말한 인간 속의 정의는 로마의 철학자 키케로가 『국가』에서 말한 정치적 정의에 맞서서 그리스도교 정신을 세우기 위해 제시되었다.

아우구스티누스가 로마의 인문주의자 키케로를 염두에 두고 내면의 정의를 말했다면, 루터의 신학적 정의 개념은 그리스의 인문주의자 아리스토텔레스의 정의 개념을 염두에 두었다고 할 수 있다. 루터 당시의 스콜라신학에서 절대적 영향력을 행사한 철학자가 아리스토텔레스였다. 루터와 그의 동료들이 1510년대에 비텐베르크대학에서 시도한 개혁은 아리스토텔레스를 떠나 바울과 아우구스티누스를 회복하는 일이었다. 그가 1517년에 쓴 「스콜라신학에 대한 논쟁」이나 1518년의 「하이델베르크 논쟁」은 신앙의 근거를 아리스토텔레스와 다른 데서 찾으려는 시도이다.

루터는 1518년의 설교 「두 가지 정의에 관하여」에서 우리의 죄에도 불구하고 믿음을 보고 우리를 의롭다고 여기시는 하나님의 의를 일차

---

67 아우구스티누스, 『신국론』, 성염 역, 왜관: 분도출판사, 2004, p. 2223(19,21,2).

68 아우구스티누스, 『그리스도교 교양』, 성염 역, 왜관: 분도출판사, 2011, pp. 101-105 (22,20-23,23).

적이고 근원적인 정의justitia prima, fundamentum로 제시한다.[69] 우리 자신의 의justitia propria는 이차적 정의이다. 우리 자신의 의란 믿음으로 의롭게 여김 받은 성도가 육적인 욕망을 십자가에 못 박고 하나님을 두려워하며 섬기는 삶의 열매를 가리킨다.[70] 하나님의 의에 근거해서만 사람은 정의로운 삶을 살 수 있다. 아리스토텔레스는 사회생활의 가장 중요한 덕목으로서 정의를 꼽는데, 그것은 루터의 용어로 하면 정치적 정의 또는 시민적 정의이다.

루터는 「세속 권세에 대하여」에서 하나님의 나라와 세상 나라를 구분하며 마태복음을 인용해서 "하나님의 것은 하나님에게 가이사의 것은 가이사에게"(22:21)라고 말한다.[71] 각자에게 그의 몫을 주는 것이 정의라면, 세상의 권세자와 하나님의 권세를 향해 각각 그의 몫에 맞는 순종을 보여야 한다. 세상 권세자에게는 법 집행자의 몫에 맞는 순종을 보이고 하나님에게는 인간 영혼의 구원자에 맞는 몫의 순종을 드려야 한다. 전자는 정치적이고 시민적인 정의이고 후자는 신학적 정의이다.

노예의지를 말하는 한 정의의 물음은 하나님의 의 곧 신학적 정의에 기반을 두어야 한다. 신학적 정의를 모르는 정치적 정의는 참다운 평화를 주지 못하고 인간을 자기 의에 빠지게 하는 죄의 도구로 전락한다. 먼저 하나님의 것을 하나님에게 드릴 줄 알아야 하는데, 신학적 정의와 정치적 정의를 구분할 줄 아는 것이 하나님의 것을 하나님에게 드리는 정의의 시작이다. 하나님의 통치를 받을 줄 아는 신학적 정의가 모든 정의의 기반이다.

69 WA 2, p.146. 『루터선집 5』, p.266.
70 WA 2, p.146. 『루터선집 5』, p.267.
71 「세상 권세에 대하여」, GW, p.4.389.

안의 안, 탈세상

루터가 인간의 내면을 강화한 점은 그가 말하는 하나님 나라의 내면성이 인문주의자들의 내면보다 더 깊은 내면을 가리킨다는 사실에서도 드러난다. 소크라테스 이후 인문주의자들도 인간의 내면과 마음을 중시했다. 그러나 도덕적 자기반성을 일으키는 내면은 바깥세상이 내면화된 것이다. 도덕 규범과 법은 타자와의 관계를 규율하기 때문이다. 세상의 외부적 평화를 만들기 위해 생긴 도덕적 당위는 내면화되어 인간의 자기 통제를 형성한다. 루터의 하나님 나라는 도덕적 자기반성이 만든 인간의 내면성보다 더 깊은 내면이다. 신앙 양심은 법 양심이나 도덕 양심보다 깊다. 니체가 도덕을 비판하며 『선악을 넘어서』라는 책을 썼는데, 그리스도교는 도덕적 선악을 넘어선 초윤리의 경지에서 선악을 본다.

그래서 루터는 그리스도인이 되는 것과 선한 사람이 되는 것은 별개라고 했다. 반도덕적으로 보이는 이런 극단적인 선언도 도덕적 평가를 내리는 인간 사회를 떠나 내면에서 하나님을 만나는 일이 우선적임을 말한다.[72] 외부적 선행은 내면의 은총의 열매이어야 하며, 우리가 밖으로 하는 선행은 우리가 행하는 것이 아니라 내면의 그리스도에 의해 행해지는 것이어야 한다.[73] 그리스도인의 내면세계는 세상의 평가와 도덕적 심판과 자기 의를 벗어난 세계이다. 그런 점에서 루터가 말하는 내면은 신비주의에서 말하는 무와 비슷한 점이 있다.[74]

---

72 뤼시엥 페브르, 『마르틴 루터, 한 인간의 운명』, 김중현 역, 고양: 이른비, 2016, p.183.

73 「하이델베르크 논쟁」, 명제 27. GW, p.989, 『루터선집 5』, p.248. '행해지는 것das bewirkte'이라는 수동태 표현을 쓴다.

74 헤그룬드, 「루터의 의인론의 배경으로서 중세후기 신학」, 『루터 사상의 진수』, p.82.

학자들은 루터가 독일 신비주의의 영향을 받았다고 본다. 14세기에 독일과 네덜란드에서 공동생활형제회가 인간 내면에서 벌어지는 은총의 신비를 강조하는 운동이 벌어졌는데, 이를 '새로운 헌신devotio moderna'이라고 한다. 이 운동으로 집집마다 평신도들이 작은 성물을 모셔놓고 기도하면서 신과 인간이 직접 교통할 수 있다는 믿음이 생기기 시작했다. 이 운동의 창시자는 네덜란드의 흐로테(Gerard Groote, 1340-1384)였는데, 그는 파리에서 오캄의 유명론을 받아들이고 평신도와 사제의 차이를 두지 않는 경향을 가진 자였다. 신과의 직접 교통을 통한 경건을 강조한 흐르테의 신비주의 운동은 독일 도미니크 교단의 14세기 초 신비주의자인 마이스터 에크하르트와 그의 제자 타울러(John Tauler, 1300-1361)의 영향을 받은 것으로 보인다. 이 기간에 토마스 아켐피스의 『그리스도를 본받아』도 출판되었다.[75]

'새로운 헌신' 운동을 통해 다시 조명받기 시작한 신학은 신의 은총과 인간의 죄에 관한 아우구스티누스의 가르침이었다. 이런 움직임은 15세기까지 이어져 독일의 신학자들에게 영향을 주었고, 그들을 가리켜 종교개혁 이전의 종교개혁자라고 부르기도 한다.[76] 물론 16세기의 학문 분위기는 많이 바뀌었다. 새로운 헌신 운동이 경건 밑에 학문을 두려고 한 반면에 인문주의자들에게는 지식이 더 중요해졌다. 당시의 최고의 인문주의자 에라스무스는 15세기의 경건 운동을 비판했다. 그러나 루터의 경우는 달랐다. 루터는 신비주의자 타울러의 글을 접하고 『독일신학』이라는 이름으로 출판하며 서문을 썼다. 거기서 루터는 자

---

75 토마스 아켐피스의 책은 예수회 창시자인 이그나티우스 로욜라에게 큰 영향을 미쳤고 17세기 영국 그리스도인들의 영성 수련에 지속적으로 영향을 주었으며 18세기 영국에서 감리교 운동을 펼친 존 웨슬리의 영성 형성에도 도움을 주었다.

76 퀜틴 스키너, 『근대 정치사상의 토대 2』, pp.73-74.

신이 성서와 아우구스티누스의 글을 빼고는 타울러만큼 교훈을 준 글이 없다고 말했다.[77]

학자들이 신비주의의 영향을 언급할 만큼 루터의 내면성의 원리는 세상과 일단 거리를 두는 탈세상을 초래한다고 할 수 있다.

> 간단히 말해서 (성서의) 계명들은 우리를 세상에서 떼어놓고 우리로 하여금 하늘을 갈망하게 하기 위한 것이다. 그러므로 우리는 하나님의 신실한 조언을 자유롭고 기쁘게 받아들여야 한다. 하나님이 그 계명을 주시지 않아 우리의 불의를 모르고 고통스러워하지도 않았다면, 사람은 자신의 마음을 바로잡을 수 없었을 것이기 때문이다. 사람의 마음은 세상의 것들에 너무 깊이 사로잡혀 있고, 거기에 너무나 집착하고 있다. 그러나 세상 것들은 만족을 주지 못하고 하늘의 영원한 것들은 멀어진다.[78]

「세상 권세에 대하여」에서 루터는 이렇게 말한다.

> 대중이나 일반적인 관례를 향하지 말라. 이 땅에는 그리스도인이 드물다. 그 점에 대해서는 의심의 여지가 없다. 하나님의 말씀은 일반적 관행과는 다른 무엇이다.[79]

---

77 「독일신학의 완전판에 붙이는 서문」, 『루터선집 5』, p. 257. 물론 루터는 나중에 신비주의가 인간의 공적에 의한 노력일 수 있다고 생각했다. 신비주의는 언제나 범신론과 엘리트주의의 경향을 지니고 있기도 하다. 패트릭 콜린슨, 『종교개혁』, 이종인 역, 서울: 을유문화사, 2005, pp. 46-47.

78 「고리대금업」(1524), p. 298.

79 「세상 권세에 대하여」, GW, p. 4. 376.

20세기 독일의 신학자 불트만은 그리스도교 신앙의 핵심을 '탈세상 Entweltlichung'이라고 함으로써 루터신학의 계보를 이었다. 그는 이렇게 말한다.

> 믿는 자는 지금 여기서 생명을 가졌고 이미 사망에서 생명으로 옮겼다. 밖으로 보면 세상은 전과 똑같지만 내면으로 보면 그와 세상의 관계는 완전히 바뀌었다. 세상은 더 이상 믿는 자를 좌우하지 못한다. 왜냐하면 믿음은 세상을 이기는 승리이기 때문이다.[80]

이처럼 인간 내면과 바깥세상을 구분하며 바깥세상이 내면을 침범하지 못하고 내면의 신앙이 이미 바깥세상을 이겼다고 보는 불트만의 사유 방식은 루터신학을 따르고 있다. 실천 이성의 숭고함을 세상의 처세술과 다르게 본 칸트의 철학 역시 루터 사상의 계보를 잇는다. 루터신학의 탈세상은 중세에 지향했던 저세상이 아닌 인간 내면을 가리킨다. 탈세상의 내면적 차원은 지금 여기서 바깥세상과 긴장 관계를 이루며 구분되나 분리되지 않는 변증법적 파트너로 존재한다.

탈세상의 하나님 나라는 하나님 안in Deum의 세계이다. 하나님 안은 중세의 우주적 차원을 가리키는 공간적 개념이 아니라 신학적 실존 차원으로서 인문주의자들이 말하는 내면보다 더 안이다. 헤겔은 루터의 내면을 가리켜 "영혼의 절대적 내면성" 혹은 "깊이 마음 안으로 들어감"이라고 표현했다.[81] 그런 점에서 루터의 내면은 아우구스티누스가 말한 '안의 안'이라고 볼 수 있다. 아우구스티누스는 내면에서 진리를

80 Rudolf Bultmann and Five Critics, *Kerygma and Myth*, New York: Harper & Row, 1961, p. 20.

81 G.W. Hegel, *Lectures on the Philosophy of World History*, p. 505.

찾은 인문주의자들보다 더 깊은 내면 곧 안의 안에서 진리의 자리를 찾았다. "당신(하나님)은 내 안보다 더 안에 그리고 내 위보다 더 위에 계셨습니다."[82] 내 안의 안이란 인문주의자들이 말하는 양심이 자리 잡고 있는 인간 내면을 초월한 내면을 가리킨다.

인간의 내면을 이루는 도덕 양심도 알고 보면 외부에서 벌어지는 타자들과의 관계에서 지켜야 할 도리가 내면화된 것이다. 그러므로 도덕은 하나님 안이 아닌 세상 안에서 발생한 것이다. 그러나 하나님 안 곧 내 안의 안은 일단 모든 외부로부터 벗어난 세계요, 외부로부터 자유로운 세계이다. 개인이 단독자로 하나님과 맞부딪히는 차원이다. 그것은 바깥세상으로부터 독립해서 세상과 대립할 수 있는 힘을 가진 개인의 자기 세계이다. 그런 점에서 종교를 윤리보다 위에 두고, 타자와의 관계보다 개인이 홀로 하나님을 만나는 차원을 더 근원적이라고 본 철학자 키에르케고르는 루터교 국가인 덴마크에서 나온 루터의 후계자라고 할 수 있다.

루터가 하나님의 은총을 '우리 바깥'에서 주어지는 것이라 할 때도 그 바깥은 안의 안을 가리킨다. 루터는 「두 가지 정의에 관하여」(1518)에서 그리스도의 정의를 우리 밖으로부터extra nos 주어지는 낯선 정의라고 했다. 여기서 루터가 말하는 '우리 바깥'은 내면의 도덕 양심보다 더 근원적인 내면을 가리킨다. '우리 바깥'이라는 표현은 후기 스콜라 신학의 새로운 길via moderna을 공격하기 위한 개념으로 보인다. 윌리엄 오컴의 유명론을 기반으로 발전된 후기 스콜라신학은 이전의 스콜라신학을 옛길via antiqua이라고 부르면서 신 인식과 교회의 권한에 대

82 "interior intimo meo et superior summo meo." 아우구스티누스, 『성 어거스틴의 고백록』, 선한용 역, 서울: 대한기독교서회, 2013, p. 105(3권 6,11).

해 개혁적인 생각들을 제시했지만, 다른 한편으로는 중세 신학을 여전히 유지하는 면이 있었다. 다시 말해서 후기 스콜라신학은 자연신학의 한계를 어느 정도 제시하면서 신 인식에서 이성의 한계를 말했지만, 선을 행하는 문제에서 여전히 실천이성의 역할을 어느 정도 인정했다.

루터는 에르푸르트대학에서 유명론의 대가들에게 배웠다. 그리고 아우구스티누스 수도회에서 유명론의 대가인 튀빙겐의 비엘이 쓴 신학 책을 거의 암기할 정도로 공부했다. 유명론은 경험을 중시함으로써 서양의 근대를 예비하는 측면이 있다. 그리고 신 인식에서는 성서를 중시함으로써 종교개혁을 예비한 면도 있다. 루터는 비텐베르크대학에서 후기 스콜라신학을 연구하고 가르쳤다.[83] 그러나 구원의 문제로 고민하다가 루터는 어느 순간 인간의 죄와 신의 은총의 관계에서 스콜라신학과 전혀 다른 길을 가며 자신의 스승들과 결별하게 된다. 그것이 종교개혁의 학문적 출발이다.

후기 스콜라신학의 가르침은 "자기 안에 있는 것을 행하는 사람에게 하나님은 은총을 거부하지 않는다"[84]는 명제에서 잘 드러난다. 스콜라신학이 말하는 '안'은 '자기 안in se'이요, '자기 안에 있는 것'이란 인간이 가지고 있는 이성능력을 가리킨다. 인간이 자기가 지닌 능력으로 할 수 있는 것을 할 때에 하나님이 은총을 베풀어 선을 이룬다. 이 명제는 후기 스콜라신학에도 아리스토텔레스의 인문주의 영향이 완전히 사라지지 않았음을 보여준다.[85] 새롭게 떠오른 인문주의와 후기 스콜

83 맥그래스에 따르면 루터는 1514년까지도 후기 스콜라신학의 대표자로 활동했다. 알리스터 맥그래스, 『루터의 십자가 신학, 마르틴 루터의 신학적 돌파』, 김선영 역, 서울: 컨콜디아사, 2015, p.325.

84 "Facientibus quod in se est Deus non denegat gratiam."

85 루터는 철학의 찌꺼기faex philosophiae 또는 "철학자들의 유령들larvae philosophorum"이라고 부른다. 알리스터 맥그래스, 앞의 책, p.268 참조.

라신학은 루터 당시에 공존하고 있었으며, 에르푸르트대학에서도 두 분야의 교수들은 서로를 인정하고 있었다. 루터는 스콜라신학이 말하는 '자기 안'에 반대하기 위하여 '자기 밖' 또는 '우리 밖'을 말한다. 「로마서 강의」에서 그는 이렇게 말한다.

> 성도들은 내적으로 볼 때 항상 죄인들이며, 그 때문에 그들은 그들 자신의 밖에서 항상 의롭게 된다. 그러나 위선자들은 내적으로 항상 의로우며, 그 때문에 그들은 그들 자신의 밖에서 항상 죄인들이다. '내적으로'란 우리가 우리를 생각할 때, 우리 눈으로 우리 자신을 볼 때를 가리킨다. 그러나 '우리 자신의 밖에서'란 하나님과 그의 판단 안에 있을 우리를 말한다. 만약 그 의가 우리 자신과 우리의 행위에서 생기지 않고 오직 하나님이 넘겨준 의에 의한 것이라면 우리는 우리 자신 밖에서 의로운 것이다.[86]

그러므로 여기서 '우리 밖'은 바깥세상이 아니라 하나님 안을 가리킨다. 그것은 인간의 이성 능력 밖 곧 내면화된 도덕 의식보다 더 깊은 내면을 가리킨다. 은총이 우리 밖에서 온다고 표현한 것은 하나님의 은총이 우리 의지 너머에서 주어지는 뜻밖의 것임을 가리킨다.[87] 그것은 우리 안의 안으로부터 주어지는 은총이다. 그 은총은 대가 없는 은총이며, 인간 안에 있는 것을 행할 때 더하여주는 은총이 아니다. '우리

---

86 WA 56, p.268(27)-p.269(2). 마지막 문장은 다음과 같다. "Igitur extrinsece(아마 extra se) sumus justi, quando non ex nobis nec ex operibus, Sed ex sola Dei reputatione justi sumus."

87 Gerhard Ebeling, "Martin Luther, Theologie", in *Die Religion in Geschichte und Gegenwart*, p.501.

밖으로부터'를 말하는 루터는 인간의 도덕적 노력과 하나님의 은총을 종합하려고 한 스콜라신학을 반대하는 모습을 보여준다.[88]

독립된 개인의 자기 세계가 출현하기 위해서는 세상의 평가가 내면화된 도덕적 자기의식을 초월하는 작업이 필요했다. 그것이 '우리 밖'의 '하나님 안'이며, 하나님 안은 '안의 안'으로서 탈세상이다.

3. 십자가신학과 해석학적 주체의 탄생

루터의 십자가신학은 신학을 인간학으로 바꾸는 요소를 지니고 있으면서 근대적인 인간 중심의 세상을 열었다. 십자가신학은 진리의 계시에 인간이 참여하게 한다. 그리하여 사람은 단지 계시의 대상이 아니라 계시에 참여하는 주체가 된다. 이것은 해석학적 주체의 탄생을 가리키며, '오직 성서로만'이라는 구호는 진리 인식의 주체인 개인의 탄생을 의미한다.

십자가신학, 신앙이 하나님을 만든다

루터는 자신이 이름 붙인 십자가신학theologia crucis을 통해 중세와 다른 신학을 출현시키며 인간의 내면을 강화한다. 중세의 신학은 바깥에 보이는 피조물의 세계를 통해 신 인식이 가능하다고 생각했지만, 루터는 오직 내면의 신앙을 통해서만 하나님을 알 수 있다고 본다. 중

88 루터는 그리스도의 의가 밖으로부터 우리에게 전가됨을 아우구스티누스도 확실하게 말하지 않았다고 본다. 발터 폰 뢰베니히, 『마르틴 루터, 그 인간과 그의 업적』, 박호영 역, 서울: 성지출판사, 2002, pp. 116-117.

세 스콜라신학은 하나님의 변치 않는 영광을 찬양하는 신학이다. 그러나 루터는 인간의 죄를 위해 고난을 당한 그리스도의 십자가에 주목한다. 하나님의 영광은 그리스도의 수난 가운데에서 역설적으로만 드러난다. 중세의 영광의 신학theologia gloriae은 우주를 질서 있게 섭리하는 하나님을 보고, 존재의 계층을 통해 영광을 받으시는 하나님을 말한다. 영광의 신학은 자연신학이며 세상이 얼마나 아름답고 조화롭게 짜여 있는지에 초점을 맞추었다. 모든 피조물 가운데서 하나님의 지혜와 권능과 영광을 보고자 한다.

그러나 「하이델베르크 논쟁」의 명제 19에서 루터는 이렇게 말한다. "피조물을 통해 인식된 하나님의 보이지 않는 것을 본다는 자들은 결코 신학자라고 할 수 없다."[89] 하나님의 보이지 않는 것이란 하나님의 능력, 하나님의 신성함, 그 지혜와 의로움과 선 등을 가리킨다.[90] 눈에 보이는 피조물들은 바깥 사물들이다. 스콜라신학은 바깥의 보이는 것들로부터 보이지 않는 하나님을 인식할 수 있다고 생각했다. 그것은 자연이성에 의한 신 인식이다.[91]

루터가 볼 때 스콜라신학의 인식론은 그 전제부터 잘못되었다. 피조물을 통해 하나님을 알 수 없으며, 오히려 하나님을 알아야 피조물을 알 수 있다. "하나님이 파악되지 않으면 피조물의 어떤 부분도 결코 파악될 수 없다."[92] 하나님을 알 때 세상을 안다. 세상을 통해 하나님을 아는 것이 아니다. 하나님에 대한 앎은 오로지 성령과 믿음을 통해서

---

89 "Non ille digne Theologus dicitur, qui invisibilia Dei per ea, quae facta sunt, intellecta conspicit." WA 1, p.354(17-18). GW, p.982 참조.

90 「하이델베르크 논쟁」, GW, p.982.

91 양명수, 『토마스 아퀴나스의 신학대전 읽기』, 서울: 세창미디어, 2014, p.46 이하 참조.

92 "Si Deus non assequitur est, nullam partem creaturae unquam assequitur." WA 18, p.605(13-14). 「노예의지에 관하여」, 『루터선집 6』, p.47 참조.

가능하다. 그리스도의 십자가와 수난을 통해 드러난 하나님을 믿음으로 안다. 루터는 「하이델베르크 논쟁」의 명제 20에서 이렇게 말한다.

> 수난과 십자가를 통해 보이는 하나님의 보이는 것들과 하나님의 등을 인식하는 자는 신학자라고 불릴 만하다.[93]

명제 19와 20은 대조를 이루며 중세의 영광의 신학과 루터의 십자가의 신학의 차이를 보여준다. 영국의 신학자 알리스터 맥그래스가 지적하듯이 두 명제를 잘 비교해볼 필요가 있다. 명제 19에서 영광의 신학은 피조물을 통해 인식된intellecta 하나님을 본다conspicere. 명제 20에서 십자가의 신학은 십자가를 통해 보여진conspecta 하나님을 인식한다 intelligere. 안다는 동사와 본다는 동사가 서로 엇갈려 사용되고 있다. 스콜라신학에서 신은 이미 인식되어 있다. 명제 19에서 "피조물을 통해 인식된 하나님"이란 그 점을 가리킨다. 내면의 주관적인 믿음의 참여 없이 밖의 자연과 우주의 질서를 통해 신에 대한 지식이 객관적으로 알려져 있다. 그러나 루터가 볼 때에 신은 객관적으로 알려질 수 없다.

십자가의 신학에서는 피조물이 아니라 십자가를 통해 보이는 하나님을 인식한다. 누구에게나 보이는 십자가를 통해 하나님을 인식한다. 다른 길은 없다. 십자가를 통한 신 인식은 십자가 사건을 내면에서 받아들이는 주관적 신앙 경험을 통한 신 인식을 가리킨다. 루터는 "오직

---

93 "Sed qui visibilia et posteriora Dei per passiones et crucem conspecta intelligit." WA 1, p.354(19-20). 'Posteriora Dei'는 하나님의 등을 가리킨다. 모세가 하나님을 보기 원했을 때 하나님이 지나가시면서 오직 그 등만 보이셨다고 하는 출애굽기 33장 23절을 염두에 둔 용어이다. 맥그래스는 영문판 루터전집의 잘못된 번역을 지적한다. 하나님의 등을 영문판에서 "하나님의 명백한 것"이라고 번역했고, 우리나라 루터선집도 영문판을 그대로 따르고 있다. 『루터선집 5』, p.248 참조.

경험이 신학자를 만든다"고 했다.[94] 그러나 신 인식은 부분적이다. 보이는 부분만 보인다. '하나님의 등을 인식한다'는 말이 그 점을 가리킨다. 십자가에서 하나님은 드러나지만 숨으신다. 십자가를 통해 보이는 것은 수난이요, 하나님의 권능과 영광은 십자가에는 숨겨져 있으므로 보이지 않는다.

루터가 말하고자 하는 것은 분명하다. 첫째, 십자가를 보지 않고 하나님을 알았다고 할 수 없다. 신학자는 피조물과 세상으로부터 십자가로 눈을 돌려야 한다. 신 인식의 자리는 십자가이다. 신 인식으로부터 인간에 대한 인식이 가능하고 세상 모든 사물과 사태에 대한 참된 인식이 가능하다. 둘째, 십자가에서 보이는 것만 보고 하나님을 알았다고 해서도 안 된다. 십자가를 통해 하나님을 알 수밖에 없지만, 십자가에 보여서 아는 것은 하나님의 등을 인식한 것뿐임을 알아야 한다. 하나님은 온전히 우리가 인식할 수 있는 분이 아니다. "네가 내 얼굴을 보지 못하리니 나를 보고 살 자가 없음이니라"(출애굽기 33:20)라는 말씀이 이를 뒷받침한다. 셋째, 그러나 하나님의 등을 인식하는 것이 곧 하나님을 인식하는 것이다. 하나님은 수난을 통해 영광과 권능을 보이시기 때문이다. 이 역설의 이해는 십자가의 은혜를 경험하는 신앙을 통해서 가능하다.

바깥 피조물을 보면서 인식하는 신은 아리스토텔레스의 제1원인이 될 수 있지만 살아계신 하나님은 아니다. 객관적으로 보이는 십자가를 보는 것만으로도 역시 신 인식이 아니다. 십자가의 수난을 통해 하나님의 영광을 인식하는 것은 오성이나 이성이 아니라 자신의 전 존재를

94 마르틴 루터, 『탁상담화』, 김민석 · 정애성 역, 서울: 컨콜디아사, 2017, p. 8. WA *Tischenreden*, 1, p. 16. "Sola autem experientia facit theologum."

비텐베르크 시 교회의 제단화 중 루터의 설교 장면을 그린 그림이다. 루터가 성서에 손을 얹은 채 설교하고 있으며 오른손으로는 가운데의 십자가를 가리키고 있다. 루터신학의 핵심이 십자가에서 수난을 받으신 그리스도에게 있음을 보여준다.

드리는 믿음이다. 믿음은 "하나님의 은총에 대한 생생하고 확고한 신뢰Zuversicht이다."[95] 믿음을 통해 십자가의 은총을 알게 됨으로써만 하나님의 권능과 지혜와 그 거룩하심을 알 수 있다. 믿음은 내면의 일이기 때문에 아우구스티누스의 표현대로 '마음의 눈'을 가지고 십자가를 보아야 한다.[96] 다시 말해서 믿음은 개인의 주관적인 내면의 경험이며 교회에서 미리 설정된 신 인식의 틀로 판에 박은 듯 찍어낼 수 없다.[97]

스콜라신학이 조화로운 우주와 자연의 질서를 통해 하나님의 영광을 보는 반면에 루터는 인간 세상을 불쌍히 보시는 하나님을 말한다. 루터는 인간을 비극적 상황으로부터 구원하기 위해 십자가에 달리신

95 「로마서 서문」, GW, p.3.068.

96 알리스터 맥그래스, 앞의 책, p.294.

97 그 점에서 알리스터 맥그래스는 루터의 십자가신학이 새로운 신학 방법에 대한 지침이라고 본다. 위의 책, p.295.

그리스도에게서 하나님을 본다. 그리하여 스콜라신학에서 약화되었던 그리스도론이 루터신학에서 핵심으로 자리 잡는다.[98] 십자가신학은 우주의 아름다움이 아니라 인간의 불안과 비참을 말하고, 우주 자연의 조화와 질서가 아니라 인간 세상의 불화와 폭력을 본다. 그리고 그런 세상을 만드는 인간의 죄에 주목한다. 복음은 인간을 불행으로부터 구원하는 하나님의 말씀이고 십자가의 의는 인간의 불의를 치유한다.

루터의 십자가신학은 신학을 인간학으로 만드는 측면이 있다. 첫째, 신 인식의 자리를 자연과 우주가 아닌 사람의 죄와 불행에 관계하는 십자가에서 찾는다는 점에서 인간학적이고 실존적이다. 둘째, 하나님의 권능과 영광이 십자가의 수난에서 드러난다는 역설이 신학을 인간학으로 만든다. 루터의 하나님은 한 사람의 고통을 자기 고통으로 삼으시고 은총을 베푸는 일을 통해 하나님 되심을 보인다. 사람을 상대하는 일을 통해서만 하나님의 절대성이 보인다. 셋째, 하나님의 하나님 되심을 인식하는 것은 개인의 신앙이라는 점이다. 신앙 경험을 중시함으로써 신의 계시에서 인간의 참여가 중요한 비중을 차지하게 되었다.

루터는 1531년의 「갈라디아서 강의」에서 이렇게 말한다.

> 믿음은 하나님의 창조자이다. 하나님의 인격 안에서가 아니라 우리 안에서 말이다. 믿음이 없으면 하나님은 자신의 정의와 영광과 권능 등을 잃는다. 믿음이 없는 곳에서는 하나님의 위엄과 신성도 없다. 보라, 믿

---

98 아퀴나스의 『신학대전』은 신론 중심으로 전개되어 있다. 1부에서 인간론도 신론에 종속되어 있다. 2부는 윤리 문제인데 그리스도론이 빠져 있는 신론이 아리스토텔레스 철학과 쉽게 접맥된다. 그리스도론은 3부에 가서야 나오는데, 조금 다루어지고 있으며, 그것도 성례전 문제와 함께 다루어진다.

음이 얼마나 위대한가를.[99]

이 구절은 '오직 믿음으로만'이라는 종교개혁의 구호를 가장 극적으로 표현하고 있다. 그러나 신앙이 하나님의 창조자라는 말을 어떻게 이해해야 할까? 마치 사람의 믿음이 하나님을 만들어낸다는 소리로 들린다. 어쩌면 루터의 실존적 신앙이 현대 무신론의 기원이 될지도 모른다. 실제로 포이에르바흐는 루터의 이 구절을 근거로 신은 인간의 작품이라고 말했다.[100] 포이에르바흐는 루터에게서 신학이 인간학으로 전환되는 지점을 발견했고 유물론적 무신론의 시작을 루터에게서 찾았다.[101] 또한 진리 인식에서 경험을 강조하면 개인의 내면과 주체성이 강화되지만 다른 한편으로 진리의 주관화는 상대주의를 낳을 수도 있다. 루터의 십자가 신학은 개인의 주관을 거치지 않은 진리를 인정하지 않는다는 점에서 무신론도 수반할 수 있는 거대한 모험이라고 할 수 있다.

앞의 인용문에서 믿음이 하나님의 창조자라는 말은 하나님 되심의 창조자라는 말로 봐야 한다. 하나님은 이미 하나님이다. 신앙이 하나님을 창조하되 "그의 인격 안에서가 아니라"는 말은 그 뜻이다. 하나님은 이미 자기 안에서 스스로 하나님이시지만, 인간의 신앙을 통해 비로소 "우리 안에서" 하나님의 위엄과 정의와 권능이 드러난다. 십자가의 수난을 통해 인식되는 하나님은 사람과 관계하심으로써 하나님이

---

99 "Fides est *creatrix divinitatis*, non in persona, sed in nobis. Extra fidem amittit deus suam iustitiam, gloriam, opes etc., et nihil maiestatis, divinitatis, ubi non fides. Vides, quanta institia fides." WA 40 I, p.360(5-7). 마르틴 루터, 『갈라디아서 강해』 상, 김선회 역, 용인: 루터신학대학교 출판부, 2003, p.340 참조.

100 베른하르트 로제, 『마르틴 루터의 신학』, p.286.

101 Giovanni Rota, "Luther in Nineteenth and Twentieth Century Philosophy" in *Martin Luther, A Christian between Reforms and Modernity (1517-2017)*, p.888.

되시는 하나님이다. 사람과 관계없는 하나님은 신학이나 신앙의 주제가 아니고, 성서의 하나님도 아니다. 그런데 우리와 관계하시는 하나님은 신앙으로만 알 수 있다. 그래서 루터는 신앙이 하나님의 창조자라고 말한다.

하나님이 하나님 안에서 하나님 되심은 하나님의 초월적 측면을 가리킨다. 하나님은 하나님에 대해 하나님을 위해 계신다. 그래서 하나님은 그 자체로 목적이고, 우상과 달리 인간의 수단이 아니다. 그러나 하나님은 또한 우리에 대한 하나님이요, 우리를 위한 하나님이시다.[102] 그리스도의 십자가를 통해 드러난 하나님은 사람을 상대해주시고 우리 고통을 자기 고통으로 삼으시는 하나님이다. 하나님의 하나님 되심은 사람을 사랑하시고 죄인을 의롭게 하시는 데 있다.

그런 하나님의 사랑과 의와 권능과 위엄은 믿음을 통해 인식되고 현실이 된다. 그러므로 믿음이야말로 하나님을 하나님 되게 한다고 말할 수 있다. 믿음이 우리 안에 하나님을 창조한다는 루터의 말은 그런 뜻이다. 인간의 믿음이 없으면 하나님은 의와 권능과 위엄을 잃는다는 말도 그런 뜻이다. 루터가 연옥에 대한 가톨릭의 주장을 반대했던 까닭도 연옥은 성서에도 없고 믿음으로 인식할 수 없는 세계이기 때문이다.[103]

루터는 「대교리문답」에서 십계명의 제1계명을 설명하면서, '나 외에 다른 신을 섬기지 말라'는 계명을 "나를 너의 하나님이 되게 하라"는 뜻으로 푼다. 하나님은 나의 하나님이 되어야 하나님이시라고 할 수 있다. 그리고 하나님이 나의 하나님이 되는 길이 나에게 달려 있다. 그렇

102 로제는 신앙이 하나님의 창조자라고 한 말은 하나님이 나를 위해 계시는 분임을 가리킨다고 해석한다. 베른하르트 로제, 앞의 책, p.286.

103 「라토무스에 대한 반박」, WA 8, p.47. 『루터선집 5』, p.389. 루터는 연옥이 성서에도 없고 "우리의 지각에서 멀다remotae a sensu"고 표현했다.

다면 내가 하나님을 하나님 되게 한다고 할 수 있다. 나의 바른 신앙이 중요하다. "오직 마음의 믿음과 신뢰가 하나님을 만들고, 그렇잖으면 우상을 만든다."[104] 외부적 종교 행위가 아닌 내면에서 신앙과 불신앙이 갈린다는 점에서 루터는 '마음의 믿음'을 강조한다.

겉으로 열심히 신앙생활을 해도 그 마음속에 하나님에 대한 신뢰가 없으면 인간은 하나님이 아닌 우상을 섬기게 되어 있다. 하나님을 섬기든지 우상을 섬기든지 둘 중의 하나다. 중립은 없다. 믿음이 있을 때 우상에서 벗어나 하나님을 섬길 수 있으니 믿음이야말로 하나님을 하나님 되게 한다고 말할 수 있다. 그런 뜻에서 오직 믿음만이 하나님을 '만든다'고 루터는 말한다.

루터는 믿음이 하나님을 만든다는 과감한 표현을 통해 개인을 책임적 주체로 만들었다. 개인의 내면은 하나님이 하나님이 되시는 자리이다. 내면의 믿음을 강조함으로써 루터는 진리 인식에서 개인의 주체적 참여를 필수적 요소로 만들었다. 아퀴나스신학이 실체적이고 존재론적이라면 루터의 신학은 주체적이고 실존적이다. 오늘날 거의 모든 현대 신학은 루터의 주체적이고 인간학적인 사유를 따른다.[105]

근대 이후 현대에까지 사상사에 미친 루터의 영향이 크다. 내면의 신앙을 강조하면서 주관화된 신앙은 신학을 인간학으로 연결하는 경향을 보이면서 인간 중심의 근대를 예비했다. 동시에 신앙의 주관화는 상대

---

104 GW, p.1.727. "Allein das Vertrauen und Glauben des Herzens beide macht: Gott und Abgott." 루터는 「그리스도인의 자유」(1520)와 「선한 행위에 관하여」(1520)에서는 제1계명을 신앙으로만 하나님을 섬길 수 있다는 내용으로 설명한다. 그러나 1529년의 「대교리문답」에서는 '신앙이 하나님을 하나님 되게 한다', '신앙이 하나님을 만든다'고 하는 대담한 표현을 사용한다.

105 André Birmelé, "The Theological Self-understanding of the Evangelical Lutheran Churches", p.765.

주의를 낳으면서 현대 무신론의 기원이 될 수도 있다. 가톨릭 신학이 프로테스탄트에 대해 갖는 의구심은 그 점에 있어 보인다. 그러나 진리에 더 가까이 갈수록 사탄의 힘도 더 커진다고 해야 할까. 또는 진리는 비진리의 위협 아래에서만 진리일 수 있다고 해야 할지 모른다.

해석학적 주체

십자가신학은 신앙을 강조하면서 하나님의 계시에 인간이 참여하는 구조를 낳는다. 그것은 해석학적 주체인 개인의 탄생을 의미한다. 트뢸치는 루터의 가르침을 가리켜 종교적 개인주의라는 표현을 사용하는데,[106] 개인의 등장은 해석학적 주체의 탄생과 밀접히 연관되어 있다.

신앙은 말씀을 듣고 읽는 데서 생긴다. 성례전 중심의 중세 예배는 루터에게서 말씀 중심으로 바뀜으로써 말씀을 알아듣는 독자나 청중의 역할이 커졌다. 계시의 매개체는 언어이다. 성서를 읽거나 설교의 말씀을 듣는 청중은 말씀을 각자 자기 삶 속에서 해석하면서 하나님의 뜻을 안다. 신앙은 감정이 아니라 하나님의 뜻을 아는 인식의 일종이며 인식에는 말씀의 해석이 따른다.

루터는 계시의 매개체인 언어를 누구나 쉽게 알 수 있게 성서를 번역했다. 누구나 하나님의 말씀을 알아듣고 말씀의 샘물을 직접 마시도록 하기 위한 작업이 성서 번역이었다.[107] 신약 성서를 번역하기 전에도

---

106 Ernst Troeltsch, *The Social Teaching of the Christian Churches II*, p.470. '영적 개인주의'라는 표현도 쓴다. 같은 책, p.571.

107 Martin Luther, "Preface to the Wittenberg edition of Luther's German writings" in *Martin Luther's Basic Theological Writings*, ed. T.F. Lull, Minneapolis: Fortress Press, 1989, p.64. 한편 철학자 니체는 루터의 성서를 가리켜 현존하는 최고의 독일어 서적이라고 평가했다.

루터는 사도신경과 주기도문과 니케아 신조를 쉬운 독일어로 번역했다. 신앙 고백이 모국어로 되어 있어야 누구나 쉽게 알아들을 수 있기 때문이다. 말씀의 신비는 오묘하지만 말 자체가 특별하거나 어려우면 안 된다. 루터는 재침례파를 정죄했지만 한스 뎅크와 헤처가 1527년에 보름스에서 남부 독일어 관행을 따라 성서의 일부를 번역해서 펴낸 것을 높이 평가했다.[108]

바르트부르크 성에서 이룬 루터의 신약 성서 번역에 사용된 독일어는 구어체였다. 루터는 "가정주부들, 거리의 아이들, 시장 사람들"도 알 수 있는 언어를 번역어의 기준으로 삼았다. 사람 냄새가 나는 말을 통해 하나님의 말씀을 알아들어야 한다. 그렇지 않으면 성서가 우상이 될 수도 있다. 이제 교회와 사제의 중개가 없이 누구나 성서의 말씀을 알아들으며 자기 처지에서 하나님의 뜻을 새길 수 있게 되었다.

말씀을 알아듣는다는 것은 사람의 말을 통해 하나님의 말씀을 알아듣는 일이다. 그것이 해석이다. 하나님은 사람의 말을 통해 말씀하신다. "하나님은 외부적인 말씀 없이 성령을 주시지 않는다."[109] 루터는 외부의 말씀과 내면의 말씀을 구분했다. 「마르부르크 협약」(1529)의 여덟 번째 조항은 '외적인 말씀에 대하여'라는 소제목을 붙이고, 그리스도께서 말로 하신 외적인 말씀을 통해 성령께서 우리 내면에 신앙을 창조하신다고 밝히고 있다.[110] 외부 말씀이란 인간의 말로 된 설교나 성서를 가리킨다. 내면의 말씀은 인간의 말을 해석한 결과 알게 된 하나님

---

108 미하엘 바인트커 외, 『종교개혁, 유럽의 역사를 바꾸다』, p.626.

109 "Preface to the Wittenberg edition of Luther's German writings", p.66. 이 글에서 루터는 신학을 공부하는 바른 길로 세 가지를 제시한다. 기도oratio와 생각meditatio과 시험을 견디는 일tentatio이다. 기도는 내면의 하나님의 말씀을 듣는 일이고, 생각은 성서의 말씀을 읽으며 그 의미를 생각하는 일이다.

110 「마르부르크 협약」, 『루터선집 7』, p.523.

의 뜻이다.

인간의 말과 하나님의 말씀은 서로 대립적 의미로 법과 복음을 가리키기도 하지만,[111] 각각 외부의 말씀과 내면의 말씀으로 해석학적 관계를 이루기도 한다. 반드시 인간의 언어가 계시의 매개체가 되어야 한다. 그래서 루터는 열광주의자들의 지나친 주관주의를 반대했다. 열광주의자들은 성서보다 성령을 강조하며 내면에서 직접 하나님의 말씀을 들으려 했다. 그러나 성령은 그 자체로 일하지 않고 언제나 선포된 말씀을 통해서 일한다. "은총은 외부의 말씀 없이는 오지 않는다."[112]

열광주의자들은 성서를 이해하기 위한 학문도 필요 없다고 보았다. 그러나 그처럼 내면의 말씀만 강조하는 것은 위험하다. 모든 언어는 문화적 산물이며 공동체의 경험과 축적된 지성을 통해서 일차적 의미를 형성한다. 그러므로 인간의 언어를 계시의 매개로 보는 루터는 인간의 문화와 세상을 긍정하는 셈이다. 실제로 루터는 인문주의가 이룬 학문의 발달을 중요하게 생각했으며 인문학이 없으면 신학도 없다고 보았다.[113] 개인이 자기 나름대로 언어를 해석하여 이해하기 전에 객관적인 언어학적 값어치가 해석의 한계를 설정하고 무한한 주관주의에 빠지지 않게 만든다. 글이 말씀으로 바뀔 때 각자 자기의 상황에 맞는 말씀으로 변화되지만, 글이나 말의 문자적 의미가 해석의 범위를 제한한다.

그래서 루터는 성서의 내적인 명쾌함과 함께 외적인 명쾌함을 말했다.[114] 성서의 내적 명쾌함interior claritas은 누구나 내면의 주관적 판단

---

111 Gerhardt Ebeling, "Martin Luther, Theologie", p.506.

112 "Gratia non venit sine extimo verbo." 카질 톰슨, 『마르틴 루터의 정치사상』, p.58에서 재인용.

113 스콧 헨드릭스, 『마르틴 루터: 새 시대를 펼친 비전의 신학자』, p.350.

114 WA 18, p.653(13-27). 「노예의지에 관하여」, 『루터선집 6』, pp.110-111.

judicium interiorum으로 성서 말씀의 의미를 분명하게 알 수 있음을 가리킨다. 교회의 전통적 해석을 뒤질 필요가 없고 교황과 사제의 해석에 의지할 필요가 없다. 한편 외적인 명쾌함이란 각자의 내적인 판단 이전에 성서 본문의 문자적 의미와 전체의 통일성이 어느 정도 해석의 범위를 제한함을 가리킨다. 각자가 자기 나름대로 성서를 이해하기 이전에 언어의 객관적 의미가 외적인 판단judicium externum을 이끈다.

성서를 가르치는 목사나 교사들은 외적인 판단을 돕는다. 루터가 개인의 자기 판단의 원리를 주장했지만 혼자서 성서를 이해할 수 있다고 하는 자들을 비판하며 목사의 역할을 중시하는 것도 그런 측면에서 이해할 수 있다.[115] 성서의 외적 명쾌함exterior claritas은 성서가 애매모호하다는 주장을 배척하고, 동시에 지나치게 주관적인 해석을 제한한다. 이로써 루터는 성령이 개인의 내면에서 직접 말씀하신다고 하는 열광주의자들을 배척한다. 말씀 선포가 있는 곳에 교회가 있다고 함으로써 루터는 눈에 보이는 교회 곧 제도 교회를 유지하며 소종파와는 다른 길을 갔다. 17세기 초에 루터의 교도권을 놓고 가톨릭과 다툰 루터의 후계자들은 루터의 종교개혁이 '성령을 통한 직접적이고 비정상적인 소명'에 의한 것이 아님을 주장했다. 성령의 직접적인 가르침을 중시한 열광주의자들을 위험하게 본 루터의 견해가 루터교 정통주의로 이어졌음을 알 수 있다.[116]

---

115 "신분이 높은 귀족들 중에는 목회자나 설교자 없이도 배울 수 있다고 주장하는 멍청이들이 있다. 그들은 책 속에 모든 것이 다 들어 있고 또 혼자도 충분히 그 모든 것들을 배울 수 있다고 생각한다. 그러한 자들이 바로 야릇한 희열감으로 교구를 쇠퇴하게 하며 뻔뻔스럽게도 목회자와 설교자들을 고통스럽게 만들며 생활하기 어렵게 만드는 자들이다." 「대교리문답」, 『루터선집 9』, p. 416.

116 이상조, 「17세기 루터교 정통주의 루터상Lutherbild의 역사적 발전 과정」, 『한국기독교신학논총』 1/76, 2011, p. 111 참조.

성서는 인간의 말로 된 하나님의 말씀이다. 언어의 문자적 의미에 매이면 안 되지만 객관적인 문자의미를 가진 인간의 언어가 없이는 하나님의 말씀도 없다. 라이너 슈만은 20세기 초에 비엔나 학파에서 일어난 '언어로의 전회linguistic turn'가 이미 16세기 루터에게서 볼 수 있다고 주장한다.[117] 말 속에 진리가 있으며 말 뒤에서 진리를 찾을 필요가 없다.[118] 현대 해석학자 리쾨르에 따르면 "상징(언어) 뒤를 생각할 것이 아니라 상징으로부터 생각하고 상징에 따라 생각해야 한다."[119]

따라서 시대와 문화의 차이에 따라 다양한 의미로 쓰이는 언어에 대한 연구가 있어야 한다. 그리고 어느 특정한 구절의 하나님의 말씀은 성서 전체에 드러난 하나님의 뜻에 의해 그 의미가 드러난다. 그러므로 성서 전체에 대한 이해 없이 한 구절을 가지고 자신의 행위를 정당화하는 것은 위험하다.[120] 하나님의 말씀을 알아듣기 위해 학문이 필요한 까닭은 거기에 있다. 그래서 루터는 성서 해석을 위해 성서 언어에 대한 끊임없는 연구가 필요하다고 보았다. 루터는 이렇게 말한다.

> 나는 성서의 문자에 바탕을 두고 설교했다 …… 성 베드로와 성 바울과

---

117 Reiner Schürmann, *Broken Hegemonies*, p.375.

118 베른하르트 로제, 『마르틴 루터의 신학』, p.271. 루터가 현대 해석학을 예비하고 있음을 알려준다.

119 폴 리쾨르, 『해석의 갈등』, 양명수 역, 서울: 한길사, 2012, p.314. 여기서 상징이란 해석을 필요로 하는 이중의미를 가진 언어를 가리킨다. 성서 언어는 상징 언어이다. 그리스도교에서는 전통적으로 신조나 교리를 가리켜 라틴어로 심볼룸symbolum이라고 했다.

120 예를 들어 의인에게는 법이 주어지지 않는다고 한 디모데 전서 1장 9절과 법이 없는 곳에는 범죄도 없다고 한 로마서 4장 15절을 근거로 어떤 스콜라학자들은 태초의 아담에게는 법이 주어지지 않았고 따라서 아담은 범죄도 없다고 하며 원죄론을 부인했다. 루터는 그들이 성서 전체를 보지 않고 일부를 자기 멋대로 발췌하여 자기주장을 뒷받침하는 데 악용한다고 반박한다. 「창세기 강의」, WA 42, pp.80-81. LW 1, pp.111-112. 또한 『탁상담화』, p.7.

> 모세와 모든 성인들에게 물을 수 있다. 과연 그들이 말씀을 끊임없이 연구하지 않고 하나님의 말씀을 한 마디라도 이해할 수 있었는지 …… 성인들은 정말 하나님의 말씀을 알고 거기에 대해 말할 수 있다. 그러나 말씀을 실천하는 것은 또 다른 문제이다. 그래서 우리는 계속 공부해야 한다 …… 나는 나이든 신학자이지만 오늘날까지도 아직 어린아이 수준을 벗어나지 못했다. 십계명과 신조와 주기도문을 어린아이처럼 배우고 있다. 매일 나의 아들 요한과 나의 딸 막달렌느와 같이 기도하며 공부하지만 아직도 잘 모른다.[121]

문자에 바탕을 두고 설교한다는 말은 언어의 객관적 의미를 통해 말씀의 뜻이 밝혀짐을 가리킨다. 해석에는 개인의 주관이 들어가지만 성서 언어의 문자적 의미는 객관적이고 때로 연구를 통해 밝혀진다. 성서의 문자를 중시하는 루터의 태도는 열광주의자들에 반대하여 하나님의 뜻은 반드시 인간의 말을 통해서 이해되어야 함을 알린다. 그렇다고 문자적 의미에 매인다는 말은 아니다. 같은 말이라도 다양한 의미로 하나님의 뜻이 드러날 수 있다.

루터는 본문의 말verba과 그 말이 가리키는 의미res의 차이를 알았다.[122] 그것은 인간의 말과 하나님 말씀의 차이이고, 말의 일차 의미와 이차 의미의 차이이다. 말의 언어학적 값어치 곧 일차 의미를 통해 그 말이 뜻하는 이차 의미에 도달해야 한다. 그 과정이 해석이다. 그리하여 루터는 개인을 해석학적 주체로 만들었다. 가톨릭은 개인이 진리 인식의 주체가 되는 걸 막았고, 열광주의자들은 해석을 통해서만 진리 인

121 Martin Luther, "Words of God" in *The Table-Talk of Martin Luther*, XI, p. 3.

122 Gerhard Ebeling, *Word and Faith*, tr. James Leitch, Philadelphia: Fortress Press, 1963, p. 307.

식이 가능하다는 사실을 간과했다. 해석을 통해서만 하나님의 뜻이 드러난다면 루터에게서 개인은 하나님의 계시에 참여하는 해석학적 주체가 된다. 에벨링은 이렇게 말한다. "종교개혁자들의 성서 원리가 해석학의 원리에 들어맞는 게 아니라 해석학의 원리 바로 그 자체이다." [123]

그런데, 해석학적 주체는 진리 인식과 행위를 인간이 홀로 주도하는 근대의 자율적 주체는 아니다. 해석에 의한 진리 인식은 진리의 힘에 이끌려 이루어진다. 다시 말해 하나님의 뜻은 하나님의 인도하심에 의해 이루어진다. 해석을 가지고 말하자면, 독자는 성서의 말에 들어 있는 영감의 힘에 이끌려 그 의미에 가 닿는다. 성서 언어에 영감의 힘이 들어 있으므로 인간의 말로 기록된 성서를 하나님의 말씀이라고 부른다. 현대해석학의 용어로 하면 해석은 상징(언어)에 이끌려 이루어진다. 그것을 루터는 성령의 역사라고 말했고, 또는 "성서는 그 자신의 해석자이다" [124]라고 했다. 성서가 자신의 해석자이므로 교회의 전통적 해석이나 사제들의 해석에 매일 필요 없이 누구나 성서의 이끌림을 받아 직접 성서의 의미를 알 수 있다. "어떤 교부나 공의회도 성서만큼 곧 하나님 자신이 하는 만큼 잘할 수 없다." [125]

성서가 자신의 해석자라는 말은 해석학적 주체인 인간이 단순히 자율적 주체가 아님을 의미한다. 성서 해석은 사회학이나 심리학이나 어원학적 방법의 접근으로 끝날 수 없다. 루터는 성서의 영향을 받아야

---

123 위의 글, p.306.

124 "성서는 자기 스스로 가장 확실하고, 가장 이해하기 쉬우며, 접근하기 쉬우며, 그 자신이 해석자요, 모든 것을 시험하고 판단하고 분명히 드러내주는 모든 것이다"(ut sit ipsa per sese certissima, facillaima, apertissima, *sui ipsius interpres*, omnium omnia probans, judicans et illumirians) 「레오 10세의 문헌에 의해 정죄된 마르틴 루터의 글 전체를 변호함」(1520), WA 7, p.97(23-24).

125 Martin Luther, "Preface to the Wittenberg edition of Luther's German writings", p.64.

만 성서의 의미를 알 수 있다고 했다.[126] 해석학적 주체인 인간은 성령에 이끌려 해석하므로 능동인causa efficiens이라고 할 수 없다. 진리 인식의 능동인 또는 작용인은 말씀의 하나님이다. 멜란히톤은 회심을 일으키는 세 가지 작용인을 가리켜 성령과 말씀과 그 말씀에 반응을 보이는 인간의 자유의지를 들었다. 그러나 루터는 성령과 성령의 도구인 말씀, 그 두 가지만을 작용인으로 들었다.[127] 루터는 진리 인식에서 능동성은 하나님에게만 있고 인간은 하나님의 은총의 행위를 입는 수동적 의지만 있다고 본다. 수동적 의지란 구원으로 이끄시는 하나님의 뜻에 이끌리는 의지이다.

인문주의자인 에라스무스와의 논쟁에서 루터의 가장 큰 공격도 그 문제를 둘러싸고 벌어졌다. 루터는 에라스무스가 하나님의 은총 없이 선을 행할 수 없음을 말하면서도 의지의 수동성 문제를 분명하게 하지 않는다는 점을 비판한다. 하나님이 행하시고 사람은 하나님의 행함agere을 입는다pati.[128] 이 문제를 진리 인식의 문제에 적용하면, 루터의 태도는 해석을 이끄는 능동적 주체가 오직 하나님임을 강조하는 셈이다. 성령 하나님이 말의 해석을 이끌어 하나님의 뜻을 밝힌다. 주님이 문자의 주님이 아니요 영의 주님이라는 말[129]도 그 뜻이다.

멜란히톤은 1530년대에 가톨릭의 교회론을 반박하면서, 인간은 성서를 다룰 수 없으며 오직 성서의 말씀에 순종할 수 있을 뿐이라는 논리를 폈다. 가톨릭은 성서의 뜻이 분명치 않아서 뜻을 잡아주는 교회

---

126 Karl Holl, *The Cultural Significance of the Reformation*, tr. Karl and Barbara Hertz and John Lichtblau(Cleveland and New York: The World Publishing Company, 1959), p.122.

127 Jaroslav Pelikan, *The Christian Tradition. A History of the Development of Doctrine 4. Reformation of Church and Dogma (1300-1700)*, p.145.

128 Martin Luther, 「노예의지에 관하여」, WA 18, p.611(14-21). 『루터선집 6』, p.55.

129 마르틴 루터, 「면죄부의 효력에 관한 논쟁 해설」(1518), 『루터선집 5』, p.84.

의 권위가 필요하다고 보았고, 그래서 교회가 교리에 우선한다고 보았다. 거기에 대해 멜란히톤은 성서에 바탕을 둔 교리가 먼저 있고 교회는 신앙 교리를 수호하는 역할을 수행한다고 보았다. 멜란히톤의 생각은 인간의 전통보다 하나님의 말씀이 앞선다고 하는 루터의 주장을 따른 것이다.[130]

그러므로 루터의 해석학이 현대의 철학적 해석학과 다른 점은 말씀이 삶을 해석하는 측면이 강하다는 데 있다. 삶이 말씀을 해석하는 측면은 약하다.[131] 인간은 말하기보다 듣는다. 루터의 해석학적 주체는 현대 해석학과 달리 진리와 방법의 해석학적 순환을 인정하는 데까지 나가지는 않는다.[132] 다시 말해서 진리 인식에서 인간은 철저하게 수동적 주체이다. 노예의지에 빠진 인간은 오직 은총으로만 하나님을 믿을 수 있다. 그리고 신앙으로 교정된 이성으로 하나님의 말씀을 알아듣는다. 그 점에서 루터의 해석학적 주체는 수동적 주체이다. 물론 인간의 참여와 책임을 강조할 때 신앙이 인간의 결단에 의한 것임을 말하게 되지만, 주체적 결단의 능동성 역시 하나님이 이끄시는 은총에 이끌리는 능동성이다. 그 점에서 수동적 능동성이라고 해야 한다.

칭의론에서 루터는 인간의 수동적 의를 말했는데, 진리 인식에서도 인간은 수동적 주체이다. 그러나 그 수동성은 개인의 영이 성령에게 이끌리는 수동성이지, 사제가 일러주는 대로 따르는 수동성이 아니다.

---

130 Ralph Keen, "Political Authority and Ecclesiology in Melanchton's *De Ecclesiae Autoritate*" in *Church History*, 1/65, 1996, pp.4-5.

131 "성서에 나오는 예언자와 사도의 말씀을 우리가 들어야 하며, 그들이 우리의 말을 들어야 하는 것이 아니다." "Preface to the Wittenberg edition of Luther's German writings", p.64.

132 해석학적 순환에 관해서는 참조. 양명수, 『폴 리쾨르의 해석의 갈등 읽기』, 서울: 세창미디어, 2017, pp.38-40.

인간적 수동성이 아니라 신적 수동성이라고 해야 한다. 루터의 해석학적 주체는 신율적 주체이므로 계몽주의 이후의 자율적 주체는 아니다. 그러나 루터의 신율적 주체는 타율을 벗어났다는 점에 주목해야 한다. 개인이 해석학적 주체로서 말씀의 의미 형성에 참여함으로써 진리 인식과 행동에서 타율을 벗어난다는 점에서 루터의 해석학은 근대의 자율적 주체의 출발점을 이룬다.

3장

자유주의자 루터

Martin Luther

학자들은 계몽주의 이전에 근대 사회를 여는 데 중요한 기여를 한 사건으로 르네상스와 종교개혁을 꼽는다. 그런 주장은 스위스의 역사학자 부르크하르트 이후로 정설이 되었다. 이탈리아의 르네상스가 서양 문명의 기원인 그리스를 다시 살리는 인문주의적 노력으로서 건축과 회화 등 예술 분야에서 화려한 꽃을 피웠다면, 마르틴 루터의 종교개혁은 서양 문명의 또 다른 기원인 그리스도교 정신을 회복하고자 하는 신학적 노력으로 정치적이고 사회적인 지각 변동을 가져왔다. 유럽 남부의 르네상스와 유럽 북부의 종교개혁이 서로 다른 모습으로 근대를 준비했다. 서양 문명은 그리스의 인문주의와 유대 그리스도교라는 두 줄기의 기원에서 형성되었는데, 근대 사회의 형성 역시 그 두 줄기의 회복과 갱신의 결과라고 할 수 있다.

그리스도교의 갱신은 교회 개혁과 동시에 새로운 인간관을 형성하면서 서구 근대의 시작을 알렸다. 그 과정에서 인문주의자들과 서로 영향을 주고받고 다른 한편으로 서로의 차이를 확인하는 과정도 거쳤다. 루터의 영향력도 그런 과정의 결과라고 할 수 있다. 2장에서는 루터의 새로운 신학이 개인의 내면을 강화한다는 점을 살펴보았다. 그와 연관되어 3장에서는 루터 사상의 자유주의적인 측면을 살펴보려 한다. 개인의 자유를 중시하는 근대 사회의 성립에 이바지한 루터의 모습을 보기 위해서이다.

퀜틴 스키너에 따르면 11세기 말에 이탈리아 북부에서 출현하기 시작한 공화제 자치도시들이 신성로마제국의 황제와 싸우면서 자유라는 개념이 등장하기 시작했다.[1] 이탈리아의 자치도시들은 정치적 자유를 위해 싸우고, 15-16세기에 이르면 서구 문명의 기원이 되는 그리스를 되살리는 인문주의 르네상스를 이루었다. 그런데 같은 시대에 마르틴 루터는 전혀 다른 자유를 추구했는데 정치적 자유가 아닌 신앙의 자유 곧 내면의 자유였다. 그가 자유를 위해 싸우는 상대는 황제가 아니라 교황이었고, 타도의 대상은 국가가 아니라 교회였다.

루터와 같은 시대의 이탈리아인 마키아벨리는 정치를 도덕과 종교로부터 분리함으로써 근대 정치철학의 시조로 여겨진다. 루터 역시 현실주의 관점에서 정치를 도덕과 구분한 면이 없지 않고 뒤에서 보는 대로 근대 법실증주의의 효시로 얘기되지만, 다른 한편으로 루터는 정치인을 포함한 모든 개인의 도덕과 종교를 강화하려고 했다. 루터의 종교개혁 이후 200년 동안 유럽의 정치는 그 어느 때보다 성서와 신학 문헌을 많이 인용했다. 그리고 종교개혁을 일으킨 유럽의 여러 도시에서는 신자들의 도덕성을 상화했다. 예를 들어 루터의 종교개혁에 가담한 바젤의 시 의회는 1529년에 성매매, 음주, 화려한 치장, 춤, 도박을 금지하는 법을 제정했다. 칼뱅의 제네바와 스코틀랜드도 마찬가지였다.

루터가 강화한 종교는 개인 내면의 종교이며, 그 결과 제도로서의

1 1085년에 피사에서 군주의 탐욕으로부터 자유를 찾기 위해 콘술 형태의 자치도시가 출현한 후 12세기 말에는 이탈리아 토스카나 지방과 롬바르디아 전역에 많은 공화제 자치도시들이 생겼다. 이들은 12세기에는 밀라노를 중심으로 13-14세기에는 피렌체를 중심으로 도시의 주권을 위해 신성로마제국의 황제와 싸웠다. 그 투쟁 과정에 자유라는 낱말이 생기면서 14세기에는 자유libertas가 전문 용어가 되었다. 퀜틴 스키너, 『근대 정치사상의 토대 1』, 박동천 역, 파주: 한길사, 2004, pp. 69-88. 자치도시들은 자유를 위해 외부의 침입을 막을 군사력을 가지며, 도시 내에서는 공화주의적 자치정치를 확립했다.

종교가 약화되고 미신에서 벗어나면서 개인주의와 합리주의의 싹이 보이기 시작했다. 피기스는 개인주의와 합리주의를 배경으로 나온 사회계약론의 주창자인 장 자크 루소가 루터에게 빚지고 있다고 본다.[2] 물론 루터의 주된 관심은 정치와 국가가 아니라 개인의 내면에서 이루어지는 하나님 나라에 있었다. 루터가 추구한 영혼의 자유는 정치적 자유가 아니다.

루터가 영혼 구원에 관심이 있었다는 점에서 자유주의와는 거리가 멀게 느껴진다. 영혼 구원이라면 현대인들에게는 너무 고루하거나 자신의 삶과 관련이 없는 것으로 생각될 수 있다. 영혼 구원이라는 말 자체가 낯선데, 삶의 즐거움을 접으라는 말로 들려서 이원론적으로 느껴지기 때문이다. 물질을 악으로 여기는 고루한 이원론의 냄새가 영혼 구원이라는 말에서 풍기기도 한다. 그런가 하면 사회적 빈부 차이를 정당화하여 혁명의 의지를 꺾는 가증스러운 종교 이데올로기를 영혼 구원이라는 말에서 읽어낼 수도 있다.

위에서 열거한 측면들이 루터에게도 없지 않다. 그러나 20세기 100년 동안 많은 학자들이 루터의 사상과 그의 영향에 대해 연구하고, 대부분의 학자들이 그의 위대함을 의문의 여지가 없는 사실로 받아들이는[3] 까닭은 무엇일까? 루터의 종교개혁이 인간 해방에 기여한 측면을 고려한다면 그가 중시한 영혼 구원이라는 말을 좀 더 폭넓게 이해할 필요가 있다. 루터의 영혼 구원은 자유와 사랑을 가리킨다. 어쩌면 에벨링의 말대로 루터는 중세적 물음을 묻고 근대적 답을 얻었다고 해야 할지 모르겠다.[4]

---

2 John Figgis, *Political Thought from Gerson to Grotius*, p.49, p.51,

3 Ralph Keen, "Luther for 2017" in *Havard Theological Review*, 110/4, 2017, p.627.

4 김덕영, 『루터와 종교개혁, 근대와 그 시원에 관한 신학과 사회학』, p.26.

루터는 하나님의 사랑의 말씀에 의해 인간이 죄와 법의 구속에서 자유로워진다고 믿었다. 죄로부터의 자유란 죄를 안 짓는다는 의미가 아니라 인간 영혼의 근원적 불안과 두려움에서 해방됨을 가리킨다. 법으로부터의 자유는 삶의 토대가 타율적 규제로부터 벗어남을 가리킨다. 그러한 영혼의 해방은 불안과 규제로부터 벗어남에 그치지 않고 세상과 타자에 대한 사랑으로 변하기 때문에 자유로움을 낳는다. 루터의 자유는 어디로부터의 자유일 뿐 아니라 세상과 타자를 향한 자유이기도 하다. 루터의 사유에 따르면 자유가 사랑을 낳고 사랑이 다시 궁극적 자유를 낳는다.

이처럼 영혼 구원을 자유와 사랑으로 이해한다면 현대인에게도 중요한 의미를 지닌다. 루터의 주제였던 영혼 구원은 근대적 인간관과 정치철학에 중요한 영향을 미쳤다. 그리고 근대성의 문제를 극복하는 데에도 많은 가르침을 준다. 물론 루터가 말한 영혼의 자유는 신앙에 의한 자유이지만, 루터가 열어놓은 자유의 길 위에서 근대의 정치적 자유가 꿈틀대었고, 같은 길 위에서 실존철학자들은 정치적이지 않은 자유와 신리를 추구하기도 했다. 프랑스의 철학자 엠마누엘 레비나스가 지적하듯이 근대문명은 자유를 가장 중시하는데, 그 출발을 루터의 글 「그리스도인의 자유」에서 찾아도 큰 무리가 없을 듯하다.

근대적 자유에는 자유주의라는 이름이 붙여져 있다. 루터에게 자유주의라는 이름을 붙일 수 있을까? 19세기 말에 유럽의 한 학자는 이렇게 말했다. "루터는 근대 자유주의의 아버지로 여겨질 만하다. 영국의 자유주의까지는 아니더라도 적어도 그는 대륙 자유주의의 아버지이다."[5] 19세기 프랑스의 역사가 프랑수와 기조는 자유와 평등과 박애를

5 Frank Harris, "Luther, individualism, liberalism", *Saturday review of politics,*

내세운 프랑스 대혁명을 루터와 칼뱅의 직접적 유산으로 보았다. 기조 외에도 많은 학자들이 19세기의 자유주의적이고 공화주의적인 해방운동을 프로테스탄트의 영향으로 보았다.[6]

자유주의는 개인의 자율적 판단을 존중하는 인간관과 국가의 공권력으로부터 개인의 권리를 보호하려는 정치관 또는 국가관의 결합으로 이루어진다. 가치에 대한 개인의 판단을 존중하려면 개인의 판단능력을 믿는 보편적 인간관이 전제된다. 18세기의 계몽주의주의자들은 보편 이성의 능력을 보임으로써 개인의 잠재된 힘을 증명하려고 했다. 한편 국가 권력으로부터 개인의 권리를 보호하려면 의무보다 권리가 앞선다고 하는 새로운 정치철학이 필요했다. 그 일에는 적어도 17세기 토마스 홉스와 존 로크의 기여가 있다.

그런데 루터의 경우에는 종교적 진리를 놓고 자유주의의 경향을 보였다. 그는 하나님 앞에서 만인이 자유롭고 평등하다고 주장하면서 누구나 스스로 하나님의 뜻을 알 수 있다고 함으로써 인간의 보편적 진리인식 능력을 내세웠다. 그리고 교회의 종교 권력으로부터 개인을 자유롭게 만들었다. 미국 에모리대학 로스쿨의 존 위트 주니어 교수는 그의 스승 헤롤드 버만 교수의 뒤를 이어 종교개혁과 서양법의 관계에 대해 오랫동안 연구한 학자이다. 그는 루터가 마련한 종교 권력으로부터의 자유가 서구의 자유의 역사에서 중요한 전환점을 형성한다고 본다.[7]

역사가 필립 샤프는 18세기의 합리주의와 이성주의 이전에 루터가

---

literature, science and art, Vol.83, Jan. 2, 1897, pp.6-7.

6 Valentine Zuber, "Le protestantisme, est-il à l'origine des libertés modernes?" in *Revisiter la Réforme*, diréc. Pierre Gisel et Jean-Marc Tétaz, Lyon: Olivétan, 2017, p.93.

7 존 위트 주니어, 『권리와 자유의 역사』, 정두메 역, 서울: IVP, 2015, p.60.

이성의 해방을 향한 첫발을 내디뎠다고 본다. 루터는 오직 성서를 진리의 기준으로 삼았다. 그는 교회의 전통에 대한 성서의 우위를 주장했다. 전통의 이름으로 개인 위에 군림하던 교회의 객관적 권위는 진리의 계시에서 차지할 자리를 잃었다. 그렇게 교회의 독재로부터 인간을 해방함으로써 개인의 판단 능력이 중시될 환경이 조성되었다. 필립 샤프에 따르면 루터의 첫걸음에 이어 18세기의 합리주의는 성서에 대한 이성의 우위를 주장했다. 그리하여 성서의 독재로부터 인간을 해방하고자 했다. 그들은 합리적인 것만 믿을 수 있다고 보았다.[8]

합리주의는 18세기 유럽의 큰 조류를 형성하면서 성서의 언어를 비신화화하고 이신론으로 기울어진다. 그런 점에서 루터의 해방과 다르다. 그러나 외부의 권위를 비판하고 개인의 자율적 판단을 존중한 면에서 루터와 18세기의 합리주의는 공통점을 가지고 있다. 첫걸음이 없다면 둘째 걸음도 없다. 루터가 이성의 해방을 향한 첫발을 내디뎠다고 하는 필립 샤프의 말에는, 종교 쪽에서 이룩한 루터의 자유와 해방이 없었다면 이성 해방을 전면에 내세운 계몽주의와 합리주의도 불가능했다는 뜻이 들어 있다.

16세기의 루터가 이룬 자유와 평등을 나는 '종교적 자유주의'로 부르겠다. 물론 루터의 종교적 자유주의는 19세기의 자유주의신학과 구별되어야 한다. 자유주의신학은 계몽주의와 독일 관념론의 영향을 받아 탄생한 신학으로서 루터신학과는 너무나 거리가 멀어졌다. 계몽주의와 독일 관념론에 영향을 준 루터의 신학과 계몽주의와 관념론에 의해 영향을 받은 자유주의신학은 강조점에서 큰 차이가 생겼다. 루터는 인

8 필립 샤프, 『교회사전집 7. 독일 종교개혁』, 박종숙 역, 서울: 크리스챤다이제스트, 2004, p.36.

간과 역사에 대해 낙관적인 자유주의 문화신학과는 거리가 멀다. 제1차 세계대전 후 루터 사상이 재조명되고 루터르네상스라고 할 만한 운동이 신학계에서 일어났는데, 그것은 관념론과 자유주의신학에 대한 반성으로 생긴 것이다.[9]

그러나 여하튼 루터의 종교적 자유주의가 계몽주의와 근대의 자유주의 출현에 큰 영향을 미친 점은 부인할 수 없다. 루터의 신율이 타율을 벗어나 자율적 근대인을 향한 행진을 시작했고, 루터의 신앙의 자유는 정치사상사에서 근대의 정치적 자유와 불가분의 관계를 가진다.

학자들은 루터의 종교개혁으로 말미암아 생긴 신구교의 분열에서 정치적 자유주의의 기원을 찾기도 한다. 교회의 객관적 권위를 없애고 개인의 자율적 판단을 중시한 루터로 말미암아 일종의 주관주의가 출현하면서 성서 해석이 자유로워지게 된다. 루터의 주관주의는 상대주의로 가는 길을 여는 측면이 있다. 따라서 루터의 자기 판단의 원리가 결과적으로 성서의 권위를 제거했다는 주장도 가능하다. 실제로 루터의 종교개혁에 영향을 받은 재침례파는 성서의 오류를 지적했고, 뮌처는 성서가 시대의 문서에 지나지 않는다고 주장했다. 종교개혁과 함께 가톨릭과 개신교의 분열은 물론이고 개신교 자체도 수많은 교파로 갈라지게 되었다. 에른스트 트뢸치는 서구의 자유주의가 종교개혁으로 교회가 갈라지면서 서로 갈등하고 전쟁을 벌이는 와중에 출현했다고 본다. 가톨릭과 프로테스탄트가 다투고, 종교개혁 우파와 좌파가 다투고, 루터파와 츠빙글리와 칼뱅파가 다투고, 영국에서는 가톨릭을 나온 영국 교회와 장로파와 청교도가 서로 다투면서 그리스도교의 진리가

---

9 Günther Gassmann, "Luther in the worldwide church today", in *The Cambridge Companion to Martin Luther*, Cambridge: Cambridge University Press, 2003, p. 293.

서로 모순되는 여러 모습을 띠게 되었다. 트뢸치는 이때 통치자들이 평화를 위해 국가의 공식 종교를 인정하지 않고 차츰 국가가 종교로부터 자유로워지면서 정치적 자유주의가 생겼다고 본다.[10] 그렇게 보면 루터의 종교적 자유주의가 교회의 분열을 통해 정치적 자유주의를 가져온 셈이 된다.

그러나 루터의 종교개혁이 근대의 자유주의 정신과 이어지는 면을 정신사적인 측면에서 살펴볼 필요가 있다. 그래야 근대의 인간관과 국가관을 떠받치고 있는 이념과 사상의 기원에 종교의 변화가 있음을 알 수 있다. 루터는 자유의 깃발을 높이 쳐들었고 그리스도인의 자유를 외쳤다. 개신교라면 곧 '자유'를 떠올리는 것도 무리가 아니다. 물론 자유는 성서의 오랜 주제이기도 하다. 이스라엘이 자유를 찾아 이집트에서 탈출한 구약 성서의 얘기는 신학적 상상력의 기원을 이룬다. 그리고 신약 성서의 복음서에는 "진리가 너희를 자유롭게 하리라"(요한복음 8:32)고 하는 유명한 말씀이 있고, 사도 바울은 죄의 권세로부터의 해방과 자유를 그리스도교 신앙의 주제로 삼았다. 그리고 교부 아우구스티누스는 사상사에서 최초로 자유의지란 개념을 사용하고 『자유의지론』이라는 책을 쓸 정도로 자유는 그리스도교 신학에서 중요한 주제이다.

루터의 자유는 그런 성서 전통과 아우구스티누스의 전통을 잇는다. 그런데 루터에게 특별한 것은 루터의 자유가 교회주의를 깨고 사회전반의 변혁을 몰고 올 주제였다는 점이다. 루터의 자유에는 시대를 바꾸는 새로운 인간론과 교회론과 정치철학이 들어 있었다. 루터를 가리켜 그리스도교 신학의 역사에서 처음으로 자유를 주제로 삼은 사람이

10 Ernst Troeltsch, *Protestantism and progress*, p.90.

라고 말한다면[11] 좀 과장된 얘기다. 그러나 루터의 자유가 근대적인 정치사회적 자유로 발전하는 폭발성을 지녔다는 점은 분명하다. 종교개혁 500주년을 맞아 루터의 도시 비텐베르크에서 2017년 5월에 연 전시회의 주제는 "자유의 문Gates of Freedom"이었다.

1. 아무도 내게 명령할 수 없다

저항과 자유

1518년에 면죄부의 효력에 대한 자신의 논쟁을 해설한 글에서 루터는 그리스도인의 자유를 개인적 판단의 자유로 보면서 이렇게 말한다.

> 나는 그리스도인의 자유의 권리에 따라 주장한다. 토마스 아퀴나스나 보나벤투라나 혹은 다른 스콜라 학자들이나 교회법학자들이 (성서)본문의 근거도 없고 증거도 없이 제시한 의견을 나는 '선한 것이면 모든 것이 가하다'고 하는 바울의 가르침을 좇아 내 뜻대로 반박하거나 수용하고자 한다.[12]

여기서 루터는 권위의 근거를 성서의 가르침에서 찾으면서 성서의

11 미하엘 바인트커 외, 『종교개혁 유럽의 역사를 바꾸다』, p.608.

12 "Unum illud addo et mihi vendico *jure Christianae libertatis*, quod opiniones B. Thomae, Bonaventurae aut aliorum Scholasticorum vel Canonistarum nudas sine textu et probatione positas volo *pro meo arbitrio* refutare vel acceptare secundum Pauli 'omnia probate, quod bonum est tenete," 「면죄부의 효력에 관한 논쟁 해설」, WA 2, p.530(4-8). 『루터선집 5』, p.83 참조.

내용을 자기 나름의 판단에 따라 이해할 자유를 말하고 있다. 루터의 95개조 반박문이 교황에게 전달되자 교황청의 신학자 프리에리아스가 답변을 보냈다. 「대화」라는 제목의 그 답변서는 다음과 같이 말했다. "교황이 내린 판단과 결정은 흠이 없고 성서의 권위도 교황에게서 온다. 교회에서 결정하여 수행하는 일에 반대하는 자는 이단이다." 1518년에 루터는 그 답변서를 보고 대화 단절을 선언했다.

> 그리스도인의 자유에 따라 내 판단으로 당신과 그 문서를 거절하고 부정한다.[13]

여기서 루터가 말한 그리스도인의 자유는 힘의 위협을 두려워하지 않고 자기가 옳다고 생각하는 데 따라 행동할 수 있는 자유이다. 때로는 세상 모두가 따르는 권위를 한 개인이 홀로 거부할 수도 있다. 1520년에는 「독일 그리스도인 귀족에게」에서 이렇게 말한다.

> 우리는 자유의 영이 교황들의 날조로 인하여 위협을 당하도록 놔두면 안 된다. 오히려 우리는 교황들이 행하거나 방치한 모든 것을 우리의 신앙적인 성서 이해에 따라 새로이 바로 잡아야 한다 …… 왜 하나님이 한 사람의 경건한 자를 통하여 교황에 대적해서 말씀하실 수 없겠는가?[14]

"자유의 복음을 자유롭게 증언하려면"[15] 진리를 독점하고 있던 교회

---

13 「교황의 권세에 관한 프리에리아스의 대화에 대한 답변」, WA 1, p. 647(33-34). "Ideoque *meo jure, id est Chiristiana libertate*, te et illum simul reiicio et nego."

14 GW, pp. 1.340-1.341 참조. 『루터선집 9』, p. 150.

15 "liberi Evangelii liber confessor." 「라토무스에 대한 반박」, WA 8, p. 48. 『루터선집 5』,

와 싸울 수밖에 없었다. 그런 점에서 자유는 저항의 성격을 띤다. 자유가 무엇으로부터의 자유를 뜻한다면 그 자유는 저항의 성격을 띠게 될 것이다. 루터의 종교개혁은 거짓된 종교로부터의 자유를 의미했다. 그는 교회 권력과 성직자의 권위로부터 만인을 위한 자유를 찾아 나섰고 마침내 교회와 국가 권력이 간섭할 수 없는 개인 양심의 자유를 이끌어 내어 유럽의 정치 질서에 큰 변화를 가져온다.[16]

1520년 6월에 엑수르게 도미네*Exurge Domine*[17]를 통해 교회로부터 파문을 당한 루터는 다시 신성로마제국의 황제 카를 5세의 소환을 받았다. 1521년 4월에 보름스 제국의회에서 루터는 인류의 양심을 대표하는 자로 섰다. 루터는 자신의 생각을 철회할 의향이 있는지 분명히 말하라고 압박하는 심문에 대해 라틴어와 독일어로 말했다.

> 나는 내가 인용한 성서에 붙들려 있으며 내 양심은 하나님의 말씀에 사로잡혀 있습니다. 나는 아무것도 철회할 수 없고 철회하지 않겠습니다. 왜냐하면 양심에 어긋나는 일은 안전하지도 않고 올바르지도 않기 때문입니다. 나는 다르게 할 수 없습니다. 내가 여기 서 있습니다. 하나님이 나를 도와주시기를 바랍니다. 아멘.[18]

---

p.391.

16 존 위트 주니어 교수는 루터가 주장한 자유를 세 가지로 드는데, 교황의 독재로부터 교회의 자유, 성직자의 주도권으로부터 평신도의 자유, 교회법으로부터 개인의 양심의 자유이다. 한마디로 그것은 교회의 권위와 교회법에 대한 저항이었다. John Witte Jr., *Law and Protestantism*, p.1.

17 '주여, 일어나소서'란 뜻이다. 교황의 판결문은 "오, 주여 일어나소서. 그리하여 이 사건을 판단하소서"란 문장으로 시작된다.

18 「보름스 제국의회에서의 루터」, 『루터선집 5』, p.362.

종교개혁 300주년이 되는 1817년에 만든 기념 도판. 루터와 멜란히톤의 초상 밑에 종교개혁의 주요 사건이 그려져 있다. 왼편 맨 밑은 보름스 제국의회의 그림이다. 루터가 황제 카를 5세 앞에서 자신의 신념을 굽히지 않는 발언을 하고 있다.

신앙은 하나님에 대한 자유로운 복종의 영역에 해당되기 때문에, 강제력을 가진 정치 권력이 강요할 수 없다. 그리고 루터 자신이 양심이라는 말을 강조하듯이 루터가 확보한 신앙의 자유는 신앙 문제에 그치지 않고 내면의 자유 곧 양심의 자유를 확보한 셈이다. 필립 샤프는 1521년에 보름스 제국의회에서 루터가 한 행동은 인류의 자유의 역사에 중요한 의미를 가진다고 평가한다. 루터는 인간의 종교 전통에 대한 하나님 말씀의 우선성을 역설했으며 동시에 독재 권력에 대한 양심의 자유를 선언했다.[19] 양심은 인간 내면의 하나님의 음성이므로 누구도 끼어들 수 없고 억압할 수 없다. 그래서 루터는 말한다.

> 아무도 영혼에 명령해서는 안 되고 명령할 수도 없다. 아무도 하늘에 이르는 길을 영혼에 가르쳐줄 수 없다. 그 일은 오직 하나님만이 할 수 있다.[20]

---

19 필립 샤프, 앞의 책, p. 242.

20 「세상 권세에 대하여」 GW, p. 4. 383. "Der Seele soll und kann niemand gebieten."

여기서 영혼이란 '나' 곧 개인을 가리킨다. 이 말은 1520년에 교회로부터 파문당하고 1521년에 지배 세력에 반대하는 정치범[21]으로서 추방의 위기에 처한 후 1523년에 쓴 「세상 권세에 대하여」에서 한 말이다. 그러므로 이 문장은 교회와 국가 모두에게 해당하는 말이다. 교회도 개인에게 명령할 수 없고 국가도 명령할 수 없다. 앎과 행위를 내게 명령할 수 있는 존재가 있다면 하나님뿐이다. 하나님만 내게 명령할 수 있다는 말은 아무도 내게 명령할 수 없다는 뜻이다. 이것은 매우 중요한 인간관의 선언이다. 인간은 기본적으로 누구의 명령을 받는 존재가 아니다. 각자 자기 스스로 판단하고 행동해야 하는 존재이다. 진리는 하나님과 개인의 관계에서 직접 알려지고 외부의 누구도 관여할 수 없다.

그렇다고 직무상 벌어지는 명령과 복종의 관계를 루터가 부인한 것은 아니다. 세상에는 다양한 인간관계가 있고 직무에 따른 상하 관계가 있을 수 있다. 그러나 2장에서 보았듯이 루터는 사람이 세상과 타자에 대해 있기 전에 먼저 자기에 대해 있다고 보았다. 사람은 세상에 대해 있기 전에 하나님에 대해 있다. 하나님 앞에서 사람은 모두가 동등하며 상하 관계가 없다. "아무도 내게 명령할 수 없다"는 말을 통해서 루터는 인간의 근원적 상황과 원칙을 선언한 셈이다. 인간은 그 근본에서 평등하고 자율적인 존재임을 선언한 것이다. 16세기에 외친 이 선언은 교회와 국가라고 하는 거대한 권위에 대한 도전이요 저항이었다. 자유는 저항을 수반한다.

프로테스탄트라는 말 자체가 루터의 자유가 저항의 성격을 지니고 있음을 잘 보여준다. 프로테스탄트라는 말은 1529년 슈파이어 제국의

21 그레이엄 톰린, 『마르틴 루터, 정신의 자유와 평등을 주장한 종교개혁의 투사』, 이은재 역, 서울: 예경, 2006, p.120.

회에서 보름스 칙령에 따라 루터주의자들을 일소하려는 카를 5세의 결정에 항의하던 복음주의 의회원들을 지칭하는 말로 생겨났다. 그런데 루터와 그의 후계자들은 정치적 의미에서의 저항권을 분명하게 발전시키지는 않았다. 칼뱅주의자들이 16세기의 제네바와 프랑스에서, 17세기에 네덜란드와 영국에서 그리고 18세기에 미국에서 폭력적 정치 권력에 대한 저항권을 중심으로 정치적 자유와 시민의 권리를 발전시켰다면, 루터는 정치적 저항에 대해서는 소극적이었으며 신앙의 자유와 연결된 측면에서만 저항을 인정했다. 그런 점에서 루터를 정치적 개념인 자유주의와 연결시키기는 어려워 보인다. 그럼에도 불구하고 모든 것은 루터에게서 시작되었다. 루터가 이룩한 자유로운 양심은 주권적 불가침성을 지닌다는 점에서 근대의 자유주의와 민주주의에 연결된다.[22]

진리라도 남에게 강요하지 말라

그런데 저항과 무관한 측면에서 루터에게서 자유주의자의 모습을 찾을 수 있나. 루터는 진리 인식과 행동을 각자의 자유로운 판단과 결단에 맡겨야 한다는 원칙을 갖고 있었다. 그것은 개혁의 주체와 개혁의 대상자들 모두에게 해당되는 원칙이었다. 아무리 옳고 바른 진리라고 하더라도 강요해서는 안 되며, 개혁의 주체는 개혁의 대상이 되는 사람들이 스스로 깨달을 수 있도록 노력할 뿐이다. 진리 문제를 두고 누구도 내게 명령할 수 없을 뿐 아니라, 나 역시 누구에게도 명령할 수 없다. 개인의 판단을 존중하고 강요하지 않는다는 점에서 이런 루터의 태도를 자유주의적이라고 할 수 있다. 루터의 태도는 자유를 향한 집

22 John Witte Jr., *Law and Protestantism*, p.301.

단 저항을 오히려 막을 수도 있다. 그러나 목숨 걸고 싸워 얻은 진리를 강요하지 않으려고 한 루터의 태도는 그의 신앙에서 생긴 어떤 사상적 일관성에서 비롯되었다. 그의 모습에 자유주의자라는 이름보다 더 어울리는 낱말을 찾을 수 없을 듯하다.

제네바의 칼뱅은 신학적 진리를 관철하기 위해 제네바에서 의회를 압박하며 이른바 목사의 독재를 행했다. 그리고 취리히의 츠빙글리는 종교적 진리를 위해 전쟁도 불사했으며 1530년에 가톨릭 도시와 전쟁을 하던 중에 죽었다. 1529년에 루터와 마르부르크에서 논쟁을 벌인 다음 해의 일이다. 그러나 루터는 칼뱅과 달리 진리에 합당한 삶을 법을 만들어 관철하려고 하지 않았다. 법의 강제는 복음이 주는 개인의 자유를 해칠 수 있다고 보았기 때문이다. 또한 루터는 종교적 진리를 위해 벌이는 전쟁을 반대했다. 종교적 진리는 무력과 강압으로 수호할 수 있는 것이 아니라고 생각했기 때문이다. 그래서 그는 십자군 전쟁도 반대했고, 16세기 당시에 오스만 튀르크의 위협에 대해 교황이 나서서 그리스도교를 수호하려는 시도에 반대했다.

전쟁은 종교적 명분으로 일어날 수 없으며 오직 정치적 이유로 일어날 뿐이다. 따라서 터키와의 전쟁은 국민의 안전을 보호할 책임을 가진 정치인인 신성로마제국의 황제가 나설 일이지 교황이 나설 일이 아니다.[23] 또한 루터는 개혁 군주들이 방어를 위해 결성한 슈말칼덴 동맹이 무력으로 도시를 침공하는 것을 꺼려했다. 가톨릭의 수호자로 나선 황제 및 그를 추종하는 군주들과 한창 긴장이 고조될 당시에 프로테스탄트 세력이 신앙 고백을 수호하기 위해 힘을 사용하는 데 대해서마저도 조심스러워한 루터였다. 그렇게 보면 양심의 자유를 위해 교회와

23 「터키와의 전쟁에 대하여」(1529), LW 46, pp. 167-168.

국가 권력에 맞선 루터가 무력에 의한 집단 저항에 반대한 것은 일관성이 있다. 이러한 루터의 태도는 어떤 방식으로도 진리를 강요하지 않으려고 한 점에서 자유의 역사에서 중요한 의미를 가진다고 할 수 있다. 진리 문제에 관한 한 아무도 내게 명령할 수 없고, 나도 또한 누구에게 명령하거나 강요할 수 없다.

비텐베르크에서 있었던 급진 개혁을 루터가 반대했을 때, 그는 자유주의자의 면모를 보였다. 보름스 제국의회에 출두하느라 루터가 비텐베르크를 비우고 제국의회 이후 신변 안전을 위해 바르트부르크 성에 은신해 있던 1521년 후반기에 비텐베르크에서 루터의 동료 교수인 칼쉬타트의 지도 아래 개혁 조치가 벌어졌다. 그 와중에 폭도가 생기고 대학까지 문을 닫는 지경에 이르렀다. 칼쉬타트는 원래 스콜라 신학자였으나 루터의 가르침에 따라 아우구스티누스의 문서를 직접 검토하고 철저한 아우구스티누스주의자로 돌아서면서 펠라기우스주의에 대한 철저한 반대자가 된 사람이다. 그는 루터가 없는 동안 루터의 변호자로 활동했다. 그는 종교가 형식화되고 순종이 객관화되는 것을 참을 수 없었다.

칼쉬타트는 하나님의 언약의 말씀이 중심이 되지 않은 채 희생제사로 드려지는 미사에 반대하고,[24] 개인들이 뜻도 모르고 사제들의 말에 순종하는 것에 반대했다. 진리와 거짓이 분명해진 이후 그는 거짓을 타파하기 위해 루터보다 더 급진적 실천에 나섰다. 그 바탕에는 성서보다 내면의 성령을 더 강조하는 주관주의 신학이 자리 잡고 있었다.[25]

---

24 루터는 예배가 제사가 되면 안 된다고 생각했다. 그리스도가 단 한 번 희생되심으로써 제사는 끝났고 하나님은 노여움을 풀 제물을 더 이상 필요로 하지 않으신다. 롤런드 베인턴, 『마르틴 루터. Here I Stand』, 서울: 생명의 말씀사, 1982, 2016, p.278

25 칼쉬타트는 독일신비주의에 점점 기울었다. Ronald J. Sider, *Andreas Bodenstein Von*

당시 그가 실천에 나선 개혁의 내용은 성찬식에서 평신도에게 빵뿐 아니라 포도주도 주고 빵을 혀가 아닌 손에 주도록 하며, 성상을 없애고, 성직자의 결혼을 실천하는 문제였다. 루터가 반대한 것은 개혁의 내용이 아니라 개혁의 방법에 있었다. 루터는 칼쉬타트의 급진적 개혁 조치가 개인들의 자유로운 판단에 따른 자유로운 참여를 막는다고 생각했다.

1522년 초에 비텐베르크로 돌아온 루터는 개혁을 말로 하지 않고 힘으로 하려는 것에 반대하는 설교를 했다. 수도승이 결혼을 하든지 미혼으로 수도승으로 계속 남든지, 그것은 개인의 자유이다. 루터 자신은 수도승의 독신이 성서적으로 근거가 없다고 생각했지만 결혼을 강요하는 것은 복음적이지 않다고 보았다. 개인의 자유로운 선택에 맡길 것을 강제 규범으로 만들면 안 된다.[26] 구원에 필수적인 것은 신앙이며, 신앙에서 비롯되는 행위의 구체적 형태를 지정해서 강요하면 안 된다. 또한 루터는 성상이 예배의 대상이 되면 안 된다고 생각했지만 군중이 돌아다니며 제단의 성상을 파괴하는 행위에 반대했다. 믿음이 약한 사람에게 성상이 필요할 수도 있기 때문이다. 사람들이 성상을 자진해서 폐지하도록 설교를 통해 유도해야 한다. 강요하는 것은 자유에 대한 폭력이고, 그것은 개혁의 대상자나 개혁의 주체 모두에 대한 폭력이다.

루터는 군중의 행동에 부정적이었다.[27] 말하자면 루터는 개혁의 주체들이 군중심리로 행동하지 않고 각자 자유로운 결정으로 행동하기

Karlstadt : The Development of His Thought, 1517–1525, Leiden: E.J. Brill, 1974, p. 180.

26 「1522년 3월 11일의 설교」, WA 10 III, p. 22(4). 『루터선집 10』, p. 442. 이 설교를 할 때 루터는 수도복을 입고 했다. 자유의사에 의해 수도복을 입는 것은 문제가 안 됨을 보이기 위해서이다.

27 Ronald J. Sider, 앞의 책, p. 153.

를 바란 사람이었다. 무리지어 움직이는 것은 개인의 자유로운 참여가 아닐 수 있고 결과적으로 개인에 대한 폭력일 수 있다. 개혁의 대상자를 향해서도 마찬가지이다. 루터는 개혁의 대상자인 로마교회의 사제들이 자발적으로 개혁에 참여하기를 바랐다. 신앙은 강압적으로 되지 않는다. "아무도 몽둥이로 때려서 강제로 하나님 나라에 들어가도록 만들 수 없다."[28] 개혁에 참여하도록 하나님의 말씀을 선포하고 진리를 전할 뿐이다.

개혁의 진정한 주체는 사람이 아니라 하나님이어야 한다는 루터의 신율적 사고방식이 루터의 자유주의적 태도를 유도했다. 개혁은 하나님의 일이 되어야지 인간의 일이 되어서는 안 된다. 개혁이 하나님의 일이라면 하나님이 하시도록 해야 한다. 사람이 하지만 하나님이 하신다. 하나님의 말씀의 힘에 의존하는 것이 하나님이 하시도록 하는 일이다. 오직 말씀의 영적인 힘에 의지해야지 심리적이고 물리적인 힘에 의지하면 안 된다.

> 사람은 하나님의 말씀을 자유롭게 놔두어야 하며 그 말씀에 우리 행위를 보태서는 안 됩니다.[29]

루터가 선포한 말씀에 의해 촉발되었더라도 군중이 일으키는 소요는 말씀을 자유롭게 두지 않고 인간의 행위를 보탠 것이다. 그리스도인은 하나님을 자유롭게 해드려야 한다. 그리스도인의 자유는 진리실현을 하나님이 하시도록 놓아둘 줄 아는 차원을 포함한다. 하나님의

---

28 「1522년 3월 11일의 설교」, WA 10 III, p. 21(8). 『루터선집 10』, p. 440.

29 "Darum soll mann das Wort frei lassen und nicht unser Werk dazu tun." 「1522년 3월 10일의 설교」, WA 10 III, p. 15(7-11). 『루터선집 10』, p. 437.

힘을 믿어야 하고 말씀이 이루는 힘을 믿어야 하며 억지로 결과를 얻으려고 해서는 안 된다. 진리는 각 개인의 내면에서 하나님의 말씀의 힘으로 이루어질 것이며 밀어붙여서 될 수 있는 일이 아니다. 무엇이 옳은지 말할 수 있지만 나머지는 하나님께 맡겨야 한다. 사람이 할 일은 깨달은 진리를 알려주는 일이고, 진리를 받아들이도록 만드는 일은 하나님의 일이다.

> 우리는 말할 권리jus verbi는 갖고 있으나 이룰 권리executio는 갖고 있지 않습니다. 우리는 하나님의 말씀을 설교해야 합니다. 그러나 그 결과는 오직 하나님의 선하신 뜻에 일임해야 합니다.[30]

하나님에게 맡긴다는 말은 결국 개인들에게 맡긴다는 뜻이다. 진리를 알려줄 뿐 결단을 강요하지 않는다. 각자의 자유로운 결정에 맡겨야 한다. 어떤 형태의 타율도 허락하지 않는 루터의 태도를 여기서 볼 수 있다.

> 나는 아무도 힘으로 강요하거나 밀어붙이지 않습니다. 왜냐하면 신앙은 아무 강요 없이 자발적으로 발생해야 하기 때문입니다.[31]

루터는 자신이 하나님의 말씀을 전하도록 부름 받은 자라는 확신을 가지고 있었다. 그러나 그가 일으킨 개혁과 변화의 힘은 그가 한 일이

---

30 같은 곳.

31 "Aber zwingen, dringen mit der Gewalt will Ich niemand. Denn der Glaube will *willig* ungenötigt angezogen werden." 같은 글, WA 10 III, p. 18(10-15). 『루터선집 10』, p. 439 참조.

아니라 하나님이 하신 것이고 말씀의 힘이 이룬 것이라고 루터는 생각했다. 깨달은 진리의 말씀을 전하는 일은 루터의 몫이고, 전해진 그 진리를 받아들이는 일은 세상 사람들의 몫이다. 그러나 깨달아 전하고 전해진 것을 받아들이는 일이 모두 성령의 역사이고 보면, 개혁의 모든 과정은 하나님이 하시는 일이다. 루터는 자신의 변화로부터 세상의 변화에 이르기까지 모든 곳에서 하나님의 역사를 보았다.

> 나는 강압적인 힘을 쓰거나 모독하거나 소동을 일으키지 않고, 다만 하나님의 말씀에 종사하고 말씀을 설교하고 말씀을 기록했습니다. 말씀에 보태 내가 한 일은 아무것도 없습니다. 내가 작품을 만들거나 아니면 그보다 나은 일을 했다 하더라도 언제든지 말씀 자체가 모든 일을 이루셨습니다.[32]

> 나는 아무것도 한 것이 없습니다. 나에 의해 설교되어지고 기록된 하나님의 말씀이 모든 것을 고려하고 그 모든 것을 행했습니다.[33]

루터의 설교와 글은 루터의 작품이지만 하나님이 루터를 통해 말씀하신 것이다. 설교와 글의 힘은 그 속에 들어 있는 하나님 말씀의 힘이

---

32 “Mit keine Gewalt, mit keine Feuvel, mit keine Sturmen, sondern Gottes Wort habe Ich getrieben, gepredigt und geschrieben, sonst habe Ich gar nichts dazu getan. Das selbige Wort, wenn Ich geschaffen habe oder bin guter Dinge gewesen, hat so viel zuwege braucht”, 같은 글, WA 10 III, p. 18(32-35). 『루터선집』에는 원문의 많은 부분이 빠져 있다.

33 “Ich habe nicht getan, das einige Wort von mir gepredigt und geschrieben hat solches alles ausgericht und gehandelt.” 같은 글, WA 10 III, p. 19(18-22). 『루터선집 10』, p. 439 참조.

다. 힘은 하나님에게서 나오고, 루터 역시 그 힘에 의해서 설교하고 글을 썼다. 그러므로 루터가 한 일은 없다. 루터의 설교가 사람을 움직인다면, 그것은 하나님이 사람들을 움직이시는 것이다. 이렇게 해서 루터는 자신의 공적으로부터 자유로워졌다. 그리스도인의 자유는 자기의로부터의 자유를 포함한다.

그때 개혁은 흔들림 없이 이루어진다. 하나님이 하시는 일만큼 분명한 성과를 거두는 일은 없기 때문이다. 그러므로 자유주의적 태도는 일의 성과를 위해서 가장 좋은 전략이기도 하다. 물론 루터의 자유주의는 타자의 운명에 대한 방임이 아니라 자율적 결정을 기다리며 기도하는 일을 수반한다. 그런 점에서 법익에 있어서 당사자주의를 택한 현대의 법적 자유주의와 루터의 자유주의는 다르다. 진리에 거스르는 거대한 사탄의 힘과 싸우는 루터로서는 사탄의 먹이가 될 수 있는 타자의 운명에 대한 방임도 없고 타자에 대한 강압도 없는 길을 갔다. 루터의 신율 안에 포함되어 있는 이러한 역설은 그리스도와 굳건히 연합하면서 세상을 위해 말씀을 선포하고 설득하고 기도하는 일로 나타난다.

그러므로 말씀의 능력을 믿고 말로 해야 한다. 루터가 교황과 충돌하여 일으킨 분란은 하나님의 말씀이 일으킨 분란이다. 루터는 불의와 거짓에 대해 말로 저항했지만 추종자들을 규합해서 힘으로 밀어부칠 생각이 없었고 오히려 순교를 각오했다. 아무리 옳은 일이라도 무리지어 선동하거나 폭력을 행사하지 말아야 한다. 각자가 스스로의 판단으로 개혁에 참여하게 하는 것이 믿음이 약한 자들을 배려하고 이웃을 사랑하는 태도이다.[34]

이런 극단적 자유주의의 모습은 대중민주주의에 맞지 않는다. 사실

34 같은 글, WA 10 III, p. 14(15-16). 『루터선집 10』, p. 436.

루터는 민주주의에 관심이 있지 않았고 영원한 진리의 획득과 영혼 구원에 관심이 있었다. 그러나 결과적으로 그의 종교적 자유주의는 개인을 역사의 전면에 등장시킴으로써 근대 민주주의에 이바지한다. 민주주의는 자율적 개인의 등장을 전제로 하기 때문이다. 반개혁의 폭력이 동원될 수도 있는 위급한 상황 속에서도 루터가 개혁 주체와 개혁의 대상 양 방면으로 자율적 결정을 존중한 것은 위대하기조차 하다. 루터가 보여준 종교적 자유주의의 극단성이 곧 진리에 충실한 중용이라고 할 수 있다.[35] 루터의 중용은 그 극단적 성격으로 말미암아 근대적 개인이 탄생하는데 필요한 정신력을 공급했다.

루터는 사회 질서를 해치는 행위에 대해서는 국가의 강압으로 징계하고 고쳐야 한다고 생각했다. 인간은 국가의 일원으로서 시민법의 규제를 받는다. 그러나 하나님 나라의 일원으로서 인간은 어떤 강요도 받지 않고, 하나님 나라 백성을 만들려고 남을 강요해서도 안 된다. 진리는 강요할 수 없다. 만일 종교를 강요하는 통치자가 있다면 그에게 저항해야 하고, 민중이 신앙의 개혁을 강요하기 위해 소요를 일으킨다면 질서 유지를 위해 공권력이 개입할 수 있다. 1530년에 카를 5세가 가톨릭으로 복귀하라고 명령했을 때 루터는 공권력에 대한 저항을 생각했다.[36] 그러나 1521년 말의 비텐베르크 소요는 개혁 주체들이 신앙의 개혁을 위해 실력을 행사하여 소요를 일으키고 시민 질서를 어지럽힌 경우이다.

---

35 "중용은 최선의 것과 잘해냄의 관점에서 보면 극단이다." 아리스토텔레스, 『니코마코스 윤리학』, 66(1107a). 중용은 양쪽 극단의 중간이기보다는 초월을 가리킨다. 극이라는 말은 원래 유학에서 말하는 태극을 가리키고 태극은 초월적 원리이다. 태극의 극은 좌우로 치우치지 않고 위로 치우친다. 루터는 초월자 하나님을 앞세워 중용의 길을 갈 수 있었다.

36 5장에서 다룬다.

자유는 목적이며 수단이다

루터가 볼 때 칼쉬타트의 급진 개혁은 복음적이지 않고 율법적이었다.[37] 교회가 정해놓은 규범을 따르면 구원을 받는다고 가르치는 로마 가톨릭도 율법주의이지만, 자신이 옳다고 생각하는 것을 남에게 강요하는 것도 율법주의이다. 복음은 개인에게 자유를 주고 자율적으로 여러 문제에 대처하게 만드는데, 개인 내면의 신앙을 외부에서 강요하면 자유가 사라진다. 그것이 율법주의의 태도이다. 복음은 하나님의 의를 낳고 법은 인간의 자기 의와 교만을 낳는다.

루터는 만일 자신이 강요로 개혁을 실현하려고 했다면 독일 전체가 피바다가 되었으리라고 주장한다.[38] 외부적 강요와 명령은 하나님 나라가 아닌 세상 나라에 속한 것이다. 하나님 나라는 복음으로 말미암은 자유로운 참여가 있는 나라이고, 국가는 법으로 강제한다. 그러므로 급진 개혁을 통해 하나님 나라를 이루려는 시도는 하나님 나라에 맞지 않는 세상 나라의 방식이다. 종교 문제를 두고 개인의 자유를 침해하는 것은 사탄의 짓이다.

> 소동을 일으켜서는 마귀에게 전혀 고통을 주지 않습니다. '우리가 말씀에 종사하며 말씀 자신이 일하시도록 할 때,' 그때에 마귀를 괴롭게 만듭니다.[39]

---

37 David Whitford, "Luther's political encounters", in *The Cambridge Companion to Martin Luther*, Cambridge: Cambridge University Press, 2003, p. 184.

38 「1522년 3월 10일 설교」, WA 10 III, p. 14(15-16). 『루터선집 10』, p. 436.

39 'wenn wir das Wort treiben und das selbige wirken lassen.' 같은 글, WA 10 III, p. 19(29-31). 『루터선집』에는 없음.

루터는 통치의 혼동에서 사탄과 마귀를 본다. 교회가 세속적인 권력과 부를 위해 힘을 행사하는 것도 통치의 혼동이고, 군주가 신앙의 자유를 침해하는 것도 통치의 혼동이다. 종교개혁의 주체들이 말씀의 운동력을 의지하지 않고 물리적 힘과 압력을 행사하는 것 역시 하나님 나라와 세상 나라를 혼동하는 통치의 혼동이다. 그런 혼동은 하나님 나라와 세상 나라를 모두 파괴시키려는 사탄의 통치 밑으로 들어가는 일이다. 「소요와 반역에 관해 모든 그리스도인에게 보내는 마르틴 루터의 진지한 권면」(1522)의 내용도 비슷하다. 사제와 주교들을 두려움에 떨게 만드는 것은 나쁘지 않으나 사람이 개입하지 말고 하나님의 심판을 기다려야 한다.[40]

이처럼 믿음을 강요할 수 없다는 전제하에 종교개혁의 주체와 개혁 대상의 자유롭고 자발적인 참여를 바란 점에서 루터는 자유주의자라고 할 수 있다. 루터의 자유주의적인 태도는 복음의 핵심을 회복하려고 한 개혁자의 태도에서 생겨났다. 복음의 핵심은 자유이고, 궁극적인 자유의 진리는 개인의 자유로운 결정의 방식을 취할 수밖에 없다고 루터는 생각했다. 자신이 나온 에르푸르트대학에서 1521년에 학생들이 교회 기물을 부수고 목회자들을 폭행하는 사건이 발생했을 때 루터는 비텐베르크의 소요 사태에 대응했던 방식과 같은 논리로 반대했다.

물론 참된 신앙을 가지는 자는 소수일 수밖에 없다고 생각한 그의 묵시적 신앙이 자유주의적 생각의 배경을 이룬 면이 있다. 루터는 교

40 LW 45, p.61. 그러한 논리는 성격이 좀 다른 농민 전쟁에도 적용된다. 루터는 뮌처가 이끄는 농민들의 집단 폭력이 인간이 인위적으로 하나님의 역사에 끼어드는 일이라고 보았다. 루터는 뮌처가 강압적으로 사회 변화를 추구한다는 점에서 혁명적 율법주의로 보았다. 김주한, 『마르틴 루터의 삶과 신학 이야기』, 서울: 대한기독교서회, 2002, p.128과 p.132.

회 개혁이 마지막에 가서야 하나님에 의해 이루어지리라고 생각했을지 모른다.[41] 그러한 묵시적 태도로 말미암아 루터는 개혁 신앙을 대량으로 생산할 필요를 느끼지 못했을 수 있다.

그러나 루터의 묵시 사상이 방관자적 자세를 의미하지는 않는다. 그는 사람들에게 진리를 알려야 한다고 생각했고, 그래서 교육에 관심이 많았다. 부모의 무관심을 질타하며 아이들을 학교에 보내도록 독려했고, 진리가 무엇인지를 알리기 위해 교육용 교재로 1529년에 「소교리문답」과 「대교리문답」을 출판했다. 그러나 그런 중에서도 진리를 강요하지는 말라고 경고했다. 진리와 거짓을 알리고 선과 악이 무엇인지 알리되 강요하지는 말라. 「소교리문답」의 서문에 해당하는 글에서 루터는 이렇게 말한다.

> 즉 우리는 누구에게든지 신앙을 강요하거나 또는 강제로 성찬을 받게 해서는 안 된다. 또는 신앙 문제나 성찬 참여 문제를 위하여 어떤 고정된 법을 설정하거나 일정한 때와 장소를 제정할 일도 아니다. 규범에 의한 강요가 아니라 사람들이 목사인 우리들에게 성찬을 베풀어달라고 원하도록 해야 하며, 한 걸음 더 나아가 저들이 목사들에게 성찬을 베풀어달라고 강요할 정도까지 그들을 설복하고 감동시켜야 한다.[42]

루터의 자유주의적 태도는 개혁 주체가 집단적 힘을 행사하면 영주와 군주들을 두렵게 만들어 종교개혁 자체가 무산될 수 있다는 고려에서 비롯되었을 수도 있다. 칼쉬타트에 의한 비텐베르크의 개혁이나 농

41 헤이코 오버만, 『루터, 하나님과 악마 사이의 인간』, p. 29.

42 『루터선집 9』, p. 383.

민 혁명이 모두 루터의 가르침에 의해 촉발되었다. 그 때문에 루터는 모든 반란과 무질서의 원흉으로 지목되기도 했다. 자칫 프로테스탄트에 우호적이었던 통치자들마저도 반종교개혁으로 돌아설지도 모를 일이었다.

그러나 개혁의 성공을 위한 전략적 고려가 루터의 신학과 태도를 형성하지는 않았다. 루터가 자신을 보호하던 선제후 프리드리히 3세의 성물 수집을 비판한 일을 보면 알 수 있다.루터의 태도는 1529년의 마르부르크 토론을 통해서도 나타났다. 1524년에 헤세의 필립이 군주로서는 가장 먼저 공식적으로 루터주의로 돌아섰다.[43] 그는 개혁을 지지하는 정치 세력들이 자기방어를 위해 힘을 규합할 필요를 느꼈고 작센의 선제후 요한과 연합했다.[44] 프로테스탄트 세력이 모두 뭉치려면 루터와 츠빙글리 사이에 화해가 필요했고 둘의 신학적 이견을 좁히려고

---

43 헤세는 오늘날의 프랑크푸르트 시가 속한 헤센 주를 가리킨다. 헤세의 필립은 1521년에 보름스 제국의회에 카를 5세의 제후로 참석했다가 루터를 처음 보았고 1524년에 멜란히톤을 만나 프로테스탄트를 받아들였다. 농민 전쟁 때에는 프랑켄하우젠 전투에서 뮌처의 농민군을 격파했고, 1526년에 작센의 선제후 요한과 연합함으로써 프로테스탄트 연맹의 기초를 놓았다. 그는 1527년에 마르부르크대학을 세워서 프로테스탄트신학의 중심 대학으로 발전시켰다. 헤세의 필립은 1530년의 아우구스부르크 제국의회에서도 프로테스탄트의 대의명분을 제일 앞에서 주창했다. 1534년에 뮌스터를 점령한 재침례파를 격파한 것도 헤세의 필립이다.

44 선제후 요한은 1525년에 죽은 선제후 프리드리히 3세의 동생으로서 선왕의 뜻을 받들어 흔들리지 않고 종교개혁을 도왔으며 쉬말칼덴 동맹의 수장이 되었다. 루터주의자들은 그를 한결같은 요한St. Johann the Steadfast으로 불렀다. 그의 아들 요한 프리드리히 역시 루터를 도와 종교개혁을 반석 위에 올려놓는다. 요한 프리드리히는 목숨이 위태로운 순간에도 아우구스부르크 신앙 고백에 충실했다. 그는 예나대학의 설립을 계획했으며, 죽은 지 4년 후인 1558년에 그의 아들들이 예나대학을 건립했다. 마르부르크대학과 예나대학은 비텐베르크대학과 함께 프로테스탄트 사상의 중심지가 된다. 비텐베르크대학은 선제후 프리드리히 3세가 1502년에 세웠다. 세 대학은 독일에서 가장 오래된 열 개 대학에 속한다.

헤세의 필립은 토론을 주선했다. 그는 성찬식의 의미를 놓고 대립한 루터와 츠빙글리가 화해하기를 바랐다. 그러나 두 지도자는 자신의 주장을 끝까지 굽히지 않았는데, 토론 이후에 공동 합의문을 내놓았지만 성찬식에 대해서는 차이만 확인했다. 이는 종교개혁자들의 신학이나 담론이 상황에 대처하기 위한 전략적 고려와 무관함을 보여준다. 그밖에도 사례는 많다. 루터는 군사력이나 정치력을 믿지 않고 진리의 힘을 믿었다.

궁극적 자유를 주는 종교적 진리의 획득은 자유로운 방식으로 추진되어야 한다는 루터의 신학은 줄곧 일관성을 유지했다. 자유는 목적이고 또한 목적에 도달하기 위한 수단이다. 적어도 종교적 진리를 위해서는 목적이 수단을 합리화할 수 없고 오히려 목적이 수단을 제한한다. 루터는 자신과 만인의 영혼 구원을 추구하는 구도자로서 목적과 수단이 모두 거룩하기를 바랐다. 그는 종교개혁자로서 사회 문제에 대해 원론적 발언을 하는 데 그쳤고, 종교개혁을 계기로 발생한 폭력적 사회 개혁에는 반대함으로써 정치적 보수주의자로 불리기도 한다.

그러나 그의 개혁 성향을 볼 때 루터를 가리켜 보수주의자라고 부르는 것은 옳지 않아 보인다. 루터는 폭력적 사회 개혁뿐 아니라 폭력적 종교개혁에도 반대하는 자유주의자였다. 루터는 자유주의의 한계와 위대함을 모두 보여준다. 루터에 대한 비난은 그의 자유주의를 방관과 배신으로 보았을 때 일어나는 현상이고, 루터에 대한 찬양은 그의 자유주의가 당시의 상황을 넘어 영원한 가치를 가지고 자유의 역사에 중요한 기여를 했다고 볼 때 일어나는 현상이다.

자유주의의 큰 전제는 인간이 각자 스스로 옳고 그름을 판단할 능력을 가지고 있다는 신념이다. 루터는 그리스도인은 누구나 스스로 하나님의 뜻을 판단할 수 있다고 생각했다. 그러므로 군중을 따라 했다거나 유력한 인사나 사제의 설교를 따랐다고 핑계를 댈 수 없다.

> 칼쉬타트 박사나 가브리엘이나 미카엘이 설교했기 때문에 일반적인 무리를 따라 했다고 말하면 안 됩니다. 누구나 각자 자기 앞에 서서 자기 앞으로 부름을 받아 마귀와 대적하여 싸워야 합니다.[45]

사람들은 칼쉬타트 같은 유명인이나 학식 있는 사람의 말을 따른다. 가브리엘이나 미카엘 같은 천사의 말을 들었다고 우르르 몰려가기도 한다. 흔히 볼 수 있는 현상이다. 그러나 사람들을 따라서는 안 된다. 사람은 개인이 되어야 한다. "누구나 각자 자기 앞에 서고 자기 앞으로 부름을 받아야 한다."[46] 개인이 될 때 하나님의 소리를 들을 수 있고, 하나님 앞에 서서 마귀와 싸워야 한다. 홀로 마귀와 대적하여 싸워야 한다.

하나님은 개인의 영혼 속에서 일 대 일solus cum solo로 말씀하신다. 마귀와 대적하는 우주적 싸움의 주체는 나 자신이다. 누가 대신 싸워 줄 사람이 없으며 한 사람 한 사람은 각자 진리와 거짓의 거대한 투쟁의 한가운데에 처해 있다. 내면에서 말씀하시는 하나님의 통치를 받은 나 자신이 악과 싸워야 한다. 하나님이 하시지만 내가 한다. 루터주의 신학자 알트하우스는 이렇게 말한다. "신앙은 무조건적으로 개인적인 행위이다."[47]

루터가 전통보다 성서를 앞세운 것도 개인을 외부적 권위로부터 독립시키려는 것이다. "공의회의 말이 곧 하나님의 말씀이라는 걸 그들

---

45 「1522년 3월 11일의 설교」, WA 10 III, p. 22(9-11). 『루터선집 10』, p. 441.

46 Ein jeder muß vor sich stehen und geruft sein, mit dem Teufel streiten."

47 파울 알트하우스, 『마르틴 루터의 신학』, p. 88.

은 증명하지 못한다. 왕들과 귀족들과 대중이 그렇게 믿으니 너도 믿으라고 하는 건 더욱 멍청하다."[48] 그러나 성서에 대한 공의회의 해석을 더 믿을 수 있지 않을까? 공의회의 견해는 적어도 성서 전문가들의 견해가 모인 집단 지성의 산물이니 말이다. 그럼에도 불구하고 루터는 어떤 외부의 권위에 앞서 개인이 직접 하나님의 말씀과 부딪쳐야 한다고 보았다.

물론 성서를 이해하는 데는 전문가의 견해를 참조할 필요가 있고 교사들의 가르침을 받을 필요도 있다. 실제로 루터는 교회에서 성서 교사로서의 목사의 역할을 중요하게 보았다. 그러나 궁극적으로 성서 이해의 주체는 개인이다. 기본적으로 하나님은 성서를 통해 직접 개인에게 말씀하신다. 전통이나 공의회보다 하나님의 말씀 자체를 중시한 것은 그만큼 진리 인식에서 개인의 자율성을 높인 혁명적 변화를 예고하는 것이다.

그리하여 교회의 인준 없이 자기 스스로 양심의 인준에 따라 하나님의 뜻을 판단하고 스스로 책임지는 시대가 열렸다. 근대 이후의 자유주의는 역사적으로 다양한 형태로 출현했지만 그 모든 형태의 공통점은 개인이 전체에 함몰되지 않는 개인주의적 태도에 있다.[49] 국가가 개인의 판단을 침해할 수 없다고 본 자유주의적이고 개인주의적인 사회계약론의 원리는 개인의 내면을 교회와 국가로부터 보호하려고 한 종교개혁에서 그 뿌리를 볼 수 있다.[50]

물론 루터나 루터주의자들이 말한 양심은 이성보다는 영성에 가까

48 「세상 권세에 대하여」, GW, p.4.383.

49 John Gray, *Liberalism*, Minneapolis: University of Minnesota Press, 2003, xii.

50 Kenneth R. Minogue, "Liberalism" in *The Blackwell Dictionary of Modern Social Thought*, ed. by William Outhwaite, Malden: Blackwell Publishing, 2006, p.347.

운 개념으로서 도덕 양심이 알지 못하는 죄를 인식하는 신앙 양심을 가리킨다. 루터의 개인은 자율적 주체이기보다는 성령에 이끌리는 신율적 주체이다.[51] 어떤 면에서 루터의 자유는 인간의 자율을 철저하게 부정한 후에 찾아온다. 그 자유는 인간이 자신에게 자유가 없으며 죄의 노예임을 인식한 후에 하나님의 의로 회복된 자유이다. 자유의지가 아닌 노예의지로부터 출발하여 은총으로 노예의지와 도덕주의로부터 해방되는 데서 생기는 자유이다.

루터는 "자유의지는 의와 인간의 구원에 대한 막강한 원수에 지나지 않는다"고 했고, "자유의지가 가장 선할 때에 가장 악하며, 자유의지로 노력하면 할수록 점점 더 악하게 되고 그릇되게 행동한다"고도 했다.[52] 루터의 자유는 자기를 부인하는 데서 생기는 자유이고, 신의 은총의 힘에 구속되는 데서 생기는 자유이다. 자기 자신의 통치를 말하는 근대적 이성의 자유와 신의 통치를 말하는 루터의 신율적 자유는 다르다.

그럼에도 불구하고 루터가 신율을 통해 어떤 타율도 배제한다는 점에서 루터는 근대의 자율적 주체의 기원이 된다. 루터의 신율은 자율을 배제하기보다는 타율을 배제하는 데 초점이 맞추어져 있다. 정확히 말해서 루터의 역설의 신학은 신율과 자율의 변증법인데, 철저하게 타율을 배제하기 위한 장치이다. 바깥세상보다 자기에게 집중하도록 하는 루터의 내면의 원리가 그렇다. 루터의 신율theonomy은 중세의 신법divine law과 달리 직접 개인에게 역사하는 진리의 힘의 통치를 받는다.

중세의 신법은 진리가 교회를 통해 구체적 규율이 되어 인간의 행위

---

51 파울 알트하우스는 '신율적 창조성'이라는 표현을 쓴다. 파울 알트하우스, 『마르틴 루터의 신학』, p.63.

52 「노예의지에 관하여」, 『루터선집』, p.276, p.278.

를 외부로부터 규제했지만, 루터의 신율은 내면에서 하나님의 영이 개인의 영을 인도한다. 하나님의 뜻을 알고 행하는 문제에 관한 한, 사제든 통치자든 그 누구의 권위에 의지하지 않고 자기 자신이 오직 말씀과 성령의 권세에 의해 판단하고 행한다. 종교개혁이 확산되면서 1525년에 필요에 의해 독일어 예배규정집을 만들었을 때에도 루터는 그 규정을 자유롭게 참고하되 법처럼 강제하지 말아야 한다고 했다. 그런 식이다. 그러므로 중세에 타율적이었던 그리스도인은 루터를 통해 자율적 개인이 이루는 새로운 공동체를 향한 발걸음을 내디딘 셈이다.

그 점에서 루터의 신율은 칼뱅의 신율과 차이가 난다. 루터가 하나님의 말씀을 중시했다면 칼뱅은 말씀의 정신을 반영한 법을 중시했다고 할 수 있다. 칼뱅의 신율은 계시된 하나님의 법에 의해 일상적 삶이 지배받는 것이었다.[53] 그러나 루터는 신앙에서 나온 행위의 세부 사항을 제시하지 않고 진리 인식과 행위에 있어서 개인의 자유와 자발성을 중시했다. 그 점에서 근대적 개인의 자율성으로 연결되는 자유주의적 면모가 루터에게서 보인다. 칼뱅은 그리스도인의 자유가 좀 더 제도화되는 데 관심을 가져서 근대의 정치적 자유의 모델을 제공했다면, 루터는 제도화되는 데 따른 타율성을 피하고 그리스도인의 자유를 개인 내면의 차원에서 확실하게 다지려고 했다. 칼뱅의 후예들이 자유로운 공동체 형성에 관심을 가졌다면, 루터는 우선 개인의 자유를 원리적으로 확보하는 데 관심을 가졌다고 할 수 있다.

---

53 Gary North, *Was Calvin a Theonomist?*, Tyler: Institute for Christian Economics, 1990, p.2.

2. 자유가 선에 앞선다: 루터의 형식 윤리

루터의 종교적 자유주의는 신앙생활뿐 아니라 일상생활의 행동 원리로도 나타난다. 생활 도덕에서 중요한 것은 외부적 규범이 아니라 개인의 내면적 자유에서 비롯된 자발적 선이다. 이러한 루터의 태도는 윤리적으로는 형식 윤리로 나타나고 사회 문제에 대해 원론적 언급에 그치는 모습으로 나타난다.

자유가 선에 앞선다

타율의 제거는 단지 내면의 차원이 아니라 외부에서도 이루어진다. 각자가 소명감을 가지고 자신의 직무를 다하게 하는 직업소명설은 억지로 일하지 않고 자발적으로 자신의 일과 직무를 수행하도록 유도한다. 이것은 내면의 영적인 자유의 힘이 외부의 육적인 세상으로 뻗어나가는 방식으로 이루어진다. 외부의 직업 행위는 내면의 자유의 연장에서 이루어지는 자발적 봉사의 성격을 띤다. 직업 활동을 자유로운 이익 추구로 보지 않고 자유로운 봉사로 보는 점에서 루터는 근대와 다르다.

근대의 자유는 홉스와 로크에게서 볼 수 있듯이 의무보다 개인의 권리를 중시하며, 그 권리는 일차적으로 개인의 소유와 재산을 침해받지 않을 자유로서의 권리이고, 다른 한편으로 자유롭게 이윤을 추구할 경제적 자유이다. 그러나 루터가 말한 직업 활동은 자유로운 이윤 추구가 아니라 자신의 죄에서 자유롭게 된 그리스도인이 타자와 세상을 향한 자유로운 봉사의 기회이다.

그처럼 직업을 봉사로 보면 소득 계층과 기존의 계급이 바뀔 가능성이 거의 없어진다. 루터가 신분 제도를 바꾸는 데 관심이 없었다는 점에서 근대와 다르다. 그러나 신분 제도 안에서이긴 하지만 루터가 각자의 직업 활동을 남을 섬기는 개인의 자발적 활동으로 보려고 했다는 점이 중요하다. 소명이라는 단어를 성직자가 독점하지 않고 누구나 자기의 일상적 직업을 하나님의 부름으로 알게 된 것은 세속에서의 개인의 자유와 평등을 확보하는 데 기초가 된다. 루터의 직업소명설은 단순히 근대의 시작을 위한 영감 어린 정신에 그치지 않고 현대의 자본주의 밑에서 돈과 이익 추구의 노예가 된 인류 사회를 치유하기 위한 방향 제시의 역할을 할 수 있다.

중세에는 기독교적 사랑의 원칙을 사회 행위에 적용하기 위해 교회법이 중요한 역할을 했다. 구체적 상황에서 무엇이 옳고 그른지 수많은 규범을 정해 따르게 했다. 일반 원칙이 구체적 사례에 적용되도록 세부 규정을 만드는 것을 결의론casuistry이라고 한다. 중세에는 개인들이 그리스도교적 사랑과 자비의 원칙에 따라 행동하도록 직업 활동과 상거래와 이자 등에 관한 행동 지침이 있었다. 그래서 중세 사람들은 다양한 거래 관계에서 발생하는 윤리적 물음에 대해 고민하지 않고 교회의 가르침에 따르면 되었다.

교회 규범의 위력은 법으로 강제하고 규범을 어긴 자들을 재판하는 권한도 가짐으로써 더욱 공고했다. 결혼, 출산, 가족 관계, 상속, 성 범죄, 불법 행위, 도덕에 관한 범죄에 대해 교회가 재판 관할권을 가지고 있었고, 빈민 구제와 교육 문제에 대해서도 교회는 법을 제정하고 재판할 수 있었으므로 국가와 재판 관할권이 겹치는 경우도 많았다. 또한 중세의 교회법은 현대의 시각으로 보면 법으로 규정할 수 없는 도덕적 행위까지를 규율하고 있었다고 보면 된다.

한편 현대의 법은 정의를 이념으로 삼고 있지만 사랑의 행위까지 강제하지는 않는다. 자본주의를 떠받치는 도덕철학이라고 할 수 있는 『도덕감정론』에서 아담 스미스는 사랑과 자비는 건축물의 장식품이지만 정의는 건축의 기둥이라고 했다.[54] 장식물은 없어도 사회가 무너지지 않지만 기둥이 없으면 사회가 무너진다. 아담 스미스의 얘기는 사회 행위를 규정하는 법규범을 사랑에 기초할 수 없다는 뜻이다.

그러나 중세 사회는 그리스도교적 이상을 구현하기 위해 사랑의 원리가 규범화되어 압력을 행사했다. 경제 활동 역시 교회의 윤리적 가르침의 인도를 받아 이루어졌다. 15-16세기에 늘어나는 교역으로 무역 혁명이 이루어지면서 투기가 발생하고 사람들의 관심이 부의 축적에 쏠리자 교회의 사제들은 신랄한 비판을 가했다. 당시의 사람들은 새로운 형태를 띠는 상거래와 금융거래에서 발생하는 이자가 적법한지를 고민해야 했고 교회법학자들의 자문을 구할 정도로 경제 활동에서 교회의 권위는 중시되었다.[55] 이자에 대한 금지는 성서의 오래된 규범으로서 가난한 자를 보호하려는 사랑의 윤리에서 나온 것이다.

루터는 성서의 사랑의 윤리를 포기하지 않은 점에서 근대와 다르다. 그리고 법적 강제가 아닌 자발적 사랑을 중시한 점에서 중세와도 다르다. 강요가 아닌 자발성은 루터 윤리의 핵심적 원리이다. 루터가 볼 때 중세적 결의론은 개인의 자율성을 파괴할 뿐 아니라 믿음 없는 행위를

---

54 아담 스미스, 『도덕감정론』, 박세일 역, 서울: 비봉출판사, 2010, pp. 163-164.

55 앤트워프 증권 거래소의 스페인 중개인들은 새롭게 등장한 투기적 외환 업무가 교회법에 저촉되는지 고해 신부를 파견해서 파리대학의 교회법학자들에게 물어보아야 했다. 그리고 나중에 교황 측 대표로 루터와 라이프치히에서 논쟁을 벌이게 될 에크Johannes Eck는 상인들 간의 거래에서 발생한 이자는 합법이라는 자신의 주장을 정당화하기 위해 볼로냐대학의 교회법 교수를 찾아 먼 여행을 해야 했다. 당시에 신흥 자본가 그룹이었던 독일의 푸거 가문은 에크를 응원하기 위해 여행 경비를 댔다. 리처드 토니, 『기독교와 자본주의의 발흥』, 고세훈 역, 서울: 한길사, 2015, p. 155.

강요하는 것이고, 복음을 율법으로 바꾸는 일이다. 법은 강제의 힘을 가지고 행위를 명령하지만 복음은 하나님의 말씀에 의한 감동으로 행위를 이끌어낸다. 사랑의 자발성은 복음이 주는 자유의 힘에서 비롯된다. 율법과 계명은 명령만 하고 명령을 이행할 힘을 주지 않지만,[56] 복음은 명령이 아닌 위로의 말씀이면서도 율법이 명하는 것을 이룰 힘을 준다.

루터의 자유주의적 관점에서 볼 때 중세 교회는 율법주의에 빠졌고 법의 정신은 없이 법을 기계적으로 지키도록 만드는 결과를 가져왔다. 법의 정신은 '자유로운 기쁨으로' 선을 행하는 데 있다.[57] 하나님에 대한 믿음이 주는 자유에는 선을 이루는 힘이 있다. 자유가 기쁨으로 자유롭게 선을 행하게 이끈다. 그래서 루터가 강조한 것은 사랑보다는 믿음이다. 종교개혁의 구호인 '오직 믿음으로만'에 들어 있는 의미 중의 하나가 그것이다.

> 하나님에 대하여 믿음을 가지고 사는 그리스도인은 모든 것을 알고 모든 것을 행할 수 있으며 행해야 할 모든 것을 떠맡고 또 모든 것을 즐겁게 자유로이 행한다.[58]

'모든 것을 알고 모든 것을 행할 수 있음'은 무지와 무능에서 벗어난 상태를 가리킨다. 루터는 삶의 모든 딜레마를 풀 단 하나의 열쇠를 신앙에서 찾고, 하나님과의 관계에서 생기는 신앙을 토대로 삼아 세상의

---

56 "Sie weisen wohl lehren was man tun soll, geben aber keine Stärke dazu." 「그리스도인의 자유」, GW, 1.496. 『루터선집 5』, p.306.

57 「로마서 서문」, 『루터선집 4』, p.44.

58 「선한 행위에 관하여」, 『루터선집 9』, p.39.

삶을 건축하려고 했다. 도덕과 윤리는 신앙에서 나간다. 내면의 신앙이 있으면 무슨 일을 해야 할지 알고 자유로이 외부의 타자를 향해 사랑의 행위를 할 수 있다. 그리스도인은 하나님의 사랑에 대한 신앙에서 생긴 자유를 가지고 외부적 규범의 압박에서 근원적으로 자유롭다. 그리고 세상에 대해 자발적 선을 베푼다. 자유에서 자발적 선이 나오며, 자유가 선에 앞선다. 루터는 외부의 규범적 가르침에 의하지 않은 개인의 자유로운 자기 판단과 자발적 실천에서 참된 선을 보았다.

> 선한 나무는 좋은 열매를 맺기 위해 법의 규칙이 없어도 된다. 법과 가르침이 따로 없어도 그 본성이 자기 방식대로 선한 열매를 낸다.[59]

'자기 방식대로' 선한 열매를 내도록 해야 한다. 그 점에서 루터의 윤리는 선한 행위가 몸에 배도록 습관을 들여서 선한 사람을 만들고자 한 아리스토텔레스와 아퀴나스의 덕의 윤리와 다르다.[60] 루터가 말하는 선한 사람에게서 나오는 선한 행위는 초윤리적 자유에서 나온 윤리이다. 초윤리적 자유가 윤리에 앞선다. 믿음으로 말미암아 은총으로 죄의 권세에서 자유롭게 되면 자유인이 되어 그때그때 선을 행하게 된다. 자유로이 행하는 선만이 참된 선이고 자유인만이 선을 행할 수 있다. 그 점에서 자유가 선에 앞선다. 자유가 선의 조건이다. 루터의 자유는 세상으로부터의 자유라는 면에서 초윤리이지만, 세상을 향한 자유

---

59 「세상 권세에 대하여」, GW, p. 4. 357. '자기 방식대로': wie seine Art ist.

60 매킨타이어의 『덕의 상실』은 중세적 덕의 윤리의 중요성을 일깨운다. 루터의 윤리는 도덕적 상황에서 개인의 자율적 판단을 중시하며 덕의 윤리와 대조된다. 매킨타이어가 공격하는 칸트의 의무윤리는 루터의 연장선에 있다. 알래스데어 매킨타이어, 『덕의 상실』, 이진우 역, 서울: 문예출판사, 1997.

가 될 때 윤리를 수반하게 된다. 자유가 선에 앞서기 때문에 형식 윤리가 되고, 도덕적 선 이전에 자율적 주체가 생겨난다.

형식 윤리

루터의 자유주의적 경향은 결의론을 거부하며 그의 윤리를 형식 윤리로 만들었다. 형식 윤리란 보편적 도덕 원칙과 구체적 상황 사이를 매개하는 세밀한 법규범들을 거부하는 태도를 가리킨다. 신앙이 있으면 무슨 일을 해야 할지 알고 그 일을 자유롭게 한다는 루터의 주장이 바로 형식 윤리의 대표적 형태이다. 루터는 성령에 이끌리는 개인의 자유로운 판단을 중시한다. 사회나 교회가 이래라저래라 구체적으로 가르치지 않아도 개인이 판단하고 행할 수 있다. 그리스도인은 어떤 도덕 체계에 갇히지 않는다.

바로 그 점에서 루터는 칸트의 자유주의적 형식 윤리에 큰 영향을 미쳤다. 칸트는 양심의 명령에 이끌린 개인이 자기 판단에 따라 행하는 데서 도덕성의 본질을 찾았다. 루터나 칸트의 형식 윤리는 외부의 권위주의적 간섭을 벗어나 개인의 자유를 확보하려는 노력에서 생겨났다.

고등 종교나 순수한 선을 찾는 인문주의의 가르침은 대개 형식 윤리에서 출발한다고 할 수 있다. 유학에서 도道는 하나인데, '하나'에 붙들렸을 때 '여럿'이 나간다고 본다. 그것을 공자는 『논어』에서 일이관지一以貫之라는 말로 표현했다. 『대학』에서는 도가 텅 비어 있지만 수많은 원리를 안에 품고 있다虛靈不昧 具衆理고 했다. 그러므로 하나의 도에 붙들려 있으면 여러 가지 상황에서 각각에 알맞은 행위가 나오게 된다. 주자학에서 형이상학적 원리는 태극인데, 태극은 하나이고 태극이 낳은 음양과 오행은 여럿이다. 하나에서 여럿이 나온다고 보는 우주론은 인간이 형이상학적인 하나의 원리에 붙들려 있을 때 그때그때 상황에 맞는 여러 행위가 나옴을 의미한다. 이것은 플라톤이 선의 이념을 가리켜 '하나'라고 말한 것과도 일맥상통한다.

물론 고대 인문주의와 루터의 윤리는 다르다. 그리스이든 중국이든 고대 인문주의에서는 전체가 개인에 앞선다는 대원칙이 있었다. 도와 진리를 인식하여 자유롭게 행할 수 있다고 인정받은 사람들은 소수였으며 신분으로 자유의 등급이 매겨졌다. 지배층은 진리로 인해 자유로운 자라고 여겨지고 민중은 사회의 법과 규범으로 교화하고 다스려야 할 대상이었다. 그것이 동아시아에서는 19세기 말까지 객관 규범인 예禮를 중시하는 방향으로 나타났다.

그리스도교는 객관 규범으로부터의 자유를 중시하며 출발했지만 서구 중세 사회에서 진리로 인한 자유는 사제의 몫이었고 군주를 포함한 모든 평신도는 사제와 교회의 가르침을 받아야 되는 대상으로 여겨졌다. 교회에서 행위 규범을 일일이 정해주는 결의론의 배경에는 그런 인간 이해와 사회관이 있었다. 동아시아나 중세 서구에서 객관 규범을 중시한 것은 전체가 개인에 앞선다는 생각 때문이었다.

그러나 루터는 진리 인식과 실천에서 만인의 평등을 주장하고 개인이 전체에 앞선다는 원리를 마련했다. 그가 법이 아닌 복음을 강조한 것은 사회의 일반적 교훈을 넘어 개인이 홀로 진리를 인식하고 판단할 자율성의 원리를 제시한 것이다. 복음의 말씀은 개인 내면에서 활동하기 때문이다. 또한 뒤에서 보듯이 루터에게서 국가는 개인의 영혼 구원을 위해 봉사해야 한다. 그처럼 두드러진 개인의 등장으로 루터의 형식 윤리는 고대 인문주의와 달리 자유주의로 발전될 징후를 보인다.

앞에서도 보았지만, 루터는 개인이 신앙을 통해 하나님에게 붙들려 있으면 그리스도인의 내면에서 외부로 적합하고 옳은 행위가 나간다고 보았다. "오직 믿음만이 사람이 하고자 하는 것을 이룰 수 있다"[61]고 한 루터의 말은 일일이 규범을 주지 않아도 하나님에 대한 믿음에서 모든 선한 행위가 나간다는 뜻이다. 그래서 루터는 죄가 안 되는 일을 양심에 걸리게 만드는 교회의 규범에 반대한다.[62] 예를 들어 교회가 규정을 만들어 금식일을 정하고 고기와 우유와 달걀과 치즈를 먹지 못하게 하는 일은 잘못이며, 사람은 원칙적으로 언제나 모든 음식을 먹을 자유가 있다. 금식을 할지 안 할지는 개인이 자유롭게 정해야 하며 무엇을 먹을지 안 먹을지도 개인이 스스로 정해야 한다.[63]

음식뿐 아니라 입을 것과 가지 말아야 할 곳과 멀리 해야 할 색깔을 규제하는 종교 규범은 공연히 양심에 부담을 주는 행위로서 인간을 자유롭게 만든 그리스도에 역행한다. 루터는 도덕의 문제가 되지 않는 생활 행위를 종교 규범으로 구속하는 일에 반대했다. 그리고 도덕 행위도 외부적 규범보다는 개인의 판단에 따라 이루어져야 한다고 루터는 생각했다. 아담이 타락하지 않고 하나님의 말씀을 후손에 잘 전달했다면 오늘날 수많은 책과 배움이 따로 필요 없었으리라고 루터는 말한다.

> 거기(말씀)에서 가장 훌륭한 신학자가 나왔을 테고, 가장 박식한 법률가들이 나왔을 테고, 가장 유능한 물리학자가 나왔으리라. 오늘날에 신학자들과 법률가들과 물리학자들이 읽을 책이 수없이 많다. 그러나 우리가 책을 통해 배우는 것들은 아담이 하나님의 단순한 말씀으로부터

61 「사람이 정한 규범을 피하여」(1522), LW 35, p. 137.
62 위의 글, LW 35, p. 138.
63 위의 글, LW 35, pp. 133-141.

얻는 지혜에 비하면 아무것도 아니다.[64]

매우 엉뚱하고 너무 단순한 얘기로 들린다. 그러나 루터가 말하고자 하는 것은 지식보다는 지혜가 우위이고, 종교적 진리를 소유하면 삶의 지혜와 능력이 생겨 만사형통한다는 말이다. 그러나 타락한 이후 인간은 하나님으로부터 멀어져 스스로 옳고 그름을 가리지 못하고 수많은 행위 규범에 매이게 되었다. 이제 다시 믿음을 통해 하나로 돌아가 만사를 스스로 해결할 능력이 그리스도를 통해 열렸다.

복음은 인간을 자유롭게 하고 이성을 치유하여 판단 능력과 행위 능력을 가져다준다. 내면을 강화한 루터의 신앙은 개인의 정신 수준을 높이고 옳고 그름을 스스로 판단하고 행하는 주체로 만든다. "이제는 모든 사람이 행동할 때 무엇이 선하고 무엇이 선하지 않은지를 스스로 알아 말할 수 있다."[65] 칸트는 자율이 인간 존엄성의 근거라고 했다.[66] 옳고 그름을 자기 스스로 판단하고 행하는 주체로서만 인간은 존엄하다는 말이다. 진리 인식과 행위에서 개인을 자율적 주체로 만든 루터는 근대적인 인간 존엄성의 단초를 마련한 셈이다.

루터가 사회 문제에 대해 원론적인 대답을 제시한 점도 형식 윤리의 자유주의 시각에서 이해할 필요가 있다. 15세기 이후 유럽의 교역이 증가하고 신흥 자본가들이 생기면서 대부에 대한 이자 문제가 중요한 윤리문제로 부상했다. 단치히 당국이 대부 행위를 단속해야 하는지 구체적인 질문으로 루터에게 자문을 구하자 루터는 명확한 답변을 피했다.

64 「창세기 강의」(1535-1538), WA 42, p.80(11-18).

65 「선한 행위에 관하여」, 『루터선집 9』, p.37.

66 임마누엘 칸트, 『윤리형이상학 정초』, 백종현 역, 서울: 아카넷, 2005, p.161(B79).

> 설교자는 오직 복음의 원칙만을 설교해야 하며 각자의 양심을 따르는 일은 개인에게 맡겨야 한다. 이를 받아들일 자는 받아들여라. 하나님의 영이 권고하는 영혼들에게 복음이 인도하는 지점보다 더 멀리 가도록 강요해서는 안 된다.[67]

루터는 목사로서 원론적인 얘기에 충실해야 한다는 원칙을 가지고 있었던 것 같다. 그가 지닌 그리스도교 윤리의 원론은 행위보다 신앙이 앞서고, 선보다 자유가 앞선다는 것이다. 하나님에 관한 신앙은 행위 이전에 삶을 살아가는 태도를 결정한다. 신앙은 사람을 겸허하게 만들고 자신의 공적에서 생기는 자기 의를 멀리하게 만든다. 그리고 세상의 욕망에서 어느 정도 거리를 두게 만든다. 그 결과는 윤리적 효과로 나타난다. 경제 활동과 관련해서 루터는 탐심을 멀리하고 돈의 노예가 되지 말고 이웃을 위해 봉사하는 마음으로 일하라고 설교했다.

제조업과 수공업보다 교역과 금융업으로 벌어들이는 부가 기하급수적으로 늘고 고리 대금으로 인한 소규모 수공업자들과 농민들의 원성이 높은 가운데 1524년에 뉘른베르크에서 독점 금지 법안을 통과시키기 위한 제국의회가 카를 5세의 지시로 열렸다. 루터는 같은 해에 이 문제에 대해 설교했다. 「교역과 고리 대금업」(1524)과 「고리 대금업」(1524)이라는 제목의 설교[68]에서 그는 변화하는 당시의 경제 구조에서 발생하는 새로운 경제적 착취에 대해 알고 있었으며, 가난한 농민들이나 소규모 가내 수공업자들을 울리는 고리 대금을 비난했다. 그러나 그의 언급은 어디까지나 신앙의 본질에 충실한 행위를 역설하는 원론

---

67 리처드 토니, 『기독교와 자본주의의 발흥』, p.179에서 재인용.

68 루터의 본문이 손규태, 『마르틴 루터의 사상과 윤리』에 번역되어 실려 있다.

적인 가르침에 그쳤다.

루터는 상행위를 통한 생활 필수품의 공급과 거기서 생기는 이득을 불가피한 것으로 보았다. 그러나 그러한 이득과 수입은 그리스도교적인 방법으로 이루어져야 하며 남의 필요를 충족시키려는 봉사의 자세가 지켜져야 한다. 그리고 상인은 남의 필요를 기회로 돈을 많이 벌 생각을 해서는 안 된다. 루터는 상품 가치가 대개 정해져 있다고 보았다. 상품을 생산하는 데 드는 비용과 노동력 그리고 상인들의 위험 부담과 합리적인 수익 등을 고려해서 상품 가치가 정해진다. 상품을 필요로 하는 사람이 많을 때 가격을 높이 매겨서 폭리를 취하는 것은 강도짓이라고 루터는 비난한다. 상품 가치는 수요에 의해 좌우되어서는 안 된다는 루터의 주장은 수요 공급의 법칙에 따라 가격이 매겨지는 현대의 시장경제의 원리와 매우 다르다. 루터는 통치자가 법으로 상품의 가격을 정하는 것을 가장 이상적으로 보았다. 그렇지 못할 경우 상인은 양심적인 계산법에 의해 가격을 매겨야 하며, 물건이 몹시 필요한 남의 곤궁을 이용해서 폭리를 취할 생각을 해서는 안 된다.

그러나 생산 비용과 노동력과 상인의 위험 부담과 합리적 이익을 합한 공정한 가격이 얼마나 되는지 분명치 않다. 노동력의 가치와 합리적 이익을 숫자로 환산하는 일은 일정하지 않다. 그 점을 루터도 알고 있으며, 그래서 상인의 양심이 중요해진다. "선한 양심으로 옳은 길을 위해 노력하는 것으로 충분하다."[69] 이런 가르침은 적어도 물질에 너무 집착하지 말고 분명히 폭리로 여겨지는 이득을 취하지 말라는 경고를 양심에 일깨운다. 그러나 폭리와 합리적 이득을 가리는 셈법 역시 간단치 않다. 관행에 따라 다르고 상황과 시대에 따라서도 다르다. 화

69 「교역과 고리 대금업」, p. 269.

폐 소득보다는 근면한 노동을 통해 살아가는 농촌 사회를 이상으로 생각한 루터에게 상업을 중심으로 돌아가는 새로운 경제 구조는 모두 폭리에 물든 것으로 보일 수 있다. 농촌은 최소한의 물질로 살아가지만 상업과 교역은 부에 대한 탐심을 자극하여 영혼 구원을 위태롭게 만든다. 루터는 상업이 불가피하다고 생각했지만 장사하는 사람이 없는 세상을 바랄 만큼 상업을 못마땅한 일로 여겼다.[70]

무역을 위한 대출에 이자를 받아야 할지, 착취당하는 농민들의 생활 개선을 위해 영주들이 어떤 양보를 해야 할지, 그런 문제에 대해서 루터는 자세한 언급을 하지 않았다. 그의 가르침은 영적 생활에 무게중심이 있어서 더 나은 생활 조건을 추구하는 움직임에서 일어나는 갈등을 해결할 구체적 규범을 줄 수 없었다. 상업과 국제 교역이 부를 창출하는 주역으로 등장하는 시기에 루터는 최소의 필요를 충족하는 데 만족하는 중세적인 농촌 생활을 이상적으로 생각하고 그 기준으로 당시의 현실을 비판했다. 루터가 농촌 사회를 이상적으로 보았다고 해서 시대에 뒤떨어졌다고 생각할 필요는 없다. 20세기 초의 톨스토이도 농촌을 인류의 이상 사회로 보았다.

루터는 선한 사람은 무역 회사에서 일할 수 없다고 보았다.[71] 그리고 국제 교역을 통해 실크와 장식물과 향신료 같은 사치품이 들어오는 것을 루터는 비난했다. 그는 이자에 대해 매우 부정적이었으며 돈이 돈을 낳는 것은 죄의 핵심인 탐심의 극치라고 보았다.[72] 칼뱅은 사업을 위한 대부의 경우에는 이자를 받도록 했는데, 루터는 그 경우에도 이득이 생

70 위의 글, pp. 274-277

71 위의 글, p. 290.

72 「고리 대금업」, p. 315.

졌을 때에만 이자를 받아야 한다고 말한다.[73] 그밖에도 여러 가지 까다로운 조건을 들어 이자에 대해 한계를 정한다. 학자들은 루터의 원론적 주장이 중세에 비해 더 가혹하고 현실성이 없다고 비판하기도 한다.[74]

죄가 되는 폭리냐 아니냐를 가를 기본 원칙으로 루터가 제시한 것은 사랑과 자연법이다.[75] 루터가 이자뿐 아니라 여러 주제를 두고 사회 윤리의 원리로 지목하는 사랑과 자연법은 대체로 "주 너의 하나님을 사랑하고 또한 네 이웃을 네 자신같이 사랑하라"(누가복음 10:27)는 계명과 황금률 즉 "무엇이든지 남에게 대접을 받고자 하는 대로 너희도 남을 대접하라"(마태복음 7:12)는 계명을 염두에 둔 것이다. 그러나 성서의 계명이 구체적 상황에서 무엇을 의미하는지 명확하지 않다. 루터는 앞의 계명을 경제 행위와 관련해서 '너희 재산을 빼앗으려고 하는 자에게 주라', '필요해서 요구하는 자에게 대가 없이 주라', '이자를 받지 말고 꾸어주라'는 세 가지 규정으로 푼다.[76]

루터는 그런 대원칙 하에서 이자의 타당성을 검토하는데, 인간의 탐심을 극도로 경계하기 때문에 이자에 대해 대체로 부정적이다. 주로 폭리를 경고하고 이자로 말미암아 가난한 자들이 파산하는 현실을 개탄한다. 그렇지만 고리 대금이 아닌 이자를 완전히 부인하는 것 같지는 않은데, 어느 정도의 이자가 탐심이 아니며 죄가 아닌지는 각 개인의 양심에 맡겨져 있다. 멜란히톤은 루터와 달랐는데, 신용 대출의 경우에는 이자를 받아도 된다고 보았다. 독일 북부의 루터 교회는 차츰

---

73 위의 글, p.321.

74 George O'Brien, *An Essay on the Economic Effects of the Reformation*, London: IHS Press, 1923, 2003, pp.29-30.

75 「교역과 고리 대금업」, p.266. 「고리 대금업」, p.291, p.301, p.309.

76 「고리 대금업」, p.291, p.298, p.306.

이자 금지의 가르침을 포기했으며 독일 경건주의자들은 상업을 포함한 산업을 소명으로 인식하면서 이윤의 증가는 하나님 나라에 이바지한다는 원칙을 세웠다.[77] 이는 루터주의자들 안에서 루터의 원칙이 흔들리고 변형되었음을 의미한다.

루터의 사랑의 윤리는 갈등을 조정해서 합리적으로 해결하기 위한 것이 아니기 때문에 구체적인 행동 규범을 주거나 사회 갈등을 구체적으로 해결하는 지침은 아니다. 루터는 현실을 고려한 합리적 갈등 해결책을 제시하기보다는 탐심을 경계하고 사랑의 원리를 제시한 후에 구체적 상황에서의 해결책은 각자에게 맡긴다. 루터의 태도는 성령의 능력에 기반을 둔 자유주의적 태도라고 할 수 있다. 숭고한 선험적 자연이성에 기반을 둔 칸트의 자유주의나 인간의 이윤 추구 욕망을 도덕성과 모순되지 않는다고 본 아담 스미스의 자유주의와 달리 루터는 사람을 초월적 은혜 앞에 데려다놓고 그다음에는 그의 자유로운 사랑에 맡기는 신학적 자유주의이다.

도덕의 기본 원리는 인간의 양심에 보편적 자연법으로 새겨져 있으며, 구체적 상황에서 해야 할 행동은 양심에 충실한 개인의 자유로운 선택에 맡겨진다. 그것이 개인의 자율성을 기초로 해서 관용과 개방성을 추구한 근대 자유주의 원리이다.[78] 루터가 회복한 복음과 내면의 하나님 나라는 루터로 하여금 인간의 사회 행위에 관해 세상의 질서와 평화를 깨지 않는 한 개인의 선택을 존중하는 자유주의적 풍모를 갖추게 했다고 볼 수 있다. 칸트나 루터의 자유주의는 주관주의나 상대주의의 위험이 들어 있지만, 그런 부작용에도 불구하고 한 개인을 스스로 판

---

77 Karl Holl, *The Cultural Significance of the Reformation*, pp.82-83.

78 John Gray, *Liberalism*, xi.

단하고 행동하는 자유로운 주체로 세우려는 의도가 그들의 형식 윤리에 들어 있다.

설교자는 오직 복음의 원칙만을 말한다고 하는 루터의 형식주의와 자유주의적 태도를 목회적 필요의 측면에서 바라볼 수도 있다. 원론은 통합하지만 각론은 분열시킨다. 원론적 얘기를 하면 모든 사람들의 마음을 향해 하나님의 말씀을 전할 수 있으나 각론으로 가면 청중이 분열될 수 있다. 만일 목사가 정치나 경제 문제에 대해 구체적 언급을 하면, 그는 여러 의견 중의 하나에 불과한 의견을 피력하는 셈이 된다. 각론에서 사람들은 분열되기 마련인데, 목사가 그중의 어느 편을 드는 꼴이 될 수도 있다. 목사의 역할은 신앙을 북돋우고 마음을 정화하는 데 있으며 구체적 사회 규범을 주는 일은 목회자의 일이 아니라고 루터는 생각한 것 같다. 더구나 신앙의 원리를 바로 세우는 일에 매진하던 루터에게 정치 경제는 이차적이었다. 각론으로 깊이 들어가지 않은 까닭을 거기서 찾을 수도 있다.

3. 루터와 칸트

근대의 자유주의 전통은 다양한 모습을 가지고 있다. 종교에서 요구하던 높은 정신과 도덕적 이상을 개인의 이성 능력에서 찾는 쪽으로 출현하기도 했고, 남을 해치지 않는 한 마음대로 이득을 추구하도록 만든 자유주의가 있다. 전자를 대표하는 인물이 칸트이고 아담 스미스는 후자를 대표하는 인물이라고 할 수 있다. 루터의 사상은 적어도 칸트의 자유주의에 지대한 영향을 미쳤다.

칸트의 사상은 루터의 내면성의 원리와 매우 유사한 구조를 가지고 있다. 칸트 윤리의 합리적 자율성의 구조는 루터의 신율적 자율의 영향을 받은 후 초월적 하나님의 자리에 선험이성이 들어서면서 생겨났다. 루터에게서 발단이 된 개인 내면의 강화는 신율에 기초를 두지 않은 자율의 시대로 그 운동력을 확장했다. 그리하여 복음의 은총에 대한 경건함의 자리에 이성과 양심의 법에 대한 존중심이 들어섰다.

루터가 계몽주의 인간관에 준 영향을 살펴보기 위해 루터와 칸트 사상의 유사함과 차이를 보이고자 한다. 트뢸치는 루터주의가 교육을 강조하면서 인문주의자들이 생겨났고 그들에 의해 사회 구조의 변화가 생겼다고 말한다. 루터의 종교개혁은 그처럼 오직 간접적으로 사회 변화를 가져왔으며 루터 자신의 사회사상은 중세와 다를 바 없다고 트뢸치는 본다. 그러면서 루터가 칸트에게 영향을 준 것을 문화적 차원에 국한된 일로 잠깐 언급하고 지나간다.[79]

그러나 루터의 사유가 칸트 및 근대 휴머니즘의 탄생에 준 영향은 작은 일이 아니고 종교의 변화가 가져온 사회 변화를 보는 데 중요한 부분이다. 피히테는 루터를 자유의 아버지라고 부르며 그의 후계자를 칸트로 본다. 헤겔과 딜타이는 루터의 종교개혁이 계몽주의와 독일 관념론으로 이어진다고 보는데, 칸트가 바로 독일 계몽주의와 근대 관념론의 대표적 인물임은 두말할 나위가 없다. 역사적으로 보면 칸트는 독일 경건주의 영향을 입었다. 경건주의는 17세기 후반에 루터파 정통주의 교회의 교조적 태도를 피해 내면의 경건을 강조하며 루터로 돌아가고자 하는 운동이었다. 루터와 칸트의 유사성과 차이는 영향과 변화의 모습을 생생하게 보여준다. 루터와 칸트를 비교하면 신학과 인문주의의 차이가 분명해지면서 동시에 칸트의 사상에 들어 있는 루터의 신

79 Ernst Troeltsch, *The Social Teaching of the Christian Churches II*, pp.571-572.

학적 인간관의 영향이 드러난다.

칸트와 루터의 유사성

첫째, 칸트를 비롯한 계몽주의자들의 출현은 종교의 비신화화와 연관이 있다. 칸트 이전에 루터가 미신이 된 중세 그리스도교를 적극적으로 비신화화했다. 서구 근대 사회에 미친 루터의 영향에 대해 다음과 같이 말해도 틀리지 않는다. "루터는 종교 문제에서 이성 우위의 원칙을 선언했고, 그 원칙은 필연적으로 합리주의를 끌어들였다."[80] 루터는 비신화화를 통해 합리적 종교의 출발점을 마련했다고 할 수 있다. 초대교회 때 옛 종교를 비신화화했는데, 그 이후에 중세 때 미신이 되어가던 종교를 루터가 다시 비신화화했다.

성만찬에서 가톨릭의 화체설을 부인한 일이나, 개인의 신앙 고백이 없으면 외부적 종교 행위는 의미가 없다고 한 점, 그리고 무슨 말인지 알아듣지 못한 채 신비하게만 들리던 성서나 설교 말씀을 쉽게 알아들을 수 있는 모국어로 바꾼 점 등은 모두 종교를 비신화화해서 인간 중심의 종교로 만드는 것이라 할 수 있다. 헌금의 쓰임새를 놓고도 루터는 교회에 아낌없이 바치는 행위를 비판하고 돈은 가난한 사람에게 쓰여 져야 한다고 함으로써 종교 행위보다 윤리를 강조했다. 신을 위한다는 행위가 사람을 위하는 쪽으로 가지 않는 것을 루터는 경계했다.

> "하나님을 예배하기 위해서" 혹은 "하나님을 위해서"라고 고귀한 이름을 붙이면 사람들이 돈을 잘 내놓는다. 사람들은 성 십자가와 사랑하는

80 George O'Brien, *An Essay on the Economic Effects of the Reformation*, p.39.

> 마리아와 수호성인들을 위해서 즐거이 돈을 꺼낸다. 그러나 하나님의 명령이 사람들과 관련되면 돈 쓰는 일이 쉽지 않아진다. 사람들은 가난한 사람들을 위해 돈 쓰기를 원치 않는다.[81]

루터가 믿음을 강조함으로써 종교를 인간화하고 종교 행위보다 자발적 윤리를 중시함으로써 그리스도교는 합리화되어갔다. 루터의 비신화화는 종교를 윤리로 바꾸는 칸트의 이성종교에 영향을 준다. 칸트의 『이성의 한계 안에서의 종교』에 나오는 다음 말을 보자.

> 만약 인간이 위에서 말한 준칙에서 조금만이라도 벗어난다면, 신에 대한 거짓봉사(미신)는 끝을 모르게 된다. 저 준칙을 넘어서면 모든 것은 (도덕성과 직접적으로 모순되지는 않는다 해도) 자의적이기 때문이다. 조금도 비용이 들지 않는 입술의 제물로부터 사람을 위해 유익하게 쓰이면 더 좋을 자연재화의 제물에 이르기까지, 그리고 세상에 나아가기를 포기하고 (은자나 탁발승이나 수도사가 되어) 자기 자신을 제물로 드리는 일에 이르기까지 인간은 모든 것을 신에게 바칠 수 있다. 그러나 정작 도덕적 마음씨는 바치지 않는다. 정말 신을 기쁘게 하는 것은 삶을 바꾸는 심성이다. 그러나 신에게 그의 마음을 바친다고 말할 때에도, 그 마음은 삶을 바꾸는 심성이 아니다. 위에서 말한 여러 가지 제물을 지불해서 도덕적 마음씨를 대신할 수 있기를 바라는 마음을 바칠 뿐이다.[82]

이 대목은 믿음 없는 종교 행위를 비판하는 루터의 글과 유사하다.

---

81 「고리 대금업」, p.307.

82 임마누엘 칸트, 『이성의 한계 안에서의 종교』, 백종현 역, 서울: 아카넷, 2015, pp.418-419(V172).

「선한 행위에 관하여」나 「그리스도인의 자유」나 그 밖의 글에서 비슷한 형태의 주장을 볼 수 있다. '신을 기쁘게 하는 것'이라는 표현은 루터의 용어를 칸트가 그대로 가져왔다. 다만 루터는 믿음 없는 종교 행위를 비판했다면 칸트는 윤리 없는 종교 행위를 비판했다. 루터는 윤리와 도덕성은 믿음의 필수적인 열매라고 보았다. 초점이 다르기는 하지만 루터가 시작한 종교의 비신화화를 칸트가 더 밀고 나갔다고 볼 수 있다. 철학자들은 칸트가 루터를 완성했다고 할지 모른다.

앞의 인용문에서 칸트가 말하는 '위에서 말한 준칙'이란 정의로운 도덕성을 위해서 최선을 다한 사람만이 그에 대한 위로와 보상을 바랄 수 있다는 원칙을 가리킨다. 위로와 보상의 희망은 신 개념으로 발전되는데, 신의 보상을 바라기 전에 올바른 삶과 행위가 있어야 한다. 도덕적 노력만이 신을 기쁘게 할 수 있다. 도덕성은 빠진 채 신의 마음에 들려고 여러 가지 제물을 바치는 행위를 가리켜 칸트는 미신이라고 단정한다. 심지어 수도승이 되어 자기 자신을 제물로 드리는 일까지도 비판하는 대목에서 루터의 수도원 비판의 흔적을 뚜렷이 볼 수 있다.[83]

루터는 「수도원 서약에 대한 마르틴 루터의 판단」(1521)이라는 글에서 수도원 생활을 믿음이 아닌 행함으로 의롭게 여김 받으려고 하는 허망한 노력으로 보았다. 이러한 연관 속에서 신학자 불트만은 루터의 비신화화가 칸트의 도덕 종교로 발전했다고 본다.[84] 루터의 하나님 나라는 신화적이지 않고 초윤리적 신앙에서 생기는 개인의 자유를 가리키는데, 루터의 초윤리는 윤리로 가게 된다. 다시 말해서 루터의 비신

83 루터의 수도원 비판이 칸트에게 준 영향에 대해서는 Patrik Hagman, "The End Of Asceticism: Luther, Modernity and How Asceticism Stopped Making Sense" in *Political Theology*, 2/14, 2013, pp.174-187 참조.

84 루돌프 불트만, 『학문과 실존 III』, p.6.

화화된 하나님 나라 이해는 칸트가 하나님 나라를 목적의 왕국으로 이해하는 데 결정적인 역할을 했다. 칸트가 말하는 목적의 왕국은 사람을 수단이 아닌 목적으로 대하는 사회를 가리킨다.

둘째, 사상의 전체 구조에서 칸트가 루터로부터 받은 영향을 볼 수 있다. 우선 신 인식의 문제를 들 수 있다. 『순수이성비판』(1781)의 변증론에서 칸트는 인간의 오성이 신과 자기 자신과 자유에 대해 알 수 없다고 함으로써 가톨릭의 자연신학을 거부한다. 그러한 자연신학의 거부는 후기 스콜라주의와 루터의 영향권 아래에서 일어난 일이다. 루터에게서 신 인식은 이성이 아닌 오직 믿음을 통해 일어나는 일이다.

한편 칸트는 도덕론으로 넘어가면서 자유를 내면의 자유와 외부의 자유로 나눈다. 내면의 자유는 자율적 윤리 주체의 세계를 말하고, 외부적 자유는 정치 세계의 실정법을 준수할 때 생기는 시민적 자유 또는 정치적 자유를 가리킨다.[85] 내면의 자유는 『도덕형이상학 원론』(1785)이나 『실천이성비판』(1788)에서 다룬다. 외부의 자유는 『도덕형이상학』(1796)에서 다룬다. 이처럼 내면과 외부의 자유를 구분하는 칸트철학의 구조는 복음과 법을 구분하고 내면의 하나님 나라와 외부의 세상 나라를 구분한 루터신학의 도식과 일치한다. 진리 인식과 실천의 전체적인 사유의 구조에서 칸트가 루터의 영향 아래 있음을 잘 알 수 있다.

셋째, 개인의 자기의식과 자기 세계의 출현이라는 점에서 칸트는 루터의 영향을 받았다. 라이너 슈만에 따르면 루터로 말미암아 존재는 의식에 대한 존재가 되었다. 칸트의 철학과 그 이후의 독일 철학은 루터의 사유를 이어받아 인간의 자기의식이 모든 현상의 의미의 기원을

85 Katrin Flikschuh, *Kant and the Modern Political Philosophy*, Cambridge: Cambridge University Press, 2003, p.85 이하.

이룬다고 보는 관념론으로 발전한다.[86]

자기의식이나 현상이라는 개념을 쓰지 않았지만 2장에서 보았듯이 루터는 개인이 타자와 세상에 대해 있기 전에 자기에 대해 있다고 보았다. 루터의 자기에 대해 있음은 관념론에서 자기의식으로 발전하고 타자와 세상은 관념론에서 현상이라는 용어로 발전한다고 보면 된다. 물론 루터의 자기의식은 하나님 앞에서 일어난다는 점에서 그리고 반드시 타자에 대한 사랑으로 이어진다는 점에서 근대 관념론과 다르다. 그러나 세상에 대해 있기 전에 자기에 대해 있다는 것은 개인의 내면을 강화시키면서 세상 인식의 기반이 되는 근대적 자기 세계와 자기의식의 탄생을 예고한다. 루터는 하나님을 알고 자기를 알 때 비로소 세상을 안다고 보았는데, 그런 관점 역시 자기의식을 의미의 기원으로 보는 관념론적 주체 탄생의 길을 열었다고 볼 수 있다.

넷째, 루터는 속마음을 중시하고 겉으로 드러난 행위보다 행위의 동기를 보고 선과 악을 갈랐다. 그렇듯이 칸트 역시 속마음의 동기를 중시한다. 칸트가 말한 순수 실천이성은 동기가 순수한 의지를 가리킨다. 동기란 행위를 이끄는 힘이 어디서 나오느냐의 문제이다. 루터가 하나님을 믿는 믿음에서 나온 행위만 선하다고 했듯이, 칸트는 법에 대한 존중심에서 나온 행위만 선하다고 본다.

겉으로 아무리 신실해 보이는 종교 행위를 해도 속마음이 하나님에게 가 있지 않으면 선하지 않다고 루터는 말한다. 그와 비슷하게 칸트는 합법성과 도덕성을 나누어서, 겉으로 도덕법에 어긋나지 않는 행위도 도덕적 의무 그 자체에 대한 외경심이 이득에 대한 관심보다 앞서지 않으면 부도덕하다고 말한다. 의무에 맞는 행위가 아니라 의무에서 나

86 Reiner Schürmann, *Broken Hegemony*, p.354, p.378.

온 행위라야 선하다. 루터가 엄격한 신앙으로 세상 풍조를 따르지 않아야 참 그리스도인이 된다고 말했다면, 칸트는 엄격한 양심에 따라 처세술을 따르지 않아야 참 인간이 된다고 생각했다.

이처럼 두 사상가가 속마음의 동기를 중시한 것은 그만큼 순수한 정신세계를 추구했기 때문이다. 그래서 루터는 세상에서 참된 그리스도인을 보기 어렵다고 했다. 그럼에도 불구하고 복음은 그 진리를 믿고 따르는 사람의 숫자와 관계없이 진리이다. 칸트 역시 이렇게 말한다.

> 이성에 대해서 법칙은 무조건적으로 명령할 뿐이며, 이 법칙에 무조건으로 복종하는 사람이 경험상 단 한 사람도 없다고 하더라도 그렇게 되어야 한다는 객관적 필연성은 여전히 감소됨이 없이 그 자체로서 명백하다.[87]

하나님을 따르는 사람을 천 명 중에 한 명을 보기가 어려워도 루터에게 하나님의 뜻은 진리이듯이, 칸트에게서도 오직 도덕법에 대한 존중심에서 행하는 사람이 전혀 없어도 그렇게 해야 하는 의무는 변치 않는다. 그것이 경험을 초월한 칸트의 선험철학이다. 칸트는 루터처럼 자연과 자유를 나눈다. 루터의 하나님 나라의 자유가 세상의 자연스런 일반적 관행을 벗어나는 데서 생기듯이, 칸트는 인간의 자유를 자연적이고 일반적인 인과관계를 벗어나는 의지에서 찾았다. 다시 말해서 자유란 해야 하기 때문에 하는 도덕 의무의 무조건성에서 생기며, 그것은 이득이 되면 행하는 자연적 인과관계의 단절이다.

이러한 사유 구조의 유사성은 인간의 내면에서 자율성과 주체성을

87 임마누엘 칸트, 『이성의 한계 안에서의 종교』, p. 249.

확보하려는 노력의 결과이다. 그런 노력은 세상에 맞서 홀로 진리로 나갈 수도 있는 숭고한 개인의 내면을 확보하게 된다.[88] 그만큼 개인의 존엄성과 함께 도덕적 책임감도 상승한다. 개인의 자율성과 주체성 그리고 개인의 존엄성과 책임감은 루터와 칸트 사상의 공통된 주제이고 인류 정신사 속의 업적이다.

루터는 인간의 비극적 상황에 대해 좀 더 심도 있게 고찰하고 신의 은총을 통해 개인의 자유와 존엄성을 확보했다. 루터가 신율을 통해 개인의 자율을 확보하려고 했다면, 칸트는 신율 없이 곧바로 이성의 능력에 대한 신뢰로 자율성을 확보한다. 루터의 시각에서 보면 칸트에게는 신율과 자율의 변증법이 없어 인간의 자기 의로 돌아갈 위험에 빠졌다고 할 수 있지만, 칸트는 자율적 주체의 길을 더 분명하게 확보했다. 칸트의 작업은 루터의 신율이 타율을 배제했을 때 예비된 길이라고 할 수 있다.

칸트는 신율을 배제함으로써 루터의 사상을 세속화했다. 종교를 윤리로 바꾸어서 루터와 매우 달라 보이지만 사유의 구조가 매우 유사하나. 칸트가 경험이성이 아닌 선험이성을 중시한 것은 칸트의 윤리가 루터의 초월적 윤리 근거에서 완전히 떨어지지 않고 있음을 보여준다. 칸트가 교회뿐 아니라 합리주의자들로부터도 비난을 받았던 까닭도 거기에 있다. 법실증주의 쪽에서 보면 인간의 이성을 자유와 동일시하는 칸트를 비롯한 독일 관념론의 전통은 신의 자리에 인간을 대체했을 뿐 여전히 형이상학적 요소를 지니고 있다.[89] 그만큼 근대 자유주의의

88 카를 홀은 계몽주의자들이 순수한 인간성이나 순수한 공동체 형성에서 역사의 목적을 찾은 것은 종교개혁의 유산이라고 본다. 특히 칸트가 정언명령에 대한 순종에서 인간의 숭고함을 찾는 것은 루터의 영향이다. Karl Holl, *The Cultural Significance of the Reformation*, pp.126-127.

한 축인 칸트철학은 루터신학의 영향권 안에 있다.

다섯째, 인간의 악이 뿌리 깊어서 완전한 자유에 이르는 일이 세상에서 불가능하다고 본 점에서 칸트는 루터의 영향을 받았다. 루터는 「선한 행위에 관하여」에서 십계명을 설명하는데, 마지막 계명 곧 탐심의 문제를 설명하며 다음과 같은 말로 책 전체를 마감한다.

> 이 두 계명(아홉 번째 계명과 열 번째 계명)은 사도 바울이 로마서 7장에 하나로 모아 목표로 삼았다. 그것은 우리가 도달할 수 없으며 다만 죽을 때까지 추구하는hinzu gedenken 그런 목표이다. 왜냐하면 아무도 자기 안에서 악한 성향을 느끼지 않을 만큼 그렇게 거룩한 사람이 없기 때문이다 …… 왜냐하면 날 때부터 본성적으로 원죄가 있고, 우리는 그 원죄와 싸울 수kampfen 있으나 육체의 죽음을 통하지 않고는 완전히 뿌리 뽑을 수ganz ausrotten 없기 때문이다. 그래서 죽음 또한 필요하고 바랄 만한 것이다. 하나님, 우리를 도우소서.[90]

이 대목은 그대로 칸트의 『실천이성비판』의 변증론과 『이성의 한계 안에서의 종교』의 기본 틀을 형성한다. 우선 용어 자체가 유사한데, 목

---

89 Chris Thornhill, *German political philosophy*, p. 342.

90 "Darum sein diese zwei Gebot von Sankt Paul in eins gezogen Rom. VII und zu einem Ziel gesetzt, das wir nicht erreichen und nur *hinzu gedenekn* bis in den Tod. Denn niemand je so heilig gewesen ist, der nicht *böse Neigung* in ihm befühlt hat... Denn es ist die Erbsünde von Natur *angeboren*, die sich *kampfen* laßt, aber *nicht ganz ausrotten*, außer druch den leiblichen Tod, der auch um der selben nützlich und zuwünshcen ist. Deshalb helfe us Gott, Amen." WA 6, p. 276. 「선한 행위에 관하여」, 『루터선집 9』, p. 127 참조. 또한 다음의 구절을 참조하라. "뿌리뽑혀지는 과정에 있을지라도 세례받은 사람에게 원죄는 참으로 죽을 때까지 남아 있습니다." 『탁상담화』, p. 27. WA, *Tischenreden*, 1, p. 138.

표라는 말은 칸트도 사용하는데 '의지의 대상'이라는 말로 쓰기도 한다. '도달할 수 없으며 다만 죽을 때까지 추구한다'는 문장도 '부단한 노력의 목표' 또는 '무한한 전진'이라는 표현으로 칸트에게서 반복된다.[91] '거룩함'이라는 말도 칸트가 그대로 사용한다.

루터가 사용한 용어인 '악한 성향'은 『이성의 한계 안에서의 종교』에서 칸트가 사용하는 핵심적인 용어이다. '본성적으로 악하다'는 말 역시 칸트도 사용한다.[92] 루터는 인간의 부패를 가리켜 '원죄', '유전된 죄', '타고난 죄'라고 부른다. 어떤 행위를 하기 이전부터 인간 안에 '들어 있는 죄'이다. 그래서 '본성의 일부분이 되어버린 죄'이다. 이런 표현은 모두 아우구스티누스에게서 온 것이다.

칸트는 「근본악에 대하여」라는 글에서 루터의 '원죄'라는 말 대신에 '뿌리 깊은 죄' 또는 '근본악radikales Böse'이라는 말을 사용한다. 또한 칸트는 아우구스티누스와 루터의 표현 중에서 유전된 죄라고 하는 상징 언어를 버리고, 악의 성향의 선천적 특성을 말하기 위해 루터의 '타고난 죄angeborne'라는 표현은 취한다.[93] '뿌리 뽑다'는 말이나 '싸운다'는 루터의 용어도 칸트에게서 그대로 반복된다. 칸트는 '악의 성향을 뿌리 뽑을 수 없지만 끊임없이 싸워야 한다'[94]고 말한다.

루터가 말하는 '도달할 수 없으면서 다만 죽을 때까지 추구하는 목표'는 탐심이 사라진 인간을 가리킨다. 죄의 힘이 사라진 성화된 인간이다. 하나님에 의해 의롭게 여김 받은justification 그리스도인은 성화sanctification의 단계로 나아간다. 성화를 위해 그리스도의 계명과 법은

91 임마누엘 칸트, 『실천이성비판』, 백종현 역, 서울: 아카넷, 2004, p.235, p.258.

92 임마누엘 칸트, 『이성의 한계 안에서의 종교』, p.175.

93 위의 책, p.180.

94 위의 책, p.231.

다시 역할을 하는데, 그것을 가리켜 율법의 제3의 용법이라고 한다. 성화란 죄의 노예로부터 벗어나 회복된 자유의지를 가지고 하나님을 사랑하고 이웃을 사랑함으로 온전한 그리스도인이 되는 상태를 가리킨다.

성화의 상태는 아우구스티누스의 용어로 말하면 죄를 지을 가능성이 없는 상태non posse peccare이다. 선택의 자유libre arbitrium가 아니라, 마음대로 하는데 하나님의 뜻에서 어긋나지 않는 상태이며, 그것이 궁극적 자유의 모습이다. 아퀴나스 신학의 용어로 하면 참 인간의 가능태가 현실태로 된 상태이다.

이런 성화의 상태를 칸트는 『실천이성비판』의 변증론에서 말했다. 더 이상 양심의 명령이 없이도 자유의지가 저절로 법의 요구에 일치하는 상태를 가리켜 그는 거룩한 의지라고 했다. 그때에는 자연과 자유가 일치한다. 분석론에서 칸트는 자연적 인과관계를 이기는 의지에서 자유를 보았는데, 변증론에서는 악의 성향 자체가 사라짐으로써 자연과 자유가 일치된 인간 이념을 바라본다. 그것을 칸트는 최상선oberste Gut이라고 불렀다.[95] 사람 자체가 완전히 악으로부터 멀어진 상태이다. 공자가 "마음대로 하는 데 거치는 게 없다從心所欲不踰矩"고 말한 상태와 같다.

그때 도달하는 궁극적 자유는 모든 인문주의자들의 꿈이다. 루터는 그때의 자유인을 가리켜 거룩한 사람이라고 했는데 성화를 가리킨다. 칸트는 그러한 성화가 이성의 명령이라고 보았다. 그러나 거기에 도달할 수는 없다. 어떤 면에서 이성은 이룰 수 없는 것을 명령하는 셈이다. 물론 이성의 명령이란 다른 누구의 명령이 아니라, 인간으로서의 한 사람 자신이 자기에게 내리는 명령이다.

---

95 『실천이성비판』, p.236.

칸트는 끊임없이 그 목표를 향해 전진해야 한다고 말했다. 『실천이성비판』의 변증론에서 칸트가 이승의 시간을 연장해서 영혼 불멸을 말하는 게 되는 것은 이념 실현의 당위 때문이다. 완전한 인간의 이념은 불가능하지만 가능하다. 이 땅에서 인간이 완전한 자유에 도달하는 것은 불가능하다. 그러나 가능하기 때문에 명령한다. 이 땅에서 불가능하지만 그런 명령이 있다는 점에서 이념의 실현은 가능하다.

이 문제를 칸트는 『이성의 한계 안에서의 종교』에서 '이념의 실재성의 문제'라는 제목으로 다룬다.[96] 가능성은 이념의 당위로부터 연역된다. "의무이므로 가능하지 않으면 안된다."[97] 불가능성은 경험에서 도출되지만 이념 실현의 선험적 가능성 때문에 언젠가 현실이 될 가능성을 내다보며 영혼 불멸을 말하게 된다. 선험적 당위는 선험적 가능성을 만들고, 선험적 가능성이 영혼 불멸을 요청하게 된다.[98]

루터도 이생에서 성화의 목표에 도달할 수 없다고 말했다. 루터는 죽은 이후 영생의 삶에서 성도에게 주어지는 하나님의 은총으로 완전한 자유에 도달한다고 믿었다. 그것은 아우구스티누스가 성화를 설명한 방식이기도 하다. 칸트가 영원불멸을 말하는 것은 그 점에서 루터와 아우구스티누스에 근접한다. 아우구스티누스에게서 하나님 나라는 성화 즉 도덕적 인간의 완성과 행복이 종합되는 곳인데, 칸트의 『실천이성비판』의 변증론의 주제도 그것이다.[99] 성화와 관련해서 칸트는 아우구스티누스가 말하는 장차 올 하나님 나라가 이념 실현의 희망을 유비적으로 표현한 것으로 본다. 그 미래의 시간을 칸트는 이념의 당위

---

96 『이성의 한계 안에서의 종교』, p. 255.

97 위의 책, p. 255.

98 『실천이성비판』, pp. 258-260.

99 위의 책, p. 238 이하.

에서 생기는 영혼 불멸의 요청으로 본다.

성화는 왜 이 땅의 삶에서 불가능한가? 루터는 원죄를 말했고 칸트는 근본악을 말한다. 루터의 원죄는 신학적 상징 언어이고 칸트의 근본악은 철학 개념이다. 루터는 인간 본성의 철저한 타락을 말했고, 칸트는 인간이 의지의 자유를 사용하는 순간 작동하는 악의 성향을 말한다. 악의 성향은 선을 향한 순수한 의지를 불순하게 만들고 동기의 역전을 일으키는 성향을 가리킨다. 도덕적 상황에 부딪혔을 때 법에 대한 존중심 그 자체에서 행하지 않고 자기 유익에 미칠 결과를 생각해서 행하려는 성향이 악의 성향이다. 칸트나 루터는 악의 성향이라는 말로 인간의 근본적 한계를 말하는 점에서 일치한다. 또한 악의 성향에도 불구하고 성화된 자유에 이르는 희망을 말하는 점에서도 일치한다.

차이점

물론 칸트가 보는 인간과 루터의 인간은 다르다. 칸트가 말하는 근본악과 루터의 원죄는 다르다. 루터는 인간의 전적인 타락 때문에 하나님의 은총 없이는 선을 행하는 것 자체가 불가능하다고 본다. 그러나 칸트에게서 있어서 인간의 의지는 악의 성향에도 불구하고 여전히 자유로우며 악의 성향이 선한 근본 소질을 대체하지 않았다.[100] 그러므로 이성의 명령은 인간의 가능성을 전제로 하며 의무와 당위가 가능성을 말해준다. 해야 하기 때문에 할 수 있다.

성화를 두고서도 루터에게서는 처음부터 하나님의 은총에 대한 믿

100 칸트는 뿌리 깊다radikal는 말과 근원적ursprüringlich이라는 말을 구분해서 쓴다. 악의 성향이 뿌리 깊지만 근원적인 선의 소질ursprüringliche Anlage은 사라지지 않았다.

음으로 희망이 생기지만, 칸트에게서는 인간의 가능성에서 희망이 생긴다. 현실이 아니라 희망이지만 불가능이 아닌 가능성이다. 불가능한 가능성이지만 어디까지나 이성의 가능성을 전제로 하고 있다. 칸트는 이성 명령 앞에서 의무를 느끼는 인간의 숭고함을 말하고 싶어 하며, 루터는 자신의 무지와 무능을 아는 인간의 영적인 깊이를 말하고자 한다. 루터에게서 가능성은 하나님에게서 온다.

둘의 차이점은 확실하다. 루터는 「두 가지 정의에 관하여」(1518)에서 수동적 정의와 능동적 정의를 구분했다. 수동적 정의는 나 밖에서 그리스도가 이룬 정의이다. 나는 그리스도의 정의에 힘입어 나 자신을 회복하고 나서야 스스로 올바르고 선한 행위를 할 수 있다. 다시 말해서 수동적 정의가 능동적 정의의 기반이 되고 선행의 힘은 은총으로 내게 주어진다. 그런 점에서 루터는 신율에 기반을 둔 자유를 말했다. 반면에 칸트는 신을 제거하고 그 자리에 양심의 법을 두고 인간의 자율성을 확립하고자 했다. 칸트에게서 선행을 할 수 있는 힘은 양심의 명령 그 자체에서 나온다. 의무감이 의무를 이행할 힘을 준다.

루터의 복음과 법의 구분에 따르면 칸트는 복음이 아닌 법에 기초한 윤리를 확립한 셈이다. 칸트의 내면은 인문주의적인 것으로서 루터의 내면과 다르다. 칸트는 인간의 이성이 그 자체로 법을 생산하여 자신에게 명령하고 스스로 그 명령을 준수할 수 있다고 보았다. 거기에는 타율이 배제되어 있다. 스스로 도덕법의 입법자가 되고 동시에 준법자가 되는 인간이 칸트의 자율적 주체이다. 루터가 그리스도인의 자유를 추구했듯이, 칸트 역시 자유의 이념을 추구했는데 루터와 달리 인간의 이성 능력에 대한 신뢰에 바탕을 둔다.[101]

---

101 칸트가 자유를 법에 대한 순종에서 찾았다고 해서 프로테스탄트적 아퀴나스라고 부르는

루터는 1520년 12월 10일에 학생들과 함께 교황의 교서와 교회법령집을 불살랐다. 교회법의 타율적 규제 대신에 성서의 신율적 자유를 택한 루터의 종교개혁은 칸트의 자율적 양심의 시대로 이어졌다.

칸트는 어디까지나 자유의지를 기반으로 근대적 인간관을 정립했다. 노예의지를 말한 루터와 다르다. 루터가 볼 때 칸트는 인간의 자기의를 추구한 사람이다. 물론 칸트도 루터처럼 인간의 악의 성향을 말하고 본성이 악하다는 말까지 한다. 그러나 인간의 개념에서 본성은 선할 수밖에 없다고 칸트는 보았다. 다시 말해서 루터와 달리 칸트는 인간의 전적 타락을 인정하지 않는다. 인간의 한계를 인정했지만, 그래도 칸트는 인간의 가능성에 기반을 둔 인문주의 철학자이다. 반면에 루터는 스콜라신학을 반대하며 철학과 다른 신학의 고유한 영역을 확보하려고 했다. 그는 윤리를 신앙의 산물로 보려고 했다. 그러나 칸트는 철학을 신학으로부터 분리해서 종교를 윤리로 바꾸고자 했다.

것은 무리가 있어 보인다. 참조. Chris Thornhill, *German Political Philosophy*, p.99. 칸트의 법은 개인 내면에 들어와 있는 보편법이며 외부적 법이 아니기 때문이다.

그래서 칸트와 루터는 매우 다르다고 해야 할지 모른다. 루터는 신앙에서 나가는 도덕을 말하고, 칸트는 도덕에 기반을 두고 도덕을 돕는 종교를 말하기 때문이다. 칸트가 말하는 신은 이성의 필요에 의해 요청된 개념이며 루터가 말하는 살아 있는 신이 아니다. 칸트는 종교를 모두 도덕으로 바꾸었고, 그의 『이성의 한계 안에서의 종교』라는 책은 그리스도론과 삼위일체와 성육신과 교회와 성직에 관한 기존의 교리를 모두 도덕의 관점에서 재해석하고 뒤집어놓은 책이다. "도덕에 의한 도덕을 위한"[102] 종교가 칸트의 종교이다. 그래서 루터가 말한 신율과 칸트의 자율은 차이가 많다. 그렇게 해서 칸트는 종교를 벗어나 인간 이성의 도덕 능력과 숭고함을 말하며 근대적 인간관을 정립했다.

그러나 칸트는 루터의 사유 방식에 기대고 있다. 루터의 사상은 칸트윤리의 원천이고, 칸트적 자율의 기원은 루터의 신율에 있다. 다시 말해서 루터의 신율에 개인의 자율성과 존엄함의 싹이 들어 있었고, 그 싹은 칸트에게서 꽃을 피웠다. 에른스트 카시러에 따르면 독일 계몽주의자들의 목표는 종교를 버리는 데 있지 않았고, 다만 선험적 이성의 기초 위에 종교를 세우려고 했다. 카를 뢰비트는 말하기를 19세기에 그리스도교를 비판하는 학자들도 모두 신학 교육을 받은 개신교도들이었다고 한다.[103] 카를 뢰비트와 카시러의 말은 18세기의 계몽주의자 칸트에게 해당된다.

그 점에서 칸트는 같은 시대에 활동한 영국의 이신론 계열의 아담 스미스와 다르다. 칸트가 근본악을 말하고, 속마음의 동기를 중시하고, 성화에 대한 희망을 말하는 것은 칸트의 자유주의가 아담 스미스

---

102 『실천이성비판』, p. 277.

103 Thomas Howard, *Theology and the rise of historicism*, New York: Cambridge University Press, 2000, p. 3.

의 자유주의와 다르다는 점을 알려준다. 그것은 시민적 정의가 단순히 자본주의적인 방식으로 해결되지 않을 여지를 인류에게 남겼다. 칸트의 정치철학은 헤겔로 이어지면 권리 중심의 시민 사회와 다른 국가론 곧 사랑의 공동체로서의 국가론이 나오게 된다.

루터의 종교적 자유주의와 해석학적 주체의 전통은 서구의 역사에서 자본주의나 공리주의적 자유주의와 달리 인간의 숭고한 정신을 요청하는 칸트의 자유주의로 이어지고, 또한 자유주의와 공동체주의를 종합하려는 헤겔의 사유로 이어진다.

4. 평가

학자들은 근대 과학의 발달에도 루터의 종교개혁이 끼친 영향이 크다고 본다. 근대 자연과학의 발전을 말하자면 16세기와 17세기에 자연을 보는 새로운 눈이 형성된 사실을 언급하지 않을 수 없다. 자연을 보는 새로운 눈은 중세 스콜라주의와의 결별을 의미한다.[104] 그 지점에서 루터의 종교개혁이 과학 발전에 미친 영향이 있다.

스콜라주의는 자연의 운영을 형이상학적 원리로 설명하는 아리스토텔레스 철학에 기반을 두고 자연에서 하나님의 섭리를 보려고 했다. 그러나 루터의 십자가신학은 자연에 대한 지식에서 하나님에 대한 앎까지 끌어내려는 스콜라신학과 결별한다. 그리하여 자연은 신학으로부터 독립된 영역이 되면서, 선악과 무관한 가치 중립적인 영역이 탄생한

104 Alden Klovdahl, "scientific-technological revolution" in *The Blackwell Dictionary of Modern Social Thought*, Malden: Blackwell Pub., 2006, p.580.

다. 그와 같은 가치중립적인 영역의 탄생이 과학적 관찰과 지식의 생산에 중요한 영향을 미친다. 자연과학의 발달은 사회과학으로 이어지면서 인간관계를 합리화하고 사회 조직 속의 권위주의를 제거하는 데 큰 역할을 한다. 이처럼 과학의 발전은 자유의 신장에 어떤 역할을 했다.[105]

그러나 과학의 발전이 가져온 현대 사회의 문제와 함께 루터를 비판할 수 있다. 루터는 신앙을 내면화하고 자연신학을 거부함으로써 자연을 완전히 자연과학의 영역으로 넘어가게 한 장본인으로 비판받을 수 있다. 또한 루터의 종교개혁이 서구의 자유주의나 개인주의와 연결된 것을 비판적으로 볼 수도 있다. 루터가 개인의 자기결정권을 강조하고 결의론을 반대하면서 교회가 관장했던 도덕 규범이 시민 사회에 맡겨지게 된다.[106] 결과적으로 루터는 카를 바르트의 비판대로 사회에 대한 교회의 영향력을 약화시킨 장본인으로 보일 수 있다.

영국의 신학자 밀뱅크는 『신학과 사회과학』이라는 책에서 유명론과 종교개혁이 초래한 자유주의의 문제점을 지적한다. 종교개혁이 신앙을 개인화하고 내면화함으로써 세상은 진정한 의미에서 세속이 되었고 인간 이성의 자율적 자기 만족의 세상이 도래했다고 밀뱅크는 주장한다. 이탈리아의 마르실리우스와 독일의 루터는 교회의 정치적 영향력을 없애고 국가의 강제력이 교회에 작용하도록 함으로써 세속 사회가 세상의 주인이 되었다.[107]

105 양명수, 『성명에서 생명으로』, 서울: 이화여자대학교출판부, 2013, 3장 3절. "과학의 비판정신."

106 리처드 토니, 『기독교와 자본주의의 발흥』, p. 180.

107 John Milbank, *Theology and the Social theory, Beyond the secular reason*, Oxford: Blackwell, 1990, 2006, pp. 10-19. 이탈리아 파도바의 마르실리우스(Marsilius, 1275-1342)는 교황에 대한 도시 국가들의 종교적 주권을 주장했다. 마르실리우스는 내세에서

루터의 종교개혁이 신앙을 공적인 영역에서 후퇴시키고 사적 영역으로 만들어, 인간의 욕망을 억제할 종교적 가르침이 공공규범에 미치는 영향력이 사라졌다. 루터 자신은 도덕성 확보를 그리스도인 개인에게 맡기고자 했으나, 인간이 과연 자율적으로 욕망을 절제할 수 있을지 의문을 제기할 수 있다. 루터는 공연히 죄의식을 불러일으키는 교회의 독단으로부터 사람을 해방시켰는데, 인간이 자기에게 주어진 자유를 제대로 사용할 수 있는지의 문제는 여전히 남는다. 학자들의 루터 비판은 자유주의에서 비롯된 세속주의와 쾌락주의와 무한 경쟁의 경제 구조 등 여러 가지 문제점에 기반을 두고 있는데, 그만큼 루터의 사상이 근대 개인주의와 자유주의 탄생에 영향을 주었음을 인정하고 있다.

루터의 종교개혁으로 교회 규범이 공공영역에서 후퇴하면서 사회윤리는 국가와 시민 사회에 의해 생겨나게 되었다. 사회생활에서 차차 신앙은 배제되고 합리적 계산법과 절충된 이기적 동기에 따라 경제 행위와 정치 행위가 정당화되게 된다. 시간이 흘러가면서 신학적 정의는 더 이상 중요하지 않고 시민적 정의만이 정의로 자리 잡게 된다. 그것이 근대적 세속사회의 모습이다. 루터는 원래 신학적 정의와 시민적 정의를 분명하게 구분하고, 신학적 정의의 영향력을 확대하려는 의도를 가지고 있었다. 그는 내면에서 세속 정치를 초월한 개인들이 직업 활동을 통해 일상생활에 영적인 활기를 불어 넣기를 바랐다. 그것은 초자연적 기관으로 자처한 교회의 간섭을 배제하고 성령에 감동한 개인의 자율적 참여에 따라 이루어져야 되는 일이다.

그러나 밀뱅크는 초자연적인 것을 없애려고 한 루터의 세속화 프로

뿐 아니라 현세에서도 교황이 권력을 갖는다고 하는 충만한 권세론을 거부하고 교회의 세속적 관할권을 부인했다. 루터는 1520년에 교황권을 부인하면서 마르실리우스의 견해를 모두 받아들인다.

그램은 역설을 감당하지 못한다고 본다.[108] 루터는 교회의 권위를 배제하고 개인의 신앙적 결단에 의해 자유를 얻게 만들었으나, 결과적으로 법 차원의 세속적인 시민적 정의가 복음의 신학적 정의를 삼켜버리게 되었다고 볼 수도 있다. 그렇게 되면 법과 양립하는 복음에 의한 루터의 자유와 사랑은 공허한 이상에 지나지 않게 된다. 오브라이언은 신앙이 배제되었을 경우에 이성은 타락한다고 말한다. 그는 종교개혁이 교회의 객관적 권위를 제거하고 개인적인 판단을 중시해서 결과적으로 인간 사회를 쾌락주의에 빠뜨렸다고 주장한다.[109]

그런데, 놀랍게도 그러한 비판은 이미 에라스무스가 우려했던 것이기도 하다. 1525년에 루터와 벌인 논쟁에서 에라스무스는 루터가 주장한 그리스도인의 자유가 인간의 악의 성향으로 말미암아 육욕의 자유가 되리라고 걱정했다. 그런 우려에 대한 루터의 반응이 무엇이었을까? 루터는 에라스무스의 걱정을 진리가 드러나기 위해서 겪어야 할 부작용 정도로 생각하며, 부작용이 무서워서 진리의 선포를 주저할 까닭이 없다고 대답한다.

> 악한 성향을 갖고 있는 많은 사람들이 이러한 자유를 오용할 것이라는 당신의 우려에 관해 생각해보면, 그것은 이미 언급한 바 있는 분란 가운데 하나이다. 다시 말해서 자유의 오용은 견뎌내야 할 잠정적인 질병이요 참아야 할 죄악으로 간주되어야 한다. 오용하는 자들 때문에 하나님의 말씀이 주는 자유를 버릴 수는 없다. 만일 모든 사람이 구원받을 수 없다면 그중 일부는 구원받을 것이다. 하나님의 말씀은 바로 그 일

108 존 밀뱅크, “밀뱅크와의 대화. 정통 신앙을 통해 근대성에 맞서기”, 『기독교사상』, 2013년 9월호, p. 150.

109 George O'Brien, *An Essay on the Economic Effects of the Reformation*, p. 21.

부를 위하여 온 것이다.[110]

루터 역시 자유가 가져올 부작용을 인정하고 예감하고 있었다. 자유는 남용될 수 있다. 그렇다고 부작용이 무서워서 진리를 방치할 수 없다. 그만큼 개인의 자유는 루터에게 중요한 신학적 문제였다. 루터교 국가인 덴마크에서 예배를 마칠 때 드리는 공동 기도에 이런 구절이 있다. "나는 자유인으로서 배운 대로 행할 것을 다짐하며 당신의 집을 떠납니다." 루터가 시작한 종교개혁은 유럽인들에게 자유의 중요성에 대한 강한 인상을 남겼고 사람은 누구나 자유인임을 유럽인들은 매주 다짐하며 살게 된 것이다.

그러나 비판자들은 루터의 자유가 가져온 부작용이 작은 부작용에 그치지 않고 대중들의 물질 욕망이 전면적 힘을 발휘하는 재앙을 가져왔다고 생각할 수 있다. 근대 사회는 아우구스티누스의 용어를 빌려 말하자면 낮은 이성의 시대이다. 낮은 이성은 감각적 세계에서 오는 이득을 계산해내는 이성을 가리킨다. 낮은 이성은 자기를 합리화한다. 객관적 규제가 없을 때 인간 이성은 자기 욕망을 합리화하는 방향으로 발전한다. 그리하여 루터가 원죄로 보았던 탐심이 만장일치로 사회 규범의 원리가 될 수 있다. 오직 믿음으로 의롭게 된다는 루터의 교리는 규율에 의한 덕행이 구원에 필요하지 않다고 함으로써 결과적으로 무책임한 소유권 확대와 도덕적 타락을 가져왔다는 비판이 가능하다.[111]

정치적 자유주의가 출현한 17세기는 경제적 개인주의가 대세를 이

110 「노예의지에 관하여」, 『루터선집 6』, p. 76.

111 George O'Brien, 앞의 책, pp. 43–53.

루었다. 토마스 홉스와 존 로크가 모두 개인의 소유권을 강화하는 개인주의를 중심으로 사회 이론을 펼쳤다.[112] 레오 스트라우스는 토마스 홉스에게서 자유주의의 기원을 보는데, 홉스는 중세까지 통했던 자연법lex naturalis의 개념을 자연권jus naturalis으로 바꾼 중요한 인물이다. 혼동해서 쓰이던 라틴어 유스jus와 렉스lex를 홉스는 일부러 구분하여 전자를 권리라 하고 후자를 법이라 한다. "법과 권리는 의무와 자유만큼이나 다르다."[113] 이제 개인의 권리를 위주로 사회를 구성하는 사유가 발전하게 된다.

그런데, 그처럼 의무보다 권리가 앞서는 현대 사회의 현상의 기원을 루터에게서 찾을 수도 있다.[114] 헤롤드 버만은 16세기 이후 서양법의 발전은 루터가 발견한 개인적 인격의 힘에서 비롯된다고 본다. 루터 이후 서양에서 개인의 의사 표시에 의한 권리 획득이 발전하면서 물권과 채권법의 전반에 큰 변화가 왔다. 자연은 물권의 대상이 되고, 개인과 기업은 자유로운 의사 표시에 의한 계약이 늘어나면서 거래가 활발해지고 개인의 재산권을 신성화하는 경향이 나타났다. 죽은 자의 재산을 수도원에 넘겨 자선과 구제에 쓰게 함으로써 영혼 구원에 도움이 되게 했던 중세 전통에서 벗어나 개인은 자신의 의사 표시에 의한 유언장에

---

112 C. B. Macpherson, *The Political Theory of Possessive Individualism*, Oxford, New York: Oxford University Press, 1962, 1990, vi.

113 토마스 홉스, 『리바이던 I』, 진석용 역, 파주: 나남, 2008, p.177. 이 구절은 의무보다 권리가 앞서는 근대사회의 시작을 알리는 구절이다.

114 George O'Brien, 앞의 책, p.57. 자연권의 기원을 12세기의 교회법학자들까지 거슬러 올라가기도 한다. 그들은 법을 가리키는 라틴어 유스jus를 단지 법이 아니라 개인이 자기를 보호할 수 있는 힘으로 이해했다. Elisabeth Mensch, "Christianity and roots of liberalism" in *Christian Perspectives on Legal Thoughts*, ed. Michael W. McConnell, Robert F. Cochran, Jr., Angela C. Carmella, New Haven & London, Yale University Press, 2001, p.66.

따라 자유로운 재산처분이 가능해졌다.[115]

개인의 인격이 존중되고 그의 의사 표시가 힘을 갖게 된 것은 인류 정신의 발전이라고 봐야 한다. 그러나 동시에 문제를 안고 있다고도 할 수 있다. 개인주의가 경제적 개인주의가 되면서 거기에 기초한 근대 자본주의는 개인의 무한한 소유 확대가 가져온 탐욕의 문제를 안고 있다. 중세까지 자본은 인격적 노동 행위에 종속되었었다.[116] 다시 말해서 자본은 소규모 수공업자나 농민들의 생산에 쓰이는 수단이었다. 수공업자나 농민들의 생산은 일종의 사회적 생산이라고 할 수 있다. 자본은 돈을 벌기 보다는 사회의 필요를 충족시키는 생산의 도구였던 셈이다. 그러나, 개인주의와 결합된 자본은 개인의 탐심을 한껏 충족하는 도구가 되었다. 자본은 노동과 독립해서 자기 스스로 이윤을 창출할 기회를 찾는다. 그리하여 자본이 노동을 종속시키고 임금노동자 계급이 생기게 된다. 자본은 이윤이 창출되는 곳을 찾아다니고 사람은 어떻게 하면 돈을 많이 벌 수 있을까를 생각한다.

이러한 자본주의가 부를 증가시키는 데 기여했지만 인간의 무한한 탐심을 동력으로 삼고 있다는 사실은 그 미래를 어둡게 만든다. 17세기에 영국 청교도들이 신앙의 자유를 찾아 영국 교회에 저항하게 되는데, 청교도들은 상업과 제조업을 통해 새롭게 떠오른 중산층으로서 전통적인 토지 부호들의 귀족과 왕권에 저항하며 개인 소유권을 강화했다. 청교도의 개인주의화된 소유권 개념에 따르면 개인의 소유는 더 이상 사회적 목적을 가지지 않고 소유의 양도 제한되지 않는다.[117] 이러한 경제적 개인주의로부터 인간의 연대성을 끌어내기는 쉽지 않다. 그

---

115 헤롤드 버만, 『법과 혁명 1』, 김철 역, 파주: 한국학술정보, 2013, pp.102-103.

116 리처드 토니, 앞의 책, p.182 참조.

117 위의 책, p.342.

것은 오늘날 서구화된 현대 문명의 문제가 되었다.

근대의 출현에 루터가 준 영향을 비판적으로 바라보는 시각에 따르면 '믿음으로 말미암아 하나님의 은총으로 의롭게 된다'는 루터의 가르침은 오히려 인간의 자기 의와 자기 정당화를 전면적으로 가져왔다. 교회의 권위가 사라진 후 18세기에 이르면 시민 사회의 공동의지가 개인의 탐심을 규제한다. 시민 사회의 법은 중세의 법과 달리 개인의 자유로운 이익 추구를 반영한다. 루터는 인간 구원을 위한 큰 역할을 시민 사회에 기대하지 않았는데, 18-19세기에는 시민 사회의 의지가 모든 가치를 정하는 주체가 된다. 시민의 일반의지에 기초를 둔 국가 정책은 영혼의 자유를 고려하지 않고 국가의 부의 증대와 시민들의 물질적 이해관계의 합리적 조정이라는 측면에서 정립된다.

『도덕과 입법의 원칙에 대한 서론』이라는 책에서 제레미 벤덤은 국가 정책과 입법의 원리로서 최대 다수의 최대 행복이라는 원리를 제시한다. 그가 말하는 행복은 고대 인문주의자인 아리스토텔레스의 참된 행복도 아니고 중세 교회에서 말하는 지극한 복락도 아니다. 아리스토텔레스의 참된 행복은 그리스어로 유다이모니아eudaimonia인데 그 뜻은 높은 진리를 깨달아 신처럼 된 데서 오는 정신세계의 풍요로움을 가리킨다. 중세 교회의 지복이란 라틴어로 베아티투도beatitudo라고 하며 신앙을 통해 높은 도덕성과 신의 은총이 결합된 상태를 가리킨다. 그러나 18세기에 벤덤이 정치와 입법의 원리로 말한 행복은 쾌락과 이득을 가리킨다.[118] 정신적 행복의 문제는 개인에게 맡기고 시민 사회가 공통적으로 관심을 가져야 하는 것은 경제와 부를 다루는 기

118 제레미 벤덤, 『도덕과 입법의 원칙에 대한 서론』, 강준호 역, 서울: 아카넷, 2013, p.49. 공리주의라는 말은 일본인들이 번역한 말일 텐데, 물질적 행복功과 이득利을 합한 말이다.

술이다.

벤덤의 이론은 마치 영혼 구원의 문제를 개인에게 맡기고 국가는 육의 필요를 충족시켜서 보존에 노력하라고 한 루터의 가르침을 반영하는 듯이 보인다. 그러나 루터의 가르침은 변형된 형태로 근대를 형성했는데, 근대 국가의 정책은 단순히 보존이 아닌 쾌락의 증가에 관심을 가지게 되고 영혼의 자유는 더 이상 개인과 공공 정책의 관심에서 벗어났다. 그처럼 근대의 경제적 개인주의와 권리위주의 사회가 루터의 의도와 무관하지만 루터의 종교개혁에서 시작된 자유운동의 연장에서 생겼다는 점에서 근대 사회를 비판할 때 루터를 비판할 수 있다.

위와 같은 현대 사회의 문제를 감안하더라도 루터에게서 시작된 개인의 등장과 자율적 자유의 추구는 인류 정신의 위대한 진보를 보여준다. 근대의 문제점이 있다고 중세로 돌아갈 수 없으며 그래서도 안 된다. 루터 이후에 출현한 자유주의가 개인의 자유를 확대시키고 국가 공권력으로부터 개인을 보호하기 시작한 점은 인권과 평화를 위한 중요한 공헌이다. 인류는 개인의 존엄성이라는 가치를 배제하고는 평화와 번영을 이루기 힘들다. 밀뱅크 역시 근대의 자유주의 이전으로 돌아갈 수도 없고 그래서도 안 된다고 말한다.[119]

그렇다면 밀뱅크의 루터 비판은 루터 자체의 문제를 지적하기보다 밀뱅크 자신이 시인하듯이 루터 사상의 어떤 측면에서부터 발단이 되었다고 여겨지는 세속주의와 쾌락주의에 빠진 현대 사회에 대한 비판이다. 경제적 개인주의로 인한 욕망의 과잉은 자유의 부작용이지만 부작용이 무서워 자유를 포기할 수 없다고 한 루터의 500년 전 주장은 여전히 옳아 보인다. 권위주의를 철폐하고 개인의 자유와 존엄성을 확보

119 존 밀뱅크, "밀뱅크와의 대화. 정통 신앙을 통해 근대성에 맞서기", p. 147.

할 길을 열었기 때문에 학자들은 루터의 사상을 민주주의의 초기역사로 보거나 인권의 초기 역사로 본다. 사실 루터의 종교개혁으로 인해 정치와 경제활동을 규율하는 도덕규범을 교회가 아닌 시민사회가 제공하게 된 것도 민주주의와 인권을 위해 중요한 의미가 있다. 시민사회는 물질추구와 욕망의 하부구조를 기초로 도덕규범을 산출하며, 그처럼 하부구조의 중요성을 인정해야 정당한 소유를 위한 사회정의론이 발전하기 때문이다. 무소유와 가난의 이상을 지향하는 교회의 높은 도덕성의 가르침은 경제적 착취를 막는 정의론의 발전에 도움이 되지 않기 때문이다.

밀뱅크가 찾는 대안은 어쩌면 루터 자신에게 들어 있을지 모른다. 루터의 종교적 자유주의는 시민 사회의 정치 경제적 개인주의보다는 헤겔식의 사랑의 공동체를 지향하는 측면을 지니고 있기 때문이다. 오늘날 서구의 지나친 개인주의와 물질주의를 극복하려고 하는 학자들이 루터의 직업소명설을 다시 연구하는 까닭도 거기에 있다. 루터는 당시의 초기 자본주의를 지켜보며 인간 사회가 온통 탐심에 물들게 될 것을 염려했고, 가난한 자를 더 가난하게 만드는 고리 대금이 살인과 같은 죄라고 설교했다. 루터의 신학사상에 들어 있던 종교적 개인주의가 역사적으로 정치 경제적 자유주의로 이행되었다면, 루터의 사회사상에 들어 있던 공동체주의는 정치 경제적 자유주의가 다시 공동체적 사회로 이행되는 데 지침을 줄 수 있다.

밀뱅크는 자유주의의 문제를 극복하는 신학적 대안으로 사회를 그리스도의 몸으로 보는 중세의 관점을 제시하는데, 바로 루터가 사회전체를 그리스도의 몸으로 보고 있다. 개인이 없었던 전체주의적 사회로부터 개인의 권리에 기초를 둔 시민 사회로 이동한 후 다시 공동체적 복지 사회로 이동하는 역사의 운동이 루터의 신학 안에 들어 있다고 할 수 있다. 그 점은 6장에서 살펴보겠다. 칼뱅의 사상이 퍼진 지역에서 전형적인 자본주의가 자리 잡은 반면에 루터교의 덴마크와 스칸디나비아는 모두 복지 국가로 발전한 점도 루터 사상의 영향을 짐작케 한다.

4장

국가란 무엇인가

℘

국가와 정치에 대한 루터의 생각은 세 가지로 정리할 수 있다. 첫째, 정치와 국가는 법의 영역으로서 인간을 구원하는 복음과 다르게 운영된다. 다시 말해서 국가 체제와 정치는 근본적으로 자유의 영역이 아니다. 둘째, 국가의 공권력은 강력한 힘을 가지고 법질서를 확립해야 한다. 국가의 법은 세상을 질서 있게 보존하는 일을 통해 개인의 자유로운 자기 세계 형성을 돕는다. 셋째, 그리스도인은 국가 체제 안에서 사랑의 공동체를 지향한다. 사랑의 공동체는 정치 공동체인 국가와 다르며 개인들의 직업 활동을 통해 이루어진다. 사회의 모든 구성원들은 사랑의 마음으로 자신의 직무를 감당하고 직업 활동을 통해 이웃에게 봉사해야 한다. 그런데 사랑의 공동체가 국가와 다르다고 해서 국가와 별도의 공동체를 꾸리지는 않는다.

서로 모순되어 보이는 위의 세 가지 명제가 루터의 역설적 정치사상을 이룬다. 위의 세 가지 명제가 각각 이 책의 4장과 5장과 6장을 이루는 핵심 명제들이다.

먼저, 국가라는 용어에 대해 설명을 하고 넘어가야겠다. 국가는 정치 공동체이다. 그래서 국가와 정치는 거의 같은 말이다. 정치는 행위이지만 국가는 정치가 이루어지는 장이다. 이런 차이는 루터의 정치사상을 이해하는 데 도움이 된다. 모든 사람이 국가에 속하지만 모든 사람이 정치 행위를 하지는 않는다. 루터가 생각한 정치는 공권력을 가진 통치자와 관원들에게 속한 행위이다. 정부의 정책 수립과 공권력 행사가 루터가 생각한 정치라고 보면 된다. 어떤 면에서 루터의 정치관은 중세의 연장에 있다. 그러나 무엇보다 루터는 개인들의 영혼 구원에 관심이 있었고 진리는 정치적이라고 생각하지 않았기 때문에 인민의 정치 행위에 대해 특별한 비중을 두지 않았다.

국가의 경우에도 마찬가지다. 루터가 두 왕국론 또는 두 나라를 말할 때, 그가 가리키는 나라는 현대적 의미의 국가와 다르다. 루터는 교회를 신자들 위에 군림하는 초자연적 기관으로 여기지 않고 신자들의 인격적 공동체로 여겼는데, 국가 역시 군주와 인민의 지배 복종 관계로 형성된 인격적 공동체이다. 윗사람과 아랫사람의 관계가 국가 조직을 이룬다. 현대의 국가 개념과 달리 루터는 정치 공동체로서의 국가를 독립된 실체로 생각하지 않았다.

그런 생각은 오랜 전통을 가지는데, 11세기 말에 이탈리아에서 연구되기 시작한 로마법인 유스티니아누스 법전Codex justinianus에 따르면 황제를 세상의 주인dominus mundi으로 보았다. 국가는 황제의 국가일 뿐이다. 황제라는 인물과 국가가 구분되지 않는다. 반면에 근대의 국가는 단일한 영토 주권을 가지고 있는 추상적 실체이다. 국가는 통치자와 별개의 실체이고 통치자는 국가를 위해 일해야 한다. 이런 근대적 국가 개념은 16세기 말에 프랑스의 장 보댕에게서 시작된다.[1]

그러나 루터가 말한 국가 즉 세상 나라는 오늘날의 주권 국가가 아니라 자기 영토를 가진 군주가 여러 영주들과 상하 질서를 이루고 신민

---

1 퀜틴 스키너, 『근대 정치사상의 토대 2』, p.655 이하. 장 보댕의 『국가에 관한 여섯 권의 책』(1576)은 최초의 근대적 정치철학 책이며 완벽한 법치주의를 주장한 책이다. Philippe Nemo, *Histoire des idées politiques aux Temps modernes et contemporaines*, Paris: PUF, 2002, p.80 참조.

들과 지배 복종의 관계를 이루던 통치 질서를 가리킨다. 다시 말해서 루터가 가리킨 세상 나라는 황제의 나라요 군주의 나라이다.

루터가 살던 신성로마제국은 황제를 정점으로 지역 군주와 교회 영지 등으로 구성되었는데, 1521년 당시에 총 400개의 독립된 정치적 관할권으로 분할되어 있었다. 위계질서로 보면, 황제, 황제 선출권을 가진 7인의 제후, 50인의 대주교와 주교들, 83개의 교회 영지, 수도원과 수녀원들, 31명의 세속 군주들, 138인의 백작과 영주들, 그리고 황제가 인정한 85개의 자유도시가 모두 정치적 관할권을 가지고 있었다.[2] 황제를 선출하는 7명의 제후를 선제후Kurfürst, Electorial Prince라고 불렀다.

선제후는 3명의 대주교와 4명의 지역 군주로 구성되었다. 3명의 대주교는 마인츠, 쾰른, 트리어의 대주교를 가리킨다. 그들은 큰 영지를 가진 영주였다. 4명의 군주는 동쪽의 큰 지역인 보헤미아 왕과 브란덴부르크와 작센의 군주 그리고 서쪽 라인 강 유역의 팔츠의 군주를 가리킨다. 루터를 보호했던 작센의 군주 프리드리히 3세는 선제후의 한 명으로서 황제 선출이나 교황과의 관계에서 영향력 있던 인물이었다.

그처럼 통치 권력은 분산되었고 황제는 보다 작은 단위의 통치자들의 정치적 관할권을 인정하는 토대 위에 신성로마제국 전체를 통합하는 느슨한 권력을 가지고 있었다. 그처럼 같은 영토 안에 두 겹의 지배층이 존재하며 서로를 침해하지 않는 통치 체제가 중세 봉건주의의 특징이기도 했다.[3] 그리고 왕이나 황제의 통치권은 그들의 개인 소유와 밀접하게 연결되어 있었다. 다시 말해서 공권력은 군주의 개인적 힘에 속하는 것으로 이해되었다. 그러므로 루터가 가리키는 세상 권세 또는

2 헤롤드 버만, 『법과 혁명 2』, p.113.

3 Brian Tierney, *Religion, law and the growth of constitutional thought 1150-1650*, Cambridge: Cambridge University Press, 1982, 2008, p.55.

국가 권력은 군주나 황제의 통치 권력을 가리킨다.

그처럼 현대의 국가 개념과 차이가 있기는 하지만 루터가 하나님 나라와 대비해서 말하는 세상 나라weltliche Reich가 통치 권력을 중심으로 한 정치 공동체라는 점에서 국가라는 명칭이 적합하다.[4] 일반 국민의 정치적 지위의 변화에 따라 정치 권력의 내용도 바뀌고 국가 개념도 변화해왔다고 생각하면 된다. 루터의 글에 나오는 세상 나라의 권세는 교황이 대표하는 영적인 권세와 양립하면서 대립하는 군주의 정치 권력을 가리킨다.

하나님의 나라는 하나님이 말씀과 영으로 직접 통치하는 인간 내면의 질서를 가리킨다. 반면에 세상 나라 곧 국가는 법과 무력으로 통치하여 외부의 평화를 만드는데, 불법을 저지른 자들에게 형벌을 줄 수 있는 강제력을 가진 군주의 권력은 하나님이 쓰시는 도구이다. 하나님이 군주의 정치 권력을 통해 간접으로 인간의 외부 행위를 통치하신다.

1. 루터의 정교 분리

학자들은 루터가 정치와 종교를 분리했다고 말한다. 이슬람권에서는 여전히 정교 분리가 되지 않은 곳이 많지만, 오늘날 그리스도교 문화권의 서구 사회와 서구의 영향을 받은 지역에서는 정교 분리를 당연

4 아우구스티누스의 두 도성이나 루터의 두 왕국은 모두 나라를 가리킨다. 도성이라는 말은 라틴어 시비타스civitas의 번역어인데, 그리스의 도시국가에서 유래한 개념으로서 나라를 가리킨다. 시비타스는 14세기에 이탈리아의 공화제 자유도시를 가리키는 말로도 사용되었다. 루터의 두 왕국은 라틴어 레그눔regnum에서 왔으며 군주가 있는 나라를 가리킨다. 루터는 레그눔을 독일어 라이히Reich로 표기한다. 오늘날의 통치 권력은 꼭 군주 체제가 아니므로 레그눔이나 라이히를 왕국보다는 나라 또는 국가로 번역하면 될 것 같다.

한 헌법의 원칙으로 삼고 있다. 정교 분리는 종교가 정치에 간섭하지 않거나 또는 정치가 종교에 간섭하지 않는 방식으로 이루어진다. 시대 상황에 따라서 교회가 정치 권력으로부터 독립하는 형태를 띨 수도 있고, 정치가 교회로부터 자유를 얻는 형태를 띨 수도 있다.

루터가 가져온 정교 분리는 중세 교회의 권세로부터 개인과 국가가 독립하는 형태였으며, 더 나아가 교회에 독립된 권세를 인정하지 않고 법적으로 교회를 주권 국가에 종속시키는 결과를 가져왔다. 근대 국가의 정교 분리는 종교가 개인의 사적인 문제가 되고 국가는 개인의 신앙의 자유를 보장하는 방식으로 정립되었다. 그렇게 해서 루터의 정교 분리로부터 근대의 세속 국가가 탄생했다. 그런데 16세기 마르틴 루터의 종교개혁이 일으킨 정교 분리 이전에 11세기 그레고리 7세의 정교 분리 혁명은 교회가 정치 권력에서 독립하는 형태를 띠었다. 정치와 종교의 분리와 연대는 역사적으로 황제와 교황의 주도권 다툼에 따라 모습을 달리했다.

교회와 국가

아우구스티누스가 활동하던 5세기의 교황 겔라시우스 1세는 황제의 권력이 하나님에게서 온 것임을 인정했다. 로마서 13장 1절에 근거를 둔 이 선언을 통해 교황은 황제도 그리스도의 통치 아래 있으므로 그리스도의 대리인인 교황 밑에 있음을 말하고자 했다. 그러나 6세기에 동로마제국의 황제 유스티니아누스 1세는 황제가 그리스도교 왕국의 수장으로서 사제의 자격을 심사하고 감독해야 한다고 주장하며 황제교황의 시대를 열었다. 6세기 말에서 7세기 초까지 교황에 재직했던 그레고리우스 1세는 동로마제국을 제외한 서방에서 교회의 세력을 확장하려고 잉글랜드와 갈리아에 선교사를 파견하고 신정정치의 개념으로 정치 권력에 대한 교회의 우위를 주장했다. 그는 서유럽의 군주들을 "사랑하는 아들들"이라고 불렀다. 1054년에 일어난 동서교회의 분열에는 교회와 국가의 관계의 차이도 역할을 했다.[5]

그런데 8세기의 샤를마뉴 대제는 그리스도교 제국imperium christianum의 지배자로 불렀고, 게르만 황제들은 교황으로부터 충성 선서를 받았다. 모든 법 제정권과 집행권과 판결권은 황제와 왕들에게 주어졌고 교회의 내부 규율을 위한 법도 황제가 만들었다. 그러다가 10세기와 11세기 초에 클루니 수도원의 정화운동이 퍼져나가면서 로마주교 곧 교황을 귀족의 정치 권력으로부터 독립시키게 된다. 이어서 독일의 수도사 힐데브란트가 교황당의 지도자로서 개혁을 주도하고 나중에 교황이 되어 혁명을 완성한 11세기의 정교 분리는 황제가 가졌던 권한을 교회가 상당부분 가져오면서 생긴 정교 분리이다. 1070년대에 교황 그레고리우스 7세는 성직자의 임명이 황제와 무관한 교황의 권한임을 선언한다. 그리고 교황만이 보편적 관할권을 가지고 황제보다 법적 우위에 서서 황제를 파문할 수 있음을 선언한다.

이 문제로 신성로마제국의 하인리히 4세가 교황과 대립하다가 1077년에 카노사를 찾아 교황에게 무릎을 꿇는 굴욕을 당하게 된다. 이제 교황은 성 베드로의 대리인이 아니라 그리스도의 대리인으로서 영적 세계를 관장하는 검과 정치 세계를 관장하는 검 모두를 손에 쥔다. 그러나 영적 검은 교황이 직접 행사하고 국가를 통치하는 정치적 검은 군주를 통해 간접으로 행사한다. 이렇게 해서 교황이 정치 권력 위에 서

---

5 Stephan Feldman, *Don't Wish Me a Merry Christmas. A Critical History of the Separation of Church and State*, New York and London: New York University Press, 1997, pp. 28-31.

게 된다.[6]

느슨한 황제의 권력을 통해 하나의 그리스도교 세계를 형성하고 있던 신성로마제국 안에서 교회법lex canonium은 지역을 넘어 어디서나 통하는 보편법jus commune의 성격을 가지게 된다. 정치 공동체인 국가의 법은 지역마다 그 민족의 문화와 관습을 반영해서 달랐던 반면에 신앙 공동체인 교회의 법은 영토를 넘어 힘을 발휘했다.

11세기의 개혁을 정교 분리라고 부르는 이유는 그 이전에 정치 권력이 종교 권력까지 통합하고 있다가 교회가 하나의 법적 기관으로 독립해서 정치 권력에 맞설 수 있게 되었기 때문이다. 교황이 세속 통치자를 종교적으로 파문할 수 있었지만 국가의 통치는 황제와 군주의 영역이었기 때문에 정치와 종교가 분리되었다고 할 수 있다. 물론 그레고리우스 7세의 정교 분리는 교회의 우위에 기초를 두고 있다. 교회는 국가가 관여할 수 없는 법적 지위를 가지고 있었으며 교회가 세속 정치에 관여하기도 했다. 교황과 주교들은 황제와 왕에게 권면하고 조언할 뿐 아니라 실제로 세속 정치에 참여하기도 했다. 영국의 캔터베리 대주교와 요크 대주교는 권력 서열 2위인 수상이 되어 정치에 참여했다. 그리고 그리스도교 왕국의 모든 주교들은 대토지를 소유한 영주로서 정치 권력을 행사했다.

교회가 성과 속의 모든 영역을 통치할 권세가 있다는 생각은 교황의 충만한 권세plenitudo potestatis라는 개념을 낳았다. 충만한 권세란 성과 속의 모든 영역을 통치할 권세를 가리키는데 1302년에 보니파티우스 8세는 교서 우남 상탐*Unam Santam*을 통해서 두 검 이론을 펼친다. 교황은 영과 육을 아우르는 최고 통치자로서 두 개의 검을 모두 가지는

6 헤롤드 버만, 『법과 혁명 1』, pp. 245-275.

데, 육적인 검은 왕들에게 위임했다. 교황은 왕 위에 있는 최고 통치자로서 교회와 국가 모두를 아우르는 최고의 충만한 권세를 가진다. 그러나 실제로 교황이 이런 권세를 행사한 적은 없으며 보니파티우스 8세가 이런 주장을 할 때에는 교황의 권력이 흔들릴 때였다. 잉글랜드 요크의 제라드는 헨리 2세 치하에서 왕권이 신에게서 부여되었음을 주장하고 왕당파들이 교황을 제치고 왕의 전능한 권세를 주장했다. 이런 움직임은 위클리프 같은 종교개혁자들에게 영향을 주었다.

교황 그레고리우스 7세의 개혁은 어떤 면에서 근대 사회를 예고하는데, 황제가 가지고 있던 정신적 권위를 교회가 가져옴으로써 인민에게 미치는 권력의 분산을 초래했기 때문이다. 봉건체제 밑에서 황제와 군주 사이에 분산된 권력 위에 교회가 최고의 지위로 자리 잡은 형태는 주권을 신에게 둔 셈인데, 신의 주권은 황제와 군주의 권력을 비신성화하면서 인민주권을 예비한다고 할 수 있다.[7] 중앙 권력이 왕과 교황에게 나누어짐으로써, 막강한 군대와 재산을 가진 정치 권력을 견제할 장치가 생긴 셈이다.

그런 점에서 헤롤드 버만은 근대 세속 국가의 출현의 기원을 그레고리우스 7세의 개혁에서 찾는다. 성과 속의 법적 관할권이 나누어지는 방식으로 정교 분리가 일어났기 때문이다. 더구나 행정 입법 사법에 걸친 권력 구조의 유형이 그레고리우스 7세의 개혁 이후에 교회에서 먼저 확립되었고, 근대의 세속 국가는 교황 정부의 구조와 비슷한 정부구조를 가지게 되었다는 것이 버만 교수의 주장이다.[8]

그레고리우스 7세의 개혁이 교회의 자유를 위한 것이었다면 16세기

7 Brian Tierney, 앞의 책, p.55

8 헤롤드 버만, 『법과 혁명 2』, pp.307-310.

의 마르틴 루터의 종교개혁은 그리스도인 개인의 자유를 위한 것이다. 루터가 주창한 그리스도인의 자유는 우선 개인이 교회로부터 자유로워지는 문제였다. 루터의 복음주의는 신앙을 교회주의로부터 해방시켰다. 그런데 그 결과로 국가가 교회로부터 자유로워지는 정교 분리가 이루어졌다. 그레고리우스 7세의 개혁이 국가로부터 교회가 자유로워지는 정교 분리를 위한 것이었다면 루터의 종교개혁은 그 반대 방향의 정교 분리를 만들었다.

중세의 두 검 이론 대신에 등장한 루터의 두 왕국론은 신앙을 개인 내면의 문제로 만들었으며, 그 결과 신앙의 주관자 역할을 했던 교회는 국가에 대항할 만한 힘을 가질 신학적 근거를 잃었다. 물론 교회가 현대에도 도덕적 권위를 가질 수 있지만, 초월적 근거를 가지고 있던 중세 교회의 법적 권위와는 다르다. 교회는 정치에 간섭할 법적 지위를 잃었다.

중세를 관통했던 교회와 국가의 두 개의 검 중에서 교회의 검이 사라졌다. 교회의 권세는 강제력을 가진 교회법을 통해서 실현되었었는데, 교회법은 종교에 관한 규정과 사회법과 도덕에 관한 규범을 포괄했다. 교회는 국민들에게 십일조와 여러 부담금의 형태로 세금을 부과했고 세례 증명서와 사망 증명서를 발급해서 호적을 관리했다. 교회의 세례는 시민권 부여의 효과를 가지고 있었고 파문은 신민의 시민권을 박탈하는 효과를 가지고 있었다.[9]

그러나 루터의 종교개혁으로 교회법 안에 있던 종교에 관한 규범은 규범으로서의 지위를 잃는다. 그리고 교회법 안에 있던 사회법은 국가에게로 넘어간다. 그리고 교회법 속의 도덕 규범은 개인과 시민 공동

---

9 위의 책, p.308.

체의 양심의 자율적 통제로 넘긴다. 이리하여 법적인 실체로서의 교회는 사라지고 개인과 국가가 법행위의 주체로 남게 된다. 이제 종교는 개인의 사적인 영역이 되고, 교회는 정치에 대해 도덕적 호소를 할 수 있지만 공공 정책 수립이나 법의 제정과 집행에서 법적 강제력을 갖지 못하게 된다.[10]

루터의 종교개혁으로 주권 국가가 탄생하는데, 주권 국가란 교회가 아닌 세속 통치 권력이 영토 내의 모든 인민과 기관을 다스릴 권한이 있음을 가리킨다. 독일뿐 아니라 스웨덴과 영국 등 종교개혁이 일어난 곳에서는 중세 질서에 대대적인 타격이 가해졌다. 수도원의 재산은 몰수되었고 교회 소유의 토지는 국가 소유로 넘어갔으며, 세금을 내지 않거나 국가의 법정에 서지 않아도 되었던 성직자의 특권은 사라졌다. 교회 법정은 폐지되고 오로지 국가 법정만 남게 되었다.

주권 국가의 탄생은 민족 국가의 탄생을 의미한다. 루터의 종교개혁은 교회뿐 아니라 신성로마제국이라고 하는 정치 공동체에도 큰 타격을 주었다. 루터 당시의 황제인 카를 5세가 전쟁의 패배로 1555년에 아우구스부르크 협약을 맺기까지 줄기차게 루터 및 프로테스탄트 세력과 대립한 사실이 그 점을 잘 말해준다. 카를 5세는 루터의 사망 이듬해인 1547년에 쉬말칼덴 전쟁의 승리로 루터 쪽 군주인 헤세의 필립과 작센의 선제후 요한 프리드리히의 항복을 받고 그들을 감옥에 가두기도 했다. 1548년에는 아우구스부르크 잠정 협정을 통해 프로테스탄

10 국가의 권위를 가장 높인 학자인 헤겔은 루터에게서 진행된 정교 분리의 유산을 물려받았다. "종교의 터전은 내면성에 있으므로 만약 국가가 종교적인 방식으로 그의 요구를 내세운다면 국가는 내면성의 권리를 침해하는 것이며, 교회가 국가처럼 행세하면서 형벌을 부과한다면 교회는 독재적인 종교로 변질될 것이다." 프리드리히 헤겔, 『법철학』, 임석진 역, 파주: 한길사, 2008, p.485 (§270, 추가). 이 구절은 루터의 주장을 거의 동일하게 반복하고 있다.

트 도시들의 저항을 무력화시키는 효과를 얻어냈다.

황제가 교황의 편에 서서 개혁 세력을 척결하고자 한 까닭은 황제의 권위가 교회에 의존하고 있었기 때문이다. 신성로마제국은 교황을 정점으로 하는 교회의 위계질서 밑에서 여러 민족이 하나의 정치 공동체를 형성하고 있었다. 다시 말해서 제국이라고 하는 느슨한 정치 공동체가 교회라고 하는 신앙 공동체의 권위에 의존해서 통치 질서를 유지하고 있었다.

그런데 교회가 종교개혁으로 법적 권위를 잃으면서 신성로마제국도 해체되고 민족 단위의 국가가 탄생한다. 루터가 교회에 가한 타격이 제국의 통일성에 결정타를 입히면서 민족 국가가 태동하게 된 것이다. 1555년에 아우구스부르크 협약 이후에 각 지역의 종교를 그 지역의 영주가 결정하게 된 것도 그 과정에 속하는 일이다. 루터가 모국어로 번역한 성서 역시 각국의 민족 의식을 고취시킨 점이 있다.

그처럼 민족 국가 형태의 주권 국가가 탄생하면서 국가 교회가 탄생하고 교회가 담당했던 교육과 자선 사업이 모두 국가의 권한과 책임으로 넘어가게 된다. 국가 제도에 의한 교육이 실시되면서 이른바 공립학교가 탄생하고 성직자의 소명을 위한 교육이 아니라 일반 직업을 위한 교육이 실시되었다. 그리고 성직자가 아닌 정부 관리가 학교의 책임자가 되었다. 유럽에서는 19세기까지도 교회에 의해 교육과 복지가 이루어지는 부분이 있었지만, 그것이 공적으로 인증되는 일이 되려면 정부의 위탁이 필요했다. 루터가 가져온 정교 분리로 교회를 제외한 국가만이 유일하게 국민 생활 전반에 걸친 법 제정과 집행을 맡는 기관이 되었다.[11]

---

11 John Witte, Jr. *Law And Protestantism*, p. 294 참조.

개인과 국가

그리고 또 다른 방향의 정교 분리가 중요한 의미를 지닌다. 그것은 개인 대 국가 사이에 발생하는 정교 분리이다. 루터가 신앙의 주체를 개인으로 만들었기 때문에 정교 분리는 국가로부터 개인의 신앙의 자유를 확보하는 방향으로 이루어진다. 국가가 개인의 신앙을 강요할 수 없다는 의미의 정교 분리이다. 근대 국가의 정교 분리는 국가 대 개인의 측면이 큰 부분을 차지한다. 물론 루터가 생각한 신앙의 자유는 신을 믿지 않을 자유까지 포함하지는 않았다. 무신론은 상상할 수 없는 신성모독이었다. 사람의 내면까지 알 수는 없지만 겉으로 드러내는 무신론이나 재침례파는 처벌의 대상이었다. 재침례파는 무신론이 아니지만 시민 질서를 존중하지 않는다는 이유로 처벌되었는데, 역시 신성모독으로 처벌되었다. 재침례파는 루터와 칼뱅과 츠빙글리와 부처가 모두 처벌의 대상으로 생각했다.[12] 그렇게 보면 루터의 자유는 오늘날의 시각에서 보면 폭이 좁다. 그러나 국가 권력으로부터 개인의 신앙을 보호하는 원칙을 세운 면에서 루터는 정교 분리를 통해 개인의 사유를 확보하기 위한 중요한 첫걸음을 내디뎠다.

한편 루터의 독특한 사유로서, 한 사람 안에서 일어나는 정교 분리를 생각하지 않을 수 없다. 물론 한 사람이 신앙생활을 하면서 동시에 정치 활동을 할 수 있다는 의미에서는 정교 분리란 말이 맞지 않는 듯

12 예를 들어 한스 뎅크Hans Denck는 1523년에 뉘렘베르크의 한 교구 학교의 교사로 부임했는데 루터와 다른 신학적 주장으로 1525년에 추방되었다. 그는 당시에 주류 종교개혁파에 속하지 않은 자들이 모여든 스트라스부르로 옮겼으나 개혁의 지도자 마르틴 부처와의 신학적 차이로 추방되어 1527년에 보름스로 옮겨갔다가 다시 바젤로 들어간 후 같은 해에 전염병으로 죽었다. James Stayer, "Luther and the Radical Reformers" in *Martin Luther, A Christian between Reforms and Modernity(1517-2017)*, pp. 461-462.

이 보인다. 한 사람 안에서 두 나라는 구분될 뿐 분리되지 않기 때문이다. 그리스도인은 하나님의 통치를 받지만 군주의 통치를 받는 세상 질서에서 어떤 역할을 맡아 일한다. 그런데 루터는 한 사람 안에 있는 두 나라의 질서를 매우 철저하게 구분했다. 하나님 앞에 홀로 선 그리스도인으로서의 인격체와 국가 공동체 안에서 어떤 역할을 맡은 인격체는 서로 '다른 인격체'인 것처럼 구분된다.[13] 그만큼 루터는 세상을 벗어나 내면의 원리에 충실하고자 했고 개인의 자기 세계를 확보하고자 했다.

그러므로 '구분되지만 분리되지 않는다'는 루터의 역설을 제대로 살리려면 구분을 강조해야 한다. 분리라고 해야 할 정도로 철저하게 구분할 줄 알고 그것을 몸으로 겪어야 한다. 루터가 개인의 경험을 강조한 이유도 거기에 있다. 세상의 정치 경제 질서와는 달리 하나님과 교류하는 철저한 자기만의 내면세계를 가질 줄 알아야 한다. 그런 내면을 확보해야 세상의 신이 영혼을 점령하는 것을 막을 수 있다. 외부가 내면을 점령하지 않고 오히려 하나님의 통치로 자유로워진 내면이 외부로 확산되어 세상의 역할을 자유롭게 수행할 수 있을 때, 그때 비로소 두 세계가 분리되지 않는다는 말을 할 수 있다.

그러므로 루터에게 정교 분리는 개인의 내면에서도 일어나야 되는 일이다. 사람은 종교인으로서의 자신과 정치 공동체인 국가의 구성원으로서의 자신을 구분할 줄 알아야 한다. 세상에서의 역할이 있어도 없는 것처럼 그리스도 앞에서 충만한 자유인으로 있을 줄 알아야 하고, 동시에 세상에서 충실하게 자기 역할을 수행할 줄도 알아야 한다. 그러려면 하나님 나라의 시민인 자신과 세상 나라의 시민인 자신을 구분

---

13 6장 참조.

할 줄 알아야 한다. 그리고 중심을 하나님 나라에 둘 줄 알아야 한다. 이런 내면의 정교 분리는 대외적으로 국가를 상대로 벌어지는 정교 분리의 기초가 된다.

일반적으로 정교 분리는 교회와 국가가 서로 자기 역할에 충실하고 간섭하지 말도록 한다. 그것은 서로 다른 두 종류의 권위를 인정하는 것이면서 동시에 권위의 분산을 의미한다. 그런데 루터에게 종교는 교회보다 개인 내면의 문제이므로 정교 분리는 개인과 국가의 권위를 상호 인정하는 일로 발전할 수 있다. 근대 국가의 정교 분리는 종교를 개인의 문제로 보고 국가는 개인의 신앙에 간섭하지 않는다. 그 점을 확립한 것이 루터의 종교개혁이다. 그러므로 정교 분리는 개인과 국가 간의 관계가 핵심이다.

물론 루터에게도 여전히 교회와 국가의 관계는 중요하다. 개인들의 신앙 공동체로서의 교회가 존재하는 한 국가의 상대는 개인이 아니라 교회일 수 있다. 그러므로 국가가 교회에 지나치게 간섭한다면 정교 분리에 위배된다. 그러나 기본적으로 루터의 교회는 개인들을 대표하는 교회이다. 루터는 교회의 개념을 바꾸었고 개인이 신앙의 주체로 부각되었다. 그러므로 루터신학은 국가를 상대할 개인을 탄생시켰다. 물리적 힘을 갖고 있는 국가가 개인의 신앙에 간섭해서는 안 된다. 동시에 개인은 국가의 권위를 인정하고 법질서를 따라야 한다. 그것이 루터신학에 적용할 수 있는 정교 분리의 내용이다.

"신앙은 자유로운 행위이므로 아무도 강제할 수 없다."[14] "인간 영혼은 사람의 손에서 벗어나 오직 하나님의 강제력 아래에 있다."[15] 이 주

---

14 「세상 권세에 대하여」, GW, p.4.386.

15 위의 글, GW, p.4.384.

장은 군주가 백성에게 가톨릭 신앙을 강요할 수 없으며 프로테스탄트를 택한 사람들은 보호를 받아야 한다는 뜻이다. 로마서 13장에서 바울이 세상 권세에 복종하라고 했지만 신앙의 문제는 국가의 강제력이 미칠 수 있는 영역이 아니다. "하나님의 것은 하나님에게 가이사의 것은 가이사에게 드리라"(마태복음 22:21)는 구절을 루터는 영혼을 위해서는 하나님의 통치를 받고 육을 위해서는 국가의 통치를 받으라는 말로 해석한다.[16] 하나님 나라의 백성이라도 세금도 내고 세상의 통치 권력을 존중해야 한다. 그러나 신앙은 개인 내면의 문제이고 국가는 오직 외부적 선을 담당한다.[17]

신앙의 자유는 루터의 사후에 두 단계를 거쳐 제도로 확립된다. 우선 1555년에 아우구스부르크 협약을 통해 각 지방의 영주가 종교를 자유롭게 선택할 수 있게 된다. 이른바 "지역에 따라 그 지역의 종교를 ejus regio, cujus religio"의 원칙이 확립되었다.[18] 이는 신성로마제국 전 지역을 가톨릭 국가로 만들려고 했던 황제 카를 5세의 좌절을 의미한다. 아우구스부르크 협약 이후에 카를 5세는 황궁을 떠나 수도원으로 들어가 수도승이 되었다.[19] 두 번째 단계는 덴마크와 오스트리아와 독일 지역의 군주들이 참가한 30년 전쟁을 마친 후에 맺은 1644년의 베스트팔렌 조약이다. 이 조약에서 비로소 개인에게 종교 선택의 자유가

---

16 위의 글, GW, p.4.389.

17 위의 글, GW, p.4.389.

18 예를 들어 독일 북쪽과 동쪽 지역이 루터교를 택한 반면에 남서부의 팔츠 지역은 칼뱅의 장로교를 선택했다. 팔츠의 중심 도시인 하이델베르크는 칼뱅주의 신앙 고백에서 중요하게 인정받는 「하이델베르크 교리 문답」이 나올 정도로 제네바와 쌍벽을 이루는 장로교 도시였다.

19 카를 5세는 1558년에 스페인의 수도원에서 죽었다. 유명한 스페인의 군주 필립 2세가 그의 아들이다. 필립 2세 역시 마지막 14년을 수도원에서 보내고 1598년에 아버지가 묻힌 곳에 묻혔다.

카를 5세의 초상화(1522년). 신성로마제국의 황제 카를 5세는 조상들의 가톨릭 신앙을 굳건히 지켜야 한다는 의무감을 가지고 루터파와 대결했다.

보장된다. 아우구스부르크 협약은 군주와 영주들이 황제와 다른 종교를 택할 자유를 인정했다. 개인들은 자기 지역의 통치자가 택한 종교를 따라야 했다. 그리고 개신교가 모두 인정되지는 않고 오직 루터 교회만 인정되었다. 그러다가 베스트팔렌 조약에서 비로소 개인들은 영주의 신앙과 관계없이 루터교든 가톨릭이든 칼뱅의 장로교든 자유롭게 선택할 수 있게 되었다.[20]

정교 분리와 관련해서 1장에서 잠시 보았듯이 영주의 종교 관할권 이른바 쿠라 렐리기오니스cura religionis를 놓고 논쟁이 많다. 루터는 통치자가 하나님의 말씀을 보호하고 시시해야 한다고 했다. 그러나 어느 정도까지가 하나님의 말씀을 보호하는 일인가? 특히 루터가 재침례파와 소종파를 제거하라고 주장한 것은 국가의 공권력이 개인들의 종교에 간섭하게 된 경우이다. 그리고 1530년 이후의 후기 루터가 전기 루터와 달라졌다고 볼 소지가 많다.

그래서 필립 샤프 같은 역사학자는 루터가 초기에 정교 분리를 말했지만 후기에는 정교 연합으로 종교개혁을 완성했다고 본다.[21] 그것은

20 Po-chia Hsia ed., *A Companion to the Reformation World*, Malden: Blackwell, 2004, p.272 이하.

21 필립 샤프, 『교회사전집 7. 독일 종교개혁』, p.448 이하.

작센을 시찰 한 후에 작센 군주가 지역의 교회들을 관리하게 된 것을 가리킨다. 영주의 종교 관할권을 인정하는 1555년의 협약이 루터 사후에 발생한 일이지만 거기에는 루터의 생각이 반영되었다고 볼 수 있다는 얘기다. 에른스트 트뢸치도 루터가 진리의 판단을 각자에게 맡긴 초기의 이상주의를 포기하고 신앙이 연합된 모습을 갖도록 국가에게 힘을 부여했다고 본다.[22] 십계명의 두 번째 돌판 즉 사회법을 다루는 일만 관여해야 하는 통치자들이 신앙생활을 규정하는 첫째 돌판까지 침범하는 문제이다.

그러나 반론도 만만치 않다. 루터가 재침례파와 소종파들의 제거를 통치자의 의무로 본 것은 종교에 대한 간섭이 아닐 수 있다. 16세기를 생각하면 종교 공동체와 시민 공동체가 일치되어 있었다. 그러므로 종교적으로 다른 말을 하게 되면 곧 시민 사회의 혼란이 올 수 있다. 내면의 신앙에 대해서는 그 누구도 간섭할 수 없다는 원칙을 루터는 여전히 지켰다. 그러나 그것이 공중의 언어가 되어 파급 효과가 있을 경우에는 종교 문제가 아니라 시민 질서를 어지럽히는 문제가 될 수 있다. 평화를 이루고 공공선을 보존하는 차원에서 통치자는 종교의 외부적 화합을 만들어야 했다.[23]

더구나 재침례파의 경우에는 공권력을 인정하지 않았기 때문에 루터의 논리에 따르면 반역이다. 루터의 두 왕국론에 따르면 재침례파는 종교와 정치를 혼동한 것으로서 정교 분리의 원칙에 어긋난다. 루터의 정교 분리에는 내면에서 둘을 구분하고 혼동하지 말아야 하는 것도 포

22 Ernst Troeltsch, *The Social Teaching of the Christian Churches II*, pp.492-493.

23 Eike Wolgast, "Luther's treatment of political and social life" in *The Oxford Handbook of Martin Luther's Theology*, ed. Hubomir Batka, Irene Dingel, and Robert Kolb, Oxford: Oxford University Press, 2016, p.400.

함된다. 혼동은 종교의 이름으로 법질서를 무시하거나 정치 권력으로 종교를 간섭하는 경우를 포함한다. 혼동하지 말고 구분해야 하되 분리해서는 안 된다. 다시 말해서 정치 권력에 대한 순종이 루터의 정교 분리에 필수적이다.

재침례파는 루터의 두 왕국론에 어긋났다. 그들은 내면의 종교 문제로 처벌되는 것이 아니라 법질서에 대한 반역으로 처벌되어야 했다.[24] 법질서를 부정하는 것은 결국 하나님에 대한 반역이기도 하다. 복음만 하나님의 질서가 아니라 법도 하나님의 섭리에 의한 것이기 때문이다. 재침례파 처벌은 영주가 개인의 신앙에 관여하는 게 아니라 공공 질서를 다루는 문제이므로 통치의 혼동이 아니다. 오히려 영주는 그들을 처벌함으로써 통치의 혼동을 일으킨 자들로부터 두 왕국론의 질서를 회복하는 셈이다.

루터는 정교 분리의 생각을 끝까지 가지고 있었다. 물론 루터는 선제후 요한에게 교회 관리를 맡김으로써 국가 교회의 정립을 이끌어서 교회가 국가에 귀속되는 형국을 만들었다. 교회와 국가의 관계에서 보면 루터 교회는 정교 분리가 아니라고 해야할지 모른다. 그러나 루터에게 교회는 개인의 모임이고 정교 분리의 핵심은 개인과 국가의 관계에 있다고 봐야 한다. 국가가 개인의 신앙에 관여하지 못하는 점은 루터의 대원칙이다. 1522년에 비텐베르크에서 있었던 칼슈타트의 급진 개혁에 대한 루터의 반론부터 1530년대의 복잡한 정치 상황에 이르기까지 루터가 개인의 신앙에 외부적 힘이 작용할 수 없다는 자유주의적 태도를 고수했던 것은 놀라운 일이다.

---

24 D. Whitford, "Cura Religionis or Two Kingdoms: The Late Luther on Religion and the State in the Lectures on Genesis", p. 56.

물론 상황은 단순치 않았다. 개인의 신앙은 교회 생활과 무관하지 않기 때문에 교회 관할권을 가진 군주가 권한을 남용한다면 여러 가지 복잡한 문제가 생길 수 있었다. 그때에는 저항권이 발동하지만 그 역시 간단하지 않았다. 군주는 군주로서가 아니라 만인사제설에 따라 누구나 될 수 있는 사제와 주교의 지위를 가지고 성직 임명과 교회의 재산관리에 관여한다. 그러나 군주가 교회에 개입하면서 자신의 정치 경제적 이득을 챙길 때 그의 결정을 종교적으로 받아들여야 할지 정치적으로 받아들여야 할지 명확하지 않게 된다.

그러나 루터 교회에서 군주의 교회 관할권은 차츰 형식만 남는 방향으로 진행됨으로써 정교 분리를 지켜왔던 것으로 보인다. 구 프러시아에서 1525년에 종교개혁을 받아들인 알브레히트 호엔졸레른은 과도기에 최고 주교가 되어 국가 교회 체제를 정립했으나 주교직이 세속 군주에게는 맞지 않다고 생각했다. 다만 질서 유지의 차원에서 직분을 유지했다. 브란덴부르크는 1570년대에 루터교를 받아들였는데 선제후 요한 지기스문트는 자신의 영토에서 최고 주교의 권한을 행사하지 않았고 종교를 법으로 강제하지 않았다. 그 자신은 칼뱅주의를 믿으면서 루터교 국가를 다스렸는데 종교를 양심의 자유에 속하는 것으로 보고 관용 정책으로 일관했다. 이것이 프러시아의 전통이 되었다.[25]

2. 정치의 의미와 한계

루터에게서 국가와 정치는 동일한 의미로 사용된다. 국가는 군주의

25 필립 샤프, 앞의 책, pp. 491-494 참조.

권력과 동일시되었고 군주의 공권력 행사를 곧 정치로 이해했다고 보면 된다. 루터는 인민의 정치행위에 대해서 생각하지 못했다. 정치공동체인 국가 안에서 인민들의 역할은 정치보다는 서로 다른 직업을 통한 경제 활동에 있었다. 그러므로 정치의 의미와 한계란 곧 국가 권력의 의미와 한계를 가리키고 군주들의 권력 행사의 의미와 한계를 가리킨다.

이런 제한된 사고방식 안에서도 개인에 대한 국가 권력의 한계를 말한 점에 루터의 공헌이 있다. 오늘날에는 정치인들의 권력을 시민들이 견제하고 의사 표시를 통해 정치 행위를 하는 점에서 루터 당시와 상황이 다르다. 그러나 정치의 의미와 한계를 말한 루터의 견해는 여전히 경청할 가치가 있다. 진리를 모두 정치적인 것으로만 생각하는 현대인들에게 정치의 뚜렷한 한계를 말하는 루터의 주장은 생소하지만 신선하다.

보존하지만 구원하지 못한다

루터는 국가 권력을 하나님이 세웠다고 정당화하며 권위를 인정했다. 동시에 공권력에 중요한 한계를 설정했는데, 정교 분리에서 비롯된 것이기도 하다. 루터는 정치 권력의 역할을 '망나니'에서 찾았다. 우리 말 망나니는 말썽쟁이라는 뜻으로도 쓰이지만 원래 사형 집행자를 가리킨다. 통치자를 망나니로 봄으로써 루터는 국가 권력의 기본적인 역할을 형벌에서 찾았다. 정치는 형벌을 통해 무질서로부터 세상을 보존한다. 보존하지만 구원하지는 못한다.

고대 정치학에서 국가는 가정과 구분되는 정치 공동체이다. 그리스 인문주의자들은 가정에서 통하는 사적인 관계가 아니라 좀 더 폭넓은 공적 관계를 통해서 더 큰 선을 이룰 수 있다고 보았다. 아리스토텔레스는 국가를 최고의 공동체요 최고선을 이룰 수 있는 공동체로 보았다. 최고선이란 한 개인이 이룰 덕의 완성을 가리키기도 하는데, 개인은 국가의 시민이 됨으로써 자신의 최고선을 이룰 기회를 얻는다. 국가 안에서 공공선에 이바지하는 시민의 덕목을 배제하고 덕을 말할 수 없다. 물론 참 인간은 참 시민 이상이지만, 참 시민이 되지 않고 참 인간이 될 수는 없다.[26] 아리스토텔레스에 따르면 통치자의 통치 행위만 정치가 아니라 일반시민도 공공선에 대한 의사표시를 통하여 정치 행위를 한다. 정치란 국가를 통해 공공선을 확립하는 과정에서 개인의 이익과 공익의 조화를 이루는 기술이다. 정치가는 진리에 대한 깨달음을 실천지(프로네시스)를 통해 현장에 구현하며 사회의 조화를 꾀한다.

아리스토텔레스의 정치학은 아퀴나스에게 수용되지만 그리스도교 방식을 따라 수정된 상태로 수용된다. 서구가 이미 그리스도교 국가가 되었기 때문에 아퀴나스는 국가와 정치를 적극적으로 구원의 질서에 편입시킬 수 있었다. 그럼에도 불구하고 중세 교회는 정치 세계와 거리를 두기 위해 성聖과 속俗을 나누었다. 속이라는 말 새쿨룸saeculum은 세상을 가리키는 라틴어였으며 가치 중립적인 의미를 지니는 낱말이다. 그러나 초대교회의 교부들은 새쿨룸을 사악한 죄의 세상이라는 의미로 많이 사용했다.

그리스도교가 세상을 부인하는 정적주의나 이원론 종교는 아니지만, 인간의 일반적인 삶의 방식이나 가치관과 구분될 필요를 강하게 느낄 때 그리스도교 신앙은 세상을 죄와 일맥상통하게 보았다. 이것은

---

26 훌륭한 사람이 아니더라도 훌륭한 시민이 될 수 있지만, 훌륭한 시민이 아니면서 훌륭한 사람이 될 수는 없다. 국가는 훌륭한 삶을 위한 공동체이기 때문이다. 아리스토텔레스, 『정치학』, 천병희 역, 고양: 숲, 2009, p. 141(1276b16), 20(1252b27) 참조.

그리스도교의 영성이 세상과 긴장을 이루기 위한 당연한 결과이기도 하다. 그러나 정말 세상을 죄의 세상으로만 본다면 그리스도교의 정체성을 잃게 된다. 초대교회가 영지주의와 오랫동안 싸우며 이단으로 정죄한 까닭도 거기에 있다. 종교개혁자들이 재침례파를 이단으로 다룬 까닭도 그 문제와 무관하지 않다. 그래서 언제나 교회의 정통 신학자들은 하나님이 원하시는 세상과 인간 세상의 현실을 구분되면서도 분리되지 않는 변증법 관계에 두려고 했다.

그러한 변증법은 여러 가지 형태를 띠었는데 중세의 스콜라신학은 세상 정치를 끌어안으면서 구원의 질서에 포함시켰다. 그러나 세속의 정치와 경제 생활이 구원의 질서에 포함되려면 세속의 죄를 용서받는 절차가 필요한데, 용서의 장치가 거룩한 교회의 제도와 법을 통해 객관적으로 보장되어 있었다. 성과 속이 구분되었지만 분리되지 않고 위계질서로 연결되었다.

누구나 주일에 교회에 와서 용서를 받고 일 년에 한 번은 사제에게 죄를 고백해야 했고 부활절에는 영성체를 받아야 했다. 정치 권력자들도 예외가 아니다. 교회의 법에 따르는 한 정치는 구원의 질서에 포함되었다. 중세의 영광의 신학에서 하나님의 영광은 자연을 통해서 드러나고, 교회와 국가의 관계를 통해서 드러나고, 통치자와 신민의 복종관계를 통해서 드러났다. 신민이 왕에게 순종하고 왕이 교황에게 순종하는 것은 정치 질서이면서 동시에 영적인 구원의 질서였다.

그러나 뒤에서 보듯이 루터는 국가를 죄의 나라로 본다. 그 점에서 그리스도교의 정치신학은 고대 인문주의의 정치철학과 가장 근본적인 차이를 이룬다. 국가는 인간의 타락의 결과로 생겨난 공동체이다. 따라서 국가의 시민이 되는 것은 자칫 죄의 종이 되는 길이다. 그러므로 사람은 국가의 시민이 됨과 별도로 그리스도인이 되어야 한다. 참 그리스도인이 되어야 죄의 종에서 벗어나고 국가의 원래의 기능에 충실한 참 시민이 될 수 있다. 참 그리스도인이 되는 일은 자기 자신이 되는 일이고 참 사람이 되는 일이며,[27] 참 사람이 되어야 참 시민이 될 수 있다. 그 점에서 루터의 정치신학은 참사람이 되려면 기본적으로 참 시민이 되어야 한다고 본 아리스토텔레스의 정치철학과 다르다.

그리고 루터는 중세보다 더 급진적으로 정치와 종교를 구분했다. 그는 정치와 국가를 구원의 질서에서 제외했다. 국가든지 교회든지 어떤 제도가 인간을 구원할 수 없다. 구원은 오로지 개인과 하나님의 일대일의 관계에서 이루어진다. 교회가 많고 예배가 많으며 국가가 교회의 통치를 받는다고 그리스도교 사회가 되는 것은 아니다. 그리스도의 말씀이 통치하는 곳은 개인의 내면이고, 사회는 개인들의 내면의 자유가 사랑으로 확대된 만큼만 그리스도교적이다. 만일 하나님 나라를 공동체로 이해한다면, 그것은 제도 교회나 국가와는 다른 사회이다. 그 점은 6장에서 다룬다.

국가를 최고선의 공동체로 보는 아리스토텔레스의 정치학과 달리 루터는 국가와 정치의 한계를 분명하게 말했다. 루터는 최고선이라는 말 대신에 하나님이 세운 질서라는 말로 국가와 정치의 정당성을 뒷받침했다. 그런데, 국가가 하나님의 제도라는 말은 국가도 개인의 영혼

---

27 참 사람이라는 개념은 아퀴나스에게 적합하지만 루터에게 딱 맞는 개념은 아니다. 루터는 인문주의와 스콜라신학의 참 사람이라는 개념에는 관심이 없었다. 그 대신에 '자기 자신이 된다'는 개념은 루터에게 적용할 수 있다. 참 그리스도인 됨이 자기 자신이 되는 길이라는 명제는 루터에게 적합하다. 인문주의적인 참 사람을 거부하면서 사용한 하이데거의 개념 '자기 자신es Selbst'은 루터신학과 무관하지 않으리라 여겨진다. 양명수, 「인간, 죽음을 향한 존재. 하이데거의 죽음 이해」, 『신학사상』 175(2016), p.250 이하 참조. 그러나 참 사람을 완성으로 보지 않고 믿음 안에서 자유로워진 죄인으로 본다면 루터에게 적용할 수 있다.

구원에 이바지해야 한다는 뜻이다. 루터에게서 하나님의 뜻은 궁극적으로 인간의 영혼 구원에 있기 때문이다. 국가와 정치에 그 이상의 의미는 없다. 루터가 국가를 그리스도의 몸으로 보기도 했지만, 국가가 보존을 넘어 구원의 공동체가 되어야 한다고 생각하지 않았다.

루터는 세상 나라가 하나님 나라처럼 되리라고 기대하지도 않았다. 두 나라는 끝까지 구분되어야 한다. 구분하지 않고 혼동할 때 오히려 큰 문제가 발생한다. 마르크스의 공산주의 혁명이 하나님 나라를 세상에 건설할 목적으로 폭력을 정당화한 것을 생각하면 루터의 두 왕국론은 두 나라의 혼동이 몰고 올 대규모 폭력을 현실주의 시각을 통해 예견했다고 해야 할지 모른다. 모든 형태의 신정정치가 억압과 폭력을 수반한다는 점도 루터의 견해를 이해할 수 있게 해준다. 루터가 진리 판단과 행동을 개인에게 맡기는 자유주의적 태도를 취했던 까닭 중의 하나도 두 나라를 혼동할 때 생길 집단 폭력에 대한 두려움에서 찾을 수 있다.

목자와 망나니

국가 권력이 하나님의 뜻에 따라 개인의 영혼 구원에 이바지하는 일이란 무엇일까? 개인들이 이룰 영혼 구원을 방해하지 않고 간접으로 돕는 일이다. 국가는 개인의 영혼을 구원할 수 없지만 개인이 이룰 영혼 구원을 도울 수 있으며, 그 목적을 위해 존재한다. 그러나 간접으로 도울 수 있을 뿐이며 마치 정치로 세상을 구원하고 인간을 구원할 수 있듯이 생각해서는 안 된다. 궁극적 자유와 구원은 어디까지나 개인의 문제이고 개인의 책임이다. 국가의 권력은 그 일을 위해 하나님이 쓰시는 도구인데 단지 망나니로 쓰신다.

> 사람들은 항상 화난 상태로 있는 통치자들을 본다. 그래서 그들에게 좋은 것을 기대하기 어렵다. 특히 영혼 구원과 관련된 거룩한 일에 있어서 그렇다. 왜냐하면 그들은 하나님의 막대기를 잡은 자요 망나니들이기 때문이다. 그들은 하나님의 분노를 표출해서 악을 징계하고 외부의 평화를 만든다. 그것이 우리의 큰 주님이신 하나님이 하시는 일이다. 하나님께서 그처럼 고귀하고 부유한 귀족 출신의 망나니들과 포리들을 거느리신다. 그리고 사람들이 그들에 대해 존경심과 경외심을 가지기를 바라신다. 그들이 자신들의 일을 너무 멀리 확장해서 망나니이기를 벗어나 목자가 되려고 하지 않는 한, 우리가 그들을 자비로운 주인으로 여기고 그 앞에 무릎을 꿇고 겸손하게 복종하는 것이 하나님의 뜻에 맞다.[28]

루터는 통치자들을 목자가 아니라 망나니로 본다. 목자와 망나니를 대비한 것은 매우 정교한 구분이다. 목자는 살리는 자요 망나니는 칼을 들고 죄인을 죽이는 사형 집행인이다. 통치자는 사람을 죽이는 망나니이지만 그래도 하나님이 쓰시는 망나니이다. 죄인을 처벌하는 일도 인간의 영혼 구원에 뭔가 이바지한다는 점에서 국가 권력은 하나님의 도구이다. 루터는 칼뱅과 달리 통치자들을 하나님의 대리인이라고 명확하게 말하지 않는다. 그럼에도 불구하고 하나님은 통치자들을 통해 간접으로 통치하시므로 그들을 하나님의 대리인이라고 볼 수 있다.[29] 그들에게 순종하는 것이 하나님의 뜻에 맞는다고 한 루터의 말도 통치자들이 하나님의 대리인임을 말해준다. 다만 그들의 역할은 매우

28 「세상 권세에 대하여」, GW, pp. 4.393-4.394.

29 카질 톰슨, 『마르틴 루터의 정치사상』, p. 102.

소극적이다. 영혼 구원의 핵심적 역할을 하지 못하고 개인을 돕기 위해 주변을 정돈해주는 정도의 일을 맡는다. 선을 증가시키기보다는 악을 막는 일을 통해서 개인의 선의 실현을 돕는다.

영혼 구원의 목자 역할을 했던 사람들이 교회의 사제들이다. 목자는 주인을 대신해서 먼 곳에 나가 가축을 치고 돌보는 이들이다. 중세 사회에서 사제 계급은 목자로서 하나님의 대리인이 되어 자율성을 가지고 하나님의 뜻을 가르치고 법을 제정할 수 있었다. 평신도들은 사제들을 통해 구원의 길에 도달했다. 그러나 루터는 구원의 매개체를 없애버렸다. 신분에 관계없이 오직 믿음으로, 사제의 가르침 없이 오직 성서를 통해 직접 하나님의 뜻과 마주친다. 그러므로 하나님 나라를 위해서는 목자나 청지기가 따로 필요 없게 되었다. 개인의 내면에서 그리스도가 직접 통치하시고, 사랑의 통치자인 그리스도가 영혼의 목자이다.

그러나 하나님 나라를 위해서도 망나니는 필요하다. 이제 개인들은 목자 역할을 하는 사제 없이도 망나니만 있으면 궁극적 자유에 이를 수 있다. 망나니Henker는 칼을 들고 목을 쳐서 죽이는 사형 집행인이다. 옛날에 망나니는 정부의 직책이긴 하지만 가장 천한 자로 여겼다. 루터는 망나니라는 이름으로 모든 통치자들과 관원의 직무를 포괄해서 지칭한다. 아무리 높은 통치자도 그들이 하는 일은 망나니 역할이다. 세상 통치자들은 세상에서는 부자요 권세자이지만 하나님 나라에서는 맨 밑의 망나니들이다. 정확히 말하면 통치자나 관원들 자신이 망나니가 아니라 그들이 맡은 일이 망나니의 일이다. 망나니의 일을 한다고 그 사람 자신이 망나니인 것은 아니다. 공직자도 그리스도인으로서는 역할을 초월해서 다른 사람과 평등한 궁극적 자유인이다. 다만 그의 권력을 하나님은 망나니로 사용하신다. 그리스도인은 정부 권력을 그런 시각으로 볼 줄 알아야 한다.

루터는 영혼 구원이라는 하나의 목적으로 세상을 보고 인간을 보았다. 그 관점에서 보면 세상의 주인은 하나님이요 그리스도이다. 그리스도인 각자는 세상의 분별에서 벗어나 그리스도를 주인으로 삼음으로써 세상의 주인이 된다. 개인은 진리 인식의 주체로서 하나님의 수단이 아니라 하나님의 동역자이다.[30] 개인은 말씀의 해석을 통해 하나님의 계시에 참여한다. 개인의 신앙만이 하나님을 하나님 되게 하고 하나님을 하나님으로 만든다. 그런 점에서도 사람은 하나님의 동역자요 다른 목적을 위한 수단이 아니다.

그러나 정부 권력은 하나님의 수단이다.[31] 정부의 권력자도 한 사람의 그리스도인으로서는 수단이 아니지만 그의 권력은 하나님의 수단이다. 목자가 아니라 망나니라는 개념에는 그런 뜻이 들어 있다. 하나님의 분노를 대신 집행한다는 점에서 그들은 하나님의 대리인지만 하나님의 사랑을 대신 집행하지는 못한다. 루터에게서 신앙의 본질은 하나님의 사랑을 아는 데 있기 때문에 정치 권력은 신앙의 세계를 건드리지 못하고 그 주변에서 보호하는 일을 할 뿐이다.

영혼 구원의 과제를 위해 정치 권력은 주변의 역할을 맡았고, 중심은 개인들에게로 분산되었다. 그렇다면 하나님이 쓰시는 도구인 통치 권력은 하나님 안에서 주인이 된 개인들을 섬겨야 하는 도식이 그려진다. 루터는 세상 가치의 역전을 생각했다. 영혼 구원을 강조한 루터 신학 안에 공권력과 인민의 새로운 관계에 대한 통찰이 들어 있다. 물론 루터는 분산된 개인들의 중심이 하나로 뭉쳐 생기는 정치 집단으로서

30 루터가 인간을 '하나님의 동역자'cooperator Dei로 본 데 대해서는 다음을 참조하라. Eike Wolgast, "Luther's treatment of political and social life", p.398.

31 Karl Holl, *The Cultural Significance of the Reformation*, p.48.

의 인민을 생각하지는 않았다. 자기 중심을 가진 개인들이 모여 생기는 공동체라면 우선 교회를 가리킨다. 그리고 그러한 교회가 정치 집단 구성의 모델이 되려면 루터보다 한 세대 후에 출발하는 칼뱅주의를 기다려야 한다. 루터의 과제는 영혼 구원을 강조하면서 정치 세계로부터 독립한 자기 세계를 갖는 자율적 개인을 등장시키는 데 있었다. 그리고 정치 권력은 개인들의 자기 세계 정립을 돕도록 하는 정치사상을 루터가 발전시키고 있었다.

그러면 루터는 왜 세상 통치자들을 관대한 주인으로 보고 순종하라고 했는가? 통치자들이 망나니 역할을 충실히 한다면 개인들의 자기 세계 정립을 돕기 때문에 그리스도인은 세상 통치자들의 법질서를 따라야 한다. 인간의 탐욕에서 나온 세상의 무질서와 악을 다스리고 외부의 침략에서 보호받고 생계 유지가 되어야 신앙생활도 보호를 받기 때문이다. 그러므로 위의 인용문에서 통치자들을 주인이라고 부르는 것은 하나님 나라를 위해 낮은 곳에서 궂은 일을 하는 데 대한 치하의 뜻이 들어 있다. 루터가 주인Herr이라는 말을 적용한 주체는 셋이다. 큰 주인이신 하나님 또는 그리스도가 첫째이고, 하나님 안에서 세상의 주인이 된 개인으로서의 인간이 둘째이다. 그리고 개인의 영혼 구원을 돕기 위해 악을 징계하고 물질을 돌보는 궂은일을 맡은 정부 관원들이 셋째이다.

영적인 관점에서 보면 주인은 하나님과 개인 둘뿐이고 정부 관원은 두 주인을 섬기는 종이다. 그러나 육적인 관점에서 보면 정부의 통치자는 개인의 악한 행위를 벌하는 힘을 가진 주인이다. 엄밀히 말하면 정부의 힘은 개인으로서의 인간에 대한 것이 아니라 악에 대한 것이다. 인간과 인간의 행위는 구별되어야 한다. 인간을 보는 눈이 바뀌었다. 악의 성향에도 불구하고 인간의 본질은 그리스도 안에서 자유인이라는 데 있다.

개인 주권

신앙의 본질을 찾아 내면으로 들어간 루터의 작업은 인간의 본질을 새롭게 보는 눈을 제공했다. 하나님 나라가 세상 나라보다 더 실체이므로 외부적 신분의 차별보다 내면의 자유와 평등이 더 실체적이다. 사람은 외부에서 신분 차별이 있어도 본질적으로 자유롭고 평등한 존재이다. 루터의 종교개혁으로 인간 자체가 다른 존재가 되었다. 루터에게서 인간은 자유로운 존재요, 누구의 밑으로도 들어가지 않는 독립된 존재요, 어떤 외부적 힘도 관여할 수 없는 내면의 자기 세계를 가진 존재이다. 그래서 루터는 한 사람 한 사람을 가리켜 왕이라고 부른다.

> 그리스도께서 그 권능과 고귀함을 그리스도인과 나누어 가지셨다teilen. 그러므로 베드로전서 2장 9절에서 '너희는 택하신 족속이요 왕 같은 제사장들이요'라고 말씀하시듯이 그리스도인은 신앙을 통해서 그리스도와 함께 모두 왕이요 제사장이다. 그러므로 이렇게 된다. 그리스도인은 신앙을 통해 만물 위에 높이 들어올려진 자요, 영적으로 만물의 주인Herr이다.[32]

성서의 베드로전서에서 그리스도인을 가리켜 왕 같은 제사장이라고 했는데, 루터는 왕의 직분과 제사장의 직분을 나누어 인간에게 지위를 부여한다. 「독일 그리스도인 귀족에게」(1520년 8월)에서는 모든 그리스

---

32 「그리스도인의 자유」, GW, p.1.504.『루터선집 5』, p.312 참조.

도인이 사제라는 데 초점을 맞추었고, 같은 해 11월의 글 「그리스도인의 자유」에서는 그리스도인이 왕이요 제사장이라고 말한다. 이 글에서 루터는 그리스도인에게 해당하는 왕의 직위를 먼저 설명하고 그다음에 제사장의 직위를 설명한다.

왕은 만물의 주인이 되는 것을 가리키고 제사장은 만인을 위해 하나님께 기도하고 희생하는 역할을 가리킨다. 인간은 그리스도와 함께 세상의 왕이다. 그리스도인의 사제직은 세례와 더불어 발생하고 왕의 직책은 믿음으로 그리스도의 권능을 나누어 가짐으로써 세상의 주인이 됨을 가리킨다. 왕이라는 칭호와 함께 루터는 모든 그리스도인들이 주권allmächtige Herrschaft을 가졌음을 선언한다.[33] 이 말은 16세기 말에 장 보댕이 주권을 설명할 때 사용한 수브래느테souveraineté와 같은 뜻이다.

정치사상의 발전을 보면 루터 이후에 국가 주권이 확립되고 그다음에 군주 주권을 거쳐 국민 주권이 선포되는데, 그 모든 과정 이전에 루터의 개인 주권이 있었다고 해야 할 것 같다. 개인 주권은 정치적으로 받아들이기 힘든 말인데, 극도의 이기주의로 비칠 수도 있고 중심이 분산되어 공동체 자체가 형성되기 어렵기 때문이다. 루터가 말한 개인 주권은 정치적 의미의 주권이 아니라 루터의 표현대로 "하나의 영적인 왕국ein geistliches Königreich"을 형성하는 주권이다. 개인마다 하나의 영적인 왕국을 이루고 그의 나라의 주권자요 왕이다. 영적인 왕국은 개인의 자기 세계를 가리킨다. 사람은 세상에 살지만 세상과 별개의 자기 세계가 있다.

각자는 자기 세계에서 주권자이다. 개인의 자기 세계는 하나님과 이

33 「그리스도인의 자유」, GW, p. 1.505. 『루터선집 5』, p. 313 참조.

루는 세계이므로 자기 폐쇄적이거나 자기 만족적인 이기적 세계는 아니다. 자기 세계는 세상 나라와 구분되는 하나님 나라를 가리킨다. 그러므로 자기 세계의 주권자는 하나님이시기도 하다. 개인은 하나님 나라라고 하는 자기 세계에서 보편적 주권자인 하나님의 통치를 받으며 세상에 대한 주권자가 된다. 하나님이 주권자인 곳에서 개인이 주권자가 된다. 정치적 주권자는 아니지만 영적인 의미의 주권자로서 개인은 세상의 주인이다.

루터가 주장한 신앙과 양심의 자유는 단순히 종교의 문제가 아니라 인간관의 변화를 낳고 인간관의 변화는 국가관의 변화를 이끌었다. 국가는 인간의 자유를 위해 목자가 될 생각을 하지 말고 망나니에 머물러야 한다. 그러면 국가 권력은 존경을 받고 사람들은 순종하게 된다. 자기의 한계를 알 때에만 존중받을 가치가 있다. 개인의 신앙은 법적 강제력에 의해 작동되는 정치구조와 별개의 영역이다. 그러므로 군주가 인민에게 교황의 편을 들라고 강요하는 것은 개인의 신앙 문제에 관여하는 일이며 하나님의 망나니가 목자의 역할을 하려는 것으로서 복종을 거부할 수 있다.[34] 개인은 적어도 신앙의 문제에서 국가로부터 완전히 자유롭다. 그리고 국가는 개인의 신앙과 양심을 보호할 책임이 있으며, 그것이 국가의 가장 중요한 역할이다.

정치의 한계는 뚜렷하며, 그 한계는 정치가 세상을 보존하고 개인을 보호하지만 구원할 수 없다는 데 있다. 정치가 영혼 구원을 위해 큰일을 할 수 없다고 루터가 생각한 것은 진리란 세상 풍조와 다른 데서 찾아져야 한다고 믿었기 때문이다. 정치는 인간의 욕망을 처리하는 방식에서 일반적 삶의 형태를 취할 수밖에 없다. 다시 말해 세상 풍조에 기

34 「세상 권세에 대하여」, GW, p.4.391.

반을 두고 이루어지는 것이 정치이다. 그 점에서 교회는 국가와 거리를 두려고 했는데 중세 교회도 마찬가지였다. 다만 중세 교회는 좀 더 현실적 타협점을 찾았다. 그러나 루터처럼 순수한 것을 회복하려고 할 때 세상 현실은 더욱 죄악으로 보이고 국가나 정치와 거리를 두는 일이 중요해진다.

묵시사상

이런 루터의 태도는 묵시적 종말론에서 나왔다고 볼 수 있다. 묵시사상은 세상의 악이 마지막 때에 대재앙을 불러오리라고 믿는다. 루터 같은 묵시적 사상가는 역사의 진보를 믿지 않으며, 다만 깨어 있는 개인들이 신앙인의 모습을 지키며 하나님의 때를 기다려야 한다고 생각한다. 그러므로 정치의 주제도 발전이나 풍요나 진보가 아니라 보존이다. 인간 세상과 인류가 종말의 때까지 보존되고 유지되는 게 중요하다. 국가는 구원의 질서가 아니라 보존의 질서에 속한다.

루터의 묵시적 태도는 세상의 죄를 깊이 들여다볼 때 생겨난다. 세상의 죄가 워낙 뿌리 깊으면, 그런 세상에 살기 위해서 누구나 죄를 지을 수밖에 없다. 거대한 죄의 힘 앞에서 개인의 힘은 무력하게 느껴진다. 자기 자신과 세상의 죄의 무게를 심각하게 느낀 루터에게는 죄의 심각성을 모르고 세상을 너무 쉽게 구원의 질서에 포함시키는 스콜라 신학이 세상과 타협한 것처럼 보였다. 그래서 루터는 그리스도교의 진리와 세상의 문화를 날카롭게 구분하는 일에 착수한다. 인간이 속마음에서 회개함이 없이 너무 쉽게 예배 의식을 통해 죄의 용서를 선포하는 교회를 루터는 진리의 왜곡으로 보았다. 교회 안에서 온 세상이 거대한 규모로 진리를 왜곡하고 있다고 루터는 보았다. 하나님의 뜻을 왜곡하는 괴수는 교회였고 교회의 목회자들이었다. 당시에는 교회가 곧 세상 질서를 이루고 있었기 때문에 루터는 거대한 세상과 싸우는 셈이었다. 그래서 루터의 자유는 주로 교회에 대해 그리고 어떤 경우에는 국가에 대한 싸움이 되었다.

이처럼 악의 세력을 크게 느낄 때 묵시적 사유로 간다. 1075년에 그레고리우스 7세 역시 하나의 문서*Dictatus Papae*를 발표하면서 "사물의 새로운 질서를 위한 묵시록적 투쟁"[35]을 개시했다. 11세기의 그레고리우스 7세는 황제의 권력과 싸웠고 16세기의 루터는 교회 권력과 싸웠다. 루터는 자신의 진실이 모든 사람에게 전달되리라고 보지 않았고, 오직 소수의 사람들이 참된 그리스도인이 되어 복음을 이어가리라고 보았다. 거대한 악의 세력이 쉽게 제거되지 않고 세상이 쉽게 바뀌지 않으리라고 느낄 때 그리고 인간대중에 대해서도 낙관적이지 않을 때 개인은 힘겨운 영적 싸움을 싸우면서 하나님의 때를 기다리게 된다.[36] 루터가 급진적 개혁자들을 반대했던 것도 그런 묵시사상 때문이었다. 물론 루터는 세상의 종말이 가까이 왔다고도 생각했다. 그러나 세상이 쉽게 진리를 수긍하리라고 믿지 않았고 많은 사람들이 진실을 받아들이리라고 기대하지도 않았다.

루터의 정교 분리는 과도기적이긴 하지만 왕이 교회의 수장이 되는 절대군주의 출현으로 이어진다. 종교는 개인의 사적 영역으로 후퇴하고 국가에 대항할 힘을 가질 수 없게 된다. 그러나 종교개혁의 영향은 마침내 절대군주를 무너뜨리는 쪽으로 결론이 난다. 개인의 자유와 권리가 중요해지면서 군주의 독재에 대한 국민의 저항을 통해 국가는 군

---

35 헤롤드 버만, 『법과 혁명 2』, p.284.

36 알트하우스는 이를 가리켜 "역사에 대한 신학적 비관주의"라고 부른다. 파울 알트하우스, 『말틴 루터의 윤리』, p.185.

주로부터 독립한 실체가 된다. 영국 혁명과 프랑스 혁명을 통해 군주로부터 독립한 국가는 국민이 법제정자로 등장하면서 자유주의에 기초한 근대 시민 국가의 탄생으로 이어진다.

3. 국가의 기원: 국가는 창조 질서인가

국가와 법질서가 하나님의 질서임을 말하기 위해서 루터는 국가의 기원에 대해 말한다. 현대 정치사상에서 국가의 기원에 관한 이론은 하나의 가설이다. 인민들의 계약에 의해 공권력이 탄생했다고 보는 사회계약론은 개인과 국민의 권익을 보호하는 데 중요한 역할을 했지만, 그 자체가 역사적 사실일 필요는 없으며 정의를 찾기 위한 가설이라고 할 수 있다. 신학에서도 국가의 기원에 대해 말하는데 성서에 근거를 두고 사유를 펼친다. 국가의 기원에 관한 신학자들의 언급에는 그들의 세계관과 인간관이 담겨 있다.

아리스토텔레스와 아우구스티누스

국가는 창조 질서인가? 이 물음은 정치 권력이 존재하고 지배자와 피지배자가 있는 국가가 처음부터 하나님의 뜻에 맞는 공동체인지를 묻는다. 국가는 인간에게 본래적 제도인가 아니면 타락 이후에 생겨난 질서인가. 창조 질서, 하나님의 뜻, 창조 때의 본래 모습과 타락한 인간의 차이. 이런 용어들은 신학자들에게 익숙하지만 정치학자들에게는 신화처럼 들린다. 그러나 이런 신학적인 물음은 절대 권력을 비신성화하며, 국가란 궁극적으로 극복되어야 할 공동체가 아닌지를 묻는 물음이다. 루터에게 국가는 타락한 세상에서 사람들이 질서를 만들어 살아가는 삶의 방식 그 자체이다.

이 문제는 사실 아우구스티누스 신학에 의해 중요해진 주제이기도 하다. 고대의 인문주의자들은 국가를 당연하게 받아들였다. 그래서 자연 공동체로 보았다. 플라톤과 아리스토텔레스와 공자와 맹자가 모두 그러했다. 국가가 자연 공동체란 말은 사람은 본성적으로 국가를 필요로 한다는 뜻이다. 중앙 권력의 통치에 의한 국가 체제는 인간을 위해서 필연적 질서이다. 아리스토텔레스는 『정치학』에서 국가를 인간의 생존과 자기 완성을 위한 자연적인 공동체로 보았다.[37] 그러므로 국가를 처음 만든 사람에게 감사해야 한다고 했다.[38]

그리하여 아리스토텔레스 정치학에서는 국가가 개인보다 우선한다.[39] 국가의 공공선은 개인의 사익보다 언제나 앞선다. 동서양을 막론하고 고대 인문주의자들에게 악의 핵심은 공보다 사를 앞세우고 국가보다 개인을 앞세우는 데 있다. 개인은 국가 안에서 이웃과 협력하여 전체의 선을 위해 기여할 줄 알아야 한다. 아리스토텔레스에게서 국가는 개인이 공공선을 위해 자기를 절제하고 덕을 쌓아 자기 완성을 이루는 장이기도 하다. 동아시아에서도 19세기 말까지 그런 국가관을 가지고 있었다.

아리스토텔레스가 말한 자연 공동체란 신학적으로는 창조 질서를 가리킨다. 국가가 자연 질서라면 하나님이 태초에 사람을 만들 때 국가도 같이 만들었다고 보아야 한다. 다시 말해서 처음에 창조된 인간의 본성에서 국가 체제가 생겨났다고 봐야 한다. 그러나 5세기의 아우

37 아리스토텔레스, 『정치학』, p. 20(1252b).

38 위의 책, p. 22(1253a).

39 위의 책, p. 21(1253a).

루터와 동료들이 토론을 하는 장면. 멜란히톤이 서서 말하고 그의 왼편에 루터가 앉아 있다. 멜란히톤이 작성한 아우구스부르크 고백문은 아우구스티누스 사상에 기반을 둔 루터의 신학과 정치사상을 충실하게 반영함으로써 개신교 신앙의 기초 교리가 되었다.

구스티누스는 국가가 창조 질서가 아님을 강조했다. 권력의 소유자가 있다는 사실은 하나님의 본래의 뜻과 다르다. 아우구스티누스는 인간에 대한 인간의 지배가 창조 질서와 무관하다고 보았다. 하나님은 "사람에 대한 사람의 지배가 아니라 짐승에 대한 사람의 지배를 명하셨다."[40] "누구도 하나님이 처음에 준 본성에 따라서는 종이 아니다."[41] 여기서 종이란 통치의 대상이 되는 신민을 포함한 개념이다.[42]

법의 강제력에 의해 통치하는 국가 권력은 창조 때의 본성을 잃어버린 인간의 타락의 열매이다. 타락해서 욕심이 많아진 인간들의 상호 폭력을 막기 위해 하나님은 국가를 허락하셨다. 아우구스티누스는 하

40 아우구스티누스, 『신국론』, p. 2203(19,15).

41 위의 책, p. 2205(19,15).

42 R. A. Markus, *Saeculum, History and Society in the Theology of St. Augustine*, Cambridge: Cambridge University Press, 1970, p. 200 이하.

나님의 자연적 섭리와 의지적 섭리를 구분했다. 국가도 하나님의 섭리이긴 하나 창조 당시의 자연적 섭리가 아니라, 창조 이후에 타락한 인간들을 위해 허락한 의지적 섭리의 결과이다.

국가와 정치는 인간의 본래적 본성이 아니라 타락한 본성 곧 제2의 본성에 합당하다. 그런 점에서 국가와 정치는 필요악이다. 하나님이 본래 원하지 않았다는 점에서 악이지만, 타락한 인간에게 불가피한 질서이므로 국가의 통치 체제는 필요하다. 국가의 지배 체제를 당연하게 보지 않음으로써 아우구스티누스는 서구 정치사상사에서 공권력 비판을 위한 새로운 관점을 열었다. 장차 올 하나님의 나라는 명령과 복종이 없고 사랑으로 서로를 섬기는 나라라는 점에서 세상 나라와는 다르다.[43]

루터는 아우구스티누스의 영향을 받았다. 그는 국가와 정치 질서를 당연하게 받아들이지 않고 비판적으로 보는 눈을 가졌다. 루터는 아리스토텔레스와 달리 국가를 최고선의 공동체로 생각하지 않았다. 하나님 외의 통치자가 있는 국가는 오직 하나님의 통치가 있는 내면의 하나님 나라와 다르다. 루터는 성서의 이사야 9장을 이렇게 해석한다.

> 여기서 하나님의 아들의 나라와 세상 나라의 차이를 볼 수 있다. 우리 하나님의 아들인 이 아이(이사야서에 탄생이 예고되는 한 아이 곧 그리스도를 가리킴)의 나라에는 예속되어 복종해야 하는 그런 통치자와 정치 질서가 없다. 진실로 낡은 외적인 인간에 따라서 우리는 그 시민적 삶에 예속되어 있다. 모든 사람이 스스로 참된 믿음을 가진 그리스도인은 아니기 때문이다.[44]

---

43 아우구스티누스, 『신국론』, p. 1551(15,3).

44 "Et hinc videri potest, quod sit discrimen inter regnum Filii Dei et regnum mundi. Per regnum hoc Infantis, huius nostri Filii Dei, non tollitur magistratus et *ordinationes*

통치자를 중심으로 전개되는 정치 질서oridnatio politicae는 세상 나라의 특징이다. 시민으로서의 삶은 질서에 순종해야 하는 예속subjectio이라고 루터는 표현하고 있다. 그 점에서 국가는 근본적으로 자유의 나라가 아니다. 지금도 인간이 새롭고 내적인 인간이 되지 못하고 '낡고 외적인 인간'의 모습으로 존재하기 때문에 국가라는 억압의 체제는 공고하게 존재하고 있다. 죄의 종이 된 결과 인간은 정치와 국가 체제에 예속된 종이 되었다.

국가의 기원은 인간의 타락에 있다

국가는 죄인들의 세속 공동체이며 죄인들을 통제하기 위해 국가의 공권력이 필요해졌다. 그렇게 보면 국가의 기원은 인간의 타락에 있다. 「창세기 강의」에서 루터는 2장 16,17절[45]을 해설하는 부분에서 이렇게 말한다.

> 교회ecclesia라는 제도는 가정oikonomia과 국가polititia보다 먼저 있었다. 아직 하와는 없었다. 벽도 없고 어떤 겉치레도 없이 가장 넓고 가장 아름다운 곳에 교회가 세워졌다. 교회가 세워진 후에 아담에게 짝socia 하와가 생기면서 가정이 건설되었다. 집보다 성전이 앞서고 또한 더 중요하다. 그런데 죄 이전에는 국가가 없었고 필요하지도 않았다. 국가는

---

politicae obedientiaque subditorum. Imo secundum *veterem et externum hominem sumus subiecti huic civili vitae*. Quia non omnes sunt Christiani, qui tales se profitentur.「이사야 강의」(1543-1544), WA 40 III, p. 646(17-21).

45 "여호와 하나님이 그 사람에게 명하여 이르시되 동산 각종 나무의 열매는 네가 임의로 먹되 선악을 알게 하는 나무의 열매는 먹지 말라 네가 먹는 날에는 반드시 죽으리라 하시니라."

말하자면 타락한 본성을 치료하는 데 필요하다. 즉 국가는 욕망을 법과 벌의 사슬로 묶어 자유로이 터져나오지 못하게 한다. 그러므로 국가는 죄의 나라라고 부르는 게 맞다. 마치 바울이 모세를 죽음과 죄의 사절이라고 불렀듯이 말이다(로마서 8:2). 국가는 죄를 막기 위해 경고하는 일을 한다. 바울이 "권세자는 악을 벌하기 위해 칼을 가진다"(로마서 13:4)고 한 것과 같다. 그러므로 인간이 죄를 짓지 않아 악을 행치 않았다면 국가도 필요 없었을 것이다.[46]

이 부분은 국가의 탄생과 관련된 부분인데, 루터는 교회와 가정을 먼저 얘기하고 그다음에 국가를 논한다. 교회와 가정에 대한 논의는 국가 이후의 공동체 또는 국가 안에서 국가와 별도로 이루는 하나님 나라의 공동체를 보여준다는 점에서 중요하다.

아담을 향한 하나님의 첫 말씀은 선악과를 먹지 말라는 것이었다. 이런 금지의 명령을 루터는 아담에게 주어진 법으로 생각하고, 그 법으로 교회라는 제도가 세워졌다고 본다. 여기서 인스티튜치오institutio라는 말은 세워진 것이라는 뜻이다. 하나님이 말씀의 법으로 교회를

46 WA 42, p.79(1-14)(1535-1538년). "Haec est institutio Ecclesiae, antequam esset Oeconomia et Politia; nam Heua nondum est condita. Instituitur autem Ecclesia sine muris et sine pompa aliqua, in loco spaciosissimo et amoenissimo. Post institutam Ecclesiam etiam Oeconomia constituitur, cum Adae additur socia Heua. Sic templum prius est quam domus, sicut etiam potius est. Politia autem ante peccatum nulla fuit, neque enim ea opus fuit. Est enim Politia remedium necessarium naturae corruptae. Oportet enim cupiditatem constringi vinculis legum et poenis, ne libere vagetur. Ideo Politiam recte dixeris regnum peccati, sicut Paulus Mosen quoque vocat ministrum mortis et peccati. Hoc enim unum et praecipum agit Politia, ut peccatum arceat, Sicut Paulus dicit: Potestas gerit gladium in vindictam malorum. Si igitur homines non essent per peccatum mali facti, Politia nihil fuisset opus."

세우신다instituere.[47] 제도라는 말로 번역했지만 오늘날처럼 직제가 있고 제물을 바치고 금식하는 등의 규범이 있는 단체를 가리키는 말이 아니다. 앞의 인용문에서 겉치레가 없다는 말은 그 뜻이다.

그러나 하나님의 최초 말씀을 법으로 본 까닭은 무엇인가? 하나님의 말씀이 우리를 안내하는 말씀임을 가리킨다. 루터는 종교개혁 초기에 법과 복음을 구분하고 법은 죄 이후에 생긴 것으로 말했다. 그러나 그때의 법은 도덕법이나 국가법을 가리킨다. 그것도 하나님이 쓰시는 법이지만 하나님이 직접 통치하지 않고 간접으로 통치하는 방식이다. 그러나 태초에 하나님이 직접 인간을 안내하며 하신 말씀도 법이다. 후기에 이루어진 「창세기 강의」에서 그 점을 강조한다. 루터가 이처럼 법을 강조한 것은 인간에겐 처음부터 어떤 권위가 필요하다는 생각 때문인 것 같다.[48]

그러나 죄 이전의 법은 죄 이후의 법과 다르다. 순결한 아담에게 하나님의 법은 강제가 아니고 다만 삶의 길을 세우고 안내하는 말씀이다.[49] 그렇게 말씀에 의해 세워진 삶의 길이 원래의 교회이다. 사람은 세상 속에 시어진 그 길 위에서 하나님의 권위를 예배하며 살도록 만들어졌다. 루터는 선악과 금지의 말씀을 "외부의 공간과 외부의 말씀과 외부의 예배 의식"을 통해 "외부적 순종"을 요구한 것으로 푼다.[50] 이것

---

47 루터는 「세상 권세에 대하여」에서 "하나님이 두 가지 통치 질서를 세우셨다"(Gott hat die zwei Regiments verordnet. GW, p.4.359)고 했다. 여기서 루터가 사용한 독일어 verordnen 또는 명사 형태의 Verordnung이 창세기 강의에서 사용한 라틴어 인스티튜치오의 의미라고 보면 될 것 같다. 두 단어는 모두 '질서를 세운다'는 뜻이다. 교회는 하나님 나라의 통치 질서이고 국가는 세상 나라의 통치 질서이다.

48 David M. Whitford, "Cura Religionis or Two Kingdoms", p.47.

49 학자들은 루터가 제3의 용법이라는 말을 분명하게 사용하지 않았지만 창세기 강의에서 제3의 용법을 사실상 말했다고 본다.

50 WA 42, p.80, p.82. LW 1, p.106, p.109. 외부적 순종: opus obidentiae externum.

은 하나님의 영광을 모든 사람이 자발적으로 예배하는 데에 무슨 외부적 표시가 있어야 한다는 뜻으로 보인다.[51]

그런데 아담의 타락은 모든 걸 바꾸었다. 그래서 교회의 외부적인 것들은 겉치레에 그쳐서 본래의 의미를 상실했다. 그러면서 내면을 검토하고 내면의 충실성을 강조해야 할 때가 되었다. 원래 태초의 교회에서는 외부와 내면이 구분되지 않았다. 외부적 예배에 내면의 순종이 따랐기 때문이다. 공간도 외부적 공간과 내부적 공간의 구분이 없었다. '벽이 없는' 태초의 '아름다운' 교회는 모든 피조물로 이루어진 우주 공간이면서 동시에 아담과 인간의 내면의 공간이다. 그러나 타락 이후에 내면의 속마음이 따르지 않는 형식적 예배가 이루어지고, 인간 내면의 하나님의 법이 아닌 교회 자체의 법이 강제력을 가지게 되었다. 그래서 예수 그리스도께서 원래의 교회를 회복하시려고 성전을 정화하셨다.[52] 외부적 예배는 여전히 필요하지만 이제 정말 중요한 것은 내면이 되었다. 인용문에서 '벽이 없는' 공간이란 하나님과 인간의 교통이 이루어지는 개인의 내면을 가리키고, 또는 성도의 교통으로 이루어지는 관계의 망을 가리킨다. 외부적 교회도 필요하지만 내면의 교회가 더 중요해졌다.

교회가 가장 먼저 세워졌다는 말은 인간은 먼저 하나님과 교통하도록 지어졌다는 말이다. 교회가 가정보다 '앞서고' 가정보다 '중요하다'. 가정은 다른 사람과 이루는 사회생활의 공간을 가리킨다. 아담과 하와

---

51 여기서 말하는 교회는 그리스도에 대한 신앙으로 모인 현재의 제도 교회와 구분해야 한다. 태초의 교회에 대한 다양한 논의에 대해서는 Otto Pesch, "Kirche als Schöpfungsordnung?", *Neue Zeitschrift für Systematische Theologie und Religionsphilosophie*, 1999, 3/41 (1999), pp. 297-318을 참조하라.

52 WA 42, p. 81(5-6). LW 1, p. 111.

가 이루는 가정은 좁은 의미의 가족만을 의미하지 않는다. 사람이 타자와 관계를 맺으며 이루는 사회생활을 가리킨다. 아담의 짝인 하와를 가리켜 루터가 사용한 라틴어가 소치아socia이다. 현대 용어인 사회라는 말의 뿌리가 되는 말이다. 가정을 가리키는 말로 오이코노미아oikonomia라는 글자를 사용했는데, 가정이 사회적 생산의 근원지요 시민 사회의 기본 단위라는 의미에서 사용한 말이다.

루터는 교회에 뒤이어 아담이 가정의 관리oikonomiae administratio가 필요해졌다고 본다.[53] 행정이라고 일본인들이 번역한 아드미니스트라치오라는 말을 루터는 가정에 적용했다. 아드미니스트라치오는 관리나 돌봄을 가리킨다. 서로 짝이 되어 돌보는 본래적 인간관계와 사회생활의 모습을 루터는 가정을 통해 표현했다. 아리스토텔레스는 가정이 국가라고 하는 더 이상적인 사회로 확대된다고 보았는데, 루터는 가정이라는 말로 인간의 가장 이상적인 사회생활을 표현하고자 했다. 그런데 신앙생활이 사회생활보다 앞서고 중요하다. 타자와의 교통이 잘 이루어지려면 먼저 하나님과의 교통이 있어야 한다. 하나님과의 교통을 통한 타자와의 교통, 그것이 하나님이 본래 지으신 창조 질서이다. 교회가 가정보다 앞서고 중요하다는 말은 그 뜻이다.

한편 교회와 가정은 타락 이전의 창조 질서인데, 국가는 타락한 이후에 생겨났다. 다스림과 복종의 관계를 비판적으로 보는 전통이 성서에 있었고, 교부들은 하나님이 본래 인간에 대한 인간의 지배를 원치 않으신다는 신학적 신념을 정립했다. 그리하여 정치 공동체인 국가를 하나님의 창조 질서로 보지 않는 견해가 그리스도교의 독특한 정치사상으로 자리를 잡는다. 창조 질서가 아니라는 말은 인간의 본성이 처

53 「창세기 강의」, WA 42, p. 79(20).

음부터 국가를 필요로 하지는 않았다는 뜻이다. 그리스도인의 자유를 주창하고 개인이 누구나 세상의 주인임을 선언한 루터 역시 정치 공동체가 하나님의 창조 질서가 아니라고 본다.

루터가 강조하는 개인은 집단 질서인 국가와 언제나 긴장 관계를 가질 수밖에 없다. 그리스도교 왕국이라고 해도 현실 정치는 신앙이 아닌 이성에 의해 돌아간다는 점에서 루터는 아리스토텔레스의 정치학을 받아들이는 측면이 있다. 그러나 인간의 이성이 타락해 있다고 본 점에서 루터는 현실 정치에 대해 아리스토텔레스보다 비판적이다. 세상 나라가 자칫 사탄의 나라가 될 수 있다는 긴장을 잃으면 안 된다. 또한 루터에게 국가와 정치는 인간의 참된 자유나 구원과 무관한 강제와 법의 영역이다. 타락해 있는 인간의 일반적 이성의 수준에 맞게 국가는 강력한 형벌의 힘으로 통치한다.

물론 국가가 그리스도인들의 사랑으로 구성된 공동체가 되기를 바라는 듯한 루터의 언급이 있다. 통치자를 아버지로 보는 그의 생각 역시 그런 바람을 드러낸다. 통치자와 인민의 관계를 부모와 자식의 관계로 보고 통치자는 부모의 사랑으로 인민을 대하기를 루터는 바란다.[54] 국가를 가정의 연장으로 보는 생각은 중세적 사유로서 중국과 한국은 19세기 말까지 그런 정치철학을 가지고 있었다.

서구에서도 정치학은 13세기까지도 독립된 학문으로 인정받지 못하다가 1250년에 뫼르베크의 기욤이 아리스토텔레스의 『정치학』을 번역

---

54 루터는 「선한 행위에 관하여」(1520)와 「대교리문답」(1529)에서 십계명의 네 번째 계명을 해설하며 통치자를 부모와 같은 존재로 말한다. 누구나 육신의 아버지가 있고, 공직을 가진 아버지가 있다. 육신의 아버지는 가족을 돌보고, 공직을 가지고 통치하는 아버지는 나라를 돌본다. 통치자를 기쁜 마음으로 섬기고 공경하는 것이 하나님을 기쁘게 하는 일이다.

소개함으로써 정치라는 말이 유행하고 정치학이 다스림gubernatio의 학문으로 독립하기 시작했다.[55] 그런데 16세기의 루터가 여전히 국가를 부모와 자식의 관계에 빗대어 생각하는 것은 가족처럼 가까운 사람들 사이에서 통하는 개인 윤리와 모르는 사람들의 집합체에서 통하는 사회 윤리의 차이를 간과하여 너무 순진하고 단순한 정치사상을 가지고 있다고 비판할 수도 있다.

그러나 루터가 통치자에게 아버지 같은 덕을 바란 것은 정치인의 도덕성을 강조한 것이며, 국가관의 핵심이 거기에 있지는 않다. 루터는 국가가 가정 같은 사랑의 공동체가 되리라고 믿지 않았다. 루터는 국가를 인간의 최고선이 이루어질 공동체로 보지 않고 죄의 열매로 본 점에서 아리스토텔레스와 근본적으로 다르고 17세기의 자유주의 정치철학자인 토마스 홉스와 유사하다. 홉스는 국가를 서로 협력하는 지체들로 구성된 유기체로 보는 중세적 관점을 벗어났다. 그는 국가를 자연 상태의 혼란을 막기 위한 지배 복종의 관계로 보았다. 자연 상태의 폭력의 악순환은 언제나 문명 국가를 집어삼킬 수 있기 때문에 검을 수반한 국가의 강력한 주권적 힘이 질서를 잡아야 한다.[56]

이러한 정치적 현실주의의 관점은 홉스에 앞서 루터의 정치관이었다. 루터에게서 국가는 창조 질서인 가정과 다른 별개의 지배 구조로 이루어져 있다. 그럼에도 불구하고 루터가 국가 구성원들에 의한 사랑의 공동체를 꿈꾸었다면, 거기에는 국가와 다른 사회 개념을 적용해야 한다. 그 문제는 직업 활동과 관련해서 6장에서 살펴보자. 여하튼 국가는 구원의 공동체가 될 수 없다는 것이 루터의 기본적인 생각이다.

---

55 퀜틴 스키너, 『근대 정치사상의 토대 2』, p.646.

56 Alexander Passerin D'Entreves, *The Notion of the State, An Introduction to Political Theory*, London: Oxford University Press, 1967, pp.104-107.

국가는 창조 질서가 아니다

교회와 가정까지가 하나님이 본래의 창조 질서로 세운 제도이다. 루터는 창세기 2장 강의에서 교회와 가정을 파라다이스로 본다. "진실로 하나님의 창조는 좋으며, 좋은 축복이다."[57] 성서 전통을 따라 루터는 세상을 만든 하나님의 창조를 축복된 것으로 보는데, 그와 같은 전적인 축복의 창조 질서는 교회와 가정의 질서를 가리킨다. 사람이 자기 내면에서 하나님과 교통하고 외부에서 다른 사람과 교통하며 서로를 돌보는 세상, 그것이 본래 하나님이 만든 좋은 세상이다. 사회생활은 창조 질서이고 인간의 본성이다. 아우구스티누스나 루터에 따르면 인간은 세상에서의 사회생활 없이 하나님 나라를 생각할 수 없다. 그러나 사회생활이 곧 국가와 정치를 의미하지는 않는다. 정치와 사회생활을 별개로 본 아우구스티누스의 견해는 16세기 칼뱅파인 위그노의 정치학자 뷰케넌의 작품에까지 이어진다.[58]

정치와 국가는 죄의 결과로 생긴 죄의 나라regnum peccati이며, 그 안에서 죄를 만들기도 하고 형벌을 통해 죄를 치료하기도 한다forma et remedium peccati. 「창세기 강의」에서 루터는 부분을 도려내어 몸의 나머지 지체를 살리는 행위를 치료로 설명한다. 다시 말해 죄인을 가두거나 제거해서 사회 전체를 살리는 행위가 국가가 해야 할 죄의 치료이다.[59] 그러나 죄인을 교정하는 일을 가리켜 죄의 치료라고 볼 수도 있

57 "Bona enim est creatio, bona benedictio." 「창세기 강의」, WA 42, p. 79(35).

58 아우구스티누스의 국가와 사회의 구분에 대해서는 R. Markus, *Saeculum*, 206. R. Dyson, *The Pilgrim City. Social and Political Ideas in the Wrintigns of Saint Augustine of Hippo*, Rochester, Boydell Press, 2001, p. 48을 참조하라.

59 「창세기 강의」, WA 42, p. 79(18-19).

다. 「세상 권세에 대하여」에서 루터는 법과 형벌이 죄인을 바르게 만든다고 본다.[60] 시민의 삶vita civili에서 이탈한 자를 형벌을 받게 한 후 다시 시민의 삶으로 복귀시키는 일이 국가 형벌의 임무이다.

국가의 형벌권은 범죄자를 시민 사회로 복귀시키기 위한 장치로 볼 수 있고, 죄의 치료란 그 점을 가리킨다. 신학적 의미에서의 죄의 치료는 그리스도에 대한 믿음을 통해 은총으로 의롭게 여김 받고 탐심과 자기 의라고 하는 죄의 노예 상태에서 해방되는 데 있다. 그것은 하나님의 나라에서 하나님의 통치에 의해 이루어지는 일이다. 세상 나라인 국가에서 죄의 치유는 신학적 의미의 죄를 치유하는 것이 아니라 시민법을 어긴 죄인을 교정하는 것을 가리킨다. 국가의 형벌은 신학적 정의를 세우는 일이 아니라 훼손된 시민적 정의와 외부적 정의를 회복한다.

학자들 중에는 이처럼 국가가 인간의 타락으로 인해 생긴 것임을 인정하면서도 국가를 하나님의 창조 질서 또는 자연 질서라고 말하는 경우가 있다.

자연nature과 본성nature은 같은 말이어서 본성에 맞는 질서를 자연 질서라고 한다. 그런데 그리스도교는 인간의 본성에 관해 독특한 사유를 하고 있기 때문에 용어상의 혼동이 발생한다. 아우구스티누스는 하나님이 처음 인간을 만들었을 때의 본성과 현재 타락한 상태의 본성을 구분한다. 그리고 제2의 본성이 첫 본성을 대체했다고 본다.[61] 그러므로 자연이라면 첫 본성을 가리킬 수도 있고 두 번째 본성을 가리킬 수

60 「세상 권세에 대하여」, GW, p.4.377.

61 본성을 둘로 보는 것은 성리학에서도 마찬가지다. 성리학에서는 본연지성과 기질지성을 구분하는데, 본연지성本然之性은 처음에 하늘이 준 선한 본성을 가리키고 기질지성氣質之性은 세상에 살면서 생긴 악의 성향을 가리킨다. 특히 퇴계가 두 가지 본성을 날카롭게 구분했는데 그러면서도 기질지성이 본연지성을 대체했다고 보지 않는다는 점에서 아우구스티누스 신학과 다르다. 신학과 철학의 갈림길도 거기에 있다.

도 있다. 만일 자연 질서가 타락 이전의 본래의 인간 모습을 가리킨다면, 국가는 자연 질서가 아니라고 해야 한다. 아우구스티누스가 국가를 하나님의 자연적 섭리가 아니라고 본 것처럼 말이다.

그러나 정반대로 자연 질서라는 말이 지금 현재 타락한 인간의 상태에 따른 질서를 가리킬 수 있다. 정치학에서 자연 상태는 이성의 규제가 없는 인간관계 또는 중앙 권력이 없어 발생하는 만인에 대한 만인의 투쟁 상태를 지칭한다. 그런 자연 상태가 초래한 통치 질서라는 의미로 국가를 자연 질서라고 부른다면 국가는 하나님이 본래 만든 창조 질서가 아니라는 말과 같다.

물론 국가를 창조 질서로 볼만한 용어가 루터에 의해 사용되기는 한다. 루터는 국가를 하나님의 작품이요Werke 하나님이 세웠고Ordnung 하나님이 만들었다Schöpfung고 말한다.[62] 여기서 '만들었다'는 말이 오해를 불러일으킬 수 있다. 여기서 만들었다는 말은 하나님이 본래 원해서 만든 질서가 아니라 인간의 타락으로 불가피하게 하나님이 국가 체제를 인정하고 세우셨다는 뜻인데, 본래의 첫 창조를 가리켜서도 만든다Schöpfung라는 말을 사용하기 때문에 혼동이 발생한다.

독일의 학자들이 국가를 가리켜 쇠풍스오더Schöpfungsorder라고 쓰는 것을 창조 질서라고 번역하면 마치 본래부터 하나님이 국가와 정치 공동체를 원한 것처럼 오해될 소지가 있다. 그렇게 되면 국가를 자연 공동체로 본 아리스토텔레스의 견해와 죄의 결과로 본 그리스도교신학의 차이가 사라진다.[63] 국가는 창조 질서가 아니라고 말하는 것이 루

62 「세상 권세에 대하여」, GW, p.4.372.

63 단테 역시 국가는 하나님의 창조 질서라고 말하면서도 인간이 죄를 짓지 않았다면 국가가 필요 없었으리라고 말한다. Dante, *Monarchy*, p.71. 그러나 주 12에서 번역자 Shaw 교수는 이러한 단테의 주장이 모순임을 지적하고 있다.

터의 견해와 일치하고 오해의 소지를 없앤다. 루터에 따르면 국가는 창조 질서가 아니라 인간이 타락한 이후에 죄의 힘을 다스리기 위해 세워진 질서이다. 다만 그것도 하나님의 뜻 안에서 이루어진 일이며, 그런 점에서 국가는 타락한 인간을 위해 하나님이 만들었다고 할 수 있다.

국가가 하나님이 만드신 하나님의 작품이라는 점을 강조하는 점에서 루터는 『신국론』의 저자인 아우구스티누스와 미묘한 차이를 보인다. 하나님이 원치 않으셨지만 타락한 인간에게 필요해서 '허락하셨다'고 하는 수동적 개념[64]을 루터는 잘 사용하지 않는 것 같다. 루터는 그만큼 국가의 통치 질서를 중요하게 본다. 법질서가 무너졌을 때 올 대혼란을 루터는 묵시록적 관점에서 주시하고 있었기 때문이다. 구원 사건의 초점을 개인에게 맞춘 루터로서는 개인의 울타리가 되어줄 법질서가 하나님에게서 온 것임을 강조할 필요가 있었다. 그러나 루터가 국가를 분명히 인간의 타락의 결과로 보는 한, 국가는 하나님이 본래 만들었던 창조 질서에 속하지 않는다. 만들었다는 표현을 살리려면 이렇게 말해야 한다. 국가도 하나님이 만드셨지만 첫 창조의 작품은 아니다.

64 양명수, 「아우구스티누스가 본 정치의 의미와 한계」, 『한국기독교신학논총』 1/62(2009) 참조. 루터의 정치 사상이 기본적으로 아우구스티누스에 바탕을 두면서도 강조점에서 미묘한 차이가 있음을 볼 수 있다.

5장

순종과 저항

Martin Luther

ⓒ

국가 체제를 죄의 결과로 본다면 국가의 극복이라는 과제가 생긴다. 그러나 국가 체제의 극복이라는 말은 루터의 생각 속에 없었다고 봐야 한다. 루터는 통치 질서를 거스르는 행위인 반역을 엄중한 처벌의 대상으로 보았다. 루터가 반역이라는 말을 사용한 것은 윗사람에 대한 순종을 질서의 핵심으로 보았기 때문이다. 루터는 종교의 권위주의를 해체했지만 세상 질서에서의 권위는 중요하게 보았다. 물론 종교의 권위주의를 해체한 여파는 세상의 권위주의를 해체하는 쪽으로 옮아가게 되어 있었다. 그러나 루터는 공권력의 권위가 사라지는 것을 원치 않았다. 루터의 묵시록적 사유가 그것을 막았다.

그러나 엄밀히 말하자면 그리스도인의 내면에서 국가 체제 자체가 이미 극복되었다고 봐야 한다. 루터의 두 왕국론은 하나님 나라의 현재성을 강하게 말하고 있다. 하나님 나라는 말씀이 개인의 내면에서 이루는 자유와 사랑의 질서이다. 그러므로 그리스도인의 내면에서 세상 나라인 국가가 이미 극복되었다. 외부적으로 국가의 통치 체제의 극복은 생각할 수 없고 생각해서도 안 된다. 그러나 내면에서 개인은 외부의 통치 질서를 벗어나 하나님 나라의 백성으로서 세상의 주인이 되어 있다.

인간 내면에서 자유의 에너지가 충만하게 형성되었다. 그러나 내면의 자유가 외부 질서에 대한 저항으로 터져 나오지는 않는다. 정치 질서를 전복할만한 에너지를 만들어놓고 루터는 그 길로 가지 않았다. 내면에서 형성된 자유의 에너지가 외부로 터져나오는 길은 통치 권력에 대한 저항이나 혁명이 아니라 오히려 이웃에 대한 봉사와 사랑이다. 루터가 자유의 외부적 확산을 생각했다면, 그것은 개인의 성화와 타자에 대한 사랑으로 나타난다. 제도와 법질서의 변화는 루터의 관심이 아니었다.

1. 국가의 극복과 순종

국가가 원래의 창조 질서가 아니라는 이유로 국가 체제의 극복을 생각한다면 무정부주의가 대두될 수 있다. 루터에게서 자극을 받은 재침례파들이 무정부주의를 주장한 것도 이상한 일이 아니다. 만일 국가라는 공동체에서 이루어지는 정치와 문화가 그리스도인의 참된 자유를 멀리하게 하는 힘을 가지고 있다면 국가는 사탄의 나라와 동일시될 수도 있다. 재침례파나 급진적 종교개혁가들 그리고 20세기의 톨스토이 같은 사람들은 그처럼 국가를 반反그리스도교적 체제로 보고 무정부주의를 주창했다. 카를 마르크스는 국가 체제를 부르주아지들의 권력 장치로 보고 국가를 해체하려고 했다. 국가 체제 자체에 대한 비판과 도전은 서구 그리스도교 문화의 독특한 현상이다.[1]

1 스토아 학파에서도 국가의 법질서와 자유롭고 평등한 이상 사회의 차이를 얘기했으나 범신론적인 성격 때문에 국가비판과 개혁의 동력으로 작동하지 못했다. 에른스트 트뢸치, 『기독교 사회윤리』, 현영학 역, 서울: 한국신학연구소, 2003, 199.

정복하는 방식으로 순종하라

루터 역시 국가 안에서 이루어지는 정치와 문화가 사탄적인 측면을 가질 수 있다는 생각을 했다. 루터가 국가를 세상 나라라고 하면서 하나님 나라와 구분할 때, 그는 반드시 국가와 거리를 두지 않으면 진리와 자유를 얻을 수 없다고 생각했다. 국가와 정치의 기반이 되는 세상 풍조는 참된 자유와 사랑을 파괴하는 힘을 가질 수 있다. 사탄은 탐심과 자기 의에 기원을 둔 인간의 집단적 영이요, 정치 질서는 그런 인간 현실을 어느 정도 반영하고 있다. 그 점에서 세상 나라 곧 국가는 어느 정도 사탄의 영향을 입고 있다. 그러나 동시에 인간의 탐심이 인간 세상을 파괴하지 못하도록 사탄을 감시하고 억누르는 역할을 하는 것도 국가의 공권력이다. 그런 점에서 국가와 정치는 언제나 타협에서 오는 양면성을 지닌다.

루터는 국가의 실정법에 대해서 비판적 시각을 유지했다. 법이 요구하는 도덕성의 수준은 그리스도인의 기준에 못 미친다. 그런데도 법만 지키면 죄가 없다고 생각하는 인간의 무감각을 루터는 개탄한다.

> 법률이 허락하는 것들을 보라! 하나님의 계명에 반한다고 하더라도 공창을 허용하고 하나님이 금하는 많은 악한 것들을 허락하고 있다. 법은 필연적으로 죄와 사악함을 허락한다. 그러면서도 인간의 법률들이 명하고 금하는 것들은 거의 문제가 되지 않는다. 자기방어는 인간의 법에서는 처벌할 수 없지만 하나님 앞에서는 용서받지 못한다. 교황이나 황제는 사람들이 법정에서 고발하는 것을 비난하지 않지만, 그리스도와 그의 가르침이 그것을 비난한다.[2]

법은 인간의 일반적 욕망이 외부적으로 문제를 일으킬 때에만 관여한다. 그래서 법은 삶의 문제를 근본적으로 해결하지 못한다. 또한 복음의 가르침에 따르면 죄가 되는 것도 실정법에서는 죄가 되지 않는다. 예를 들어 루터는 공창을 지적한다. 또한 법은 자기방어를 위한 행동을 처벌하지 않으나 신학적으로는 문제가 되는 부분이 많다. 그처럼 인간 영혼을 구원할 수 없는 것이 법인데 황제는 물론이고 구원의 안내자를 자처하는 목회자들도 법에 호소하기를 즐긴다. 인간의 궁극적 자유와 관련해서 법은 복음에 비해 그 한계와 열등함이 두드러진다.

그런데 다른 면으로 보면 국가의 법과 형벌이 사탄으로 인해 세상이 파괴되는 것을 막고 있다. 그 점이 매우 중요하다. 그러므로 그리스도인은 국가 질서를 넘어설 줄도 알아야 하고 동시에 존중할 줄도 알아야 한다.

재침례파나 열광주의자들과 달리 루터에게서 국가의 극복은 국가 질서를 잘 따르는 일과 동시에 일어난다. 국가의 극복은 세상을 바꾸면서 일어나는 일이 아니라 한 개인이 참 그리스도인이 되면서 일어나는 일이다. 개인이 내면에서 하나님의 통치를 받고 하나님 나라에 사는 것이 세상 나라의 극복이고 국가의 극복이다. 세상 나라에 살면서도 하나님 나라에 살 줄 아는 그리스도인은 이미 세상을 극복했고 정치를 극복했다. 루터가 말하는 그리스도인의 자유가 곧 국가와 정치의 극복이다.

국가법의 강제를 강제로 받아들이지 않을 수 있는 개인의 영적인 힘을 통해 정치적 통치를 내면에서 극복한다. 영적인 힘이 육적인 힘을 흡수하는 방식이다. 그리스도인은 높이 오른 사람들이다.[3] 그때 법 위

---

2 「고리 대금업」, 『마르틴 루터의 사상과 윤리』, p. 295.

3 「세상 권세에 대하여」, GW, p. 4.366.

에서 법을 자유롭게 지킨다. 자유로운 순종은 세상을 정복하는 일과 함께 발생한다. 순종이 어떻게 정복이 되는가?

> 인간의 영은 (세상에서) 살고 활동하는 한 감각적 세계와 세상적인 것들에 의해 필요에 묶인다. 그러는 한 인간의 영은 하나님의 뜻을 위하여 세상 질서에 복종해야 한다. 그런 순종을 통해 그는 하나님을 따르고 하나님의 뜻과 조화를 이룬다. 또한 그 순종을 통해 영은 이미 세상을 정복하는 셈이다.[4]

법질서에 대한 순종은 세상을 정복하는 방식으로 이루어진다. 정복이란 파괴를 의미하지 않으며 법질서를 자유로이 사용하는 일을 가리킨다. 결국 순종은 자유로운 사용을 가리킨다. 내면에서 자유로워진 개인은 세상의 주인이 되어 주체적으로 법을 사용한다.[5] 법을 따르지만 정신적으로는 법을 이용하고 사용한다. 법에 매이지 않은 자만 법을 자유로이 사용할 수 있다. 루터는 개인들이 법을 만드는 주체라고까지는 생각하지 못했고 다만 자유인은 법을 사용하는 주체가 될 수 있다고 생각했다. 자유로워진 개인은 법을 대하는 태도가 다르다. 법을 통해 정의를 이루고 공동체의 평화를 만드는 일에 주체적으로 동참한다.

법이 유지하는 평화는 사탄의 준동을 막는 데 사용된다. 악을 벌함으로써 악이 커지지 못하게 하고, 그렇게 함으로써 세상을 보존한다. 내면에서 하나님의 나라를 사는 이들은 국가의 공권력을 통해 인간 사

---

4 「로마서 강의」(1515-1516), GW, p.675. 인용문의 마지막 문장: also überwindet sie jenen (weltlichen Bereich) bereits durch diese Unterwerfung.

5 루터는 "그리스도교적으로 복되게 사용한다selig gebrauchen"는 표현을 쓴다. 「세상 권세에 대하여」, GW, p.4.372.

회의 파괴적 힘에 제동을 거는 하나님의 권능을 본다. 그래서 법을 존중하고 준수하는 일을 통해 하나님의 싸움에 동참한다. 어떤 사람을 징계하고 벌하는 데 관심을 두지 않고 그를 통해 나타나는 파괴적 힘을 징계하는 데 관심을 둔다. 악을 징계하는 일은 악인을 교정해서 사회로 복귀시키는 치료와 교육의 효과도 있다.[6]

법을 사용한다는 말은 그처럼 법을 통해 악과 싸우는 주체가 되는 길을 가리킨다. 그리스도인은 자기 유익을 위해 법에 호소하지 않으며 다만 공동체를 위해 악을 법의 심판대에 올린다. 그러므로 법을 사용하는 일은 타자를 위한 사랑의 행위이다. 공권력은 하나님의 도구로서 자유인의 도구이다. 자유인은 법에 눌리지 않고 법을 두려워하지도 않으며 다만 법을 사용한다. 순종하면서 세상을 정복하는 길이 거기에 있다.

루터는 법의 두 가지 용법usus duplex 곧 신학적 용법과 시민적 용법을 말했는데, 용법이라는 말 자체가 법은 도구임을 말해준다. 그리스도인의 자유는 법을 시민적 도구로 사용하기도 하고 신학적 도구로 사용하기도 한다. 시민적 도구란 위에서 말한 대로 불법을 벌해서 정의를 세우고 세상의 평화를 유지하는 기능을 가리킨다. 그런데, 법을 통해 자신의 악도 돌아보며 반성하는 기능이 있으니, 그리스도인은 하나님의 은총을 구하도록 하는 자극제로 법을 사용할 줄 알아야 한다. 형벌이 없으면 법을 지키지 않을 자신의 죄의 모습을 보고 하나님의 자비를 구한다. 그것이 법의 신학적 용법이다. 여하튼 그리스도인은 국가의

6 특히 멜란히톤은 형벌의 기능을 법의 제3의 용법인 교육적 용법에 따라 회복의 관점에서 설명했다. Heiki Philajamäki, "Excutor divinarum et suarum legum: Criminal law and the Lutheran Reformation" in *Lutheran Reformation and the Law*, ed. Virpi Mäkinen, Leiden, Boston: Brill, 2006, p. 183.

법질서에 끌려가지 말고 법질서를 사용하는 방식으로 준수해야 한다.

루터는 이처럼 법질서의 극복과 법질서에 대한 순종을 양립시킨다. 이것은 루터신학에 들어 있는 역설의 모습 가운데 하나이다. 그런데 서로 반대되는 사안이 역설적으로 양립하려면 개인의 내면이 깨어 있어야 한다. 만일 깨어 있지 않고 종말론적 긴장이 사라지면 루터의 가르침은 질서 유지를 선호하는 보수적 정치 성향으로 굳어질 수도 있다.

처음부터 검의 법이 있었다

루터의 국가관과 정치관은 아우구스티누스만큼 비판적이지 않다. 아우구스티누스의 『신국론』 19권이 국가 질서에 대한 비판과 권력자들의 지배욕에 대한 비판으로 시작하고 뒷부분에 가서 법질서의 불가피한 점을 말한 반면에 루터의 「세상 권세에 대하여」는 1부에서 국가 권력이 하나님이 세운 질서임을 강조하고 2부에 가서야 국가 권력의 한계를 말한다. 아우구스티누스와 달리 정치를 필요악으로 보는 언급이 없을 정도로 루터는 국가와 법의 정당성에 초점을 맞추었다. 개인의 신앙과 양심에 간섭할 때에만 국가는 진정한 비판의 대상이 된다. 그 외의 경우에 국가는 하나님의 질서요, 공권력에 순종하는 게 하나님께 순종하는 것이다. 복음이 아닌 법에 순종하는 것도 하나님께 순종하는 하나의 방식이다. 공권력을 흔드는 것은 하나님의 질서를 무너뜨리는 사탄의 장난이다.

법질서 확립을 중요하게 보는 루터의 견해는 국가의 통치 질서를 마치 창조 질서인 것처럼 말하는 대목에서 잘 드러난다. "세상 처음부터 검의 법이 있었다." 이 문장은 「세상 권세에 대하여」의 1부의 첫 부분부터 등장한다. 세상 정부의 법과 강제력을 정당화하기 위해서 한 말이다. 세상 권세를 가리켜 검의 법이라고 함으로써 루터는 정부의 가장 중요한 일을 정의 구현에서 찾는다. 복음은 자유를 주지만 법은 형벌을 배경으로 삼아 강제적 압력을 행사한다. 「로마서 강의」에서 루터는 말한다. "교회와 국가는 모두 하나님에게서 왔다. 전자는 내적 인간의 자유를 위하여 있고 후자는 외적 인간의 통제를 위하여 있다."[7] 교회와 국가는 모두 하나님의 말씀에 의해 세워진 질서이다. 루터는 질서가 하나님의 명령에 기반을 둔 것으로 본다. 교회는 하나님과 인간 사이에 자유의 질서를 세우고 국가는 인간과 인간 사이에 법의 질서를 세운다.

인간의 죄의 본성이 바깥 행위로 나오는 것을 통제하고 억제하는 바깥의 힘이 필요하다. 그것이 국가가 법을 통해 행사하는 공권력이다. 루터가 말하는 법 또는 율법이란 내면의 도덕법을 포함한 실정법을 가리킨다. 실정법은 정부의 강제력에 의해 외부로부터 개인을 향해 효력을 발휘한다. 도덕법은 내면적 자기통제의 장치를 통해 작동되지만, 알고 보면 사람들의 비난이라고 하는 외부적 억제 수단이 내면화된 것이다. 세상 처음부터 검의 법이 있었다는 루터의 말은 외부의 형벌과 비난에 따라 효력을 가시는 규범과 국가의 통치 질서가 세상 처음부터 있었다는 말이다.

그렇다면 루터는 국가 권력과 법질서를 원래의 창조 질서로 보는가? 그렇지 않다. 앞에서 보았듯이 참된 그리스도인만 있다면 검의 법은 필요 없다는 것이 루터의 생각이다. 루터가 찾는 성서적 근거를 보면 세상 처음부터 검의 법이 있었다는 말의 의미를 알 수 있다. 창세기에 보면 가인이 아벨을 죽인 후에 다른 사람들이 자신을 죽일까봐 두려워한다. 이것을 두고 루터는 역사의 시작 지점인 가인 때부터 살인자는

7 GW, p.674.

그에 마땅한 벌을 받았기 때문에 가인이 두려워했다고 해석한다.[8] 그리고 창세기와 출애굽기의 구절에서 국가 형벌의 성서적 근거를 찾는다.[9] 창세기 9장 6절에서 노아 홍수 이후에 하나님이 사람을 보호하기 위해 새로운 계명을 통해 새로운 질서를 세우신다. 사람을 죽인 자는 반드시 죽어야 한다. 이것은 인간의 죄가 많아진 이후에 세운 새로운 질서인데, 루터는 이 대목에서 국가의 법질서가 세워진 것으로 본다.

> 여기서 우리는 모든 시민법과 국가의 법들이 생겨난 연원을 보게 된다. 만일 사람을 살리고 죽일 힘을 하나님이 사람에게 주셨다면 그보다 적은 것들을 다스릴 힘도 주셨음에 틀림없다. 재산이나 집과 아내와 자식 그리고 종과 들판을 다스릴 힘을 누군가에게 주셨다. 그래서 그들이 죄인들을 처벌하게 하셨다.[10]
>
> 이 본문은 훌륭해서 언급할 가치가 있다. 왜냐하면 바로 여기서 하나님이 국가를 세우고, 폭력적인 자들을 감시하라고 칼을 주셨기 때문이다. 그래서 폭력이나 다른 죄들이 한없이 벌어지는 일을 막으셨다. 만일 하나님이 이처럼 신성한 힘을 사람들에게 주셨다면 우리가 어떤 삶을 살아야 한다고 생각하는가? 하나님은 악한 자들이 항상 넘쳐나리라고 미리 아시고 외적인 치료법을 세우셨는데 그것은 그때까지 세상에 없던

---

8 「세상 권세에 대하여」, GW, p. 4. 352.

9 "다른 사람의 피를 흘린 자는 그도 피를 흘릴 것이니"(창세기 9:6). "사람이 그의 이웃을 고의로 죽였으면 너는 그를 네 제단에서라도 잡아내려 죽일지니라"(출애굽기 21:14). "그러나 다른 해가 있으면 갚되 생명은 생명으로, 눈은 눈으로, 이는 이로, 손은 손으로, 발은 발로, 덴 것은 덴 것으로, 상하게 한 것은 상함으로, 때린 것은 때림으로 갚을지니라."(출애굽기 21:23-25). 한편 루터는 신약 성서 "칼로 흥한 자는 다 칼로 망하리라"(마태 26:52)고 한 예수의 말도 모세의 법을 따른 것으로 본다.

10 「창세기 강의」, WA 42, p. 361. LW 2, p. 139.

것이다. 그렇게 해서 폭력이 한없이 증가하지 못하게 하셨다. 그런 울타리와 벽을 세워서 하나님은 우리 삶과 재산을 보호하셨다.[11]

인간 사회에 폭력이 없을 수 없다. 다만 폭력의 악순환이 끝없이 전개되는 것을 막는 장치가 국가 권력이고, 그 점에서 국가 권력은 신성한 힘이다. 공권력은 인간의 폭력을 합법적으로 응징할 수 있는 힘이고, 인간을 인간의 폭력으로부터 보호할 수 있는 힘이다. 그러한 형벌권의 기초 위에 사람들의 재산을 보호하는 힘도 공권력에 주어졌다. 그런데 그런 공권력이 세워진 노아 홍수는 창조 이후의 얘기이다. 가인이나 노아 홍수는 본래의 창조 질서가 무너진 후 즉 에덴 동산에서 추방당한 이후의 얘기이다. 그러므로 루터가 검의 법이 '세상 처음부터' 있었다고 말해도 국가를 원래의 창조 질서로 보는 것은 아니다.

루터가 사용한 '세상 처음'이라는 표현은 인류 역사의 아주 이른 시기를 가리킬지언정 신학적 시간인 태초를 가리키지 않는다. 하나님의 말씀에 의한 세상의 창조와 첫 인간 아담과 하와가 나오는 태초의 에덴은 인간이 경험하는 흘러가는 시간이 아니다. 태초는 물리적 시간이 아니라 본래 하나님이 만든 세상은 어떠했을까를 생각하며 현실을 비판하고 동시에 더 나은 미래를 바라보는 기준이 되는 시간이다. 신학적 시간인 태초의 얘기는 장차 이루어질 새로운 인류의 모습과 새 세상의 기준을 제시하며, 그러한 변화를 본래성의 회복으로 보려는 관점이다.

루터는 '세상 처음'이라는 말로 태초가 아닌 경험적 시간의 처음을 말하고 싶었던 것 같다. 신학적으로는 인간이 본래부터 죄인이라고 말할 수 없고 국가가 처음부터 있었다고 말하기 어렵다. 그렇게 말하면

---

11 위의 글, WA 42, p.361. LW 2, p.141.

죄에 대한 인간의 책임이 없어지고 하나님의 선하심을 확보하기 어렵기 때문이다. 그러나 경험으로 보면 인간의 죄는 뿌리 깊고 악의 성향을 타고난다고 말할 수밖에 없다.[12] 그런 원죄론에 비추어 루터는 세상 처음부터 국가의 검이 있었다고 말한 것으로 보인다. 인간이 죄를 '타고남'과 국가가 '세상 처음부터 있었음'이 논리적으로 병행되며 의미가 분명해진다.

죄를 타고난다고 하지만 인간의 본성이 창조 때부터 곧 본래부터 그렇지는 않은 것처럼, 국가가 '세상 처음부터' 있었다고 해서 본래의 창조 질서라고 할 수는 없다. 다만 인간의 죄가 뿌리 깊은 만큼 공권력을 가진 국가의 존재 역시 그 뿌리가 깊음을 말하고자 하는 것이다. 죽을 때까지 악의 성향을 뿌리 뽑을 수 없는 만큼 국가 역시 역사의 종말에 이르기까지 사라지지 않을 것이다. 그것이 루터의 관점이다. 사람의 죄의 본성이 완전히 바뀌지 않는 한 악을 징계하는 국가의 공권력은 강하게 유지되어야 한다. 복음만 가지고 살지 못하고 처벌하는 법이 필요한 인간의 현실에 비추어 법과 국가는 거의 인간 사회의 본질에 해당된다. 그 점을 말하기 위해 국가가 "세상 처음부터 있었다"고 루터는 말한다.

루터에게서 국가의 공권력은 인간 현실의 일부이다. 국가 체제를 뒤흔드는 일은 인간의 죄의 힘을 방치하는 일이므로 사탄적이다. 하나님 나라는 인간 내면에서 말씀의 힘으로 죄의 힘과 싸우고, 국가는 외부에서 하나님을 대신해 물리력으로 죄의 힘과 싸운다. 그 점에서 국가의 통치자는 악과 싸우는 하나님의 대리인이요 동역자일 수 있다.

이렇게 해서 루터는 한편으로 아주 현실적인 법 이론을 구성하고,

12 2장 2절 참조.

다른 한편으로 현실 극복에서 생기는 자유와 사랑을 법 준수와 양립시켜 놓았다. 법을 사용하는 일은 법 너머의 자유로움을 가지고 법을 지키는 일이다. 인간은 그 두 면을 모두 충족시킬 줄 알아야 한다. 한편으로 법의 차가움에 순종하면서 다른 한편으로 선하신 하나님에 대한 믿음에서 나오는 자유와 사랑의 따뜻함을 실천해야 한다. 타자와 공동체에 대한 사랑으로 법이성에 순종한다. 그러려면 먼저 내면과 외부를 나눌 줄 알아야 하고 그 이후에 복음에 의한 내면의 사랑이 외부의 법을 수용해야 한다. 그리하여 법에 매이지 않고 법을 사용할 줄 알 때 법을 극복하면서 순종하는 일이 가능하게 된다.

그런데, 만일 외부로부터 내면을 구분하는 일이 희미해진다면 루터의 역설은 실현되기 어렵다. 신앙으로 하나님 나라의 통치를 받는 일이 약해지면 루터의 역설에서 남는 것은 국가법에 대한 순종이다. 극복은 없이 순종만 남는다. 다시 말해서 내면의 하나님 나라로 말미암은 국가 질서와의 거리가 사라지면 루터주의는 질서에 대한 순종을 강조하는 보수주의로 전락할 수 있다. 실제로 루터 이후 2세기 동안 왕당파들이 루터의 논리를 이용했다.

농민 전쟁과 루터

1525년에 발생한 농민 전쟁은 국가의 공권력에 대한 루터의 태도를 잘 보여주는 사건이다. 농민 전쟁에 대한 루터의 반응은 두 왕국론에 기초를 둔 일관된 신학적 결과물이며 별도의 정치적 판단이나 전략적 판단에서 나온 것이 아니다. 당시의 긴박한 상황 속에서 루터는 오직 신앙의 진리에 근거해서 행동의 방향을 결정했다.

루터는 교회의 권위에 도전했는데, 그러한 도전이 사회 혁명으로 바펼 조짐을 보였다. 루터의 새로운 신앙은 교회뿐 아니라 국가와 정부의 권위에 대한 도전으로 이어졌다. 루터가 보름스 제국의회에 출두할 때 독립기사단의 수장인 후텐이 루터를 보호하겠다는 전갈을 보내왔다. 독립기사단은 영주에 예속되지 않은 자유로운 기사들의 집단인데 루터의 만인사제설에서 기존 권위에 대한 도전을 정당화하는 가르침을 발견했다.[13] 루터는 바르트부르크 성에 숨어 있을 때 쓴 고해성사에 대한 논문을 독립기사단의 지도자 프란츠 폰 지킹겐에게 헌정했다.[14] 한편 민중들의 민심도 루터에게 상당히 쏠려 있었던 듯하다. 보름스에서 카를 5세와 교회 지도자들이 루터를 체포할 수 없었던 데는 불체포의 약속도 있었지만 민중 반란에 대한 우려가 한 몫 한 듯하다. 보름스에 입성할 때 루터는 그곳 민중의 영웅이 되어 있었고, 그들은 루터가 처단될 경우에 폭도로 변할 가능성이 있었다.

한편 새로운 종파들이 세상의 질서를 통째로 부인하는 움직임을 보였는데, 1533년에 라인 강 유역의 자유도시 스트라스부르에서는 호프만이 천년왕국을 선포했고, 1534년에 뮌스터에서는 호프만의 영향을 받은 재침례파들이 그리스도의 재림을 기다리며 도시를 점령하는 사태가 벌어졌다. 독일의 지식사회학자 카를 만하임은 그의 책 『이데올로기와 유토피아』에서 천년왕국 운동을 철저하게 새로운 사회를 지향하는 유토피아 운동의 대표 사례로 꼽았다.[15] 다시 말해서 루터의 종교

---

13 토마스 카우프만은 종교개혁이 기사 계급에 준 영향에 대해 연구했다. 그는 도시 귀족이나 농민들 못지않게 루터의 만인사제설이 후텐과 지킹겐 그룹의 기사들에게 영향을 주었다고 본다. Ulrich Andreas Wien, "Luther's Relations with Peasants and Princes", in *Martin Luther, A Christian betwwen Reforms and Modernity(1517-2017)*, p.330 참조.

14 민족주의자 후텐과 지킹겐에 대해서는 롤런드 베인턴, 『마르틴 루터. Here I Stand』, pp.178-185 참조하라.

15 Karl Mannheim, *Ideology and Utopia, An Introduction of Sociology of Knowledge*,

개혁으로 촉발된 소종파들의 천년왕국 운동은 단순히 종교 운동에 그치지 않고 급진적으로 세상의 권력 관계를 바꿀 폭발력을 지니고 있었다. 한편 바젤을 비롯한 여러 도시에서는 길드에 속한 상인들과 수공업자들이 개혁 신앙을 지지하면서 종교개혁이 계급 갈등의 요소를 띠었다.

농민 전쟁은 루터의 종교개혁이 계급 갈등을 일으켜 무장 투쟁으로 번진 대표적 사례이다. 루터를 보호했던 선제후 프리드리히 3세는 농민 전쟁이 일어난 1525년에 죽었다. 그는 죽으면서 이렇게 말했다. "만일 평민의 통치가 하나님의 뜻이라면 그렇게 이루어질 것이다. 그러나 그것이 하나님을 영화롭게 하는 것이 아니고 그분을 위한 것이 아니라면 곧 해결될 것이다."[16] 16세기의 군주가 평민 통치의 가능성을 언급한 것은 놀라운 일이다. 선제후 프리드리히 3세는 겉으로 가톨릭이었지만 비텐베르크대학을 세운 작센의 통치자로서 루터를 보호하고 루터신학의 영향을 받은 사람이다. 그는 죽을 때에도 루터식의 성례를 치름으로써 자신이 누구를 따랐는지를 보여주었다. 나중에 프리드리히 현인Friedrich the Wise이라고 불리는 군주가 바로 그다. 루터의 영향을 받은 군주가 평민통치의 가능성을 입에 담았다는 사실은 루터의 영적 신분 해방이 얼마든지 정치 사회적인 혁명으로 번질 사회적 상상력을 품고 있음을 보여준다.

다시 말해서 루터의 새로운 신앙은 중세의 여러 가지 사회적 모순과 맞물려 하층민들뿐 아니라 지배층에게도 전혀 새로운 세상의 가능성을 생각하게 만들었던 것 같다. 물론 그리스도교 신앙 자체 안에 그

---

tr. L. Wirth and E. Shils(London: Lund Humphries, 1954), p.190 이하. 양명수, 「신성과 거룩」, 『기독교사상』, 8/42(1998), p.95 참조.

16 헤이코 오버만, 『하나님과 악마 사이의 인간 루터』, p.37에서 재인용.

리스도의 통치가 이루어지는 새 세상에 대한 정치적 상상력이 들어 있으며, 중세의 수도승 피오레의 요아킴은 성령시대와 천년왕국의 시작을 예언했다. 천년왕국설은 세상의 왕들의 통치가 끝나고 그리스도가 천년을 통치한다는 믿음을 가리킨다. 성물을 수천 점이나 수집한 신심 깊은 군주로서 선제후 프리드리히 3세도 새 세상의 도래에 전혀 무관심할 수는 없었으리라 여겨진다.

1525년에 쉬바벤 농민 동맹이 내건 12개 조항의 표지.

루터의 만인사제설은 잠잠하던 농민들을 깨웠다. 신앙생활을 하며 말없이 교회와 영주에게 순종하던 농민들은 자신들의 영적인 지위에 대해 자각하고 스스로를 하나님의 구원의 역사에 동참하는 주체로 인식했다. 「그리스도인들의 모임과 공동체가 모든 가르침을 판단할 권리와 힘이 있으며 또한 가르치는 자를 불러 임명하고 해고할 수 있는 권리와 힘을 성서에 근거해서 가지고 있음에 대하여」(1523)에서 루터는 주교나 교회 지도자들이 아닌 일반 교인들이 설교자와 교사를 임명하고 이단을 가릴 권한이 있다고 주장했다. 루터에 의해 깨우치고 자극받은 남부 독일과 스위스 일부 지역의 농민들이 12개 조항을 내걸고 영주들의 경제적 착취를 비판하며 자율적 교회 치리와 생존권 보장과 농노 해방을 주장하며 봉기했다. 그들은 자신들의 요구를 판단하고 중재할 자로 루터와 멜란히톤과 츠빙글리 등을 지정했다. 농민들이 봉기한 지역은 트렌티노로부터 튀링기아에 이르기까지 그리고 잘츠부르크와 티롤에서 알사스에 이르기까지 상당히 넓은 지역이었다. 농민들은 영주들의 성과 교회와 수도원을 점령하고 약탈하고 불질렀다.

농민 전쟁의 지도자 토마스 뮌처는 초기에 루터의 영향을 입었고 루터의 후원으로 츠비카우 교회의 설교자로 일했던 인물이다. 그의 새로운 정치적 상상력도 루터가 없었으면 불가능했다. 그러나 그는 하나님 나라가 이 땅에 실현되어야 한다고 믿은 사람으로서 루터와 다른 정치적 견해를 가졌다. 뮌처 주변에는 천년왕국운동가들이 있었다. 그들은 신정정치의 실현을 꿈꾸고 하나님 나라와 세상 나라의 일치를 생각했다. 자유롭고 평등한 나라는 단지 내면에 건립되지 않고 바깥 세상에 실현되어야 했다. 그것은 단순히 죄로부터의 해방이 아니라 정치 경제적 해방을 의미하며 세상 질서의 급격한 변화를 의미한다.

농민들이 주체가 되어 세상에 하나님 나라를 건설해야 하고 세상의 권력은 농민들에 의해 심판받아야 한다고 뮌처는 생각했다.[17] 루터는 개인의 자유로운 변화에 의한 영혼의 자유와 사랑을 추구했으나 뮌처는 무력에 의한 세상 질서의 변화를 추구했다. 만일 세상에 하나님 나라를 급하게 건설하려면 폭력이 따를 수밖에 없다. 하나님 나라를 세상에 건설하려던 19세기의 마르크스 역시 폭력 혁명을 말할 수밖에 없었다.

루터는 농민 전쟁 이전에 이미 뮌처가 알쉬테트의 설교자로 있을 때 그를 위험인물로 지목하고 1524년에 작센의 군주들에게 반역을 예방하라고 글을 보냈다. 뮌처는 1523년에 알쉬테트의 설교자가 되었는데

17 박양식, 『종교개혁시대의 천년왕국운동』, 서울: 내일을 여는 지식, 2011, p. 137 이하.

하나님의 예언자들에 의해 세상 통치자들이 심판받으리라는 설교를 했다. 루터는 뮌처에게 경고했었고 마침내 성화를 불사르는 사건을 계기로 루터는 군주들에게 반역에 대비하도록 글을 보낸 것이다. 루터가 강조한 점은 개혁은 말로 해야 하고 하나님의 역사를 기다려야 하며 폭력으로 인간이 이루려고 하면 안 된다는 점이었다. 자신은 무력을 사용하지 않았는데도 수도원이 텅텅 비어가고 개혁이 이루어지고 있음을 루터는 역설했다.[18] 그리고 무엇보다도 "내 나라는 이 세상에 속하지 않았다"(요한복음 18:36)는 성서의 말씀을 들어 하나님 나라는 세상 나라와 구분되어야 함을 강조했다.[19]

그리스도교 신앙에는 인류 공동체 전체가 하나님 나라처럼 되는 새로운 세상에 대한 꿈이 있다. 하나님 나라는 차별도 없고 눈물과 한숨도 없고 사람에 대한 사람의 지배가 없는 곳이요, 모두가 자유롭고 평등하며 명령과 복종의 위계질서 없이 서로 사랑으로 섬기는 공동체이다. 성서와 초대교회 교부들이 생각한 하나님 나라가 그렇다. 말하자면 가장 이상적인 공동체의 모습이 하나님 나라의 이름으로 제시되었다. 그러나 하나님 나라는 언제나 미래의 공동체이지 현실일 수 없다. 인간의 죄 때문이다. 탐심과 모방 욕망과 권력 의지를 가진 인간의 본성이 바뀌지 않는 한 하나님의 나라는 인간의 역사 속에서 건설될 수 있는 공동체가 아니다.

그래서 하나님 나라는 하나님이 이루실 종말론적 공동체로서 희망과 믿음의 대상이다. 하나님 나라는 현재를 충실하게 살게 해주고 세상이 나아갈 방향을 제시하는 기준과 푯대의 역할을 한다. 하나님 나라의 도

---

18 「반역의 영에 대하여 작센 군주에게 보내는 편지」(1524), LW 40, p.58.

19 위의 글, LW 40, p.51.

래를 믿고 현실에서 좌절하지 않고 정의와 사랑을 위해 싸운다. 그러나 하나님 나라는 이 땅에서 실현되는 나라는 아니다. 역사 속이 아니라 역사의 끝에서 장차 하나님의 은총으로 도래할 공동체이다. 새 예루살렘이 하늘에서 내려오는 「요한계시록」의 환상도 그 점을 의미한다.

루터는 장차 올 하나님 나라를 현재화하면서 개인의 내면에서 이루어지는 하나님 나라를 말했다. 그 점이 전통 신학과 다른 루터의 혁명적 관점이요, 자기 세계를 가진 개인이 출현하는 계기가 된다. 그런데 루터가 하나님 나라와 세상 나라를 철저하게 구분한 까닭은 세상에서 하나님 나라가 이루어질 수 없다고 생각했기 때문이다. 그 점에서는 루터 신학이 그리스도교 전통 안에 있다. 만일 하나님 나라를 세상의 정치 공동체에서 이루려면 인간에 대한 폭력이 발생한다. 하나님 나라는 이상적이지만 적어도 현재의 인류에게 적합하지 않고 인류가 감당할 수 없는 공동체이기 때문이다. 만일 지금 당장 하나님 나라를 인간이 건설하려면 사람들을 억지로 끌고 가야 하고 도덕을 내면의 자기 규제에 맡기지 않고 강제력을 발동해서 실정법으로 강요할 뿐 아니라 사람의 속마음까지 바꾸어야 한다. 하나님 나라를 앞당겨 세상에서 실현하려고 한 마르크스는 폭력 혁명을 말했고 레닌과 스탈린의 소련은 프롤레타리아 독재의 강압 정치와 사상 교육을 통해 인간 개조를 시도했다. 인간 개조란 공권력으로 인간의 내면과 속마음까지 바꾸는 것을 의미한다.

칼뱅의 경우도 어떤 면에서 마르크스와 비슷한 점이 있다. 복음의 법이 그대로 사회의 일상 규범으로 실현되도록 이른바 목사의 독재를 실행한 사람이 칼뱅과 그의 동료들이었다.[20] 루터는 결의론을 반대하

20 리처드 토니, 『기독교와 자본주의의 발흥』, p. 208.

고 형식 윤리에 서서 개인의 자유를 확보하려고 한 반면에 칼뱅은 개인들에게 일상생활의 행동 지침을 주고자 했다. 하나님의 뜻이 이루어진 세상을 만들기 위해 규범에 따르지 않는 자들은 추방했다. 칼뱅파는 강압에 의한 개혁을 싫어한 루터와 대조적인 태도를 보였다. 츠빙글리와 칼쉬타트도 모두 신정정치의 옹호자들이다. 물론 이들의 신정정치는 계급혁명이나 폭력혁명을 말한 것은 아니라는 점에서 루터와 같지만 종교를 개혁하기 위해 강제력을 사용한 점에서 루터와 다르다. 칼뱅의 신정정치는 새롭게 떠오르는 신흥 부르주아지 계급을 그리스도교 윤리로 무장시키는 결과를 이루었다. 한편 칼뱅의 신정정치와는 성격이 다르지만 칸트와 헤겔의 영향을 받은 19세기 자유주의 신학은 세상에서 실현되는 정의의 발전이 곧 하나님 나라의 실현이라는 신념을 가졌다. 역사 속의 하나님 나라 건설에 참여하기 위해 정부의 프로그램에 교회가 참여했다. 그러나 낙관적 역사주의에 빠지게 되면 그리스도교 신앙은 세상과 거리를 둘 때 발생하는 예언자적 통찰과 종교적 힘을 잃게 된다.

토마스 뮌처는 경제적 착취가 없는 하나님 나라 건설을 위해 농민들의 무장 투쟁의 지도자가 되었다. 말하자면 폭력 혁명을 시도한 셈이다.

사실 농민 전쟁은 16세기에 부가 늘어나면서 새로운 부르주아 계급이 생기고 하층민에 대한 경제적 착취와 모순이 심해지면서 생긴 일이다.[21] 루터는 처음에 농민들에 동조했지만 사태가 악화되자 뮌처와 그의 일당들이 하나님 나라와 세상 나라를 구분하지 못하는 혼동에 빠졌

21 루터의 글은 농민 전쟁의 불을 붙인 불꽃이 아니라 이미 생긴 불꽃에 부채질을 했다고 볼 수도 있다. 발터 폰 뢰베니히, 『마르틴 루터, 그 인간과 그의 업적』, p.354.

다고 생각했다. 두 나라를 분리에 가깝게 구분할 줄 모르면 사탄의 계교에 넘어가 신앙의 내면세계도 파괴되고 세상 질서도 파괴된다. 경제적 착취는 지배층의 죄이지만 농민들이 폭동을 일으키는 것은 물질 때문에 내면의 영적 자유를 도외시하는 일이라고 루터는 생각했다.

물질에 대한 루터의 일관된 생각은 초기부터 보이는데, 「하이델베르크 논쟁」 33조와 36조에서 아리스토텔레스보다 플라톤을 더 낫게 보는 데서도 그의 물질관이 드러난다. 그는 아리스토텔레스가 영을 모르고 물질만 인정한다고 비판하면서, 모든 물질은 자연 방식에 따라 필연에 의해 움직인다고 본다.[22] 인간의 물질적 욕망은 자연스레 본능적으로 인간의 마음을 지배해서 자유가 없는 필연의 질서를 만든다. 루터에게 자유는 영의 차원에서 일어나며 물질은 자칫 부자유와 짝을 이룬다. 그 점은 모든 그리스도인에게 해당되는 문제였으며, 그래서 루터의 공격 대상에는 세속 권세를 탐하는 교회의 죄뿐 아니라, 당시에 무역과 상업을 통해 늘어나는 부에 탐닉하며 물질주의에 빠지는 사회의 죄도 포함되었다.[23] 「대교리문답」(1529)에서는 돈의 우상을 하나님에 대한 신앙을 방해하는 가장 큰 우상으로 지목했다.

그리스도인의 자유를 내세우며 농노에서 해방되고자 하는 쉬바벤 지역의 농민들에 대해 루터는 다음과 같은 신학적 판단을 내렸다.

> 농민들의 주장은 그리스도인의 자유를 육적인 것으로 만든다 …… 모든 사람을 동등하게 만들어 그리스도의 영적인 나라를 세상적이고 외부적인 나라로 만드는 것은 있을 수 없는 일이다. 세상 나라는 불평등

22 「하이델베르크 논쟁」, 『루터선집 5』, p. 249.

23 리처드 토니, 『기독교와 자본주의의 발흥』, p. 161.

없이 존재할 수 없다. 일부는 자유로우나 일부는 투옥되고, 일부는 영주가 되고 일부는 신하가 되어야 한다.[24]

루터가 시도한 종교개혁은 영적인 자유와 평등을 확보하고자 한 것인데 농민들은 정치 경제적 자유와 평등을 요구했다. 루터가 볼 때 그들은 하나님 앞에서 누려야 할 참된 자유를 도외시하고 있다. 노예 제도를 비성서적으로 보고 세례를 받은 자는 모두 자유롭고 평등하다고 보는 농민들의 주장에 대해서 루터는 성서의 자유는 영적인 자유를 가리키며 성서에 나오는 나눔은 자기 것을 나누는 일이 되어야지 남의 것을 자기 것으로 생각하면 안 된다고 주장한다.[25] 세속화된 현대의 관점에서 보면 루터의 주장이 터무니없어 보이는 면이 있지만 루터의 시대적 소명과 관련해서 생각할 수도 있다.

1525년 이전의 글에서 루터가 농민들을 부정적으로 본 적은 없다. 그는 고위 성직자보다 농민과 아이들이 복음을 더 잘 이해한다고 생각했다. 그런 생각으로 루터는 만인사제설을 선포할 수 있었다.[26] 토마스 아퀴나스의 신학이 도시인들을 염두에 둔 측면이 많다면 루터의 설교와 신학은 농민을 명예로운 자리에 두었다.[27] 농민 전쟁 초기에 루터는 농민들의 주장을 이해하고 영주들의 착취를 비판했다. 19세기 영국의 공산주의자 엥겔스가 본 대로 루터에게는 혁명적 열정이 있었다. 1525년 봄에 「쉬바벤 농민들의 12개 조항에 대한 평화의 권고」를 쓸 때에만 해도 루터는 현장에서 벌어지는 사태를 잘 모르고 있었고 농민들을

24 「쉬바벤 농민들의 12개 조항에 대한 평화의 권고」(1525), GW, p.4.673.

25 「강탈하고 반역하는 농민 무리에 대하여」, LW 46, p.51.

26 Ulrich Andreas Wien, "Luther's Relations with Peasants and Princes", p.334.

27 Karl Holl, *The Cultural Significance of the Reformation*, p.79.

설득할 수 있다고 생각했다. 그러나 루터의 글은 상황 전개에 영향을 주지 못했다. 글이 도착하기도 전에 폭력 사태는 긴박하게 전개되었기 때문이다. 4월에 40개의 수녀원과 수도원이 농민들 손에 넘어갔고 루터가 대학을 다녔던 에르푸르트를 비롯한 몇 개의 도시가 점령당했다.

1525년 5월에 루터는 멜란히톤과 학교 건립을 위해 자신의 고향 아이슬레벤을 방문했다가 농민 폭동의 폭력성과 심각성을 알게 되었다. 그는 맨스펠트를 비롯한 튀링기아 지방의 도시들을 방문해서 설교를 통해 직접 대중에게 호소했으나 오히려 무장한 폭도를 직접 목격하는 계기가 되었다. 그러던 중에 농민의 일부는 영주들과 협약을 맺고 가정으로 복귀했으며 루터는 평화로운 해결이 하나님의 은총이라고 환영했다. 그러나 나머지 농민들은 여전히 전쟁을 계속했다. 여행에서 돌아온 루터는 「강탈하고 반역하는 농민 무리에 대하여」라는 글에서 영주들에게 강력한 무력 진압을 촉구했다. 루터의 글이 도착하기 전, 1525년 5월 15일에 이미 농민군은 프랑켄하우젠의 전투에서 정부군에 의해 처참하게 살해당하고 모든 상황이 끝났다. 루터의 두 번째 글 역시 상황 전개에 영향을 미치지 않았다. 다만 사후에 군주들이 자신의 무력 행사에 대해 양심의 가책을 받지 않게 하는 데 루터의 글은 큰 도움을 주었다.

루터는 양편에서 비판받았다. 농민들은 루터가 자기들을 배신했다고 생각했다. 가톨릭 측에서는 루터가 처음에 농민 편을 들어서 농민전쟁을 불러일으켰다고 비판했다. 농민들을 부추겼다가 상황이 불리해지자 루터가 기회주의적으로 영주들의 편을 들었다는 비판도 있었다. 루터의 측근들은 루터의 두 번째 글이 폭압적인 공권력을 정당화했다고 의구심을 가졌다. 7월에 루터는 측근들의 권유를 받아들여 자신의 글을 설명하는 글을 썼다. 「농민들을 반대한 엄중한 소책자에 관한 공개 서한」을 통해 자신의 신학적 견해를 다시 한 번 정리해서 밝혔다.

앞에서 언급한 대로 농민 전쟁에 대한 루터의 비판의 핵심 중 하나는 농민들이 영적인 자유를 도외시하고 있다는 점에 있다. 그밖에도 농민 전쟁에 관한 세 개의 글에 나타난 루터의 신학적 견해를 정리하면 다음과 같다.

첫째, 루터는 농민 봉기를 무리지어 일으킨 공개적 반역으로 보았다. 반역은 단순 살인이나 도둑과 다르다. 살인자와 도둑은 통치자를 두려워하면서 범죄를 저지르지만 폭도는 공권력에 정면으로 도전하는 자들이다.[28] 그 점에서 그들은 세상을 파괴하려는 사탄의 도구이다. 그러므로 법정까지 갈 필요가 없으며 관원이 아닌 일반인도 현장에서 그들을 제거해도 된다.[29] 세상을 화염에 싸이게 하는 들불을 보면 누구든 불을 꺼야 하듯이, 누구든 들불과 같은 반역자들을 죽이는 것이 잘 하는 일이다. 개인을 살해한 경우에는 국가만이 살인자를 처벌할 수 있지만, 집단 살해와 파괴를 저지르는 반역의 무리에 대해서는 모든 사람이 재판관이고 사형 집행인이 된다.[30]

둘째, 그러므로 영주들은 폭도들을 제압하고 처단하는 일을 수행해야 하며 그렇지 않으면 하나님의 뜻을 거스르는 일이 된다. 범죄자들에게 자비를 베풀어야 한다고 주장하는 자들은 두 나라를 혼동하는 것이다. 세상 나라 곧 국가의 공권력은 하나님의 자비가 아니라 악에 대한 하나님의 분노를 표출하는 데 그 존재 의의가 있다.[31] "인내와 자

28 「강탈하고 반역하는 농민 무리에 대하여」, LW 46, p.50과 「농민들을 반대한 엄중한 소책자에 관한 공개 서한」, LW 46, p.80.

29 「농민들을 반대한 엄중한 소책자에 관한 공개 서한」, LW 46, pp.81-82.

30 「강탈하고 반역하는 농민 무리에 대하여」, LW 46, p.50.

31 「농민들을 반대한 엄중한 소책자에 관한 공개 서한」, LW 46, p.68, p.70.

비의 여지가 없다. 지금은 은총의 때가 아니라 칼을 휘두를 때이다." "지금은 칼을 휘두르는 군주들이 기도하는 자들보다 하늘나라에 더 가까운 이상한 때이다."[32] 폭도에 대해서는 말로 안 되니까 힘으로 해야 한다. "지체 하나 때문에 몸 전체가 불타거나 병으로 썩는 것보다 그 지체를 자비 없이 제거하는 게 낫다."[33] 폭도를 진압하다가 죽으면 순교이다.

셋째, 루터는 농민군들에게 자비를 베풀어야 한다고 주장하는 이들을 향해서, 폭도를 진압하고 처벌함으로써 평화와 안전을 보장하는 일이야 말로 자비로운 일이라고 말한다. "자비 없이 악을 처벌하는 것은 자비로운 행위요, 가혹한 분노를 행사하는 것이 친절이다." 루터는 평화롭게 살고 안전하게 밥을 먹는 일이 얼마나 고마운 일인지 사람들이 잘 모른다고 주장한다. 공권력의 처벌이 없다면 사람들은 서로 죽이고 파괴를 일삼아 가족을 보호할 수 없고 서로 믿을 수 없는 상태가 된다.[34] 그러므로 군주들에게 검을 주신 하나님께 감사해야 한다.

넷째, 처벌해야 하는 대상은 말과 이성이 안 통하는 폭도들이다.[35] 그러므로 항복하거나 포로가 된 농민들에게는 자비를 보여야 한다.[36] 강압에 의해 폭도에 끼어든 농민들에 대해서도 군주들이 자비를 보여야 한다.[37]

다섯째, 군주와 영주들의 형벌권은 하나님의 분노를 대신하는 것이다. 그러므로 영주들은 경건한 마음으로 진압을 수행해야 하며 자기

---

32 「강탈하고 반역하는 농민 무리에 대하여」, LW 46, p.53, p.54.

33 「농민들을 반대한 엄중한 소책자에 관한 공개 서한」, LW 46, p.73.

34 위의 글, LW 46, p.79.

35 위의 글, LW 46, p.65, p.73.

36 위의 글, LW 46, p.82.

37 「강탈하고 반역하는 농민 무리에 대하여」, LW 46, p.54.

감정을 쏟아붓는 잔인한 행위는 폭도 못지않은 사탄의 장난이다. 자기 감정으로 무자비하게 진압하는 자들을 루터는 독재자라고 부른다.[38]

> 그들의 의도는 반역을 벌하고 멈추게 하는 데 있지 않다. 오히려 폭력 사태를 진압한다는 핑계로 자기 분노를 멋대로 풀고 있다. 분노를 풀 기회를 잡았다고 생각하고 그래도 된다고 생각한다. 사실 현재의 폭력 사태도 자기들이 오랫동안 키운 것이지 않은가.[39]

루터는 농민 봉기의 책임이 지배층에게 있음을 알고 있으며, 그럼에도 불구하고 공권력에 대한 도전은 불가하다고 생각한다. 그만큼 공공의 안전과 평화를 중시했다. 그러므로 무력 진압은 폭력 사태를 막아 공공 질서를 지키는 데 목적이 있어야 하며 증오심의 표출이 되어서는 안 된다. 만일 사적인 감정으로 진압한다면 그들은 타도의 대상인 독재자이다. 그들이 진압하다가 농민들에 의해 죽는 것은 독재자의 죗값이다. 회개하지 않는다면 그들은 장차 지옥에서 영원한 죗값을 치를 것이다.[40] 무력 진압은 악을 제거하기 위한 이성적 행위이어야 하며 인간에 대한 증오심은 금물이다. 현장에서 그런 태도를 지키기엔 쉽지 않다. 그러나 루터는 통치자와 관원들에게 공직의 직무로 부름 받은 그리스도인의 소명에 합당한 행위를 요구했다.

이처럼 루터가 공권력에 도전하는 농민들에 대한 무력 진압을 지지하기까지 단계가 있고 또 제한도 있다. 그러나 결과적으로 루터는 폭도가 된 농민들을 무력으로 진압하고 살해하는 것을 신학적으로 정당

38 「농민들을 반대한 엄중한 소책자에 관한 공개 서한」, LW 46, p.84.

39 위의 글, LW 46, p.82.

40 위의 글, LW 46, p.84.

화했다. 루터의 글에 많이 나오는 문장 중의 하나가 "아무도 자기 일의 심판자가 될 수 없다"[41]는 말이다. 인간은 자신의 영적 죄에 관해 하나님의 판단을 받고 시민 생활에서 발생한 악에 관해서는 국가의 판단을 기다려야 한다. 정의는 공권력에 의해 평화로운 방식으로 획득되어야 한다. 그것이 복수의 악순환을 막기 위한 인류의 지혜이며 자연법이다. 루터가 볼 때 농민들의 봉기는 정의 문제를 공권력에 맡기지 않고 스스로 자기 일의 심판자가 되고자 하는 것이니 그리스도인의 법에도 어긋나고 자연법에도 어긋난다.[42] 루터는 「반역의 영에 대하여 작센 군주에게 보내는 편지」에서 뮌처가 세상의 주인이 되려고 한다고 비난하는데,[43] 이 말은 스스로 자기 문제의 심판자가 되려고 한다는 의미이다. 무질서로 인한 폭력의 악순환을 막기 위해 공권력은 단호함을 보일 필요가 있다. 어떤 면에서 루터는 독재자의 억압보다 무질서를 더 두려운 일로 느꼈다.[44]

토마스 뮌처는 농민에게 등을 돌린 루터를 가리켜 악마요 권력자들에게 아부하는 아첨꾼이라고 비난했다. 루터의 태도는 독일 남부의 농민들이 가톨릭으로 많이 돌아서게 한 원인이 되기도 했다. 학자들은 이러한 루터의 태도를 중세의 신분론에서 벗어나지 못한 것으로 보기도 한다. 루터는 19세기와 20세기에 출현한 급진적 사회사상의 대표적 공격 대상이었다. 공산주의의 창시자 엥겔스는 「독일의 농민 전쟁」이라는 글에서 루터를 비판했다. 루터가 성서 번역을 통해서 중세 봉건주의의 위계질서를 깨고 평민의 시대를 예비했으나 결국 부르주아지

41 "Niemand soll in eigener Sache Richter sein."

42 WA 18, pp. 303-304. LW 46, p. 25.

43 LW 46, p. 51.

44 David Whitford, "Luther's political encounters", p. 186.

의 편을 들어서 농민들을 배신했다고 비판했다.[45] 그는 급진적 혁명을 거부한 루터의 자유주의적 태도를 비판한 셈이다.

그런데 루터의 신학은 초기부터 마지막까지 일관성이 있었다.[46] 루터 자신도 죽을 때까지 자신의 태도에 대해 후회하지 않았다. 루터의 한계는 분명하다. 도덕적 한계라기보다는 시대적 한계이며, 어쩌면 인간의 내면을 공고히 하는 일이 루터의 소명이었다고 해야 할지 모른다. 물론 삶의 물질적 조건이 중요하다. 그러나 사제가 독점했던 진리 인식의 힘을 평범한 모든 사람에게 넘기고 신분과 관계없이 누구나 자유로운 자기 세계를 갖도록 개인의 내면을 강화하는 일은 루터의 특별한 과제였고 그 시대의 과제였다. 루터는 그리스도의 사도요 하나님의 예언자로서 시대정신의 대변인이 되어 시대의 과제를 일관되고 용기 있게 수행한 인물이었다.

종교개혁 500주년을 기념하기 위해 루터 전문가들이 펴낸 책 『마르틴 루터, 개혁과 근대성 사이의 그리스도인』에서 루터에 대한 마르크스와 엥겔스의 견해를 다룬 보에르 교수는 마르크스가 루터를 의외로 긍정적으로 평가했음을 밝힌다. 마르크스는 「헤겔 법철학 비판 서문」에서 루터의 종교개혁이 적어도 문제를 정확하게 지적한 혁명이었다고 본다. 다만 이론적이고 개인적인 내면의 혁명은 다시 실천적인 대중의 사회 혁명이 될 때 혁명 과업이 완성된다. 마르크스는 루터의 내면의 혁명이 사회 혁명으로 가기 위해 거쳐야 할 길임을 인정하고 있다. 개인 내면의 혁명은 민주주의를 위해 중요한 역할을 했으며, 그 바

---

45 Roland Boer, "Luther and Marxism" in *Martin Luther, A Christian between Reforms and Modernity(1517-2017)*, pp.956-957.

46 장문강, 「마르틴 루터의 농민 전쟁에 대한 행동의 일관성」, 『민주주의와 인권』 3/12, p.544 참조.

탕에서 다시 물질 조건의 개선을 위한 대중 혁명이 가능하다고 마르크스는 보고 있는 셈이다.[47] 루터는 바로 그 내면의 혁명을 성공시키기 위한 인물이었다.

루터는 거짓 종교로부터 인간과 세상을 구해야 했고, 신앙의 본질이 무엇이고 인간은 어떤 존재인지를 계급에 국한되지 않은 보편적 언어로 말해야 했다. 루터가 본 진리는 일단 정치 너머의 어떤 정신과 원칙에 대한 것이었다. 궁극적인 진리는 때로 정치 너머의 차원에서 빛난다. 만일 예수께서 칼을 들고 이스라엘 해방의 편에 서셨다면 어떠했을까? 만일 예수께서 가난한 자들의 봉기를 직접 옹호하는 발언을 하셨다면 어떠했을까? 인간의 갈등과 모순을 품고 계급과 지위에 관계없이 모두를 위로하고 모두를 구원할 수 있는 복음을 회복하는 것이 루터의 과제였을 것이다. 당시의 사회 모순을 직접 해결하지 못하더라도 시간이 지나면서 다양한 형태로 드러날 인간 해방의 기본 원리를 성서로부터 캐내는 것이 루터신학의 역할이었을 것이다.

자신을 민족 해방의 지도자로 삼으려는 요구를 거절했으며 계급해방의 성격을 띤 농민 전생에 대해서도 반대하는 생각을 가졌던 루터의 태도를 그런 각도에서 설명할 수 있다. 루터는 자신의 안일을 꾀하거나 어떤 정치 세력을 등에 업기 위해 아부한 사람이 아니었다. 그는 오직 복음이 주는 자유를 선포하고 만인을 종교 권력과 세상 권력보다 높이려고 했다. 모든 사람의 자유를 생각했으므로 특정한 민족이나 계급은 그의 중심 주제가 아니었다. 루터가 민족 해방의 지도자로 나서지 않은 사태에 대해 독일의 역사가 랑케가 이렇게 말했다.

---

47 Roland Boer, 앞의 글, pp.958-963.

> 만일 로마의 세계 통치에 반대하여 루터의 지도 아래 봉기했었더라면, 그것은 그 통일성이라는 점에서 민족 전체를 강하게 했을 것이며, 민족의 결합을 촉진했을 것이다. 그러나 만일 루터가 그처럼 전적으로 종교적이지만은 않은 동기에 의해 박해를 받았더라면, 그의 위대한 정신은 깨어졌을 것이다. 그는 민족의 요구가 아닌 종교적 확신에서 나섰다. 만일 그렇지 않았더라면 그는 결코 아무것도 성취하지 못했을 것이다. 그가 종교적 확신에서 행동했기 때문에 정치적 투쟁을 넘어 더욱 전진할 수 있었다. 영원히 자유로운 정신은 그 길을 따라 움직인다.[48]

랑케의 말은 농민 전쟁에도 해당된다. 루터의 자유는 정치적 자유나 계급 해방을 넘어선 것이었기 때문에 영원히 자유로운 정신이 되어 개인을 성숙시키고 인류에게 정신적 깊이를 선물했다. 일단 모든 사람이 높아지고 평등해지는 일이 필요하다. 보편적 인간 개념의 새로운 정립이 필요하고, 특수한 인간 집단의 정의 문제는 보편적 인간 개념에 기반을 두고 그 확산으로 이루어질 일이다. 보편과 특수는 그렇게 서로를 규정하며 그 내용을 채워나가야 한다. 인류의 영원한 평화를 향한 길이 그렇다. 모든 인간의 자유의 원리를 제시함으로써 인간의 보편 개념을 새롭게 정립하는 일이 루터의 사명이었다. 루터가 영적 차원의 자유를 강조한 까닭도 누구에게나 통하는 인간 개념의 정립이 정신차원에서만 가능하기 때문이라고 볼 수 있다. 세상 물정을 몰라서 영과 육을 구분했던 것이 아니다.

그렇다고 해서 루터의 자유가 정치적 의미를 배제한 것은 아니다.

---

48 Leopold von Ranke, *Deutsche Geschichte im Zeitalter der Reformation*, vol. 1, book 2, chap 4, 6th ed. (Leipzig, 1881, Berlin 1839), p.332. 헤이코 오버만, 『하나님과 악마 사이의 인간, 루터』, p.309에서 재인용.

루터는 개인들이 정치를 내면에서 극복하기를 바랐고, 그것은 정치에 대한 비판 의식을 전제로 삼는다. 그것은 정치 현실과 정면으로 부딪히는 비판 의식이 아니라 초월이 가져오는 포용적 비판 정신이다. 초월적 비판 정신은 초월적 자유를 통해 하나님과 함께 세상의 주인이 되어 억압하는 권력자까지도 불쌍히 보며 사랑할 수 있는 정신이다. 루터가 추구했던 종교적 진리는 인간 세상에 대한 비판과 인간에 대한 사랑이 양립하는 것이었다.

중세적 신분 질서를 인정한 점 등에서 루터의 한계를 인정하더라도, 어차피 인류의 역사 발전은 단계적으로 이루어지며 한꺼번에 모든 문제를 해결하지 못한다는 점을 염두에 두어야 한다. 영적이고 정신적 차원에서 인간의 보편적 자유를 확보하는 일이 종교개혁자 루터의 과제였다. 영적이고 정신적 차원을 다루는 종교를 개혁하는 일은 영원한 개혁의 길을 여는 일이다. 당시에는 농민들의 반발을 샀지만 루터는 어떤 계층에 제한되지 않는 정신을 역사에 선물하고 시대에 제한되지 않는 영향을 주었다. 루터신학은 교회 개혁으로 나타나기도 했지만 그 정신의 큰 줄기는 시민 사회로 흘러들어갔다. 루터의 종교개혁의 영향으로 유럽은 인간의 자유와 평등을 확립하는 새로운 사회 건설을 향해 나아갈 수 있었다.

루터 자신은 내면의 자유를 확립하고자 했고 외부의 정치에 대해서는 순종을 말했지만, 그가 불러일으킨 신앙의 자유는 정치적 저항을 일으키게 되어 있다. 독일의 여러 도시뿐 아니라 유럽 각지에서 종교개혁으로 인해 수많은 전쟁이 일어났다. 16-17세기에 벌어진 북유럽 도시들의 내분과 크고 작은 전쟁을 모두 루터의 책임으로 돌리는 학자들의 주장이 일리가 있다. 물론 농민 전쟁의 발발 역시 루터의 책임으로 돌리는 학자들이 많다. 그만큼 루터의 종교개혁은 다양한 측면에서 사회 개혁의 에너지를 가지고 있었다.

루터가 확립한 내면의 자유와 개인의 주체성은 계몽주의 철학으로 이어져서 근대 민주주의 혁명이 발발하는 데 영향을 주었다. 루터 이후의 모든 혁명을 루터에게 돌리는 학자들의 주장 역시 틀린 말이 아니다. 그만큼 루터의 교회 개혁은 정치적 의미를 지니고 정치 사회의 격렬한 변화로 이어졌다. 루터가 인간 내면에 만들어놓은 자유의 에너지는 후대로 넘어가 외부로 분출되면서 다양한 형태의 혁명을 통해 자유롭고 평등한 사회 건설의 힘을 제공한 셈이다.

2. 공권력 강화와 법실증주의

루터에게 세상 나라 곧 국가는 영혼 구원을 위한 보조 수단에 머문다. 인생의 목적은 영혼 구원에 있고, 구원과 자유는 개인과 하나님의 내적인 관계의 문제이다. 밖에서 일어나는 인간의 노동과 산업과 국가 권력의 통치는 모두 영혼 구원과 내면의 자유를 위해서만 의미를 지닌다. 국가와 정치의 직무는 오직 영혼 구원의 보조자 역할을 하는 데 있다. 구원의 보조자로서 국가의 중요한 일은 개인의 자유를 침해하지 않는 일이다. 국가는 내면의 자유 또는 양심의 자유를 보장해야 한다. 그리고 삶의 존속과 개인의 내면의 자유를 위해 외부적 조건을 마련하는 일이 국가의 일이다. 그것은 통치 질서를 확립하는 일, 어느 정도의 재화와 물질 조건을 마련하는 일, 외부의 침략으로부터 국민의 생명을 보호하는 일 등을 포함한다.

그렇다면 루터는 최소한의 국가 권력을 원한 것처럼 보일 수 있다. 그러나 거꾸로 루터는 국가 권력과 법의 권위를 상당히 높여놓은 측면이 있다. 루터 자신이 「군인들도 구원받는지」에서 사도 시대와 아우구스티누스 이후에 자기만큼 정부 권력을 높여놓은 사람이 없다고 말했다.

> 군인의 직무와 활동이 올바르며 신성하다는 것에 대해서 길게 말하지 않겠다. 나의 글 「세상 권세에 대하여」에서 충분히 다루었기 때문이다. 내가 분명히 자랑할 수 있는 것은 사도 시대 이래로 세상의 검과 세상 권세에 대해서 그 글에서만큼 상세하게 기술하고 높이 칭송한 적이 없다는 것이다.[49]

인간의 내면 곧 신앙 세계에는 하나님의 대리인이 필요 없어졌다. 교회와 사제의 권위는 제거되었다. 그러나 세상 나라에는 하나님의 대리인이 필요하다. 하나님은 세상에서 간접으로 통치하기 때문이다. 그렇다면 정치적 통치자들은 유일한 하나님의 대리인이 된다. 하나님의 대리인으로서의 군주의 지위는 신학적으로 막강해질 수밖에 없다. 국가는 복음이 아닌 이성의 영역이지만 하나님은 이성을 통해서도 통치하신다. 신앙이 아닌 일반 이성에 기초를 둔 법질서를 가진 국가가 악을 벌해서 세상 보존을 통해 간접으로 신앙에 도움을 준다. 이성으로는 구원받을 수 없다고 한 루터에게서 이성이 신앙에 이바지하는 역설이 성립된다. 그래서 루터는 이교도 국가도 법질서를 통해 평화를 이루고 있는 한 하나님의 통치가 이루어지고 있다고 인정했다.

---

49 GW, p. 4. 427. 『루터선집 9』, p. 237.

영혼 구원을 위한 법질서 강화

내면의 자유를 위해 할 수 있는 국가의 역할이 법질서 확립이다. 루터는 불법한 자를 처벌하고 질서와 평화를 만드는 국가의 역할을 매우 중요하게 보았다. 하나님 나라를 위해 개인의 내면을 강화한 루터가 이번에는 외부로 눈을 돌려 국가 공권력도 강화시키는 신학을 정립한다. 강한 법질서만이 인간의 영혼 구원에 도움을 줄 수 있다는 생각 때문이다. 국가의 법은 인간의 물질 욕망과 갈등을 반영하고 있다는 점에서 영혼을 구원할 수 없다. 그러나 인간들 사이의 갈등 상황이 폭력과 무질서의 사태로 가지 않도록 막고 있다는 점에서 법질서는 영혼 구원에 도움이 된다. 법이 통치의 혼동을 일으켜 인간의 내면을 간섭하지 않는 한 공권력은 강화되어 언제든 불붙을 수 있는 세상의 폭력과 무질서를 예방하고 제압해야 한다.

「창세기 강의」에서 루터는 이렇게 말한다.

> 죄를 용서받았다 해도 도둑은 사형대로 보내야 한다. 큰 형벌을 받아야 하는 자들의 죄도 하나님은 용서하신다. 그러나 사형 집행인은 그 죄를 용서해서는 안 된다. 법이 명하는 벌을 면제하면 안 된다. 집행인은 그들을 용서하지 말고 그들에게 합당한 벌을 주어야 한다 …… 도둑과 살인자들이라 할지라도 그리스도를 믿고 회개하면 저주받지 않는다. 죽은 다음에 그들은 사형대의 수치를 알지도 못한다. 그러나 그들의 후손은 그걸 보고 생각해야 한다. '나도 도둑질을 하면 저렇게 벌을 받는다.' 이런 가르침은 필요하고 이 세상에서 반드시 유지되어야 한다. 막시밀리안 황제는 사형 집행장을 지날 때 얼굴을 내밀고 '안녕하시오, 거룩한 정의시여'라고 인사를 했다고 한다. 왜냐하면 만일 벌이 없고 벌을

집행하는 일이 없다면 사람들이 하나님의 자비의 가르침을 끝없이 죄를 지어도 괜찮다는 허가장으로 알게 될 것이기 때문이다. 그렇게 되면 죄를 용서하는 설교로 아무것도 얻지 못하게 된다.[50]

하나님의 통치가 있는 내면에서 인간은 어떤 죄도 용서를 받는다. 하나님은 사랑이시기 때문이다. 그처럼 죄인이 하나님의 사랑으로 의로움을 얻는 곳이 하나님 나라이다. 나의 죄값을 치르신 그리스도의 십자가의 은총으로 사람은 하나님과 화해하며 내면의 평화와 자유를 이룬다. 내면의 하나님 나라는 죄의 값으로부터 자유로운 나라이다. 그러나 외부 곧 세상 나라에서 죄인은 반드시 처벌받아야 한다. 불법의 죄를 지었는데도 벌을 받지 않으면 정의가 서지 않는다. 신학적 정의와 달리 시민적 정의는 죄의 값을 치르는 데서 성립된다. 그러므로 한 사람의 불법은 하나님 앞에서 용서받지만 사람들 앞에서는 처벌받는다. 용서와 처벌이 동시에 일어난다. 영혼은 용서받고 구원되지만 육체는 죄에 대한 마땅한 대가를 치러야 한다. 물론 처벌의 대상이 되는 죄는 종교 규범이 아닌 실정법을 어긴 죄를 가리킨다.

이런 루터의 형벌신학은 한편으로는 인권사상으로 발전될 수 있고 다른 한편으로는 법실증주의로 발전될 수 있다. 시민법을 어긴 죄인도 그 영혼은 십자가의 희생의 대가를 치른 그리스도의 구원의 대상이라는 점에서 죄인의 인권을 말할 소지가 있다. 실제로 서양은 그리스도교의 영향으로 죄인에 대한 처우를 개선하는 데 노력했고, 그 배후에는 죄인도 사람으로서 하나님의 형상이고 하나님의 용서를 받은 자라는 그리스도교 정신이 있었다. 이미 4세기의 콘스탄티누스 대제와 그의 아

50 WA 44, p.728. 또한 WA 18, p.360(1-5, 12-13), LW 8, p.205, LW 46, pp.52-53 참조.

들들은 극형에 처할 죄인들의 얼굴에 화인을 찍는 로마의 관습에 제동을 걸었다. 사람의 얼굴은 하나님의 형상이라는 믿음 때문이었다. 그는 수감자들의 방에도 햇빛이 들어오게 하는 등의 개선 조치를 취했다.[51]

그런데 다른 면으로 보면 불법으로 죄를 지은 자는 반드시 처벌되어야 한다. 정의는 어떤 대가를 치르고서라도 확립되어야 한다. 죄인을 처벌하는 응보의 정의는 용서의 신학과 맞지 않는 것 같지만 루터에게는 양립한다. 용서의 신학적 정의는 하나님의 일이고 처벌의 시민적 정의는 국가가 할 일이다. 하나님은 시민적 정의를 넘어 죄인을 용서하시고, 국가는 정의에 따라 죄인을 처벌한다. 둘은 분리할 수 없지만 반드시 구분되어야 한다.

국가의 통치자는 죄인을 처벌하는 일을 할 때에만 하나님의 대리인 자격이 있다. 악을 벌해서 외부적 평화를 마련하는 일은 세상을 보존하고자 하는 하나님의 관심사이기 때문이다. 국가의 공권력에는 하나님이 숨어계신다Deus absconditus. 루터는 죄에 대한 처벌이 없을 경우에 복음이 왜곡될 것을 염려했다. 하나님의 용서를 말하는 복음의 선포가 죄를 지어도 괜찮다는 허가장으로 알게 되면 복음이 시민 질서를 어지럽히는 주범이 될 수도 있다. 신앙은 언제나 도덕과 법의 완성이 되어야 하며 도덕과 법을 훼손하는 것이어서는 안 된다.

개인들의 분쟁에 공권력이 개입하여 폭력의 악순환을 막으면서 개인들의 안전과 재산을 지킴으로써 국가는 세상을 보존한다. 만일 국가가 죄인을 처벌하는 공권력을 행사하지 않으면 심각한 죄를 짓는 일이다.[52] 세례 받은 그리스도인이 많아도 국가의 공권력은 필요하다.

---

51 남성현, 『콘스탄티누스 가문의 기독교적 입법정책(313-361년)』, 서울: 한국학술정보, 2013, pp. 17-28, pp. 51-54.

52 「마태복음 5-7장 주간설교」, LW 21, p. 106.

> 누군가가 세상을 복음으로 통치하려고 한다면, 그래서 세상 법과 검을 없애려 한다면 어찌 되겠는가? 모두가 세례 받고 그리스도인이라고 해서 법과 검이 필요치 않다고 없애고 복음만 가진다면 어찌 되겠는가?[53]

복음만 가지고도 살 수 있다고 생각하는 재침례파는 악의 심각성을 모른다. 그리스도인들이 많아져도 인간 세상은 여전히 악을 억제하는 법이 필요하다. 루터는 법과 형벌이 사라지는 것은 사나운 짐승을 묶어놓았던 쇠사슬을 풀어버리는 것과 같다고 본다.

> 온순한 짐승은 쇠사슬이나 줄이 없어도 해가 없지만 사나운 짐승은 마음대로 물지 못하고 짖지 못하도록 사슬과 끈으로 묶어놓는다.[54]

여기서 사나운 짐승이란 사람을 가리킨다. 루터는 사람을 결코 온순한 존재로 보지 않고 오히려 인간의 본성이 사납다고 본다. 이 대목은 공격 본능을 가진 인간이 결코 온순한 동물이 아니라고 한 프로이트의 말을 연상케 한다. 국가의 법과 형벌권은 처벌을 통해 인간의 공격성을 예방하고 억제하는 장치이다. 그러므로 국가의 통치가 사라지면 세상은 약육강식의 투쟁으로 바뀔 것이다.

> 세상은 온통 악하고 천 명 중에 하나 꼴로도 바른 그리스도인이 없다. 그래서 검이 없었다면 인간은 서로 먹고 먹혔으리라. 그렇게 되면 아내와 자식도 구할 수 없고, 하나님께 가까이 가 섬길 수도 없게 된다. 세

---

53 「세상 권세에 대하여」, GW, p. 4. 360.

54 위의 글, GW, p. 4. 359.

상은 황무지가 된다.[55]

국가의 공권력이 없는 상태를 만인에 대한 만인의 투쟁으로 보는 점에서 루터의 인간관은 17세기의 토마스 홉스를 예고한다. 만일 참된 그리스도인들이 많다면 법이 필요 없는 세상이 될 것이다. 루터가 말하는 참된 그리스도인은 하나님에게 소망을 두고 탐심이 없어서 사랑과 자기희생의 원리로 사는 사람들이다. 그런 사람들이 많으면 법 없이도 평화가 유지될 것이다. 그러나 모두가 세례를 받았다 해도 참된 그리스도인은 찾아보기 드물다. 그런 상황에서 법의 구속력 없이 자유에 맡기면 세상은 싸움과 전쟁으로 말미암아 멸망하게 된다. 법은 사람의 공격성을 길들이고 온순하게 만드는데,[56] 그런 법이 없어지면 눌려 있던 인간의 공격성이 창궐하게 될 것이다.

"세상과 대중은 언제나 비그리스도교적이다."[57] 참된 그리스도인은 세상과 대중으로부터 거리를 둘 줄 안다. 대중은 세상 풍조를 따른다. 인간은 무리를 이루어 세상 풍조를 만들고, 개인은 그 무리에 속해서 세상 풍조를 따라 산다. 세상은 여러 이익 집단의 무리로 구성되고 개인은 그 무리 속에서 자기 이익을 실현한다. 인류가 모두 한 마음이 되고 하나의 무리가 되어 다같이 타락한 세상을 만든다고 할 수도 있다. 루터가 말하는 하나님 나라 곧 자유의 나라는 개인이 세상과 무리에서 빠져나와 단독자가 될 때 가능하다. 사람은 단독자로서만 하나님 앞에 설 수 있다. 대중과 무리는 세상 나라를 이루어 거기에 살고 개인만이 하나님 나라에 살 수 있다. 국가의 법은 대중을 상대하고 복음은 무리

---

55 위의 글, GW, p.4.359.

56 위의 글, GW, p.4.360.

57 "Die Welt und die Menge sind und bleiben Unchristen." 위의 글, GW, p.4.360.

와 세상에서 벗어난 개인을 상대한다.

그러므로 루터신학에서 개인과 무리는 대척점에 있다. 루터신학에서 희망은 대중이 아닌 개인에게 있다. 루터에게 개인은 무리에 섞이지 않는 자유의 주체가 된다. 개인만이 진리 인식의 주체가 되고 선한 행위의 주체가 된다. 교회를 이루는 것도 대중이 아니라 개인들이다. 자유로운 주체가 되어 성도가 된 개인들의 교통으로 이루어지는 것이 교회이다. 교회는 무리에서 벗어난 개인을 만들어낼 줄 알아야 한다. 그들이 성도이다. 모이지 않은 성도들의 교통은 보이지 않는 교회를 이루고, 그들이 모인다면 보이는 교회를 이룬다. 그리스도인들이 모인다 해도 그들은 각자 하나님과 교통하는 자들이며, 그래서 대중이나 무리가 아니다. 단독자의 모습이 없이 오직 대중으로 산다면 그는 참된 그리스도인이 아니다.

그런데 그리스도인도 개인으로만 살 수는 없으며 많은 측면에서 대중으로 산다. '의인이면서 죄인simul justus et peccator'이라는 루터의 용어로 말하자면, 그리스도인은 단독자이면서 대중이다. 그리스도인도 일상생활에서 대중의 욕망을 따르고 몫을 다투고 갈등하고 미워한다. 대중에게 맞는 것은 일차적으로 법이지 복음이 아니다. 세상과 대중에게는 악을 억제하는 힘을 가진 법질서가 필요하다. 만일 대중을 위한 법을 제거한다면 복음을 가진 개인으로서 살아가기도 어렵다. 법 이상의 차원에서 살기 위해서도 법이 필요하다. 경험적으로 그리고 역사적으로 법이 복음에 앞선다.[58] 법과 복음은 구분되지만 분리할 수 없다. 인간은 일상에서 자신의 죄 때문에 법의 통치를 받아야 하고 죄를 극복

58 Johsua Mitchell, *Not By Reason Alone. Religion, History and Identity in Early Modern Political Thought*, Chicago & London: Chicago University Press, 1993, p.10.

하고 자유를 향해 나갈 때에는 법의 보호를 받아야 한다. 법을 통해 외부의 평화가 유지되지 못하면 참된 그리스도인이 되기 위해 애쓰는 선한 자들이 보호받을 수 없다.

> 목자가 늑대와 사자와 독수리와 양을 한 우리에 같이 넣고 각자 자유롭게 뛰어 놀게 하는 것과 같다. 그리고 이렇게 말하는 것과 같다. '풀 뜯으러 나가서 서로 정직하고 평화롭게 지내라. 우리는 열려 있고 목초지는 넉넉하다. 너희는 악한과 곤봉을 두려워할 필요가 없다.'[59]

국가의 형벌이 없다면 사람들은 늑대와 사자처럼 공격성을 마음대로 내뿜고, 남을 해할 줄 모르는 양 같은 그리스도인은 그들에게 당한다. 양만 당하지 않고 늑대와 사자들도 서로 물어뜯고 싸운다. 다시 말해서 국가의 공권력으로 제어하지 않으면 선한 자만 피해를 보는 데 그치지 않고 악한 자들끼리도 서로 싸워 결국 아무도 살아남는 자가 없게 된다.[60] 세상을 보존하는 데는 국가의 법과 형벌이 필요하다.

개인 내면에서 이루어지는 하나님 나라는 하나님의 통치 안에서 인간이 자유로운 주체가 되는 질서이다. 거기서는 신율 안에서 개인의 자율성이 보장된다. 그런데 세상 나라 곧 국가는 인간의 죄악을 통제하기 위해서 생겨난 질서이다. 국가는 하나님 나라의 신율적 질서와 달리 법의 구속에 의해 질서가 잡히는 타율적 공동체이다. 인간은 악의 성향이 뿌리 깊어 자율적으로만 살 수 없고 타율이 불가피한 존재이다. 그런 인간 현실에 대한 응답이 국가의 공권력과 법질서이다. 인간

---

59 「세상 권세에 대하여」, GW, p.4.361.

60 위의 글, GW, p.4.361.

은 타율적으로 제재를 받고 길들여져야 할 존재이고, 타율적 길들임의 질서가 국가의 통치 질서이다. 국가는 타율을 본질로 삼아 생겨난 법질서의 공동체이다. 루터는 복음에 의한 개인의 자율성을 구원의 상태로 말하면서 동시에 타율적 법률 공동체의 불가피성을 주장한 셈이다.

국가의 목적인 개인

그런데, 루터가 법질서를 강조하고 공권력을 강화했지만 그것은 오직 악을 벌하는 질서 유지의 측면에 국한된다. 루터가 정부에게 인간의 삶을 위한 선도적인 역할을 맡긴 것은 아니다. 루터는 오직 영혼 구원이라는 하나의 목적을 제시했고, 그 일이 개인의 신앙에 의해서 수행될 수 있을 뿐이며 집단이나 법에 의해 수행될 수 없음을 알렸다. 루터에게는 자연이나 역사가 진리의 자리가 될 수 없으며 오직 개인의 내면이 진리의 자리이다. 그러한 개인들을 돕는 데 적임자가 공권력을 가진 국가이다. 구원은 개인들이 각자 자기의 내면에서 이룰 일이다. 국가는 법질서를 통해 분쟁을 평화로이 해결하고 세상이 파괴되지 않도록 보존함으로써 개인들의 자기 구원을 돕는다.

그러므로 루터에게 국가는 결국 개인을 위해서 존재한다. 중세까지 개인은 얼마든지 국가를 위한 공공선의 수단이 될 수 있었다. 예를 들어 아퀴나스에게서 개인의 자살이 악인 까닭은 국가의 노동력이 줄어 공공선이 훼손된다는 점에 있었다. 고대와 중세의 공공선의 개념은 전체가 개인보다 우선한다는 명제 위에 성립되었다. 그러나 루터에게 그런 전체주의적 개념은 더 이상 효력을 발휘하지 못한다. 개인은 하나님을 위해 있고 자기 구원을 위해 있다. 개인은 타자에 대해 있기에 앞서 자기 자신에 대해 있다. 그러므로 개인이 공공선이나 국가를 위해 있다는 관념은 성립되지 않는다. 오히려 국가는 하나님 나라를 위해 있는 개인을 위해 일한다.

진리 인식의 주체이고 행위의 주체인 개인은 결과적으로 국가의 목적이다. 아직 루터에게 국민에 의한 국민의 정치라는 개념은 없다. 그러나 국가의 공권력이 개인을 위해서 있다는 관념이 루터에게서 성립된다. 국민이나 백성이라는 집단 개념이 아니라 개인이 중요하다. 국가는 개인을 위해 대중과 국민을 상대한다. 동서양의 전통적 정치철학에서 국가는 국민이나 시민을 위해 있다고 하는데, 그 말은 국가가 공공선을 위해 있음을 가리킨다. 그러나 루터에게 개인의 자유는 공공선에 앞선다. 사회 질서와 사회의 부라고 하는 공공선은 영혼 구원의 주체인 개인을 위해 봉사한다. 루터에게서 드러난 명제 곧 국가가 개인을 위해 있다는 것은 새로운 정치철학의 탄생을 예고한다.[61] 루터에게서 보이는 정치의 목적으로서의 개인은 근대적 정치 주체로서의 개인이나 국민개념과는 다르다. 그러나 개인이 부각되기 시작했다는 점에서 국민주권 개념으로 가는 길이 열렸다고 할 수 있다.

국가의 강한 공권력은 개인들의 자유를 위한 것이다. 그렇게 하나님은 복음과 함께 법을 인간의 자유와 구원을 위해 사용하신다. 복음과 법은 모두 힘을 가진 말인데, 복음의 말이 갖는 힘은 강제력이 아니고 법이 갖는 힘은 강제력이다.[62] 자유와 강제가 협력하여 궁극적 자유를 만든다. 영혼 구원을 위해 법의 강제력이 존중되어야 한다.

---

61 그래서 헤롤드 버만은 루터주의가 절대군주의 권력에 제한을 가하지 않았다고 하는 일반적인 주장은 사실과 다르다고 본다. 루터주의의 영향 아래에서 군주는 국민의 개인적 양심을 존중하고 재산권과 계약권을 존중해야 했다. 헤롤드 버만, 『법과 혁명 1』, pp. 103-104.

62 아리스토텔레스는 법을 말logos이면서 힘dynamis이라고 보았다. 아리스토텔레스, 『니코마코스 윤리학』, pp. 378-381(1179b-1180a) 참조. 복음의 힘은 강제력의 힘이 아니다.

그러나 루터 자신이 법질서에 도전한 사람이 아닌가? 루터는 교황의 권위에 도전했고 기존질서를 파괴할 계기를 만든 사람이다. 1520년 12월에 루터는 비텐베르크 성의 동문 앞에서 스콜라주의 책들을 불사르는 학생들과 함께 문서들을 불태우는 자극적 행동을 보였다. 그는 자신을 파문한 교황의 문서 엑수르게 도미네가 도착하기 전에 교황의 칙서와 교회 법전과 교회법 전문가들의 주석서들까지 불태워버렸다. 그는 또한 보름스 제국의회에서 황제 카를 5세의 압력에 불복하고 자신의 주장을 굽히지 않았다. 이런 루터의 저항은 오래된 질서를 깨뜨리는 행위이다. 그러나 루터가 불태운 것은 국가 법전이 아니라 교회 법전이었다. 그가 무너뜨린 것은 복음을 전하지 않고 법을 만들어 강요하는 교회의 권위였지 국가의 권위가 아니었다. 그가 황제의 명을 거스른 것은 신앙의 자유를 위한 것이었지 정치적 자유를 위한 것이 아니었다.

물론 중세의 질서로 볼 때 교회에 대한 투쟁은 당시의 법질서에 대한 도전이라고 할 수 있다. 그리고 교회법이 법질서의 일부를 이루고 있던 당시에 교회 법전을 불태운 것도 법질서에 대한 도전이라고 할 수 있다. 그 점에서 루터는 새로운 법 개념을 탄생시켰다. 어떤 법이든 법은 인간의 내면을 건드릴 자격이 없고 다만 인간의 외부적 행위만이 공권력의 영역이다. 그러한 한계 안에서 공권력은 존중되어야 한다. 양심의 자유를 건드리지 않는 한 개인들은 국가의 법질서를 따라야 한다. 국가는 악을 징계할 수 있는 단호하고 강력한 힘을 가져야 하고 그런 힘을 행사해야 한다.

16세기 후반에 독일에서는 국가 주도로 사회 질서를 확립하기 위한 경찰법이 출현했다. 사회의 질서 확립을 위해 루터 교회도 중요한 역할을 했다. 교회는 단순히 말씀을 선포할 뿐 아니라 좋은 시민을 만들기 위한 교육 훈련장의 역할을 담당했다. 그런 현상들은 법질서가 하나님의 섭리이며 그리스도인이 국가 공권력을 존중해야 한다는 루터 사상의 영향 아래에서 이루어졌다.[63]

법실증주의

루터가 새로운 법 개념을 가져오면서 법질서의 강화를 말한 일이 이른바 법실증주의의 기초가 되었다. 법학자 헤롤드 버만은 루터를 근대 법실증주의의 기원으로 본다. 교회가 관장하던 자연법의 규범 능력을 박탈하고 국가에 모든 법제정 권한을 맡긴 루터의 개혁이 법실증주의의 모태가 되었다.[64]

종교적 권위에 근거한 도덕적 이상을 배제하고 인간의 욕망의 현실에 맞춘 법이 제정되는 19세기와 20세기에 법실증주의가 크게 세력을 떨쳤다. 그런 면에서 법실증주의는 법의 세속화와도 관련이 있다. 법실증주의는 인간이성에 대한 의구심의 산물이면서 동시에 이성에 대한 신뢰의 산물이기도 하다. 중세적인 높은 도덕성의 요구가 필요 이상으로 인간의 자유를 억압한다는 점에 대한 폭넓은 공감대와 일반적인 수준의 도덕적 요구에 대해 인간 이성은 자율적 규제가 가능하다는 인식이 결합되었다. 중세까지 높은 이성을 중심으로 법의 위계질서를 형성했다면 근대에는 인간의 낮은 이성에 맞추어 법의 규범력을 확보하고자 했다.

실증주의는 베이컨 이후 등장한 일종의 인식론으로서 관찰을 중시

---

63 Heikki Pihlajamäki, "Executor divinarum et suarum legum: Criminal Law and the Lutheran Reformation", pp. 181-185 참조.

64 헤롤드 버만, 『법과 혁명 1』, p. 104.

하고 인간의 지식이 오로지 경험에서 생긴다고 보며 귀납적 방법에 의해서만 진리가 산출된다고 믿었다. 이러한 지식 산출은 자연과학의 방법을 가장 우월하게 만들었으며, 콩트에서 시작된 실증주의 사회학은 인간의 사회 현상을 자연과학적으로 분석하려고 했다.[65] 그리하여 실증주의는 인간 행동의 궁극적 원인이나 목적을 배제하고 현실을 이루고 있는 행위 법칙을 찾는 데 더욱 주력한다. 그렇게 되면 일종의 가치 중립적인 지대가 탄생한다. 신학에서는 하나님의 종이든지 죄의 종이든지 둘 중의 하나이며 중립 지대는 없다. 마르틴 루터가 사탄의 도전을 심각하게 느낀 것도 인간 영혼이 언제나 구원과 저주의 갈림길에 서 있다고 느꼈기 때문이다.

그러나 실증주의는 종교나 인문주의가 주장하던 당위에서 벗어나 가치 중립적으로 인간의 행동 원리를 제시한다. 물론 당위가 완전히 배제되지는 않지만 실증주의는 인간의 숭고함을 전제로 하거나 높은 이상을 지향하지 않고 오로지 현실에 근거한 당위를 말한다. 다시 말해서 관찰된 사실에 근거한 당위를 말한다. 그렇게 되면 결과적으로 높은 도딕성이 아닌 낮은 도넉성이 인간 사회를 떠받치는 기준이 된다. 타인을 위한 희생이나 사랑이 흔한 일이 아니므로, 이웃 사랑을 말하는 종교적 거룩함이나 죄의식은 보편 규범으로서의 효력을 상실한다. 루터의 용어로 말하자면 신학적 정의가 아닌 시민적 정의만이 중요한 시대가 도래한 셈이다.

법실증주의는 실증주의처럼 사실과 가치를 구분하고 법의 타당성의 근거를 법 자체의 논리적 일관성에서 찾는다. 높은 가치의 삶을 강요

65 Loic Wacquant, "positivism", in *The Blackwell Dictionary of Modern Social Thought*, ed. William Outhwaite, p. 507.

하지 않고 사실에 근거한 규범을 중시한다. 다시 말해서 당위보다는 현실에 초점을 맞춘다. 도덕과 달리 법은 어떻게 살아야 하는가보다는 사람이 어떻게 살고 있는가에 기초를 두고 있다. 그래서 법실증주의는 도덕이나 형이상학적 진리로부터 법을 구분하고, 만들어진 법 자체에서 법의 힘을 발견한다. 법의 정치적 기능이나 심리학이나 사회학 등이 중요하지 않다.[66] 일상생활을 규율하는 법의 도덕성 요구는 일상에서 지킬 만한 수준에 맞추어져 있다. 지킬 수 없는 법을 만들면 법의 효력 자체에 문제가 생기기 때문이다. 높은 도덕성은 타자를 위해 희생하고 일방적으로 봉사하기를 요구하지만 국가의 실정법은 인간들 사이의 상호 호혜와 타협을 가능하게 할 정도의 낮은 도덕성을 요구한다. 법은 질서의 최후 보루로서 인간의 욕망이 일으키는 갈등으로 사회가 파괴되지 않도록 하는 역할을 담당한다.

그러므로 법실증주의는 중세까지 큰 위력을 발휘했던 자연법 사상과 다른 길을 간다. 루터는 자신이 법실증주의의 기원이 되리라고 생각하지 못했을 것이다. 실제로 루터와 루터주의 법학자들은 높은 도덕성의 규범력을 중요하게 생각했다. 다만 루터가 생각한 높은 도덕성 즉 사랑의 법은 개인들에 의해서 행사되는 것이며, 국가의 실정법이 사랑의 법을 담아야 한다고 생각하지 않았다. 루터가 시민법의 토대가 된다고 생각한 자연법은 상호적 정의의 원리에 따른 낮은 도덕성이다. 자연법을 손에 쥐고 있던 교회의 법적 지위가 사라지면서 국가의 실정법은 높은 도덕성으로부터 자유로운 규범 체계가 되었다. 이것은 국가가 교회 주도의 도덕적이고 영적인 질서로부터 떨어져 나가 세속 질서

---

66 Raymond Wacks, *Understanding Jurisprudence. An Introduction to Legal Theory*, Oxford: Oxford University Press, 2005, pp.85-87.

가 되었음을 의미한다. 루터는 법의 본질을 인간의 육의 필요와 세속적 욕망이 원만하게 충족되어 평화를 이루는 데서 찾았다. 원만한 충족은 욕망의 타협을 통해 이루어진다. 법이 이루는 평화는 갈등을 일으키는 세속적 욕망들의 적절한 타협의 결과이다. 적절한 타협으로서의 정의를 지키는 보루가 법이다.

또한 복음이 주는 평화와 달리 법이 이루는 평화는 공권력의 위협에서 생기는 평화이다. 그것을 루터는 중세 때의 표현을 사용하여 검이라고 불렀다. 욕망을 과다하게 노출하여 다른 사람들과 불화를 일으키면 공권력이 지닌 물리적 힘의 제재를 받는다. 그러한 위협과 형벌의 공포가 법질서를 만든다. 그 점에서 법의 세계는 욕망과 공포의 세계요, 자유가 아닌 통제가 그 본질을 이룬다. 국가의 법질서는 고상한 가치와 자유를 추구하는 역할이 아니라 노예의지를 가진 인간들이 파괴적 상호폭력으로 가지 않도록 경고하고 길들이는 역할을 수행한다. 다시 말해서 법질서는 높은 덕성을 함양하는 데 그 목적이 있지 않고 오직 외부 질서를 잡는 데 그 목적이 있다. 그 점에서 루터의 법철학은 아리스토텔레스나 아퀴나스와 다르고, 역사 내재주의 관점에서 국가를 이상적 공동체로 보려고 한 헤겔과도 다르다.

물론 법실증주의가 도덕적 가치를 꼭 배제하지는 않는다. 다만 법의 효력과 타당성의 근거를 법의 도덕성에서 찾지 않는다. 그 점에서 루터주의 법철학은 자연법으로 실정법을 구속했던 중세의 법철학과 다른 면을 가지고 있다. 사실 루터는 도덕성을 별도의 주제로 삼지 않았다. 인문주의자들이 중시했던 도덕성 문제는 루터의 믿음의 논리 속으로 흡수되었다. 십자가의 은총으로 하나님의 사랑을 믿게 될 때, 하나님에 대한 사랑이 생기게 되고, 하나님에 대한 사랑에서 이웃에 대한 사랑이 나가게 된다. 그러므로 루터가 그리스도인들에게 요구한 덕은 신앙이지 도덕성이 아니다. 국가가 주도하는 법질서의 목적은 개인의 영혼 구원이나 덕의 향상이 아니다.

루터에게서 법은 인간 집단의 최악의 폭력 사태에 항상 대비하는 힘을 가져야 하며, 세상의 혼란을 막기 위한 법의 힘은 법의 도덕성에서 나오지 않는다. 신앙의 자유를 침해하지 않는 한, 법이 불의하다고 할지라도 누구나 법규범을 준수해야 한다고 루터는 말한다. 멜란히톤이나 올덴도르프 같은 루터주의 법학자들은 불의한 법에 대한 저항을 생각했지만, 일반 국민이 법의 불의함을 판단하기 쉽지 않다고 보고 일단 법에 따를 것을 권면했다. 그리고 법의 개정은 국민의 일이 아니라 법제정권자인 군주와 귀족들의 일이다. 불의한 법에 대한 루터주의자들의 태도는 대개 중세의 아퀴나스와 크게 다르지 않은데, 법의 효력에 대해서는 중세보다 더 강한 태도를 보인다.

법에 대한 루터의 관심은 질서 유지와 평화에 있었으며 질서 유지는 개인내면의 자유와 구원을 보호하기 위한 것이다. 그는 국가의 실정법에 더 이상 다른 기능을 기대하지 않았다. 물론 물질적 궁핍을 해결하는 과제가 있었지만 그것도 크게 보면 배고픔으로 말미암은 사회 혼란을 막는 질서 유지와 관련이 있다. "평화가 지상에서 가장 중요한 선이다. 다른 선들은 평화에 포함되어 있다."[67] 여기서 루터가 말하는 평화는 외부적 평화zeitlich Frieden를 가리킨다. 영원한 평화는 내면에서 하나님의 통치에 의해 이루어지는데, 영원한 내면의 평화를 위해서는 세상을 질서 있게 보존하는 외부적 평화가 필요하다.

악을 징계하고 폭력의 악순환을 막아 평화를 만드는 법질서를 혼란에 빠뜨리는 일은 사탄의 놀음에 지나지 않는다. 그래서 루터는 국가

---

67 「아이들을 학교에 보내야 한다」(1530), WA 30, p. 538(18-20).

법의 기원이 세상을 보존하려는 하나님의 의지에 있다고 본다. 법의 강제력이 하나님에게서 온다는 루터의 생각은 국민의 의지나 도덕법을 넘어 법의 강제력이 스스로를 정당화한다는 논리를 가능하게 한다. 루터의 생각이 여기에 미쳤기 때문에 그는 법의 효력의 기원을 법의 강제력 그 자체에서 찾는 생각에 도달하게 된다. 불의한 법에도 순종하라는 주문은 그런 배경에서 나온다.[68] 법을 매우 높이 평가해서 하는 말이 아니다. 법을 철저하게 영혼 구원의 보조 수단으로 사용하기 위해서 법에 대한 순종을 말한다.

영혼 구원을 위해 직접적 역할을 할 수 없는 세상 법을 거슬러 공연히 문제를 일으킬 필요가 없다. 칼쉬타트의 반율법주의는 법에 너무 과중한 의미를 부여해서 일어난 일이라고 루터는 보았다.[69] 어차피 구원은 내면의 문제이니 내면을 건드리지 않는 한 법을 따르는 게 좋다. 더구나 법질서가 무너졌을 때 일어날 혼란을 생각하면 법을 따르는 게 좋은 정도가 아니라 법을 무조건 따라야 한다. 영혼 구원을 위한 법의 실용성과 법적 안정성이 사라졌을 때 벌어질 최악의 사태에 대한 긴급한 경고가 합해져서 불의한 법도 따르라고 하는 가르침이 나왔다.

통치자 역시 법을 통해 통치하고 통치자 자신도 법의 구속을 받는다. 이런 법치주의 원리는 루터가 하나님의 말씀을 약속과 계명으로 나눈 데 기인한다. 약속의 말씀은 인간의 영혼을 구원하는 말씀이고, 계명의 일차적 역할은 보존이다. 계명의 중요한 부분이 국가의 실정법으로 발현된다. 루터 당시에 실정법을 만드는 사람은 통치자들이다. 그러나 그들이 법을 만드는 순간 그 법은 하나님의 계명과 같기 때문에

68 「세상 권세에 대하여」, GW, pp.4.392-4.393.

69 Chris Thornhill, *German Political Philosophy*, p.39.

법의 제정자들도 자기가 만든 법에 구속된다. 하나님의 약속의 말씀은 개인들의 영혼 속에서 복음이 되어 하나님 나라를 이루고, 하나님의 계명의 말씀은 입법자를 거쳐서 개인의 영혼 밖에서 객관적인 법질서를 이루며 세상 나라를 만든다. 일단 객관화된 법 규범은 통치자를 포함해서 국가의 모든 구성원의 순종을 요구한다. 그렇게 보면 루터는 법이 정치보다 앞선다고 생각한 면이 있다. 정치는 객관화된 법을 따라 이루어진다.

루터에게 자유는 주관적이고 법의 구속은 객관적이다. 자유를 주는 복음은 개인이 해석학적 주체가 되어 그 의미 형성에 참여하지만 구속하는 법의 의미는 해석의 여지가 없도록 그 의미가 분명해야 한다. 그래서 루터와 그 후계자들은 성문법을 선호했다. 자연법은 해석의 여지가 많으므로 상세하게 규제 사항을 명시한 성문법이 필요하다고 보았다. 추상적이어서 빠져나갈 여지가 많은 자연법을 넘어 구체적인 규정으로 악한 행위를 규제해야 한다. 악한 시대에는 성문법이 필요하다고 그들은 주장했다. 성문법에는 통치자의 자의적 법 집행을 막는 효과도 있다.

그래서 루터주의 법학자들은 법의 일반 원칙을 중심으로 법을 체계화하고 상세하게 만들었다. 그들은 포괄적 입법을 통한 법 체계화에 관심을 가졌다. 멜란히톤과 올덴도르프 등이 법을 분류하고 체계화하는 작업에 착수했다. 그것은 중세에 교회법과 왕의 법, 봉건법, 장원법, 도시법, 상인법 등으로 나누어진 것을 국가가 통합하여 하나의 원리 아래 통합한다는 의미를 지닌 작업이다.[70]

영혼의 구원을 위해서는 개인이 자기 내면에서 사탄과 싸우고, 세상

70 헤롤드 버만, 『법과 혁명 2』, pp. 283-284.

의 보존을 위해서는 국가가 법을 가지고 공권력으로 사탄과 싸운다. 영혼 구원은 개인의 자기 자신과의 싸움이고, 세상의 보존은 국가가 인류의 폭력성과 싸우는 싸움이다. 여기에는 교회가 빠져 있다. 교회가 아닌 개인과 국가가 하나님의 뜻을 실현하기 위해 전면에 나선다. 그런 면에서 법을 집행하는 공직도 일종의 성직이다. 국가의 통치자가 하는 일도 영적인 일이요, 법 집행도 영적인 일이다. 그것은 인간을 구원하지는 못하지만 세상을 보존하고자 하는 하나님의 뜻을 수행하기 때문에 영적인 일이다. 중세의 자연법론에 비해 루터주의의 법사상은 법의 목적을 낮추고 현실화하면서 실정법의 힘을 중세보다 강화시켰다. 중세에는 교회가 실정법을 비판하고 그 효력에 시비를 걸 수 있었지만, 종교개혁 이후에는 제정된 법의 효력에 시비를 걸 수 있는 세력이 사실상 사라졌다. 루터는 다만 법 집행자들이 법의 정신에 따라 이성과 사랑의 동기로 법을 집행하라고 가르쳤다.

법실증주의에서는 국가를 하나의 인격체로 보고 칸트의 형식주의 윤리처럼 국가가 자기 원인성을 가지고 있다고 본다.[71] 다시 말해서 국가는 스스로 자기 자신의 규율을 가지면서 탄생한다. 국가 자신이 입법자요 준법자이다. 그러므로 국가는 준법자로서 자기 규율에 구속되지만 동시에 입법자로서 자기 규제의 원리를 스스로 만들어 가진다. 국가의 법이 하나님에게서 온다고 한 면에서 루터는 국가의 자기 원인성을 지지하는 측면이 있다.

그리하여 루터신학의 내면과 외부의 역설이 법 이론에도 적용되는데, 이중으로 적용된다. 법을 지키는 면에서 그리스도인은 자신의 구원을 위해 법과 역설적 관계를 이룬다. 한 인간은 내면에서 복음의 통

71 Chris Thornhill, 앞의 책, p. 187.

치를 받고 외부 즉 바깥세상에서 법의 통치를 받는다. 시민적 정의는 신학적 정의가 생산되도록 안전한 보호망을 형성한다. 그런데 일단 시민적 정의가 영혼 구원을 위해 필요하다고 인정되는 순간, 법은 복음과 무관하게 자기 정당성의 원리를 가진다. 외부세계를 통치하는 도구로서 세상의 평화를 이룩하기 위해 법 그 자체가 신성한 자기 합리화의 힘을 가진다. 부당한 법에도 순종할 것을 요구한 루터의 태도가 그 점을 잘 보여준다.

루터에게 시민적 정의는 구원의 보조자가 된다. 루터의 동료 교수이자 제자이자 동지인 멜란히톤은 법적 정의를 가리켜 외면적 도덕성이라고 했는데, 외면적 도덕성도 하나님을 기쁘게 한다고 말했다. 법은 타자와 평화롭게 지내도록 하는 기반을 이루기 때문이다.[72] 루터에게서 시민적 정의는 그 자체가 목적은 아니다. 법의 목적은 세상의 평화 형성에 있고 법이 이루는 평화는 영혼 구원에 봉사한다. 그 점에서 루터의 법사상은 프랑스 혁명 이후에 합리주의와 이신론에 기반을 두고 출현한 19-20세기의 법실증주의와 다르다. 그러나, 법이 질서 유지를 위해 복음과 별개로 자기 정당성의 기초를 가질 수 있다는 점에서 루터의 사상은 법실증주의를 예비했다고 할 수 있다. 루터는 공권력을 행사하는 자가 사랑의 동기를 가질 것을 주문했지만 공권력 행사의 정당성 자체는 법 집행자의 내면의 동기와 무관하다. 그것을 보여주는 사례가 있다.

한 장군이 농민 폭동을 유혈 진압한 후 그리스도인으로서 괴로움을 느꼈고, 루터는 주위의 권고로 그 문제에 대한 답변서를 작성했다. 그 글이 1526년에 나온 「군인도 구원받을 수 있는지」이다. 이 글에서 루

72 헤롤드 버만, 앞의 책, p.242.

터는 정부의 공권력 행사가 하나님의 뜻에 의한 것임을 더욱 강조하게 된다. 그는 '신성하다'는 낱말을 여러 번 사용하면서 국가의 권력 행사를 신학적으로 정당화한다. 두 왕국은 모두 필요하며 하나님이 쓰시는 신성한 직무로 구성되어 있다. 사제의 일뿐 아니라 모든 직업이 그 직무로서 신성할 수 있고, "군인의 지위, 그 직무, 그 일도 그 자체로 신성하며 옳다."[73] 국가가 폭도와 부딪혀 사람을 죽이는 것도 "그리스도교적인 사랑의 행위"[74]일 수 있다. 큰 불화를 막기 위해 작은 불화를 일으키는 무력 진압은 악을 징벌하고 선한 이들의 재산과 생명을 보호한다는 점에서 사랑의 행위로 볼 수 있다.

> 칼을 휘두르며 살해하는 손은 인간의 손이 아니라 하나님의 손이다. 교수형에 처하거나 고문하는 것, 목을 베고 죽이고 싸우고 하는 것은 인간이 하는 일이 아니라 하나님이 하시는 일이다. 이 모든 것들은 다 하나님의 일이며 하나님의 심판이다.[75]

그런데 중요한 것은 직무 수행의 자세이다. 사람이 중요하다. 직무 자체는 신성하지만 그 직무를 수행하는 사람이 올바르지 않으면 직무를 남용missbrauchen하게 된다.[76] 국가의 공권력 집행이 사랑의 행위가

---

73 마르틴 루터, 「군인도 구원받을 수 있는지」, 『루터선집 9』, p.237. 군주의 통치권 행사를 정당화하는 용어가 점차 강화되고 있음을 볼 수 있다. 1520년 「독일 그리스도인 귀족에게」에서는 세상 권세도 '영적인 신분'을 가졌다고 했다. 1523년의 「세상 권세에 대하여」에서는 세상 권세가 '하나님에게서 온 것임aus Gottes Ordnung'을 확인했다. 그러다가 1526년의 글에서 세상 권세의 직무가 '신성하다göttliche'는 말을 여러 번 사용한다.

74 「군인도 구원받을 수 있는지」, 『루터선집 9』, p.238.

75 같은 글, GW, p.4.429. 참조, 『루터선집 9』, p.239.

76 같은 글, GW, p.4.426, p.4.430.

되어야 하는데, 그러려면 집행자에게 사랑의 마음이 필요하다.[77] 공직자나 통치자도 사제처럼 영적인 신분을 가진 자요 그리스도의 몸 된 나라의 일원이기 때문에 공직 수행에도 그리스도의 사랑의 계명이 적용된다. 군주나 칼을 가진 군인들 모두 그리스도인으로서 자기 이익을 구하지 않고 신성한 하나님의 직무를 수행한다는 생각을 가져야 한다. 그러나 현실에서는 참 그리스도인을 찾아보기 어려운 것처럼 그리스도인답게 사랑으로 통치하는 왕도 찾아보기 어렵다. 그렇다면 동기가 나쁜 통치자의 명령은 어떻게 받아들여야 하는가? 직무 수행의 동기를 중시하고 직무를 수행하는 사람이 올바른 사람이어야 한다면, 불순한 동기를 가진 공직자의 강제력 수행은 거부해도 되는가?

그렇지 않다. 그때에는 '직무 그 자체가' 신성한 것이요 필요한 것이라는 명제가 힘을 얻는다. 루터가 "군인(공직자)의 지위, 그 직무, 그 일은 '그 자체로' 신성하며 옳다"고 할 때, '그 자체로'는 두 가지 의미로 해석할 수 있다. '그 자체로는' 옳지만 직무를 수행하는 사람의 마음가짐에 따라 직무 수행이 옳지 않을 수도 있다는 의미로 볼 수 있다. 실제로 루터는 이 문장 직후에 공직자의 마음 자세에 대해 말하고 있다. 반면에, '그 자체로'는 직무 수행자의 마음가짐과 관련 없이 직무 '그 자체가' 유익이 되고 신성하다고 볼 수도 있다. 루터는 후자에 가깝다. 통치의 혼동을 일으키는 영역 침범이 아닌 한, 다시 말해서 신앙의 문제를 건드리지 않는다면 동기가 순수하지 않아도 공권력 행사는 정당화된다.

물론 권한 행사의 범위 안에서 직무 수행이 일어나야 하겠지만, 꼭 사랑의 동기나 하나님의 일을 한다는 마음가짐이나, 평화를 위한다는

77 「세상 권세에 대하여」, GW, p. 4. 404.

마음가짐이 있어야 권한 행사가 정당한 것은 아니다. 루터는 공권력 행사에서 도덕성Moralität보다 합법성Gesetzlichkeit에 더 비중을 둔다고 할 수 있다. "그것(군인이 반역자들을 진압하는 일)은 먹고 마시는 일처럼 필요하고 유용하며 그 자체로 신성한 직무이다."[78] 국가의 객관적 법 집행과 하나님 나라의 주관적 신앙의 고리를 연결하는 것이 동기인데, 그 연결 고리가 끊어져도 법 집행의 정당성에 영향을 주지 않는다. 공권력 행사의 직무 자체가 정의로운 것이며, 그것을 루터는 집행자의 내면의 정의로운 동기와 구분해서 외적인 정의라고 부른다.[79] 결과적으로 루터는 법에 대해 이중적 태도를 보인다. 한편으로는 법을 경멸하는 모습이 있으며 다른 한편으로는 법을 신성하게 생각한다.

루터는 합법적으로 부당한 이득을 취하는 인간 세상에 대해 개탄했다. 다시 말해서 합법성을 표방하면서 불의를 행하는 자들이 자신의 죄를 알지 못하는 현실을 루터는 알고 있었다. 그런 문제를 루터는 십계명의 마지막 계명인 탐심을 다루면서 제기한다. 예를 들어 루터는 「소교리문답」에서 이웃의 집을 탐내지 말라는 계명을 "법률상 구실을 붙여서 자기 것으로 만들지 말라"는 뜻으로 푼다.[80] 이 말은 법이 부도덕한 인간의 탐심을 충족시키는 데 얼마든지 이용될 수 있음을 가리킨다. 멜란히톤은 십계명을 법의 원리로 제시하면서 매우 도덕적으로 해석한다. 예를 들어 '도둑질하지 말라'는 계명을 해석하면서 자기 재산을 낭비하거나 사치에 쓰는 것도 도둑질이라고 본다. 그런 해석에 따

78 "daß es ein Amt ist, das an sich göttlich und der Welt so nötig und nützlich ist wie Essen und Trinken." 「군인들도 구원받을 수 있는지」, GW, p.4.430, 『루터선집 9』, p.239.

79 GW, p.4.430. 외적인 정의: äußerliche Gerechtigkeit. 루터의 내적인 정의와 외적인 정의는 각각 칸트의 도덕철학과 법철학의 기초가 된다.

80 『루터선집 9』, p.387.

르면 법적으로 도둑질하지 않는 사람도 신앙적으로는 도둑질하는 사람이 얼마든지 있을 수 있다. 그만큼 법은 신앙적 죄의식의 차원과는 거리가 있을 수 있다. 그런 면에서 루터나 루터주의자들은 법을 경멸하는 측면을 보인다.

그런데 멜란히톤은 법의 제3의 용법을 주장했다. 그것은 법의 교육적 효과로서 법을 통해 사회 전체의 도덕성을 향상시킨다는 주장이다. 그렇게 되면 중세의 법사상과도 유사해지는 면이 보인다. 그러나 루터는 법의 교육적 용법에 대해 그리 분명하게 말하지 않았다. 루터는 사회의 도덕성을 향상시키는 기능까지 법에 기대하지는 않았다. 물론 6장에서 보듯이 시민법을 통한 구제나 복지는 결과적으로 사회의 도덕성을 향상시키는 효과가 있지만 루터의 관심은 개인의 성화에 있었다. 루터가 법의 제3의 용법을 말했다면, 그것은 사회의 도덕성 향상이 아니라 개인의 성화를 이끄는 기능을 가리킨다. 그런데 루터는 성화sanctification보다는 칭의justification에 더 중점을 두었으므로 루터에게 법의 제3의 용법은 큰 비중을 차지하지 않았다고 할 수 있다.

그러므로 한편으로 법에 대한 경멸과 법에 대한 신학적 무관심이 루터에게 분명하게 존재한다. 그와 동시에 루터는 법질서 자체를 매우 중요하게 생각했다. 그는 법적 안정성을 중요시했으며 공권력 행사는 도덕성과 무관하게 합법성 그 자체로 존중되어야 했다. 서로 상반되는 두 가지 태도를 이어주는 것은 법의 실용성이다. 법의 형이상학적 의미는 철저히 배격하고 다만 영혼 구원을 위해 필요한 보조 수단으로 루터에게 법은 중요한 의미를 갖는다.

정리하자면 법에 대한 루터의 태도는 세 겹으로 이루어져 있다고 할 수 있다. 첫째는 법과 복음을 구분하고 대립시킨다. 법으로는 구원받을 수 없기 때문이다. 둘째는 반율법주의를 반대하며 형이상학적 의미가 아닌 실용성에 기초해서 법의 필요성을 중시한다. 셋째는 국가의 법이 하나님의 뜻에 기반을 두고 있다고 봄으로써 법의 신성함을 강조하는 주장이다. 서로 모순되어 보이는 세 층위가 일관성을 이루며 루터의 역설의 법철학을 구성하고 있다. 첫 번째 태도는 법실증주의와 무관하다. 그런 면에서 루터의 법철학은 법실증주의로 다 설명할 수 없다. 그러나 둘째 태도에서 셋째 태도로 옮겨가며 루터는 법실증주의를 예비했다고 볼 수 있다.

루터가 법실증주의적 태도를 통해 국가의 권력을 막강하게 한 것에 대해서는 여러 학자들이 비판했다. 미국의 윤리학자 라인홀드 니버나 독일의 신학자 위르겐 몰트만이 모두 그 점을 두고 루터를 비판했다. 영국의 신학자 알리스터 맥그라스도 이렇게 말했다. "루터는 정치의 기원을 하나님의 섭리에 둠으로써 정치 권력을 강화시켰다. 하나님은 군주와 통치자들을 통해 세상을 통치하신다. 세상에는 교회도 포함된다. 교회는 세상 속에 있으므로 세상 질서에 복종해야 한다 …… 그런 식으로 해서 결과적으로 국가가 교회를 지배하는 길이 열렸다. 그것은 루터 교회의 보편적 특징이다. 1930년대에 히틀러에 반대하지 못한 독일교회의 모습은 대체로 루터의 부적절한 정치사상의 반영이다."[81]

이런 비판은 많다. 그러나 국가가 교회를 지배하게 된 것은 당시 부패한 가톨릭 교회와 싸우면서 생긴 현상이고 루터의 다른 공헌과 떼어서 생각할 수 없다. 교회가 권력 기관이 아니어야 한다는 루터의 주장은 여전히 타당하고, 종교는 내면의 자유를 이루는 데 이바지해야 하는 주장도 여전히 타당하다. 특히 교회 권력을 없애 개인의 내면세계

81 Alister E. McGrath, *Reformation Thought: An Introduction*, 2nd. ed., Oxford: Blackwell, 1993, p.209.

가 독립된 가치를 가지게 된 점은 인류 정신사에서 매우 중요하다. 내면의 자유를 위해 루터는 종교의 권위주의를 제거했고 정치 권력의 권위주의도 원리적으로 극복했다. 정치 권력의 권위주의를 완전히 제거하는 일은 루터 이후의 세대들의 과제이다.

3. 저항권 문제와 수동적 저항

독일과 덴마크 그리고 스칸디나비아로 퍼져간 루터의 종교개혁과 제네바로부터 프랑스와 네덜란드와 영국으로 퍼져간 칼뱅주의 사이의 가장 큰 차이 중 하나는 저항권 문제이다. 칼뱅주의는 프랑스와 영국에서 소수파를 형성하고 있었으므로 종교의 자유를 위해서는 정치 권력에 대해 저항하고 무력 충돌을 마다할 수 없는 상황이었다. 물론 독일에서도 루터주의자들은 1530년 이후 쉬말칼덴 동맹을 형성하고 무력 시위를 하지만 루터주의 성장의 초기부터 무력 저항을 해야 할 만한 박해가 있었던 것은 아니다. 초기부터 후기에 이르기까지 루터는 거의 일관되게 두 왕국론에 따라 정치 권력에 대한 저항에 소극적 태도를 견지했다. 1618년부터 1648년까지 벌어졌던 30년 전쟁 이후 개인의 종교의 자유가 제도로 인정된 다음에도 루터교 정통주의는 정치 권력에 대한 수동적 순종을 유지했는데, 수동적 순종은 대개 정치적 무저항의 결과를 가져오는 경향이 있다.[82]

반면에 16세기 프랑스의 칼뱅주의 곧 위그노는 가톨릭 군주의 압제

82 수동적 순종passive obedience이라는 용어는 이미 1912년에 나온 트뢸치의 저서에서 보인다. Ernst Troeltsch, *Protestantism and Progress*, p. 110.

와 학살에 맞서서 수십 년 동안 생존을 위한 전쟁을 치렀다. 그 결과 1598년에 낭트 칙령이 발효되고 독일보다 먼저 신앙의 자유가 선포되었다. 17세기에는 네덜란드가 스페인으로부터 독립하는 과정에 칼뱅주의의 저항의 신학이 중요한 역할을 했다. 영국에서는 17세기에 급진적 칼뱅주의자인 청교도들이 의회의 주도권을 장악하고 전쟁을 통해 국왕의 세력을 꺾고 마침내 찰스 1세를 처형했다. 미국 식민지에서도 매사추세츠와 뉴잉글랜드에서 칼뱅주의자들은 하나님 앞에서 인정되는 인간 평등을 하나님의 정치적 대리인들 앞에서의 평등으로 해석했다. 그리고 하나님이 준 자유를 위해 국가는 시민적 자유를 보장해야 한다고 주장한다.

이처럼 루터보다 한 세대 뒤에 출현한 칼뱅과 칼뱅주의자들은 정치적 자유주의에 직접 공헌하는 종교개혁으로 접어들었다. 칼뱅주의 신학에는 저항권이 명시되어 있었다. 물론 칼뱅 자신은 루터처럼 정치적 억압에 대한 인내와 순종을 강조했다. 그는 내면의 양심의 자유를 주장했으며 정치적 저항까지 생각하지 않았다. 그런데 그가 말한 양심의 자유는 예배를 위한 집회의 자유를 포함했다. 루터가 저항을 말하지 않은 것은 아닌데, 그러나 루터의 저항은 어디까지나 내면의 저항이고 개인의 저항을 가리킨다. 그러나 칼뱅주의는 집회의 자유를 말하면서 집단저항의 길을 열어놓았다. 그리하여 칼뱅이 루터와 다른 점은 교회가 강화되면서 교회가 직접 의회에 영향을 주고 신학이 정치에 영향을 주는 방식을 취했다는 점이다. 다시 말해서 칼뱅은 루터에 비해 세상을 개혁하는 데 적극적이었으며 세상의 법과 제도에 그리스도교 정신을 넣으려고 했다.

그리스도인의 개념 그리고 교회의 개념에서 루터주의보다 칼뱅주의가 좀 더 공동체적이다. 칼뱅주의는 대의적이고 민주적인 교회 조직이 정치에 영향을 주어 근대 민주주의에 이바지했다. 그리고 칼뱅주의 기업인들은 기업을 법인으로 만드는 경제 공동체를 창설하며 자본주의 질서를 선도하게 되는데, 그것도 칼뱅의 신앙 개념이 교회 공동체와 밀접히 연관되어 있었기 때문이다. 그처럼 신앙의 자유를 위한 투쟁의 주체가 집단이 되면 정치 공동체인 국가와 힘으로 맞설 가능성이 많아진다. 칼뱅 사상이 세상 권력과 직접 부딪치고 저항하는 결과를 가져온 이유 중의 하나가 거기에 있다. 칼뱅 자신이 말한 저항권은 그리 강하지 않았지만[83] 그가 직접 지목한 후계자 테오도르 베자는 저항권을 명시했다. 네덜란드 독립의 공헌자인 알투지우스나 청교도 시인이자 정치사상가인 존 밀턴도 모두 폭력적 권력에 대한 저항권을 전면에 내세웠다.

루터는 그리스도인의 자유를 위해 종교를 개혁하고자 했지만 정치 개혁이나 정치적 저항과는 거리가 멀었다. 그는 영혼 구원에 관심이 있었고 구원의 문제를 정치와 연결시키지 않았다. 인내와 순종을 강조한 그의 신학 안에 정치 권력에 대한 투쟁의 자리는 없었다. 멜란히톤이나 올덴도르프 같은 루터주의자들도 법질서에 대한 복종을 강조했다. 법의 내용에 문제가 있을 때 자연법에 근거해서 저항할 수 있는 여지가 있으나, 루터주의자들은 시민 불복종이나 국민의 저항권을 인정하는 쪽으로 가지 않았다. 그 이유는 그들이 법의 역할을 영혼 구원에 도움을 주는 데서 찾았기 때문이다.

루터주의 법학자 올덴도르프는 이렇게 말한다. "법의 목적은 우리가 이 어두운 삶을 평화롭게 통과하여 그리스도에 이르고 영원한 삶에 이

---

83 존 칼빈, 『기독교 강요』, 고영민 역, 서울: 기독교문사, 2008, p.445. 책의 맨 끝에 한 절 언급되어 있다.

르는 데 있다."[84] 이 말에 잘 드러나듯이 법은 그리스도인들이 세상을 잘 통과하도록 돕는 데 그 역할이 있다. 삶의 목적은 영원한 삶에 이르는 것인데, 그러기 위해 내면에 하나님 나라를 가진 그리스도인들이 장차 하나님을 볼 때까지 세상을 잘 통과할 필요가 있다. 법은 세상의 만연한 악 또는 잠재되어 있는 악을 통제하고 질서와 평화를 만들어 그리스도인이 세상을 평화롭게 통과하도록 돕는다. 그처럼 평화와 질서를 강조하면 저항보다는 순종을 택하게 된다.

그렇다면 만일 국가의 공권력이 신앙의 문제에 개입할 경우에는 어떻게 해야 하나? 앞의 5장 1절에서 살펴본 국가 권력의 극복 문제는 일반론을 말한 것이다. 다시 말해서 국가 권력을 내면에서 극복하고 밖으로 순종하는 것은 국가 권력에 대한 개인들의 일반적 행동 지침이다. 그렇다면 만일 국가가 권력을 남용하고 통치의 혼동을 일으켜 인간의 내면에 간섭하고 신앙 문제에 끼어들면 저항해도 되는가? 통치의 혼동은 루터가 사탄의 일로 생각하는 것이다. 정교 분리의 가장 큰 핵심은 통치의 혼동을 막는 일이다. 정부의 통치 혼동에 대한 루터의 납은 무엇이었을까?

따르지 말라 그러나 맞서지도 말라

신앙 문제에 개입하는 국가에 대해 그리스도인이 취할 태도는 1523년의 글 「세상 권세에 대하여」에 잘 정리되어 있다. 이 글을 쓰게 된 동기 중의 하나는 작센의 마이센과 바이에른과 브란덴부르크 지역의 영

---

84 "Iuris finis est, ut pacifice transigamus hanc vitam umbratilem, ac perducamus ad Christum et aeternam vitam." Oldendorp, *Lexicon Juris*, p.249, 헤롤드 버만, 앞의 책, p.299에서 재인용.

주들이 루터의 신약 성서 번역본을 회수해서 파기하는 일을 비판하기 위해서였다. 루터는 그런 행위가 그리스도를 헤롯왕에게 넘겨주어 죽게 만드는 꼴이라고 비난한다. 그리고 "그런 조치에 동의하지 말고 조치에 따르지도 말고 한 발자국 손가락 하나도 순종해서는 안 된다"[85]고 주장한다. 그러나 동시에 이렇게 말한다. "그들이 당신의 집 안을 뛰어다니며 책이나 물건을 강제로 가져간다고 해도 참아야 된다."[86] 그렇다면 루터는 국가의 권력 남용에 대해서 서로 모순되어 보이는 두 가지 대책을 말하는 셈이다. "순종하지 말라, 그러나 참아라."

순종하지 말라는 말은 일종의 저항을 지시한 것이다. 루터가 말하는 저항이란 국가의 부당한 조치를 부당하다고 말하며 그들이 명한 것을 따르지 않는 일이다. 그러나 따르지 않는 저항의 행위가 어디까지 미치는가? 루터는 말한다. "그런 조치에 대해 맞서지 말고 참으라."[87] 맞선다는 것은 국가의 힘에 대해 힘으로 부딪히는 일을 가리킨다. 여기에서도 말과 힘이 선택 사항이 된다. 권력 남용에 대해서 특히 개인의 자유로운 내면의 영역을 건드리는 권력에는 순종하지 말아야 한다. 그러나 국가의 명령에 대한 불순종은 말로 해야지 힘으로 하면 안 된다. 말로 하는 저항은 그른 것을 그르다고 말하며 때로는 상대가 바뀌도록 설득하는 일이다. 설득해서 상대가 자발적으로 행동을 바꾸도록 해야 한다. 앞에서 나는 이런 루터의 태도를 가리켜 자유주의자라고 했다. 루터의 자유주의적 태도는 세상의 변화를 하나님이 주도하시도록 해야 한다고 하는 신앙에서 나온다. 하나님이 상대의 마음의 변화를 일으키시기를 바라고 기다린다. 그래서 상대의 힘의 억압에 힘으로 맞서

---

85 「세상 권세에 대하여」, GW, p.4.329.

86 위의 글, GW, p.4.329.

87 "Dem Frevel soll man nicht widerstehen, sondern ihn leiden.", GW, p.4.329.

지 않는다. 다만, 그런 억압이 그릇되었다는 의사 표시는 분명하게 해야 한다.[88]

이러한 루터의 태도는 소극적이고 수동적인 저항이라고 할 수 있다. 일종의 시민 불복종이며 비협력을 통한 저항이다. 종교에 간섭하는 국가에 대해 부당하다고 말하고 국가의 지시에 적극적 순종을 거부한다. 그렇다고 해서 적극적으로 맞서서 국가의 공권력 행사를 방해해서도 안 된다. 부당한 국가의 지시를 적극적으로 이행하는 행위를 하지 않고 적극적으로 맞서지도 않는 행위, 그것이 수동적 저항이다. 이것이 루터가 말한 "참음leiden"의 실체이다. 참음에는 내면의 저항이 들어 있다. 그리스도인들이 평소에 기본적으로 법질서를 따르는 면에서 순종적이고, 국가가 양심을 침해하는 행위에 대해서도 적극적으로 저항하지 않는 면에서 순종적으로 보일 수 있다. 그러나 시키는 일을 하지 않는 점에서 저항이다. 무엇보다 말로 하는 저항이 수반된다. 이러한 태도는 초대교회부터 내려온 박해의 윤리와 비슷하다. 정부가 그리스도교 신앙을 박해할 때, 그 박해에 대항하지 않고 자발적으로 당한다. 당하는 점에서 수동적이지만 박해하는 자를 압도하는 정신력을 가지고 자발적으로 당한다는 점에서 능동적이다.

루터는 신학적 정의를 설명할 때 외부로부터 주어진 그리스도의 정의를 받아들이는 수동성을 말했다. 그 수동성은 진리의 깨달음과 행함의 주도권이 하나님에게 있음을 말하기 위한 것이다. 인간은 하나님의 주권 안에서 자유로운 능동적 주체가 된다. 인간의 참된 능동성은 수동성 속에서 탄생한다. 그런데 외부의 정치 권력으로부터 박해가 있을 경우에는 순서가 다르다. 정치적 차원에서의 수동적 태도는 능동적 수동

88 루터는 강압에 의해 폭동에 휩쓸린 농민들에게도 이런 태도를 요구했다.

성이다. 먼저 자발성이 준비된 상태에서 박해를 받아들인다. 그리스도 안에서 자유로운 자만이 박해를 능동적으로 받아들인다. 박해에 대해 물리적으로 저항하지 않고 받아들인다는 점에서 수동적이지만, 처벌이 무서워서가 아니라 법질서를 존중하는 마음으로 박해를 받아 능동적이다. 그리스도인은 하나님의 은총을 받아들이는 수동성을 통해 영적으로 세상을 이기는 능동적 주체가 되고, 그런 능동성으로 말미암아 세상의 정치적 권위를 침해하지 않고 받아들이는 수동성으로 나아간다.

법질서를 존중하면서 부당한 법과 정치 권력에 저항하는 방식이 수동적 저항이다. 그러므로 알렌이 지적하듯이 루터가 무저항의 교리를 가르쳤다든지 국가에 절대 권력을 부여했다는 주장은 잘못이다.[89] 수용과 저항이 모두 들어 있다. 그것은 부당한 권력 행사에 물리적으로 맞서지 않으면서 정신적으로 저항하는 방식이다. 루터는 이렇게 말한다. "우리는 폭력으로 권세에 대항할 수 없으며 오직 진리를 고백함으로써 대항합니다." 외부적인 박해는 오히려 인내를 통해 영혼을 강하게 만들고, 영원한 하나님을 세상보다 더 높이게 만든다. 세상 나라의 질서는 존중하지만, 거기에 마음을 두지 않고 영혼 구원에 관심을 가진다. 순종하는 이유는 어차피 국가 권력은 영혼 구원에 큰 영향을 미치지 못하기 때문이다.

> 속세의 권세는 하나님 보시기에 매우 작은 존재에 지나지 않으며, 하나님께서 너무나도 하찮게 여기시는 것이다. 따라서 속세의 권세가 바른 일을 행하건 부정을 행하건 우리는 항거하거나 불복종하거나 논란해서

---

89 J. Allen, *A history of political thought in the 16th century*, London: Methuen and Co Ltd., 1928, 1957, p.19.

는 안 되는 것이다.[90]

국가가 무얼 하든지 신경 쓰지 말고 평시에는 그냥 순종하라. 만일 국가가 권력을 남용해서 내면까지 손을 뻗칠 때에는 순종하지 말되 힘으로 저항하지도 말라. 루터의 소극적 저항은 개인의 영혼 구원에 대한 관심에서 나온 것인데, 여기에는 그가 주창한 그리스도인의 자유도 중요한 역할을 했다.

그리스도인의 자유는 외부적인 것으로부터의 자유이다. 독일의 교회사학자 아돌프 하르낙은 루터가 그리스도의 복음을 교회주의와 도덕주의로부터 구출했다고 평가한다.[91] 교회주의는 은총의 수단을 객관화해서 바깥으로 보이는 종교 행위를 구원의 조건으로 내거는 것이고, 도덕주의는 바깥에서 이루어지는 선한 행위를 통해 의롭게 된다고 믿는다. 둘 모두 개인과 하나님의 내적인 관계 밖에서 벌어지는 외부적인 것들이다. 루터의 자유는 외부적인 것으로부터의 자유를 가리킨다.

그런데 외부적인 것으로부터의 자유는 외부적인 것이 그리스도인의 자유를 막을 수 없다는 측면을 포함한다. 그리스도인의 자유는 내면에서 하나님과의 관계로부터 얻어지므로 외부적인 고난이 해칠 수 없다. 그리스도인의 자유를 말할 때 루터는 외부적인 박해와 어려움을 참고 견디라는 권면을 반드시 집어넣는다. 그래서 악한 정부의 박해도 그리스도인의 영을 해칠 수 없으니 참고 견뎌야 한다. 박해가 있으면 그리스도인은 세상에서 정을 떼고 하나님과 더욱 가까워질 수 있다. 루터는 심지어 자신이 신학자가 될 수 있었던 것도 교황주의자들의 박해 덕

90 「선한 행위에 관하여」, 『루터선집 9』, p. 107.

91 Adolf Harnack, *History of Dogma, vol. 7*, tr. by Neil Buchanan, New York: Russel and Russel, 1958, p. 173.

분이라고까지 말한다.[92] 그러므로 루터가 말하는 내적인 자유는 외부의 물리적 폭력이나 물질적 조건에 크게 좌우되지 않고 평화를 누릴 수 있다는 의미의 자유이기도 하다.

저항권의 문제에 대해서 루터는 이미 1521년에 작센의 군주인 선제후 프리드리히 3세의 물음에 답한 적이 있다. 신앙을 이유로 가톨릭 쪽으로부터 무력 행사를 당할 때 무력으로 대항해도 좋은지를 묻는 물음이었다. 이때 루터는 윗사람에 대한 무력 저항은 안 되며 군주라 할지라도 박해를 당하는 것이 그리스도인의 저항 방식이라고 말했다.[93] 이후에도 일관된 루터의 원칙은 신앙과 양심의 문제로 공권력에 저항할 때 무력이 아닌 말로 진리와 진실을 밝히라는 것 그리고 말로 하는 저항도 무리에 휩쓸리지 말고 개인적 양심에 따라 하라는 것이다. 그런 원칙은 1523년의 글 「세속 권세에 대하여」에서도 이어지고 1525년의 농민 전쟁에 대한 글 「쉬바벤 농민들의 12개 조에 대한 평화의 권고」에서도 같은 논리가 일관되게 등장한다.

국가 권력의 남용에 대한 수동적 저항의 태도는 거의 변하지 않은 채 유지되었다. 그 점에서 루터는 두 왕국론을 끝까지 고수했다. 1528년에 로마가톨릭을 지지하는 군주들이 동맹을 맺고 종교개혁 세력을 제거하리라는 얘기가 전달되자 루터 측 군주들과 영주들이 먼저 공격하는 문제를 의논했지만 루터는 반대했다. 말하자면 예방 전쟁을 반대한 셈이다.[94] 그런데 1529년 슈파이어 제국의회와 1530년의 아우구스

---

92 "Preface to the Wittenberg edition of Luther's German writings" in *Martin Luther's Basic Theological Writings*, p.67.

93 「소요와 반역에 반대하여 모든 그리스도인에게 보내는 진지한 권면」, LW 44.

94 Owen Chadwick, *The Early Reformation on the Continent*, Oxford: Oxford University Press, 2001, p.323.

부르크 제국의회를 통해 종교개혁이 위기에 처하자 루터주의자들은 황제에 대한 무력 저항을 다시 고려하기 시작했다. 두 제국 의회의 주된 안건은 튀르크의 침략에 대항하는 문제였다.

빈을 포위한 오스만 튀르크의 슐레이만 황제는 라인 강 유역까지 모든 영토를 오스만 튀르크의 영토로 만들겠다고 공언했다. 신성로마제국의 황제 카를 5세는 슈파이어 제국의회에서 대외적 위기 상황을 극복하기 위한 방편으로 제국의 단합을 주장했다. 그리하여 그는 1521년의 보름스 칙령을 상기시키며 루터주의자들에게 가톨릭으로 원상 복귀하라고 명했다. 이때에 루터 측 군주들과 제국의회 의원들의 항의가 있었고 이때부터 프로테스탄트라는 말이 쓰이기 시작했다.

루터 측의 영주들은 황제의 공격에 맞서 자신들을 방어할 수 있는 군사 동맹을 이루는 문제를 논의했다. 헤세의 필립은 방위 동맹을 구상했고 1529년에 츠빙글리와 루터 측의 마르부르크 회의를 주선한 것도 필립이다. 그는 성만찬 논쟁에서 두 지도자의 화합이 이루어지면 스위스의 개혁 세력을 포함한 큰 동맹을 형성하려 했다. 그러나 성만찬 교리의 핵심 문제에서 합의를 보지 못해 필립의 의도는 실패했고 1531년에 가서야 스위스를 제외하고 쉬말칼덴 동맹이 형성되는데, 프랑크푸르트와 아우구스부르크와 함부르크와 하노버가 가세하면서 프로테스탄트 동맹 세력은 유럽 내에서 강력한 힘을 구축하게 된다. 그러나 루터는 군사 동맹에 부정적이었고 1529년 슈파이어 제국의회 이후의 논의에서도 그는 황제에 정면으로 대항하는 집단 조직 형성에 부정적이었다. 반역이 될 수 있기 때문이다. 아우구스부르크 제국의회가 열리기 전까지도 루터의 견해는 종전과 다르지 않았다.

1530년 3월에 프로테스탄트 세력의 중심인 작센의 선제후 요한에게 보내는 편지에서 루터는 이렇게 말한다.

> 성서에 따르면 정부의 행위가 옳든 그르든 그리스도인이라는 사람들이 정부에 반기를 드는 것은 결코 옳지 못합니다. 그리스도인은 국가의 압제와 부당함을 당하고 있어야 합니다. 제국의 황제가 이번 일에 그릇되게 처신하고 그의 의무를 다하지 않고 약속을 어기더라도 그의 권위는 폐기되지 않고 신민의 복종의 의무 역시 폐기되지 않습니다.[95]

프로테스탄트 군주들은 자기와 백성들의 신앙을 수호하기 위해 황제에 대항해 전쟁을 하려고 한다. 루터에 따르면 그런 전쟁은 불가능하다. 종교적 진리는 전쟁으로 지킬 수 있는 것이 아니기 때문이다. 오히려 박해를 당하는 것이 신앙인의 자세이다. 같은 논리로 루터는 나중에 튀르크의 침략에 대해 교황이 십자군을 일으키는 일에 반대한다. 튀르크에 대한 전쟁을 주도할 자는 신민을 외부의 침입으로부터 보호할 책임이 있는 황제라고 루터는 주장한다.

1530년 1월에 황제는 다시 제국의회의 소집을 알리고 1530년 6월에 황제의 아우 페르디난트 대공의 주재로 아우구스부르크 제국의회가 시작되었다. 루터는 안전을 위해 일행과 떨어져 코부르크에 홀로 있었고 아우구스부르크에 입성한 루터파 신학자들은 멜란히톤이 책임지고 작성한 신앙 고백문을 제출했다. 황제에게 보내는 이 문서의 서문에 보면 아우구스부르크로 간 비텐베르크의 신학자들이 양쪽의 합의를 바랐으며 진리가 둘로 분열되는 것을 막으려는 의도를 여전히 가지고 있었음을 알 수 있다.

---

95 Smith and C. M. Jacobs (eds.), *Luther's Correspondence* (Philadelphia: Lutheran Publication Society, 1918), II 1, pp.519-520. "Introduction to Luther's warning to his dear German people " in LW 47, p.6에서 재인용.

> 종교 문제에 대한 양측의 의견과 태도를 자애롭고 우호적으로 그리고 서로를 존중하는 마음으로 듣고 이해하고 고려하기를 바랍니다. 양측의 글에 서로 다르게 다루어진 것들을 그런 식으로 바로 잡으면 모든 것이 합쳐져서 하나의 진리로 돌아오며 그리스도인의 일치로 돌아가게 될 것입니다.[96]

그러나 루터는 처음부터 루터파의 신앙 고백이 황제의 인정을 받으리라고 기대하지 않았다. 황제에게 전달된 루터파의 고백문에 대해서 교황의 반박문*Confutatio Pontificia*이 공포되었다. 루터 측 신학자들은 교황의 반박문에 대해 다시 자신들의 의견을 제시할 준비가 되어 있었다. 그러나 반박문 내용을 무조건 받아들이는 조건으로 문서를 전달하겠다고 교황 측에서 알리자 멜란히톤은 거절하고 교황의 반박문을 보지 않은 상태로 응답하는 문서를 작성했다. 황제는 9월 22일에 휴회를 선포하고 「아우구스부르크 고백」이 성서와 이성에 맞지 않는다고 선언하면서 이듬 해 부활절까지 6개월 안에 모든 루터주의자들은 가톨릭으로 복귀하라고 명령했다.

토르가우의 전환

황제가 거부한 「아우구스부르크 고백」은 「소교리문답」과 함께 이후의 역사에서 루터 교회를 형성하는 기본 교리가 된다. 황제의 칙령은 토르가우에 모여 있던 비텐베르크 신학자들에게 전달되었고, 10월에

96 *Triglot Concordia: The Symbolical Books of the Evangelical Lutheran Church: German-Latin-English*, p.38.

19세기에 만든 성 교회의 청동 문 윗부분을 장식한 그림이다. 왼쪽의 루터는 성서를 들고 있고, 오른편의 멜란히톤은 아우구스부르크 고백문을 들고 있다. 배경은 엘베강 너머의 비텐베르크 시의 모습이다. 작은 그림은 95개조 반박문을 새긴 청동문의 전경이다. 19세기의 작품이다.

루터를 비롯한 비텐베르크 신학자들은 국가 권력에 대한 저항의 문제에서 이전과 다른 새로운 의견을 내놓았다. 그것을 가리켜 토르가우Torgau의 전환이라고 부른다. 그 의견서는 토르가우 신조라고도 불린다. 마르틴 루터가 쓴 「독일 국민에게 경고함」(1531)이라는 문서가 토르가우의 전환을 잘 보여주고 있다. 이 문서는 1530년 가을에 작성했는데 출판 문제로 1531년에 인쇄되고 배포되었다.

이 글에서 루터는 교황 측에서 자신들의 반박문을 전달하지 않은 일을 비난한다. 루터는 실정법과 성서의 신법을 근거로 제시하면서 절차 문제를 제기한다. 황제가 최종 판결을 내리기 전에 심판대상의 의견을 들어야 한다는 점이다. 그러면서 교황 측이 자신들의 의견을 보내지 않고 일방으로 정죄한 것은 그만큼 세상에 내놓기가 부끄러움을 인정한 처사이고 또한 루터 측의 가르침이 성서에 맞는 진리임을 인정한 셈이라고 루터는 주장한다.

이런 얘기를 통해서 루터는 자신들이 말로 문제를 해결하기를 원했음을 강조하고 있다. 그러나 이제 모든 평화로운 문제 해결의 노력이 실패로 끝난 다음에 루터는 전쟁을 염려하지 않을 수 없었다. 아우구스부르크 제국의회가 휴회하면서 가톨릭 측 군주와 영주들이 동맹을 결의했기 때문이다. 이 결의는 당면한 튀르크의 위협 때문에 실행되지 않았지만 루터는 황제와 교황 측이 루터주의자들을 죽이는 전쟁을 벌이리라고 생각하고 글을 썼다.

> 만일 전쟁이 터지면, 피에 굶주린 살인마 교황주의자들에 대항해서 자기방어를 하는 사람들을 나는 비난하지 않겠다. 누군가가 그들을 폭도로 비난하는 일도 없게 하겠다. 나는 그들의 행위를 수용하고 정당방위로 인정하겠다. 이 문제를 나는 법과 법률가들에게 넘기고자 한다. 냄새 잘 맡는 사냥개 같은 살인자들[97]이 전쟁을 일으켜 사람을 죽이고 싶어 할 경우에 그들에 대항해서 일어나 자기를 지키는 행위는 아무리 봐도 폭동이라고 할 수 없다. 그렇다고 내가 누군가에게 정당방위를 하라고 부추기거나 정당방위를 정당화하려는 것은 아니다. 그것은 내 일이 아니기 때문이다. 대항해 일어난 사람들을 심판하고 판결하는 일은 내게 맡겨진 일이 더욱 아니다. 그리스도인은 자기가 할 일을 매우 잘 안다. 하나님의 것은 하나님에게 시저의 것은 시저에게 드리면 된다(마태복음 22:21). 사냥개들에게 그들의 것이 아닌 것을 줄 수는 없다. 나는 폭동과 폭동이 아닌 행위를 구분해서, 사냥개들이 폭도들에 맞서 전쟁

97 교황과 그 측근들을 사냥개에 비유한 것은 아마 바르트부르크에 은신해 있던 시절의 경험을 반영한 것 같다. 어느 날 루터는 사냥꾼들이 준 토끼를 받아 품속에 두었는데 사냥개들이 냄새를 맡고 달려들어 토끼를 물어뜯어 죽였다. 루터는 친구인 슈팔라틴에게 쓴 당시의 편지에서 교황의 무리들을 순진한 백성들의 영혼을 물어뜯는 사냥개에 비유했다. 제임스 레스턴, 『루터의 밧모섬』, p. 160.

을 했다고 자랑하지 못하게 하고 그들이 인정법과 신법에 의해 정당화 되도록 만들지 않겠다. 독일 국민들이 자신의 정당방위를 폭도로 인식하고 염려하도록 양심에 부담을 주는 일을 나는 하지 않겠다. 폭동이나 폭도라는 말은 너무 과하고 가혹하다. 다른 말을 찾아야 하는데 나는 법률가들이 적합한 말을 찾아내리라 생각한다.[98]

이 글과 함께 1530년 10월에 작성되어 "루터와 요나스와 멜란히톤과 슈팔라틴과 다른 신학자들"의 이름으로 나온 토르가우 신조를 보자. 이 문서는 헤세와 작센에서 온 법률가와 정치인들이 토르가우에 있던 비텐베르크 신학자들에게 법해석의 결과를 알린 후에 작성되었다.

어떤 상황에서 정부에 대해 저항할 수 있는가? 우리는 법학박사들이 이 물음에 대해 의견의 일치를 이루고 보낸 문서를 받았다. 저항의 가능성이 법 전문가들과 박사들에 의해 정립되었고, 그들이 말하는 저항 가능한 상황에 우리가 처해 있으며, 또한 우리는 시민법이 복음을 해치지 않는 한에서 시민법을 인정하고 법을 따르고 그 권위를 인정하라고 가르쳐왔기 때문에, 황제에 저항할 권리 또는 황제의 이름으로 행하는 자들에게 저항할 권리를 성서에 근거해서 부당하다고 할 수 없다. 지금 어디서나 상황이 매우 위험해져서 단지 시민법의 문제가 아니라 양심의 의무와 고통 때문에 날마다 자기를 보호하기 위해 즉각적인 조치를 취해야 하게 된 마당에, 사람들이 무장하여 힘의 사용에 대항해 자기를 방어할 준비를 하는 것은 적합한 일이다. 사건의 흐름과 진행 상태를 볼 때 어렵지 않게 그런 결론을 내릴 수 있다. 국가 권력에 저항하지 말

98 「독일 국민에게 경고함」, LW 47, p. 19.

> 라고 우리가 전에 가르쳤을 때에는 국가의 법 자체가 저항의 권리를 허락하고 있다는 점을 알지 못했다. 그래서 언제나 국가 권력에 순종해야 한다고 우리는 부지런히 가르쳤던 것이다.[99]

「독일 국민에게 경고함」과 토르가우 신조를 함께 보면 토르가우의 전환에서 새로 제시된 저항권의 내용을 알 수 있다.

첫째, 루터는 분명히 황제에 대항할 권리에 대해 말하고 있다. 둘째, 자기방어를 위해 제국 군대에 맞서 일어나는 주체는 개인이 아니라 개인이 모인 집단을 가리킨다. 개인의 양심에 따른 저항만 허락한 이전의 원칙이 바뀌어 공권력에 대한 집단 저항도 인정한 셈이다. 셋째, 그 집단은 자발적으로 형성된 집단이 아니라 군주의 명에 의해 형성된 군대를 가리킨다. 말하자면 루터는 이 글에서 지배자에 대한 국민의 저항권이 아니라 황제에 대한 군주와 영주의 저항권을 인정한 셈이다. 넷째, 여기서 말하는 자기방어를 위한 저항은 무장 투쟁을 가리킨다. 루터는 군주들이 윗사람인 황제에 대해 무장하여 투쟁할 수 있음을 인정한 셈이다. 무장 투쟁을 인정해야 저항권이라는 말을 사용할 수 있다. 그러므로 말로 하는 수동적 저항을 가르친 이전의 견해가 바뀌었다.

다섯째, 루터는 황제의 군대가 교황청과의 협약에 따라 전쟁을 일으킬 경우를 염두에 두고 말한다. 다시 말해서 무력 투쟁을 인정하더라도 루터란[100]이 먼저 전쟁을 일으키는 경우는 생각하고 있지 않다. 이른바 예방 전쟁은 금지된다. 저항권은 '자기를 보호하기 위해 즉각적인 조치를 취해야 하는' 긴급 상황에서만 인정된다. 평화적인 노력이 좌절

---

99 "Introduction" in LW 47, p.8에서 재인용. 이 글은 WA에 수록되지 않았다.

100 당시에 프로테스탄트를 루터란Lutheran이라고 불렀다.

되고 황제 측에서 먼저 전쟁을 일으키는 조건으로 저항권이 인정된다. 여섯째, 저항권은 황제의 무력 행사가 신앙의 문제를 간섭하는 통치의 혼동에서 비롯된 것일 때에만 인정된다. 이 점은 처음부터 전제된 것이다.

루터는 황제에 대한 무력 저항에 폭동이라는 말을 적용할 것인지를 두고 개념사용에 매우 민감하다. 폭동이라는 말은 정당한 공권력 행사를 막고 치안질서를 어지럽히는 반역 행위를 가리킨다. 만일 루터 측의 집단행동을 폭동으로 보면 황제 측의 전쟁 수행은 정당한 법질서 집행이 된다. 5년 전에 있었던 뮌처의 농민 전쟁은 폭동이었고, 그것을 폭력으로 진압한 정부의 공권력은 신성한 것이기 조차하다. 폭동을 진압하는 것은 국가의 실정법에 의해 정당화될 뿐 아니라 성서의 가르침 곧 신법에 의해서도 정당화된다. 루터는 늘 성서에 근거해서 국가의 공권력에 순종하라고 말했고 정부에 대한 집단저항이나 무력 행사를 금했기 때문이다. 그러므로 황제의 군대에 대한 집단적 무력 행사를 불법적 폭동이나 반역으로 인식할 신학적 근거를 루터 자신이 제공한 셈이다. 루터도 그 점을 의식하고 있었다. 황제와 교황 측이 루터의 가르침을 악용해서 스스로 미친 독재자가 되어도 사람들이 공격하지 않으리라고 믿고 있다고 루터는 비난한다.[101]

그래서 루터는 정당방위는 폭동이 아니라고 하면서 폭동과 반역을 새로이 정의한다. "법을 어기는 행위가 곧 반역은 아니다."[102] 법은 국가와 동일시되었던 황제의 법이었기 때문에, 황제의 명을 거스르고 군사를 일으키는 것은 법을 어기는 일이다. 그러나 반역은 아니다. 루터

101 「독일 국민에게 경고함」, LW 47, p. 13.

102 위의 글, p. 20.

는 뮌처와 비교한다. 뮌처는 정부를 부정하고 자기가 스스로 통치자가 되고 법을 만들려고 했지만, 루터 측 군사는 자기방어를 위해 무력으로 대항할 뿐이다. 세상을 뒤엎으려는 것이 아니고 자기를 보호하려는 것이므로 반역이 아니다. 뮌처처럼 법질서 안으로 파고드는 자invasor와 단순히 겉에서 법을 어기는 자transgrassor는 다르다.[103] 두 개념의 구분을 통해서 루터는 자신들이 통치자의 권위를 근본적으로 부인하거나 법질서의 뿌리를 흔들려는 것이 아님을 역설한다. 그리고 최후까지 황제의 권위를 존중하려고 했음을 보이려고 한다.

루터는 한발 더 나아가 황제에 대한 저항군이 반역자가 아니라 황제와 교황 측이 반역자라고 본다.[104] 왜 그런가? 그들이 평화를 원치 않고 전쟁을 원하기 때문이다. 그러나 반역이란 원래 합법적인 상하의 위계질서를 뒤집을 때 적용하는 말이다. 황제 측이 전쟁을 원했다는 이유로 반역으로 보기에는 설득력이 부족해 보인다. 루터가 생각한 법 개념에 따르면 황제에 저항하는 일이 반역이다. 그러나 법 개념의 바탕이 되는 신학으로 들어가면 황제 측을 반역이라고 볼 수 있다. 황제가 프로테스탄트에 대해 전쟁을 일으키는 행위는 자기 위에 있는 하나님의 통치를 부인하는 반역이라고 할 수 있다. 루터로서는 프로테스탄트 신앙은 인간에 대한 하나님의 통치를 실현하려는 노력이기 때문이다. 황제의 법의 권위는 하나님이 주셨으므로 황제가 하나님의 통치를 부인하면 반역이다.

루터에게 법질서는 평화를 위해 있다. 법이 이루는 평화는 악한 행위를 벌함으로써 이루어진다. 무엇이 악한 행위인지는 법이 정한다.

---

103 위의 글, p. 20. 루터는 뮌처를 가리켜 정부권력 안으로 뛰어들어 권력을 접수하려고 하는 자로 묘사한다. 「마태복음 5-7장 주간 설교」, LW 21, p. 108.

104 「독일 국민에게 경고함」, LW 47, p. 20.

그러나 법을 만드는 자의 의지는 법의 내용만큼이나 중요하다. 법은 모든 행위를 일일이 규제하지 못하고 해석이 필요하게 되는데 법 해석이 결국 법제정자의 의지에 의해 이루어지기 때문이다. 루터 당시에 법제정자는 황제였으므로 황제의 명령은 법만큼이나 강력한 힘을 가질 수밖에 없었다. 그래야 법의 안정성이 서고 질서가 유지된다고 생각해서 루터는 통치자의 권위를 인정하고 상하의 명령 복종 관계를 중요하게 생각했다. 그러나 통치자가 진리의 중심에서 권위를 가지는 것은 아니다. 진리로 말하자면 진리가 계시되는 중심부는 모든 인간의 내면에 있다. 통치자는 다만 진리의 외곽에서 질서 유지를 통해 진리의 중심 지대인 개인들을 보호하는 역할을 한다.

그런데, 만일 통치자의 정치 권력이 진리의 외곽에 머물지 않고 진리의 중심으로 들어오려고 하면 그것 자체가 반역이다. 왜냐하면 진리의 중심은 하나님의 직접적 통치 영역이기 때문이다. 통치자라 할지라도 진리의 중심으로 들어오려면 왕관을 벗고 개인의 자격으로 들어와야 한다. 진리의 중심에서 하나님의 통치를 받고 하나님과 교통하는 자는 왕이 아니라 죄인인 인간 그 자체이기 때문이다. 진리의 중심에서는 그리스도인들이 모든 직책을 벗은 인간 그 자체로서 진리이신 하나님과 교통한다. 황제가 교황 측과 결탁해서 프로테스탄트 군주들을 상대로 일으키는 전쟁은 진리의 중심으로 들어와 하나님의 자리를 빼앗는 일이다.

루터는 「독일 국민에게 경고함」의 많은 부분을 할애해서 가톨릭 교리가 사기라는 점 그리고 프로테스탄트를 없애려는 가톨릭 측의 음모는 예수 그리스도와 그의 말씀에 대항하는 것임을 밝혔다.[105] 정치 권

105 「독일 국민에게 경고함」, LW 47, p.36.

력이 진리의 중심으로 들어와 활동하는 것은 신앙의 세계와 법질서의 세계를 혼동하는 것이고, 자기가 있을 자리를 혼동한 것이다. 신앙의 자유를 해치는 정치 권력은 하나님이 직접 통치하시는 영역을 건드린 통치의 혼동이다. 한마디로 말해서 그리스도인의 자유를 건드리는 정치 권력은 하나님에 대한 반역이다.

더구나 그 일로 전쟁을 일으키니 하나님에 대한 반역이 아닐 수 없다. 세속 통치자가 하나님으로부터 위임받은 직무는 외부적 질서와 평화를 만드는 일이다. 평화를 만들 자가 전쟁을 일으키는 것은 권력을 준 하나님에 대한 반역이다. 결국 통치의 혼동 자체가 반역인 데다가 전쟁을 일으키는 일은 더 큰 반역이 아닐 수 없다. 루터는 황제의 행위가 하나님을 거스른다는 점을 많이 지적한다. 그러나 황제의 반역을 국민에 대한 반역이라고 생각하지는 않았다. 물론 루터는 법학자들의 의견을 참조해서 황제의 전쟁이 하나님을 거스를 뿐 아니라 자기의 법도 거스르는 짓이라고 비판한다. 그러나 법을 거스르는 것이 국민의 뜻을 거스르는 일이라고 생각하지는 않았다. 당시에 국민은 아직 법의 대상이지 법의 주체는 아니었기 때문이다.

그러므로 황제를 반역이라고 할 때의 반역은 법 개념이 아니라 신학 개념이다. 루터의 모든 사유는 신학에 토대를 두고 있다. 루터주의 법학 역시 신앙과 신학의 시각에서 정립되었다. 물론 복음과 법의 철저한 구분을 통해 루터는 법실증주의의 아버지라고 할 만큼 법에 자율성을 주고 공권력 강화를 지지했다. 그러나 복음과 법은 분리되지 않기 때문에 어떤 경우에 법과 정치는 신학적 사유의 견제를 받지 않을 수 없다. 정치 권력이 그리스도인의 자유를 건드렸을 때가 그 경우이다. 루터는 법과 신학을 별개의 영역으로 존중하지만 법이 신학을 침해했을 때 신학 개념으로 법을 판단한다. 하나님 나라와 세상 나라가 구분되지만 분리되지 않는 역설의 한 모습이 그렇게 드러난다.

황제의 행위를 반역으로 보면 황제에 대한 무력 저항은 신학적 정당성을 갖게 된다. 그러나 루터는 무력 저항을 신학 개념으로 정당화하는 일에 대해서 끝까지 부담을 느꼈던 것 같다. 그래서 그는 토르가우 신조에 보이듯이 저항권이 국가의 실정법에 근거를 두고 있다고 말한다. 실정법에 근거해서 저항권을 찾아낸 것은 작센의 루터주의 법학자들의 해석이다. 루터는 법률가들의 해석을 받아들여 황제의 법 안에 이미 저항권이 들어 있다고 말한다. 다시 말해서 루터는 성서 해석이 아니라 법 해석에 기초를 두고 자신이 저항권을 말하고 있음을 밝히고 있다. 「독일 국민에게 경고함」에서 말하는 정당방위의 경우도 마찬가지다. 루터는 루터주의자들의 집단저항을 정당방위라는 이름으로 정당화하는 듯하다. 그러나 "누군가에게 정당방위를 하라고 부추기거나 정당방위를 정당화하려는 것은 아니다"라고 하며 한 발을 뺀다. 그리고 이어서 "그것은 내 일이 아니다"고 말한다. 자신은 이미 법률가들이 정당화해 놓은 정당방위를 받아들일 뿐임을 암시하고 있다.

법률가들의 해석에 동의는 하지만 신학자의 역할은 법에서 저항권을 끌어내거나 정당방위를 끌어내어 정당화하는 일에 있지 않다. 루터는 신학적 통찰로 황제의 군대가 반역이라고까지는 말할 수 있었으나 저항권과 정당방위를 성서에서 이끌어내려고 하지는 않았음이 분명하다. 정당방위라 할지라도 여전히 공권력에 대한 집단적 무력 행사를 루터는 꺼린다. 그는 박해받음을 그리스도인의 길로 생각했기 때문이다.[106] 진리의 실현은 사람이 아닌 하나님에 의해 이루어질 일이라는

106 루터는 자연법상으로 정당방위가 인정되지만 신앙적으로는 박해를 당하는 쪽이 맞다고 생각했다. Owen Chadwick, 앞의 책, p.324.

생각이 강했기 때문이다. 그리고 하나님으로부터 검을 수여받은 자는 오직 통치자와 그의 군대뿐이라는 생각을 루터는 지워버릴 수 없었을 것이다.

저항권은 오늘날 당연한 헌법적 권리로 받아들여지고 있다. 근대 국가에서 국민주권을 택한 다음에 국가 공권력의 남용에 대한 국민의 저항은 당연하게 인식된다. 물론 무력투쟁을 포함하고 있기 때문에 저항권은 현대 사회에서도 여전히 조심스러운 개념이다. 특히 헌법의 역사가 길지 않고 남북 분단의 상황에 처해 있는 한국 사회에서 저항권은 위험한 개념으로 여겨질 수 있다. 서양에서도 저항권을 받아들이기 어려웠음은 루터의 주저함에서도 잘 볼 수 있다. 루터의 주저함에 정치적 보수주의의 딱지를 붙이는 것은 너무 안일한 판단이다.[107] 루터는 정치적 대결이 아닌 진리와 비진리의 대결에 고심한 사람이다. 부당한 공권력에 대해 시민 불복종 운동을 전개한 간디를 아무도 보수주의라고 부르지 않는다. 더구나 루터는 500년 전의 사람이다. 루터에 대한 정치적 평가는 시대적 상황을 고려해야 하며, 교회 권력의 제거와 개인의 자율성과 주체의 등장 등을 포함해서 평가가 이루어져야 한다.

루터의 종교개혁이 저항권 개념의 발전에 중요한 계기를 마련했음을 부인할 수 없다. 적어도 루터주의 법학자들은 개인들 사이에 인정되었던 정당방위로부터 공권력에 대한 집단저항 개념을 이끌어

107 에른스트 트뢸치는 기존 질서에 큰 가치를 부여하지 않고 수용하는 초대교회의 보수주의와 자신의 이득을 수호하기 위해 기존 질서를 고집하는 현대의 보수주의를 구분한다. 전자는 상당한 혁명성을 내포하고 있으며 실제로 법과 제도의 혁명적 변화를 가져왔다. 루터에게 보수주의라는 말을 적용한다면 초대교회의 보수주의와 유사하다고 할 수 있다. 참조, 에른스트 트뢸치, 『기독교 사회윤리』, p. 107.

냈다. 중세에는 공법이 발전되지 않아서 공권력의 경우에도 통치자 개인의 힘과 연관되어 생각되었다. 그러던 중에 루터의 종교개혁은 공법 개념을 발전시키는 계기를 만들었다. 통치 질서는 개인 간의 거래 질서를 초월해서 자기정당성을 가진다는 생각을 루터가 제공했기 때문이다.

법실증주의에 가까운 생각을 한 루터가 공권력에 대한 정당방위를 인정하기는 쉬운 일이 아니다.[108] 중세에 정당방위는 개인 간에 적용되는 개념으로서 자연법처럼 받아들여졌었는데, 그것을 공권력에 적용하려면 새로운 해석과 논리가 필요하다. 황제와 프로테스탄트 군주들 간의 지위가 공인이 아닌 사적인 개인persona privata 사이의 관계가 되면 정당방위가 인정된다. 황제의 직무가 하나님이 준 것이라 해도 직무 범위를 벗어나는 행동을 할 경우에 사적 개인의 행동에 지나지 않으며, 상대는 자기방어를 위해 황제에 대해 무력 저항을 할 수 있다. 이런 논리는 작센의 선제후인 요한 측 법률가들에게서 나온 것 같다.

헤세의 필립 쪽에서는 좀 다른 논리를 전개했다. 필립은 황제뿐 아니라 자기 영토에서 절대 통치권을 행사하는 군주도 그 직무를 하나님에게서 받았다고 주장했다. 그러므로 어떤 면에서 군주는 황제와 대등한 신성한 직무를 가지고 상대한다. 그러므로 황제의 권력이 군주에게 폭력을 가할 때 군주의 공권력은 맞상대해서 자기방어를 할 수 있다. 이런 주장은 루터의 설명을 수정하는 것인데, 루터는 1529년의 제국의회 이후에 무력 저항을 묻는 필립에게 황제의 공권력 앞에서 군주는 사적 개인에 지나지 않는다고 했었다. 그 원인은 군주의 권력을 황제가

108 루터는 "눈에는 눈 이에는 이"라는 구약 성서의 탈리온 법을 오히려 정부의 형벌권에 적용하는 경향을 보인다. 공공질서를 어지럽히는 자에 대한 정부의 자기방어를 형벌권으로 본다. 「마태복음 5-7장 주간설교」, LW 21, p. 106 참조.

준 것으로 보았기 때문이다. 필립 측 법률가들이 새로운 주장을 할 수 있었던 까닭은 당시 신성로마제국의 황제는 느슨한 통치권을 군주들에게 행사하고 있었으며, 영토 내의 주권은 사실상 군주들이 행사하고 있었기 때문이다.[109]

루터는 작센 측 법률가들의 논리를 받아들였다.[110] 루터는 황제가 황제로서가 아니라 교황의 하수인으로 루터파에 대해 전쟁을 일으킨다는 논리로 저항을 인정했다.[111] 황제의 군대는 공권력이 아니라 교황의 하수인이 된 개인의 군대이고, 그런 개인군대의 침략에 대해 군주들은 대항할 수 있다. 여하튼 루터가 그처럼 정당방위를 인정한 까닭은 황제에 대항하는 프로테스탄트 세력의 결집을 돌이키기 어렵다고 루터가 생각했기 때문이다. 그러나 루터는 여전히 자기 측 군주들에게 군대의 힘을 믿지 말고 하나님을 의지하라고 경고했다. 루터의 이런 태도 때문에 이후에 전개되는 상황에서 가톨릭 측과의 전쟁 결정은 법해석을 담당한 법률가들의 몫이 되었다.[112] 그러나 다행히 루터가 살아 있을 때 전쟁은 없었다.

루터처럼 멜란히톤도 처음에는 저항권을 인정하지 않았다. 루터 진영 안에 분열이 있었다. 뉘른베르크의 개혁지도자 라자루스 슈펭글러와 비텐베르크 시 교회의 목사이자 루터의 오랜 동지인 부겐하겐은 저항권을 놓고 서로 생각이 달랐다. 전자는 황제에 대한 저항은 불가능하다고 했고 후자는 정부의 불의한 조치에 대한 저항은 당연하다고 했다. 1530년에서 1531년 사이에 루터의 측근들은 거의 모두가 저항권

109 Eike Wolgast, "Luther's treatment of political and social life", p. 407.

110 퀜틴 스키너, 『근대 정치사상의 토대 2』, pp. 394-396.

111 Owen Chadwick, 앞의 책, p. 325.

112 Eike Wolgast, 앞의 글, p. 408.

을 인정하는 쪽으로 기울었다. 멜란히톤도 마침내 황제의 불의한 행위를 개인의 행위로 보는 주장에 힘입어 자연법적인 정당방위에 근거한 저항권을 인정했다. 이 부분에 대해서는 스트라스부르의 마르틴 부처의 공헌도 있다. 그는 모든 행정관들은 신의 뜻에 따라 국민의 재산과 안전을 보호해야 한다고 주장했으며, 고위 행정관이 임무에서 벗어나 폭정을 저지를 때 하위 행정관은 복종하지 말고 시민의 편에 서는 것이 신의 뜻이라는 논지를 폈다.[113]

수동적 저항과 법치 국가

한편 「독일 국민에게 경고함」의 많은 부분은 독일 국민에게 불복종을 권유하는 내용이다. 황제가 루터주의자들을 제거하려고 군대 소집 명령을 내리면 응하지 말라고 루터는 말한다. 이것은 정부의 조치에 대해 일종의 비협력을 지시한 것이어서 수동적 저항에 가까운 내용이며 국민들에게 저항권을 인정하는 내용은 아니다. 루터는 황제에 대한 군주들의 저항권을 말하지만 국민의 저항권까지 인정하지는 않았다. 군주들이 황제에 대해 저항권을 행사할 때 싸우는 것은 국민들이겠지만, 그 경우에는 국민이 군주의 명령을 따라 움직이기 때문에 국민에게 저항권이 인정되었다고 할 수 없다.

루터는 아우구스부르크 제국의회 이후에도 국민의 저항권을 인정하지 않지만, 그러나 이전의 수동적 저항보다는 훨씬 강한 저항의 논리를 편다. "황제의 명령에 따르는 것을 하나님께서 엄격히 금하셨음을 우리 모두는 확신할 수 있다. 누구든 황제에게 순종하는 자는 하나님

113 퀜틴 스키너, 앞의 책, pp. 401-402.

께 불순종하는 것이요, 그 몸과 영혼을 전쟁터에서 영원히 잃게 될 것이다."[114] 루터의 기본 명제는 '통치 권력에 순종하는 것이 하나님에게 순종하는 것이다'이다. 그러나 국가가 하나님의 진리를 상대로 무력 탄압을 자행한다면 그 명제는 완전히 뒤바뀐다. '통치 권력에 순종하는 일은 하나님에게 불순종하는 것이다.' 훨씬 강화된 수동적 저항을 루터는 독일 국민들에게 촉구하고 있다. 통치 권력을 도우면 황제와 교황 측의 죄를 같이 짊어지게 되어 하나님으로부터 버림받게 된다고 말하는 점에서 신학적 경고라고 할 수 있다. 그래서 글의 제목도 경고로 되어 있다. 정부의 권력 행사는 "사람보다 하나님께 순종하는 것이 마땅하니라"(Clausula Petri, 사도행전 5:29)[115]라는 성서 구절에 의해 저항의 대상이 될 수 있다.

루터의 저항권 논의는 칼뱅이 『기독교 강요』를 쓸 때 참조했다. 그러나 루터가 국민의 저항권을 인정하지 않고 황제에 대한 군주의 저항권만 인정했기 때문에 저항권의 역사에서 루터의 글은 잊혀지고 칼뱅의 글이 주로 참조되었다.[116] 그런데, 군주의 저항권에 대해서도 루터는 여전히 주저하는 모습을 보였다. 저항권의 성립 근거는 법률가들이 제공하고 루터는 그걸 수용하는 선에 머물렀다. 루터는 법률가들의 법적 판단과 자신의 신학적 판단을 구분했다. 둘이 분리될 수 없기 때문에 루터도 저항권의 논리를 수용하기는 했지만, 저항권을 인정하는 것이 신학자의 길은 아니라고 생각한 듯하다. 위기가 고조되었을 때에도 루터의 사유에는 두 왕국론의 역설이 작동했던 것이다.

개혁의 주체들이 강압적인 방법을 쓰면 안 되고 국가 권위에 순종해

114 「독일 국민에게 경고함」, LW 47, p.30.

115 위의 글, p.54.

116 "Introduction", 위의 글, p.9.

야 한다는 루터의 태도는 헤세의 필립이 주도해서 1531년에 형성한 쉬말칼덴 동맹을 마지못해 받아들이는 모습으로 나타났다. 1534년에 헤세의 필립이 뷔르템베르크를 점령하는 군사 행동을 보이자 루터는 못마땅하게 생각했다. 한편 1530년 아우구스부르크 제국의회 때 황제에게 제출한 루터 측 신앙고백문과 성만찬 문제에서 루터의 공재설과 다른 고백문을 제출한 프로테스탄트 진영이 있었다. 그러다가 필립의 노력으로 마침내 1536년에 마르틴 부처의 스트라스부르를 비롯한 4개의 시가 작센 주에서 쉬말칼덴 연맹의 헌장으로 택한 성만찬 조항에 동의했다. 이른바 비텐베르크 협약Wittenberg Concord을 통해 쉬말칼덴 동맹은 더 견고해졌다. 그러나 루터는 신앙의 문제를 정치적으로 해결하는 데 대해 못마땅하게 여겼다.

루터의 태도는 그의 제자그룹에 의해서도 그대로 이어진다. 멜란히톤이나 영국의 윌리엄 틴들과 로버트 반스는 루터주의의 정치사상에 대해 저술하며 거의 루터의 견해를 따랐다. 반스는 옥스퍼드 대학의 신학박사로서 비텐베르크로 유학하여 배웠고 나중에 헨리 8세에 의해 순교당했다. 틴들은 영국 케임브리지대학에서 루터주의로 개종했는데, 이후 케임브리지대학은 영국 프로테스탄트 운동의 진원지가 되었다. 틴들은 1520년대 초에 비텐베르크로 건너가 루터에게 배웠다. 그는 1528년에 『그리스도교인의 순종』이라는 책을 썼는데, 루터의 정치사상에 대한 최초의 영어 해설서이다. 그의 정치사상은 루터를 거의 그대로 따르고 있으며, 로마서 13장에 근거해서 왕권은 신의 뜻으로 보고 세상을 보존하는 역할을 정치 권력이 맡았다고 본다. 공권력에 대한 저항의 문제에 있어서도 루터를 따라 수동적 저항을 얘기했다. 양심에 어긋나는 명령을 내리는 군주에게 순종하지 말아야 하지만 적극적으로 저항해도 안 된다. "왕으로 하여금 전횡을 저지르게 내버려

둬야 한다. 어떤 경우에도 신민은 폭력을 통해 국왕에게 맞서면 안 되고, 그들의 신체와 재산에 대해 왕이 강요하는 모든 전횡을 인내로 견뎌내야 한다."[117]

루터의 태도가 현대인의 눈으로 보면 답답할 수도 있다. 부당한 정권에도 순종하라는 말은 불의를 조장하는 말로도 들린다. 루터로 인해 독일의 루터 교회는 정권에 순종적인 태도를 견지하면서 근대사에서 여러 가지 과오를 저질러 비판의 대상이 되기도 한다. 히틀러 정권 하의 과오가 지탄의 대상이 되기 이전에도 이미 트뢸치는 20세기 초에 루터 교회의 보수주의를 비판했다. 그 이전에 막스 베버는 루터의 신앙이 내면적이고 신비적이어서 탈정치적이었으며 결과적으로 정부에 대한 적극적 저항을 회피하는 전통이 생겼다고 분석했다.[118] 그러나 역사적 사실은 그리 단순치 않다. 루터가 신앙을 공적인 영역에서 떼어놓아 정치에 자율성이 부여됨으로써 근대적 주권 국가가 탄생할 수 있었음을 잊어서는 안 된다.[119]

그리고 정권에 대한 무력 저항을 반대한 것은 루터만의 생각이 아니다. 16세기 후반의 뛰어난 프랑스 지식인인 몽테뉴 역시 위그노파의

117 William Tyndale, *The Obedience of a Christian Man*, pp.84-85. 퀜틴 스키너, 『근대 정치사상의 토대 2』, p.168에서 재인용. 한편 Allen은 윌리엄 틴들이나 로버트 반스 같은 잉글랜드의 개혁가들이 일관되게 국왕에 대한 충성을 말한 것은 잉글랜드의 정치적 상황 때문이었다고 본다. 당시 잉글랜드는 헨리 8세 이후 가톨릭과 대립하면서 프랑스와 스페인 그리고 스코틀랜드 같은 적국에 의해 둘러싸였다. 그러면서 1529년에는 이미 민족 국가 의식이 생겼다. 독일에서는 황제 카를 5세가 가톨릭을 지지하면서 신성로마제국을 유지하려고 했으므로 민족국가 의식이 생기지 않은 시점이었다. 그런 민족의식에서 영국의 개혁가들이 국왕에 대한 저항을 악으로 규정했다. J. Allen, 앞의 책, pp.125-133.

118 Jean Claud Monod, "Les effets politique de la Réforme" in *Revisiter la Réforme*, p.86.

119 위의 글, p.87.

저항을 비판하며 정권에 대한 순종과 가톨릭에 대한 충성을 표방했다. 그렇게 보면 루터의 태도는 무질서에서 비롯되는 끔찍한 살상과 상호 폭력을 두려워한 옛 사람들의 공통된 심성을 반영한다고 할 수 있다. 정치학자 퀜틴 스키너는 몽테뉴의 태도를 스토아적인 도학자의 태도와 연관시켜 해석하는데,[120] 루터 역시 영원한 진리를 추구한 종교인으로서 종교적 진리를 분명하게 하는 과정에서 정권에 대한 수동적 저항을 내세웠다고 볼 수 있다.

루터의 수동적 저항은 국가 권력을 견제하는 역할을 수행한다. 루터는 무저항이 아니라 말로 하는 저항을 얘기했으며, 그의 수동적 저항은 막강한 정치 권력에 절대적 의미를 부여하지 않은 데서 발생했다. 종교개혁 500주년을 맞아 독일의 루터 학자들이 펴낸 『오늘의 루터』라는 책에서 루터의 정치사상을 다룬 하이델베르크대학의 헬러 교수는 법이 일반 시민을 구속할 뿐 아니라 통치자도 자의적인 권력행사를 하지 못하도록 구속하는 법치 국가의 생각을 루터가 가지고 있었다고 본다. 그 점에서 루터의 정치사상이 민주 국가 탄생에 연관이 있다고 본다.[121] 루터의 법실증주의적 태도 역시 통치 권력을 상대화하는 전제에 토대를 두고 있음을 상기할 필요가 있다.

그러므로 독일의 국가 이론이 마키아벨리의 국가 이성 쪽으로 발전하지 않고 군주의 권력을 제한하는 법치 국가로 발전한 것을 루터의 유산으로 보는 것도 무리가 아니다. 황제와 군주가 이중으로 다스리는 신성로마제국의 독특한 통치 구조 때문에 군주가 전제적 권력 행사를

120 퀜틴 스키너, 앞의 책, p.522 이하.

121 Wilfred Härle, "»Niemand soll in eigener Sache Richter sein« Luthers Sicht der Obrigkeit und der demokratische Rechtsstaat" in *Luther heute Ausstrahlungen der Wittenberger Reformation*, pp.306-311.

할 수 없었기도 하지만, 그리스도교적 통치를 강조한 루터의 유산이 독일의 국가 발전의 독특한 길Sonderweg을 이루었다. 그 점에서 프리더부르크는 2016년에 나온 책에서 독일의 근대 국가의 발전이 루터의 유산이라고 주장한다. 17세기 독일의 30년 전쟁 당시에 독일의 엘리트들이 전쟁을 이용해서 자기 세력을 강화하는 군주들을 비판하며 국가가 군주의 소유가 아니라 군주가 국가의 소유라고 주장하는데, 프리더부르크는 이런 주장이 루터의 국가 권력 비판과 멜란히톤을 비롯한 루터주의자들의 저항권 개념이 다시 등장한 것임을 여러 가지 자료로 입증한다.[122] 그는 18세기 프러시아의 프리드리히 대제가 자신을 국민의 종이라고 한 것 역시 루터 전통의 유산으로 본다.

그렇게 보면 역사적으로 독일의 루터 교회가 정권에 순종적 태도를 견지한 것은 루터 사상의 껍데기에 지나지 않는다. 국가 권력의 존재 이유를 개인의 자유 수호에서 찾는 루터의 사상은 오히려 계몽주의 정치철학을 통해 실현되었다고 할 수 있다. 루터 교회는 루터의 정치사상의 핵심이 계몽주의를 통해 이미 세속 사회에서 실현된 상황에서 루터의 껍데기만 붙들고 정권에 대한 충성이라는 과오를 저질렀다고 볼 수 있다. 독일의 루터 교회가 루터의 사상을 따르면서도 정작 루터의 사유 방식은 배척했다고 보는 헤이코 오버만의 지적이 적합하다.[123] 신학자 한스 바르트는 16세기 당시의 루터를 이렇게 평가한다. "세속 권세의 한계를 날카롭게 강조하고, 마키아벨리주의의 권력 국가 사상과

---

122 Robert Von Friedeburg, *Luther's Legacy: The Thirty Years War and the Modern Notion of "State" in the Empire, 1530s to 1790s*, New York: Cambridge University Press, 2016, p.331.

123 Heiko Obermann, *The Two Reformations: the journey from the last days to the new world*, New Haven & London: Yale University Press, 2003, p.68.

본질적으로 투쟁하고, 세속 권력이 하나님과 인간의 권리를 지키는 일과 연결되어 있다는 점을 강하게 대변한 신학자는 루터 외에는 아무도 없었다."[124]

124 한스 바르트, 『마르틴 루터의 신학』, p.616.

6장

자연법과
사랑의 공동체

루터는 종교 행위보다 내면의 신앙을 중요하게 생각했고, 내면의 신앙은 바깥의 타자를 향한 사랑으로 나간다. 어떤 면에서 루터는 교회의 지시에 따르는 종교 행위보다 이웃 사랑이 더 중요하다고 보았다. 개혁의 시작인 「95개조 반박문」의 43조에서 루터는 "가난한 사람을 도와주고 필요한 사람에게 꾸어주는 것이 면죄부를 사는 것보다 선한 일임을 그리스도인들에게 가르쳐야 한다"고 주장한다. 면죄부 판매의 명분으로 교회가 내걸었던 연옥의 문제에서도 루터는 사랑을 핵심 주제로 만들었다. 사랑이 없을 때 죽음 앞에서 두려움과 절망이 생기며 연옥에서 천국으로 이동하는 데 중요한 것은 사랑의 증가이다.[1]

루터는 타자를 섬기는 행위에서 하나님 섬김Gottesdienst을 보며, 그것이 중요한 예배 행위이다.[2] "궁핍한 사람을 돕고 섬기는 그리스도인의 사랑보다 더 큰 예배는 없다."[3] 예배는 교회뿐 아니라 사회와 가정에서 사랑의 행위를 통해서도 이루어진다. 그렇게 보면 루터의 종교개혁은 종교를 윤리로 바꾸는 근대 인문주의의 비신화화의 길을 예비했다고 할 수 있다. 물론 루터는 윤리를 신앙의 효과로 보았고 이웃 사랑

---

1 「95개조 반박문」, 14,17,18조.

2 독일어로 예배를 가리켜 고테스딘스트Gottesdienst라고 하는데 이 말의 문자적 의미는 하나님을 섬긴다는 뜻이다.

3 「공동기금을 위한 조례」(1523), LW 45, p. 172.

은 윤리라기보다는 믿음에서 나가는 초윤리라는 점에서 인문주의자들과 다르다. 루터는 도덕주의를 율법주의라고 반대한다. 그러나 루터가 교회주의를 타파하면서, 신앙이 드러날 자리로 세상이 중요해졌다. 이상적으로 여겨졌던 수도원 생활이 루터로 말미암아 하나님의 창조 질서에 맞지 않는 것이 되면서 속되게 여겨졌던 일상의 삶이 신학적 의미를 가지게 되었다. 그리스도인다움은 교회에서 이루어지는 예배보다 세상에서 이루어지는 섬김과 사랑으로 드러난다.

루터의 신학에서 사랑은 자유만큼이나 중요한 비중을 갖는 말이다. 루터는 그리스도인의 자유에 사랑이 따른다고 보았다. 루터는 종교개혁의 고전이 된 문서인 「그리스도인의 자유」를 다음과 같은 선언으로 시작했다.

> 그리스도인은 만물 위의 자유로운 주인이며 누구에게도 예속되지 않는다. 그리스도인은 만물을 섬기는 종이며 만인에게 예속된다.[4]

자유를 말하면서 섬김을 동시에 말하고, 주인임을 천명하면서 종임을 동시에 말한다. 「그리스도인의 자유」는 인간이 자유인이요 주체라는 점을 역설하는 데 많은 부분을 할애하지만 자유는 사랑으로 이어진다는 점 역시 강조한다. 결론 부분에서 루터는 이렇게 말한다.

> 그러므로 우리는 이렇게 결론을 맺는다. 그리스도인은 자기 안에서 살지 않고 그리스도 안에서 그리고 이웃 안에서 산다. 그렇지 않으면 그리스도인이 아니다. 그리스도인은 믿음으로 그리스도 안에서 살며 사

---

4 「그리스도인의 자유」, GW, p. 1. 491. 『루터선집 5』, p. 301.

> 랑으로 이웃 안에서 산다. 믿음에 의해 그는 자신을 넘어 하나님께로 들어올려진다. 사랑에 의해 그는 다시 자기를 낮추고 하나님으로부터 이웃을 향해 나아간다.[5]

타자와의 관계는 인간에게 본질적이다. 그리스도 안에서 사는 것은 곧 이웃 안에서 사는 것이다. 그 둘은 뗄 수 없다. 물론 타자에 대한 사랑에 앞서 믿음으로 자신이 높아지는 단계가 필요하다. 그것을 가리켜 루터는 '그리스도 안에서 믿음에 의해 하나님께로 높여진다'고 표현한다. 타자와 이루는 사회 속의 역할에서 생긴 나의 정체성을 벗어나 나 자신을 나와 그리스도 앞에 세우는 단계가 먼저이다. 거기서 믿음으로 의롭게 여김을 받고 하나님께로 높여지는데, 높여짐은 치유되고 자유로워짐이다. 그렇게 높여지고 자유로워짐과 동시에 나는 이웃에게로 향한다. 그처럼 그리스도에 대한 믿음에서 나가는 타자와의 관계는 우연이 아니라 필연이요[6] 본질적이다. 이러한 높여짐과 자유와 사랑이 모두 그리스도 안에서 이루어진다. 그것을 가리켜 루터는 '그리스도인은 믿음으로 그리스도 안에서 살며 사랑으로 이웃 안에서 산다'고 말한다. 사랑으로 역사하는 믿음이다.[7] 그리스도 안에 있으면 자기 안을 벗어나 이웃 안에 있게 된다.

'대해 있음'에서 인간은 타자를 대하기 전에 자기에 대해 있다. 자기에 대해 있음은 그리스도 안에서 일어나는 일이다.[8] 루터에 따르면 인

---

5 위의 글, GW, p.1.525. 『루터선집 5』, p.331.

6 자유와 반대되는 필연이 아니라 헤겔적 의미에서 우연과 반대되는 필연이다.

7 「로마서 서문」, GW, p.3.068. 『루터선집 4』, p.48. "신앙과 행위는 분리할 수 없다." "신앙은 끊임없이 선행을 행하지 않을 수 없다. 신앙은 선행을 행해야 하는가 묻지 않고, 묻기 전에 이미 선행을 행했으며, 또한 부단히 행하고 있다."

8 '대해 있음'에 관해서는 p.85 참조.

간은 일차적으로 자기에 대해 있지만 자기 안에 있지는 않다. 인간은 그리스도 안에서 자기에 대해 있으며, 그리스도 안에 있음은 이웃 안에서 이웃에 대해 있음이다. 그러므로 인간은 그리스도 안에서 자기에 대해 있으며 동시에 이웃에 대해 있다. 그리스도 안에서 자기에 대해 있음으로 인간은 하나님께로 높여져서 자유로워진다. 그 자유는 방종이 아니라 오히려 이웃에 대한 책임의 증가를 의미한다. 개인의 자유를 강조한 면에서 루터는 합리적 근대 사회의 길을 열었지만 개인의 자유를 이웃에 대한 사랑에 묶어 놓은 면에서 그리스도교 전통을 유지하며 근대를 극복할 자원을 물려주었다.

사랑의 법 때문에 루터의 종교적 개인주의가 개인주의 윤리로 가지 않고 공동체주의 성격을 띤다. 루터의 사상은 진리 인식과 행위 주체의 측면에서 개인주의적이지만 타자에 대한 윤리의 측면에서 보면 공동체주의에 가깝다. 「그리스도인의 자유」의 결론 부분과 「창세기 강의」의 창세기 2장 해설이 짝을 이룬다. 「창세기 강의」에서 하나님이 교회를 먼저 만들고 그다음에 가정을 만들었다는 루터의 해설은 한 인간이 그리스도 안에서 높임을 받아 자유로워지고 이어서 타자와 사랑의 관계를 이룬다고 하는 「그리스도인의 자유」의 주장과 일치한다. 개인주의와 공동체주의가 양립하는 것 역시 역설의 신학의 한 단면이다. 루터는 한편으로 개인주의가 가져온 해방에 공헌했지만 다른 한편으로 경제적 개인주의에 빠진 현대 사회를 극복하고자 할 때 다시 루터를 주목할 필요가 있는 까닭도 거기에 있다.

6장에서는 루터의 사랑의 윤리를 이해하기 위해 자연법론과 직업론을 살펴보려고 한다. 루터는 국가의 제도와 정치가 사랑의 원리로 이루어질 수 없다고 생각했다. 그러면서 국가라고 하는 정치 공동체와는 다른 유기체적 사회를 염두에 두었다. 루터는 국가 체제의 극복을 의식적으로 생각하지 않았지만 국가 안에 국가와 나란히 존재하는 사랑의 공동체를 생각했다. 개인의 내면에서 형성된 자유의 에너지는 외부적으로 타자에 대한 사랑으로 나타나며 성화를 지향한다. 그래서 루터의 정치사상에는 법적인 정의의 윤리와 복음적인 사랑의 윤리가 역설적으로 공존하게 된다. 루터의 자연법론도 그런 두 가지 차원을 반영하고 있으며, 사랑의 윤리를 위해서는 직업소명설이 중요한 역할을 한다.

자연법은 인간의 본성에 주어진 행동 규범으로서 실정법의 원리이다. 현재 통용되는 법규범을 낳은 기본 원칙이 자연법이다. 그런 면에서 자연법은 실정법의 정신이고 법의 권위의 근원이며, 실정법을 비판하는 근거가 되기도 한다. 루터는 서로 차원이 다른 두 가지 자연법을 말한다. 한편으로 타락한 인간의 본성에 보편적으로 주어져 있는 행동 원리로서 현실을 규제하는 이성의 법이 있고, 다른 한편으로는 태초에 주어졌으나 희미해진 사랑의 법이 있다. 두 개의 자연법은 각각 세상나라와 하나님 나라에서 인간의 사회 행위를 규율한다. 두 나라를 동시에 사는 그리스도인은 두 가지 자연법을 동시에 실천하는데, 결국은 정의와 사랑을 실천하는 셈이다.

1. 두 가지 자연법과 성서

루터의 역설의 신학은 법실증주의와 자연법 사상이 양립하는 모양새를 갖춘다. 이 문제는 루터에서 비롯되는데, 멜란히톤과 올덴도르프에게서 더 분명해진다. 그들이 법의 원천을 성서에서 찾고 인간 양심과 이성의 법을 실정법의 원천으로 얘기하는 것은 법실증주의와는 다른 측면이다. 자연법은 법 해석의 원리이고 실정법에 대한 비판의 원리로 사용되기도 한다. 법의 정신에 맞게 법이 형성되고 집행되는지를 살필 때, 법의 정신에 해당하는 것이 자연법이다. 법의 정신은 도덕과 가깝고 루터가 말한 자연법은 기본적으로 도덕 이론이다. 루터주의의 법 이론은 현대 법실증주의뿐 아니라 현대 자연법 이론의 기원을 이루기도 한다.[9]

자연법, 이성의 법이며 정의의 법

자연법은 스콜라신학의 중요한 주제였지만 종교개혁자들에게도 여전히 중요했다. 주목할 점은 재침례파 등 종교개혁 좌파는 자연법 이론을 배제했다는 점이다. 그들은 구원론에 집중했으며 세상의 실정법을 하나님의 섭리로 받아들이는 데는 관심이 없었다. 다시 말해서 오직 신앙과 복음으로 살려고 했으므로 그들은 보편이성의 법인 자연법을 받아들일 여지가 없었다. 그들은 일반이성에 기초를 둔 국가 질서 형성에 관심이 없었고 복음의 법에 기초를 둔 완전히 새로운 공동체를 지향했다. 국가의 통치 질서를 존중하면서 자연법을 그 신학적인 근거로 제시한 루터주의자들과 다른 길을 간 사람들이 종교개혁 좌파이다.

중세유럽에서 자연법에 대한 관심은 로마법 연구가 부활하면서 증가했다. 6세기에 동로마제국에서 만들어진 유스티니아누스 법전Codex Justinianus은 중세법의 근간을 이룬 교회법과 달리 신법이 아니라 인간의 법이요 인간 이성의 법이다. 유스티니아누스 법전은 시민법대전Corpus Juris Civilis이라고도 불리는데, 그 이름대로 교회법이 아니라 정

---

9 헤롤드 버만, 『법과 혁명 2』, p.311.

치 공동체의 법이요, 복음적 신앙에 기반을 둔 법이 아니라 일반이성에 기반을 둔 시민법이다. 중세에 부활한 자연법 사상은 아퀴나스에 이르면 국가 권력을 정당화하는 데 사용된다. 아퀴나스는 하나님이 세상을 이성적으로 운영한다고 보고, 천지를 운행하는 하나님의 법도가 사람의 양심에 새겨져 있는 것을 자연법이라고 했다. 자연법lex naturalis과 달리 사람들의 동의에 의해 사람이 만든 법은 인정법lex humana 또는 실정법이라 부른다.

국가의 실정법은 자연법의 구체화이며 실정법의 정당성은 자연법적 근거에서 나온다.[10] 물론 만일 실정법이 자연법에 어긋나면 그 효력을 잃는다는 점에서 자연법은 현실 정치를 제약하고 견제하는 데 사용될 수 있다. 아퀴나스가 자연법에 근거해서 독재자의 축출과 살해를 정당화했으니, 그를 가리켜 첫 번째 휘그당(영국의 자유당)이라고 부른 것도 과언이 아니다.[11] 그로티우스는 개별 국가의 힘을 제한하고 평화로운 국제 질서를 만드는 원리를 자연법에서 끌어왔고, 칼뱅주의자들은 자연법을 국가 권력으로부터 개인의 자유를 요구하는 데 사용했고 인간 평등을 주창하는 데도 사용했다.[12]

루터는 처음에 로마법에 대해 거부감을 표현했으나 결국 로마법을 일반 시민 질서에 관한 법으로 받아들인다. 그가 아리스토텔레스의 윤리학은 받아들이지 않지만 정치학은 받아들이는 것과 같다. 루터에게서 자연법은 영혼을 구원할 수 없으나 보편 규범으로 정치 질서를 만드는 데 기여한다. 아퀴나스와 루터의 자연법 사상의 차이는 크다. 루터

---

10 Thomas Aquinas, *Summa Theologiae*, IaIIae, qu.91, art.2와 art.3. 양명수, 『아퀴나스의 신학대전 읽기』, pp.203-210 참조.

11 John Figgis, *Political Thought from Gerson to Grotius*, p.11.

12 같은 곳.

에게서 현재의 자연법은 타락한 인간의 자연이성에 합당한 법으로서 구원의 질서에 속하지 못한다.[13] 이성의 법은 보존 질서에 속하지만 구원의 질서는 아니다. 또한 루터의 자연법은 아퀴나스에게서처럼 실정법과 통치 권력을 정당화하면서 동시에 비판할 기준이 되지만, 아퀴나스와 달리 루터에게서는 자연법의 권위가 교회에 있지 않다. 중세에는 교회가 자연법의 이름으로 국가의 실정법과 왕의 권력 행사를 비판했지만 루터의 종교개혁은 교회의 법적 권위를 박탈했다. 그 결과 자연법적 사유의 주체가 국가 통치자에게 맡겨지고, 법의 효력을 통치자가 만든 법 그 자체에서 찾는 법실증주의로 이어질 여지가 생겼다.

루터는 통치자들에게 이렇게 말한다. "항상 이성이 모든 법 위에서 다스려야 한다. 이성이 최고의 법이고 법의 주인이 되어야 한다."[14] 이때의 이성은 법의 정신을 이루는 양심의 법 곧 자연법을 가리킨다. 그것은 배우지 않아도 인간 모두에게 본성적으로 주어져 있는 보편적 행위 규범이다. 이성이 법 위에 있어야 한다고 할 때 루터는 일차적으로 법 집행자들의 이성을 가리킨다. 그러나 일상에서 살아가는 일반인들에게도 이성 곧 양심의 자연법이 중요한 것은 두말할 나위 없다. 양심은 권리 의무를 주고받는 일상적 거래가 도덕과 법질서 안에서 이루어지도록 인간을 지도하는 힘이다. 실정법의 제정자는 통치자이지만 자연법의 제정자는 하나님이다. 모든 인간의 양심에 하나님이 자연법을 주어서 인간은 법질서를 존중하고 때로는 실정법을 비판하며 정의로운 질서를 형성할 수 있는 능력을 갖게 되었다.

이성의 법인 자연법은 하나님이 창조 당시에 준 것으로서 타락한 인

---

13 Chris Thornhill, *German Political Philosophy, The metaphysics of law*, p.31.

14 「세상 권세에 대하여」, GW, p.4.401.

간들에게도 여전히 살아 있다. 신앙이 없어도 인간이라면 누구나 갖추고 있는 이성적 자연법은 타락한 인간에게 남아 있는 정의감을 가리킨다. 이성은 무엇보다도 타자들과 이루는 관계에서 평화와 질서를 만드는 기능을 하니, 이성의 법은 평화와 질서를 만들기 위한 규범이다.[15] 타락에도 불구하고 남아 있는 이성 능력은 하나님 나라가 아닌 세상 나라 곧 정치 공동체를 만들 수 있는 능력을 가리킨다. 이교도의 국가라 할지라도 국가 질서가 있다면 그들은 이성의 법인 자연법에 따르고 있다. 세상 나라가 죄의 나라임에도 불구하고 질서가 있는 한 하나님이 주신 이성의 통치가 이루어지고 있다고 볼 수 있다. 사도 바울이 통치자의 권력이 하나님에게서 온 것이라고 할 때, 그가 가리킨 통치자는 이교도 국가인 로마 제국의 황제와 관원들이었다. 루터 역시 이교도에게도 하나님이 주신 자연법에 따른 국가 질서가 있음을 상기시켰다.

그러므로 국가만 보면 그리스도교 국가와 이방 국가의 본질적 차이가 없다. 국가의 통치는 모두 자연이성의 법인 자연법이 질서의 원리를 이룬다. 국가 안에서 인간은 나름의 자유의지를 가지고 선을 행하고 법적인 정의를 실현한다. 그 이성과 시민의 자유의지는 하나님 앞에서의 정의를 만들지는 못하며 따라서 영혼 구원을 이룰 수 없지만 자신의 욕망을 어느 정도 절제하여 정치적이고 법적인 질서를 만들 정도의 정의와 도덕성을 구현한다.[16] 그래서 루터는 법질서에 대해 한편으로 경멸하면서도 다른 한편으로는 그 필요성을 인정하고 신성한 것으로까지

---

15 파울 알트하우스, 『말틴 루터의 윤리』, p.65.

16 "자유 의지가 그 자체의 노력에 의하여 어떤 것 즉 선행 또는 시민법 내지 도덕법의 의를 달성할 수 있다고 해도 …… 하나님의 의에 이르지 못한다." 「노예의지론」, WA 18, p.767(42). 『루터선집 6』, p.289. 행위의 의는 도덕적이고 시민적 의인데, 이것은 사람 앞에서 의이지만 하나님 앞에서는 의롭지 않다. 「노예의지론」, WA 18, p.771(38-40). 『루터선집 6』, p.295.

규정한다. 플라톤과 아리스토텔레스와 키케로는 신앙 없이 이성을 가지고 생각한 학자들이지만 그들도 국가에 대해 잘 토론한다고 루터는 인정했다. 멜란히톤은 법실증주의 관점에서 성문법의 중요성을 많이 생각했으며, 고대의 뛰어난 성문법인 로마법을 많이 연구했다. 그는 로마법이 이교도의 법이지만 하나님을 기쁘게 한다고 말했다.[17]

통치자가 최고 법인 이성에 따라서 법을 집행해야 한다는 루터의 말은 법의 정신에 따라 법을 집행해야 한다는 뜻이다. 법조항은 모든 구체적 개별 사항들을 모두 규정할 수 없으며 일반 법칙과 구체적 상황과의 간극은 법의 정신에 따라 메꾸고 판단을 내려야 한다. 이때 법이란 실정법을 가리키고 법의 정신이란 자연법을 가리킨다. 하나님의 세상 통치는 독단적 명령이 아닌 인간의 이성을 통해 이성에 의해 이루어진다. 이성의 법 곧 자연법은 하나님이 세상을 통치하는 통로이고 국가의 실정법도 자연법에 기초를 두어야 한다.

> 세상의 법 또는 황제의 법은 인간의 이성이 자연법으로부터 끌어내어 정돈한 것 외에 다른 것이 아니니다.[18]
> 실정법은 주변상황을 고려해서 신뢰할 만한 근거로 자연법을 따르는 결정을 말한다. 자연법의 근간은 이 빛을 창조하신 하나님이지만, 실정법의 토대는 시민의 권리이다.[19]

루터가 국가의 법질서를 가리켜 하나님의 통치라고 할 수 있었던 까닭도 시민의 권리 의무를 결정하는 실정법이 자연법에 기초를 두고 있

---

17 헤롤드 버만, 『법과 혁명 2』, p. 264.
18 WA 6 II, p. 326(명제 7013).
19 『탁상담화』, p. 423.

기 때문이다. 그래서 루터는 국가의 법이 사람들에게 자연법을 상기시킨다고 말하기도 한다.[20] 물론 루터는 자연법에 어긋나는 법의 명령에도 순종하라고 했다. 그러나 기본적으로 국가의 통치권 행사는 자연법에 맞게 이루어져야 한다는 명제를 루터가 포기한 것은 아니다.

그런데 법은 구원의 질서에 포함되지 않는다. 자연법도 마찬가지이다. 구원은 법이 아닌 복음에 의해 가능하다. 이성이 아닌 신앙에 의해서만 구원이 가능하다. 법과 계명이 부여하는 의무와 명령은 인간을 자유롭게 하지 않는다. 그 법을 자유롭게 수행할 때에만 인간은 자유로우나, 일반적 상태에서 인간은 도덕적 비난이나 형벌이 없다면 법을 지키지 않는다. 자연법은 양심의 법으로서 타락한 인간에게 양심의 가책과 비난과 형벌의 압박을 가한다. 그런 압박이 없으면 외부적 평화와 질서를 만들 수 있는 정도의 도덕성을 요구하는 자연법을 어기고 자연법에 기초를 둔 실정법도 어긴다. 그런 점에서 법은 우리 자신의 뿌리 깊은 악의 성향을 돌아보게 하고 하나님의 은총을 구하게 한다.

이것이 법의 신학적 용법이며, 그 점에서 법과 계명은 인간의 죄를 알게 한다는 점에서도 중요한 역할을 담당한다. 법은 질서를 유지하는 시민적 용법을 통해서 영혼 구원에 간접으로 이바지하고, 인간의 죄를 알게 하는 신학적 용법에 의해 영혼 구원을 위해 복음을 돕는 역할을 한다. 루터는 일찍이 법의 신학적 용법을 알고 있었기 때문에 초기부터 반反율법주의자가 아니었다. 그리고 1937년 이후 몇 차례에 걸쳐서 자신의 제자 아그리콜라가 복음과 법을 완전히 분리하여 율법 없는 설교를 주장하자 루터는 법이 복음으로 인도하는 도구임을 확인해주었다. 법은 정부의 소관일 뿐 아니라 교회에서 설교되어야 함을 루터는

20 파울 알트하우스, 『말틴 루터의 윤리』, p. 59.

역설했다.[21]

교회에서 설교하는 법은 국가법이 아니라 법의 정신을 형성하는 십계명을 비롯한 성서의 율법을 가리킨다. 그것은 실정법이 아니라 인간에게 보편적으로 주어져 있는 자연법이다. 그런데 루터 교회의 목사들은 정부와 시민의 중간 역할을 담당해서 정부의 법을 농민들과 시민들에게 알리는 역할도 했던 것 같다. 특히 관청과 거리가 먼 농부들에게 국가정책을 담은 실정법이 교회를 통해 전달되었다. 농민들은 교회를 통해 국가의 정책과 법을 전달받고 토론함으로써 정치 단체로서의 위상을 높여갔다.[22]

십계명

루터는 성서에서 자연법을 찾는다. 가톨릭에서는 자연법을 이성으로부터 끌어왔으나 루터는 자연법을 성서에서 끌어왔다. 실정법이 자연법에 맞아야 효력을 발휘한다면, 결국 루터주의자들은 시민법의 효력의 근거를 성서에서 찾으려고 한 것이다. 이러한 사실은 성서의 권위를 중시한 루터가 반 율법주의자나 무정부주의자가 아님을 알려준다. 그리스도인은 세상에서의 삶을 위한 기본적인 법정신을 가지고 있으며 법을 존중한다. 하나님이 인간의 이성에 자연법을 심어놓았지만 타락으로 이성의 능력이 희미해지자 하나님은 성서를 통해 다시 법을 주었다. 그렇다고 성서에 나오는 규범과 계명이 모두 자연법은 아니다. 성서의 계명에는 그 시대의 이스라엘을 위한 규범들도 많다. 다시

---

21 「반율법주의자들에 대한 반대」(1539), LW 47, p. 110 이하.

22 Jørn Henrik Petersen, "Martin Luther and the Danish Welfare State" in *Lutheran Quarterly*, 1/32, Spring 2018, pp. 3-4 참조.

말해 이스라엘을 위한 실정법들도 성서에 법으로 기록되어 있다. 자연법이 아닌 실정법으로 들어가면 민족과 시대에 따라 법이 달라질 수 있다. 그러므로 성서의 법과 규범 중에는 보편 타당성이 없는 것들도 많다. 성서에 있는 계명 중에서도 인간의 양심에 영원히 새겨져 있는 계명만이 자연법이라고 할 수 있다. 루터는 구약 성서의 십계명과 신약 성서의 황금률, 사랑의 계명과 산상수훈 등이 자연법에 속한다고 본다. 이것들은 정의와 사랑의 법에 해당한다.

루터 박물관에 전시된 십계명 그림 중 "거짓 증거 하지 말라"는 계명을 그린 그림. 왼편의 정직한 증언자 위에는 천사가, 오른편의 거짓 증언자 뒤에는 발가락이 셋인 사탄이 서 있다. 루터는 자연법을 십계명에서 찾았다.

루터가 성서에서 찾은 자연법은 우선 십계명이다. 루터는 정의의 법을 십계명에서 찾는다. 먼저, 루터는 공평Billigkeit을 자연법이라고 본다. 공평은 정의의 다른 이름이며 이성의 법이다. 이성은 지상에서 효율적으로 몸의 필요를 충족시킬 줄 아는 능력이고 동시에 어느 정도 욕망을 절제해서 남과 공존할 줄 아는 능력이다. 편파적이지 않고 공평한 처사는 가장 합리적이고 이성적인 행동 원칙이다. 공정성과 합리성, 옳고 그름에 관한 직관적 인식 등이 자연법에 해당한다. 그런데 인간은 이성의 원리에 따라 행하지 못하는 경우가 많다. 루터는 소수의 영웅들을 제외하고 세상 사람들이 이성의 법인 자연법에 대해 눈이 어두워져 있다고 본다.[23] 사람은 무엇이 옳고 그른지 알지 못한다. 옳고 그름을 알면서도 행하지 않는 경우도 많지만, 이득에 눈이 어두워 자기 위장과 허위의식을 통해 옳고 그름을 아예 모르는 경우도 많다.

이처럼 이성이 자연법에 무지해져서 하나님은 성서를 통해 율법과 계명을 주었다. 성서의 계명들은 새로운 법이 아니라 이미 모든 인간에게 주어져 있는 자연법을 상기시킨 것이다. 십계명은 합리적인 정의의 법을 잘 보여주고 있다. 모세는 이미 사람들 마음에 있었으나 희미해진 양심의 법을 일깨운 사람이고, 국가와 부모와 교사 등이 그 역할을 이어받았다.[24]

루터주의 법학자들에게 십계명은 매우 중요한 법의 일반 원칙이다. 그들은 실정법을 십계명에 따라 분류하기도 했다. 멜란히톤은 십계명의 조항을 따라 형법과 민법을 체계화했다. 예를 들어 살인하지 말라는 제6계명을 근거로 여러 가지 폭력과 가해 행위를 체계화한 형법을 구성했다. 물권법은 도둑질하지 말라는 8계명을 통해 정리했다. 계약법은 거짓 증거하지 말라고 하는 9계명을 바탕으로 법규범을 나열했다. 그리고 성범죄와 관련해서는 간음하지 말라고 하는 7계명을 바탕으로, 불법행위법은 9계명과 10계명을 중심으로 체계화했다. 올덴도

---

23 카질 톰슨, 『마르틴 루터의 정치사상』, p.127. 루터의 글에서 이성이라면 하나님이 인간에게 준 인식 능력과 실천 능력을 가리킨다. 이성의 능력은 창조 질서에 속하지만, 타락한 이후 이성은 신앙에 의해 교정되어야 한다. 루터는 자신의 글에서 이성이라는 말로 때로는 창조 때의 이성을 가리키기도 하고 어떤 경우에는 교만의 원인이 되는 타락한 이성을 가리키기도 한다. 그리고 신앙에 의해 교정된 이성을 가리키는 경우도 있다. 이성의 법으로서의 자연법도 마찬가지이다. 학자들이 루터의 자연법을 애매하게 보는 까닭도 거기에 있다.

24 베른하르트 로제, 『마틴 루터의 신학』, p.274, pp.383-384.

르프는 멜란히톤과 세부적인 면에서 차이가 나기는 하지만 십계명에서 법의 일반 원칙을 찾으려고 한 점에서는 똑같다.[25]

십계명은 인간이 해서는 안 되는 일들의 기본적인 금지 규정이다. 그 점에서 십계명은 정의의 법이다. 십계명 중에 제5계명 이후의 계명들은 어느 민족에게나 보편적으로 실정법에 반영되는 기본 규범들이다. 그 점에서 보편 규범이요 이성의 법이며, 따라서 자연법이라고 할 수 있다. 그것은 "남이 네게 하기를 바라지 않는 것을 남에게 하지 말라"고 하는 상호성의 원리에 바탕을 두고 있다. 그런 점에서 정의와 공평에 바탕을 둔 보편적 규정이 십계명이다. 규범을 어기고 남을 해하면 상호성의 원리에 의해 그만큼 벌을 받게 된다. 살인과 간음과 도둑질, 거짓 증언은 모두 상호적 공평의 원리에 의해 처벌받는다. "이에는 이 그리고 눈에는 눈"이라고 하는 처벌규정은 십계명을 떠받치고 있는 응보적 정의의 원리이다.

십계명은 인간의 상호 투쟁이 극대화되지 않도록 악순환을 막는다. 그 점에서 십계명은 세상을 보존하는 역할을 하는 국가의 실정법의 바탕이 되는 기본 규범으로서 보편적 자연법이라고 할 수 있다. 물론 첫 계명부터 제4계명까지는 종교적 규범인데 루터는 이것도 어느 민족에게나 해당되는 보편 규범이라고 본다. 인간은 누구나 한 분 하나님을 예배할 의무를 느끼고 있기 때문이다.[26] 하나님을 경외하고 예배하는 것 역시 하나님의 것을 하나님에게 돌리는 것이므로 정의라고 할 수 있다. 그래서 루터나 멜란히톤이 말하는 자연법에는 십계명의 열 가지 계명이 모두 들어간다.

---

25 헤롤드 버만, 『법과 혁명 2』, pp. 249-251.

26 카질 톰슨, 앞의 책, p. 130. 그래서 루터는 신성모독을 단순히 신앙의 문제로 보지 않고 사회 질서를 어지럽히는 문제로 보고 정부의 다스림의 대상으로 생각했다.

그런데, 학자들은 루터의 자연법 개념이 애매하다고 말한다. 만일 자연법을 창조 질서로 본다면 하나님이 세상을 지으셨을 때부터 사람에게 법이 주어졌다는 말이 된다. 다시 말해서 사람이 타락하기 전에도 하나님의 말씀이 법의 형태를 지니고 있었다는 말이다. 앞에서 보았듯이 루터는 아담에게 선악과를 먹지 말라고 하신 하나님의 말씀을 법으로 본다. 인간의 타락 이전에도 법이 있었다는 말이다. 다만 타락 이전의 하나님의 법이 인간의 타락으로 변형된 채 정의의 법이 되어 사람을 구속하게 되었다고 볼 수 있다. 그런데 그처럼 태초의 하나님의 말씀이 법이라면 복음의 자리는 어디인가?

사실 루터가 복음과 법을 나눈 것은 타락 이후의 인간을 염두에 둔 것이다. 복음은 인간의 죄 때문에 십자가를 지신 그리스도에게서 나타난 하나님의 사랑을 증언한다. 그러므로 복음 역시 태초의 말씀이기보다는 타락 이후의 구원 질서에 해당하는 말씀이다. 보존 질서를 만드는 법과 구원의 질서를 만드는 복음을 루터가 구분할 때 복음과 법은 모두 현재의 죄 많은 인간을 염두에 둔 분류이다. 그러므로 인간이 타락하기 이전에 선악과를 금한 태초의 하나님의 말씀은 현재의 법과 다르며 그렇다고 복음이라고 할 수도 없다. 하나님의 말씀은 본래 복음과 법 위에서 복음과 법을 품고 있는 말씀이라고 할 수 있다.[27] 그래서 루터는 선악과를 먹지 말라고 한 태초의 하나님의 말씀을 법이라고 할 수 있었지만, 흔히 생각하는 법 곧 타락 이후에 사람을 강제하는 법과 다르다.[28]

---

27 양명수, 『한국교회, 인문주의에서 배운다』, 서울: kmc, 2014, pp. 101-108 참조.

28 4장 3절 참조.

자연법, 사랑의 법

하나님의 첫 말씀을 자연법으로 본다면, 그것은 타락한 인간의 보편적 법질서의 기초를 형성하는 자연법과 달리 구원의 복음에 상응하는 사랑의 법으로 보아야 한다. 루터에게 사회생활은 인간성의 본질에 속한다. 인간 세상과 함께 인간이 창조되었다. 다시 말해서 인간은 공동체 속에서 탄생되었다고 봐야한다. 그런데 선한 본성을 가진 본래의 인간은 법 없이도 살 사람들이다. 그러므로 강요하고 처벌하는 힘을 가진 법질서가 필요하지 않다. 법질서를 만들고 집행하는 중앙 권력도 필요 없다. 그렇지만 인간은 혼자 살지 않고 이웃과 더불어 살도록 만들어졌기 때문에 같이 사는 법을 배워야 한다. 인간은 자유롭게 만들어졌지만 그 자유를 선하게 사용하는 법을 배워야 한다. 그때의 법은 강제력 있는 법이 아니라 길을 가리킨다. 같이 살기 위해 자유를 사용하는 길을 제시한 것이 하나님의 첫 말씀이라고 할 수 있다. 그것은 같이 사는 길인데, 악이 들어오기 전이므로 정의의 길이 아니라 사랑의 길이다. 같이 사는 길 또는 같이 사는 법은 정의와 사랑으로 설명되는데, 정의의 법은 죄의 힘이 지배하는 곳에만 필요하기 때문에 인간이 타락하기 전에 주어진 하나님의 법은 사랑의 법이다.

타락 이후의 자연법은 정의의 법이지만 타락 이전에 주어진 자연법은 사랑의 법이다. 그것은 강제력 없이 인간을 하나님과 타자로 인도하는 법이고 태초의 인간은 자유롭게 그 법을 따를 수 있었다고 봐야 한다. 사랑은 강압과 명령으로 되는 일이 아니므로 사랑의 법은 자발성을 전제로 한다. 최초의 법은 인간으로 하여금 자발적으로 하나님을 사랑하고 이웃을 사랑하도록 인도하는 법이다. 그것은 자연법이므로 인간의 양심에 새겨져 있는데 타락한 이성은 그것을 모르고 있을 뿐이다. 인간의 타락으로 사랑의 법은 자연법의 성격을 잃었다. 이제 사랑의 계명은 자연스럽게 이행되지 않고 계명으로서 인식되지도 않는다. 사랑의 법에 대해 인간은 무지하고 무능하게 되었다.[29] 타락한 현재의 인간에게 사랑의 법은 정의의 법으로 바뀌었다. 그래서 현재의 자연법은 정의의 법이요 강제적인 심판과 형벌의 두려움으로 힘을 발휘한다. 오직 믿음을 통해 복음의 은총의 능력으로 자유로워진 사람에게 사랑의 법은 자연법의 위상을 되찾게 된다.

사랑의 하나님이 인간의 죄 때문에 공의의 하나님의 모습을 가지듯이, 사랑의 자연법은 인간의 죄 때문에 정의의 법이 되었다. 정의의 법은 하나님이 주신 사랑의 법의 변용이다. 루터가 인간이 만든 국가의 실정법을 하나님이 주신 것으로 보는 까닭은 실정법이 사랑의 변용인 정의의 자연법에 기초를 두기 때문이다. 그리고 정의의 자연법은 사랑의 자연법에 기원을 두기 때문에 루터에게는 그리스도인들에 의한 사랑의 공동체에 대한 꿈이 있다. 루터는 인간 사회를 그리스도의 몸으로 보고 개인들이 유기체적으로 연결된 공동체를 이루고 살기를 바란다. 그 사회는 국가와 겹치는 면이 있지만 개념상 국가와는 별개이다. 그 문제는 뒤에서 살펴보도록 하겠다.

루터는 사랑의 자연법 역시 성서에서 발견한다. 신약 성서에 나오는 황금률이나 이중 사랑의 계명은 공평과 정의를 초월한 사랑의 계명이다. "남에게 대접을 받고자 하는 대로 너희도 남을 대접하라"(마태복음 7:12)는 황금률은 상호성의 원리에 바탕을 두고 있지만, 악을 금지하는 소극적 계명이 아니라 적극적으로 선의 행위를 명한다. 남이 원치 않

29 루터는 사랑의 계명 앞에서 인간은 철저하게 자신의 무능을 알게 된다고 말한다. 인간의 죄를 알게 하는 법의 신학적 용법을 말할 때 루터는 사랑의 계명을 든다.

는 악을 행하지 않는 것은 정의의 수준이지만 대가 없이 남이 원하는 선을 행하는 일은 사랑에 가깝다. 그 점에서 황금률은 정의의 형식을 취한 사랑의 계명이라고 할 수 있다. 또는 정의에 걸쳐 있는 사랑의 계명이다. 한편 "악에게 대적하지 말고 억지로 오 리를 가자는 자에게 십 리를 가주라"(마태복음 5:39-41)는 산상수훈의 말씀은 일방적인 용서와 베풂의 계명으로서 상호성을 벗어나 있다. 그 점에서 공평과 정의를 넘어선 사랑의 계명이다. 실제로 루터는 자연법을 사랑의 계명과 동의어로 사용하는 경우가 많다. 앞에서 보았듯이 타락하기 전에 인간에게 주어진 선악과의 계명은 창조 질서로서의 자연법이고, 그것은 강압 없이 자율적 사랑의 관계로 인도하는 안내자이다.[30]

사랑의 법을 자연법으로 본다면 인간은 하나님을 사랑하고 이웃을 사랑하는 성향을 본성적으로 가지고 있다고 해야 한다. 사랑은 정의를 포함하며 사랑의 법을 통해 인간 공동체는 하나님 나라를 지향한다. 그러나, 현재의 인간은 타락으로 인해 하나님을 본성적으로 멀리하고 미워한다. 그리고 이웃에 대해서도 마찬가지이다. 오직 성령에 의해서만 자유로이 사랑할 수 있다. 그렇다면 사랑의 계명은 인간 이성에 큰 위력을 발휘하지 못한다. 인간의 타락으로 인간 사회에는 정의의 법만 남았고, 정의의 법에 따라 국가가 형성되었다. 십계명은 정의의 법으로서 인류의 보존을 위한 보편이성의 자연법이다. 상호성의 원리를 벗어난 사랑의 법은 국가가 아닌 하나님 나라의 원리이다.

복음서에 나오는 사랑의 계명은 보존 질서가 아니라 구원의 질서에 해당한다. 믿음으로 말미암아 죄의 노예 상태로부터 해방된 인간에게 사랑의 계명이 현실성을 가지고 등장한다. 그래서 사랑의 계명은 "복

30 한스 바르트는 '달콤한 율법'이라는 표현을 쓴다. 『마르틴 루터의 신학』, p.629.

음에 상응하는 법"[31] 또는 복음의 법이라고 할 수 있다. 복음의 법이라는 말은 역설적인 단어이다. 루터는 복음과 법을 구분하는 데서 출발하기 때문이다. 복음은 명령하지 않는다. 복음은 법이 아니고 명령이 아니며, 다만 우리에 대한 하나님의 사랑을 전해준다.[32]

계명과 법을 구분해서 사랑의 계명을 법으로 보지 않는 학자들이 있다. 그러나 루터는 계명과 법을 구분하지 않는다. 예를 들어 「그리스도인의 자유」에서 루터는 성서의 말씀 전체를 둘로 나누어 한편에는 계명Gebote 또는 법Gesetze이 있고, 다른 편에는 언약Verheißungen 또는 약속Zusagen이 있다고 본다.[33] 루터 스스로 사랑의 계명은 인간을 절망에 이르게 하는 '법'이라고 말한다. "법은 하나님을 사랑하고 하나님을 기뻐하며 그를 신뢰하라고 명령한다. 만일 인간이 그 자신이 이러한 율법을 충분히 지킬 수 없다는 것을 안다면 그는 절망하기 시작할 것이며, 하나님을 미워하고 하나님을 비방하기 시작할 것이다. 왜냐하면 본성 전체가 부패했기 때문이다."[34]

물론 창조 질서로서의 자연법인 사랑의 법이 원래는 인간을 절망에 이르게 하는 법이 아니었다. 그러나 자기 중심으로 살아가는 현재의 타락한 인간에게 사랑의 법은 인간의 무능을 드러내고 절망에 이르게 한다. 그러므로 구원은 법이 아니라 복음으로 가능하다. 루터는 죄인

---

31 같은 곳.

32 "주님은 법으로 요구하고 위협하고 두려움을 주는 율법 교사 모세와 다르다. 그분은 오히려 기쁜 약속을 가지고 친근한 방식으로 우리를 끌어들이신다." 「마태복음 5-7장 주간설교」, WA 32, p. 304. LW 21, p. 10.

33 「그리스도인의 자유」, GW, p. 1.496.

34 "*lex jubet amare* ac *diligere* Deum et *fidere* Deo, hic cum animadvertit, se non posse huic legi satisfacere, incipit desperare, odisse Deum, blasphemare Deum. Natura enim tota corrupta est," WA 39I, p. 559(12-14).

에게 자유를 주는 것은 오직 복음의 힘임을 강조했다. 법은 죄가 밖으로 나오지 못하도록 하여 사회를 보존하는 역할을 하지만 자유롭게 하는 구원의 역할을 하지 못한다. 그래서 법과 복음의 구분은 루터 사상의 기본 도식이다. 그렇다면 사랑의 법을 복음에 상응하는 법이라고 하는 것은 모순이 아닌가? 복음과 법을 붙여놓으면 일단 외관상 루터의 기본 도식에 혼동이 올 수 있다.

사랑의 법은 그리스도인의 성화를 위한 안내자의 역할을 한다. 행함이 아닌 믿음으로 의롭게 여김 받은 그리스도인의 자유는 하나님과의 관계에서 객관적이지만 타자와의 관계에서 보면 주관적이다. 한 사람의 그리스도인이 누리는 자유가 세상에서 객관화되고 안정된 자유가 되는 길은 사랑에 있다. 자유는 사랑으로 완성된다. 그때 사랑의 법이야말로 안정되고 완성된 자유의 길로 이끄는 안내자이다. 그런 식으로 사랑의 법은 강압이 아니라 달콤한 안내자로서 성화의 길로 안내한다. 사랑의 법은 태초의 말씀인데, 타락한 인간은 복음을 받아들여 믿음으로 의롭게 여김 받을 때에만 사랑의 법을 자유로운 안내자로 인식한다. 그래서 사랑의 법은 복음에 상응하는 법이다.

그런데 루터가 볼 때 성화는 이 세상에서 불가능하다. 악의 성향을 뿌리 뽑을 수 없으며 그리스도인도 여전히 악의 성향을 가진 죄인이다. 사람은 누구나 끊임없이 탐심과 자기 의에 빠지기 때문이다. 사랑의 자연법은 그리스도인에게도 여전히 자연스럽게 실천되지 않으며, 타자를 사랑해야 한다고 생각할수록 자신의 무능에 절망한다. 오히려 무신론자들은 사랑의 법을 의미 있게 받아들이지 않아서 절망도 하지 않는다. 사랑의 계명이 태초의 자연법임을 아는 자는 그리스도인뿐이다. 믿음으로 자기 의에서 자유롭게 된 그리스도인에게만 사랑의 계명은 계명으로서 그리고 법으로서 의미를 갖는다. 태초의 사랑의 계명이 자연법적 효력을 회복하는 것은 오직 그리스도인에게 해당된다. 그래서 신실한 그리스도인이야말로 사랑의 계명 앞에서 절망감을 더욱 크게 느낀다.

그때에 중요한 것은 다시 복음으로 돌아가는 일이다. 사랑의 복음의 법이 자유로운 안내자가 아니라 압박하며 절망에 이르게 할 때 그리스도인은 다시 법으로부터 복음으로 돌아가야 한다. 법과 복음은 분리되지 않지만 언제나 구분되어야 한다. 때로는 분리될 정도로 구분되어야 한다. 그 점에서 루터는 아퀴나스와 다르다. 가톨릭 신학자들은 루터가 사랑의 법을 통해 복음도 법의 성격을 가진다는 점을 인정하는 점에서 아퀴나스의 가르침과 다르지 않다고 주장한다. 아퀴나스 역시 복음을 '사랑의 법'으로 보고 '새로운 복음의 법'을 말하기 때문이다.[35] 그러나 루터에게는 복음과 법 사이의 대립과 긴장이 언제나 살아 있다. 사랑의 법을 복음의 법이라고 하지만 언제든 복음을 잃고 법만 남아 인간을 절망에 이르게 하거나 자기 의의 교만에 이르게 할 수 있다. 절망과 교만은 하나님의 사랑을 전하는 복음에 대한 불신에서 나오는 일란성 쌍둥이다. 사랑의 법에 의한 성화의 노력은 자칫 그리스도인을 율법주의자로 만들고 위선자로 만든다. 그렇게 되면 루터가 시도했던 새로운 신앙에서 완전히 후퇴하는 일이다. 그래서 루터는 성화보다 칭의를 강조했고 제3의 용법에 대해서도 강조하지 않았던 것 같다.

근대 사회는 사랑의 법을 법에서 배제함으로써 중세적 죄의식에서 벗어나려고 했다. 그것은 신앙이 공적인 영역에서 물러나 사적 영역이 되면서 일어난 사태이기도 하다. 근대 사회에서 사랑의 법은 더 이상

---

35 Otto Pesch, "Law And Gospel, Luther's Teaching in the Light of the Disintegration of Normative Morality", in *Thomist*, 1/34, Jan 1, 1970, pp.100-101.

자연법이 아니다. 법은 정의를 말할 뿐 사랑을 말하지는 않는다. 그러나 루터는 여전히 그리스도인으로서 사랑의 법을 자연법으로 본다. 루터에게는 근대의 개인주의적 합리주의를 여는 요소가 있고 동시에 사회가 그리스도교 신앙에 기반을 둔 사랑의 공동체가 되기를 바라는 중세적 요소가 있다.

루터의 자연법 이론에 공동체론이 포함되어 있다. 법은 타자와 더불어 살아가기 위한 규범이다. 타락 이전의 자연법을 통해 하나님에 대한 사랑 안에서 이웃을 사랑하는 신율적 공동체를 구상할 수 있다. 그래서 루터는 그리스도인들이 믿음과 사랑으로 이루는 유기체적 사랑의 공동체를 윤리적 당위로 생각한다. 그것이 루터의 사회 이론을 구성한다. 그리고 동시에 루터는 악의 성향을 버리지 못한 인간 현실을 위해 정의로운 법질서를 통한 타율적 공동체를 구상한다. 그것이 루터의 국가론을 이룬다. 인간은 세상에 사는 동안 죄를 떠날 수 없고 자기 의와 탐심을 버릴 수 없기 때문에 강압적 법과 국가의 공권력이 필요하다.

창조 질서인 사랑의 공동체는 종말론적 공동체를 암시한다. 인간은 누구나 국가라고 하는 타율적 법질서 안에서 살아가지만 그리스도인은 태초의 사랑의 법질서를 회복해서 하나님의 권위 안에서 모두가 자유롭게 사랑하는 공동체를 지향한다. 사랑의 공동체는 장차 올 하나님 나라에서 실현되지만 지금 여기서 시작된다. 루터에게 하나님 나라는 개인 내면에서 현재에 실현되는 나라이므로 사랑의 공동체를 지금 여기서 시작해야 한다. 루터가 생각하는 사랑의 공동체는 국가와 별개의 공동체는 아니지만 국가와 성격이 다른 공동체이다. 나중에 칸트는 루터를 본받아 법공동체인 국가와 다른 윤리 공동체라는 이상 사회를 교회론의 근거로 삼았다.

2. 사랑과 정의, 루터와 헤겔

루터에게서 국가 체제는 외부적으로 존중되지만 내면에서는 극복된다. 그리스도인은 내면에서 하나님의 통치를 받으며 자유를 누리고, 그 자유의 에너지는 타자에 대한 사랑으로 펴져간다.

1530년의 「아우구스부르크 고백」 16조는 이렇게 말한다. "복음은 정치나 가정Ehestand, oeconomia을 해소하지 않고 오히려 그것을 하나님의 질서로서 보존하고 그 속에서 사랑을 구현하도록 특별히 요구한다."[36] 루터는 세상의 정치 경제 질서를 의미 있게 보고 하나님의 질서로서 보존해야 한다고 생각한다. 그리고 동시에 그 속에서 사랑을 구현해야 한다고 주장한다. 다시 말해서 루터는 국가의 법질서를 통해서 한편으로 정의의 원리에 따라 세상을 보존하면서 다른 한편으로 사랑의 윤리를 펼칠 것을 요구한다. 그런 식으로 그리스도인은 두 나라 곧 세상 나라와 하나님 나라를 동시에 산다.

사랑과 정의의 결합은 루터에게서 두 차원으로 나타난다. 하나는 죄와 죄인을 구분하는 방식으로 나타난다. 법을 어긴 죄에 대해서는 법적 정의가 엄정하게 집행되어야 한다. 그러나 죄인은 한 인간으로서 그 인격이 존중되어야 한다. 그리스도인은 형벌을 통해 법적 정의를 존중하지만 형벌을 받는 죄인의 영혼은 사랑으로 대해야 한다. 이것은 법질서 속에서 사랑이 내면화된 차원이다. 이 점은 헤겔의 형벌철학에서 세속화된 형태로 재등장한다.

사랑과 정의가 결합되는 또 하나의 차원은 국가와 병행해서 사랑의 공동체를 지향하는 모습으로 나타난다. 루터에게서 국가는 정의로운

---

36 *Triglot Concordia, The symbol books of the Evangelical Lutheran Church*, p.50.

법질서에 의해 공고한 권위를 갖지만 다른 한편으로 그리스도인은 국가와 다른 사랑의 공동체를 지향한다. 루터가 그리스도의 몸이라고 표현하는 공동체는 국가와 다른 유기체적 사랑의 공동체이다. 국가와 다른 공동체적 사회를 생각한 루터의 사유는 계몽주의자들이 이상적 공동체를 향한 역사의 발전을 생각하는 데 영향을 주었다. 그리고 루터가 그리스도의 몸이라고 표현한 유기체적 공동체가 법질서 속에서 이루어지는 것이라는 점에서 헤겔의 국가론에 영향을 준 것 같다. 헤겔의 국가 역시 유기체적 사랑의 공동체이다.

사랑으로 법대로 한다

인간은 국가의 법과 제도를 매개로 자기도 모르게 타자와 이루는 관계가 있고, 좀 더 인격적이고 직접적인 접촉을 통해 타자와 이루는 관계가 있다. 인간의 죄 때문에 한편으로 국가의 법적 권위가 중요하고 거기에 순종해야 하지만, 다른 한편으로 인간 대 인간의 관계를 위해 복음은 사랑을 가르친다. 인간은 한편으로 국가의 법에 순응하므로 타자와 보존 질서를 이룰 줄 알아야 하고, 다른 한편으로는 복음에 따라 타자와 구원의 질서를 이룰 줄 알아야 한다. 현대 윤리학의 분류에 따르면 이 둘은 사회 윤리와 개인 윤리에 속한다. 복음과 법의 관계처럼 루터에게서 개인 윤리와 사회 윤리는 구분되지만 분리되지 않는다. 둘을 반드시 구분해야 하기 때문에 법적으로 처리할 일에 자비를 베풀면 안 되고, 둘이 분리되지 않기 때문에 법적으로 단호하게 처리할 일이라도 내면에는 인간에 대한 사랑이 있어야 한다. 그래서 사회 윤리와 개인 윤리는 어디서나 동시에 작동된다.

흔히 사회 윤리라면 공적인 직무 관계에서 지켜야 할 도리를 가리키고 개인 윤리라면 사적인 관계 또는 친근한 관계에서 지킬 도리를 가리킨다. 그러나 루터에게 사회 윤리와 개인 윤리는 관계의 유형에 따라 구분되지 않고 모든 관계의 모든 사람에게 동시에 작동되는 윤리의 두 측면이다. 어느 경우에든 인간에 대한 애정을 잃지 말아야 한다는 점에서 개인 윤리가 작동되고, 어느 경우에든 법질서를 존중하고 악을 징계해야 한다는 점에서 사회 윤리가 작동된다.

심지어 가정에서도 개인 윤리뿐 아니라 사회 윤리도 적용되어야 한다. 자식을 위한 부모의 희생과 사랑은 개인 윤리이지만 자식에 대한 부모의 권위는 일종의 사회 윤리에 해당된다. 부모의 훈계와 권위는 국가 질서의 모범이 된다고 루터는 생각했다.[37] 루터는 부모를 공경하라는 계명을 윗사람에 대한 복종의 문제로 확장해서 해석했다. 윗사람에 대한 복종은 루터에게서 법질서의 중요한 부분을 차지한다. 부모는 사회에서 맡은 역할에 충실하게 훈계와 징계의 권위를 행사해야 한다. 친밀한 사랑도 법질서를 존중해야 하고, 법적 권위 역시 인간에 대한 애정과 병행되어야 한다. 그리스도인은 세상 나라에 살면서 또한 하나님 나라에 살기 때문이다. 다시 말해서 사람은 국가라는 공동체의 구성원으로 살면서 동시에 한 개인으로서 하나님 앞에서 산다. 어느 경우에도 타자와의 관계는 본질적이다. 하나님 나라의 백성으로서 타자를 사랑해야 하고, 세상 나라의 백성으로서 타자와 공존하기 위한 법질서를 따라야 한다.

두 가지 윤리의 양립은 두 나라에 사는 두 인격론에 근거를 둔다. 루터는 한 사람 안에 있는 두 인격에 대해서 말한다. 그리스도인 자체와

37 존 위트 주니어, 『성례에서 계약으로: 서양 혼인법의 역사와 신학』, 정경화·류금주 역, 서울: 대한기독교서회, 2006, p.90.

타자와 관계하는 그리스도인이 구분되는데, 그리스도인 자체는 하나님과 관계하는 모습을 가리키고, 타자와 관계하는 그리스도인이란 사회 속의 신분이나 직무를 통해 타자와 연결된 모습을 가리킨다. 그 두 모습은 서로 다른 인격이라고 할 정도로 다르다.[38] 다른 말로 하면 루터는 사람 자체와 직무 수행자로서의 사람을 서로 다른 인격처럼 구분한다. 두 인격은 한 사람 안에 있으므로 한 사람에게서 사랑의 개인 윤리와 정의의 사회 윤리가 동시에 발생한다.[39]

> 직무와 인격, 이 두 가지를 구분해서 생각해야 한다. 한스나 마르틴이라고 불리는 사람과 선제후나 박사나 설교자라고 불리는 사람은 서로 다른 사람이다. 여기서 우리는 한 사람에게서 서로 다른 두 인격을 본다. 하나는 창조되고 태어난 상태의 인격이다. 그 점에서는 남자건 여자건 청년이건 노인이건 모두 똑같다. 그러나 일단 태어난 후에는 하나님이 당신을 꾸미고 옷 입혀서 다른 인격처럼 만든다. 하나님은 당신을 아이로 나를 아버지로 만드시고, 누구는 주인으로 누구는 종으로 만드시고, 누구는 군주로 누구는 신민으로 만드신다.[40]

여기서 루터는 사람Menschen과 인격Person과 직무Amt를 구분하는데, 한 사람 안에 두 인격이 있다. 하나는 세상의 직업과 무관한 사람 그 자체로서의 인격이다. 그것을 가리켜 루터는 '창조되고geschaffen 태어난 상태의 인격'이라고 했다. 다른 말로 하면 하나님이 만드신 사람

---

38 「마태복음 5-7장 주간설교」, WA 32, p.390(33-34).

39 두 인격persona duplex을 개인적 인격persona privata과 공적 인격persona publica으로 부르기도 하는데, 각각 개인 윤리와 사회 윤리의 주체이다.

40 「마태복음 5-7장 주간설교」, WA 32, p.316(16-23). LW 21, p.23.

자체로서의 인격이다. 그리고 다른 하나는 세상에서 갖게 된 직업을 통한 직무나 사회적 역할로서의 인격이다. 이런 직무도 인간에게 본질적이어서 루터는 인격이라는 이름을 붙이고, 하나님이 그런 직무의 사람으로 만든다machen고 말한다. 한 사람 안에 있는 두 인격은 서로 다르다. 이것은 인격이 분열된 이중인격자를 가리키는 말이 아니라, 하나님 나라를 사는 그리스도인과 세상 나라를 사는 시민이 매우 다른 정체성을 가지고 있음을 가리킨다.

원래 그리스도인은 타자에 대해 있기 전에 자신에 대해 있다. 하나님 앞에서의 단독자인 인간은 세상에서 얻은 모든 직무와 지위를 벗은 상태로 사람 그 자체이다. 모두 동일하고 평등한 사람 자체로서 사람은 하나님 나라에 산다. 그러나 동시에 인간은 세상 나라에 살면서 타자와 관계하고 지위와 역할의 차이가 생긴다. 누구는 군주가 되고 누구는 신민이 되고, 누구는 부모가 되고 누구는 자식이 되고, 누구는 주인이 되고 누구는 종이 된다. 그런 신분과 지위의 차이 역시 하나님이 만들었으며 세상에서의 지위와 역할도 신성하다.[41]

그러므로 사람 그 자체로서 사람은 하나님의 복음에 순종해야 하지만, 세상에서 사회적 직무를 가진 자로서 사람은 법을 따라야 한다. 위에서 말한 두 인격의 구분은 마태복음 5장 5절의 말씀, "온유한 자는 복이 있나니 저희가 땅을 차지할 것이요"를 루터가 해설하면서 이루어졌다. 여기서 온유하라고 하는 것은 직무가 없는 인간 그 자체 또는 그리스도인 자체에게 하는 말이라고 루터는 해석한다. 부모나 주인이나 군주의 직무를 가진 자로서는 온유하면 안 되고 악행에 대해 분노하고

41 위의 글, WA 32, p.316(25). LW 21, p.23. 루터는 신성한 직무göttliche Amt, 신성한 인격göttliche Person이라고 표현한다.

화를 낼 줄 알아야 한다.[42]

사람은 사람 그 자체로서 복음의 법에 따라 자기 자신이나 다른 사람의 죄를 용서하고 사랑해야 하지만, 사회 질서 속의 부모나 군주나 주인의 직무를 수행하기 위해서는 죄지은 자에게 법대로 벌을 주고 벌을 받아야 한다. 그런 식으로 한 사람에게서 복음과 법이 모두 유효하게 작동한다. 한 사람 안의 두 인격이 구분되지만 분리될 수 없다. 하나의 행동 안에 두 인격에 맞는 행위가 동시에 드러나야 한다. 하나의 행동이 합법적이면서 동시에 법을 초월한 면을 가지고 있어야 한다. 결국 이 문제는 외부와 내면의 구분으로 귀착된다. 외부적으로 법에 순종하고 악을 처벌하지만 내면에서는 처벌받는 악인에 대한 사랑을 가진다.

루터는 이런 문제를 마태복음의 산상수훈을 해석하면서 풀어냈다. 그는 「세상 권세에 대하여」와 「마태복음 5-7장에 관한 주간 설교」에서 산상수훈의 말씀을 해석한다. 마태복음 5장 38-41절은 다음과 같다. "또 눈은 눈으로, 이는 이로 갚으라 하였다는 것을 너희가 들었으나, 나는 너희에게 이르노니 악한 자를 대적하지 말라. 누구든지 네 오른편 빰을 치거든 왼편도 돌려 대며, 또 너를 고발하여 속옷을 가지고자 하는 자에게 겉옷까지도 가지게 하며, 또 누구든지 너로 억지로 오 리를 가게 하거든 그 사람과 십 리를 동행하라." 위 구절과 연관된 성서의 말씀으로 루터는 다음 구절들을 인용한다. "너희 원수를 사랑하며 너희를 박해하는 자를 위하여 기도하라"(마태복음 5:44). "악을 악으로, 욕을 욕으로 갚지 말고 도리어 복을 빌라. 이를 위하여 너희가 부르심을 받았으니, 이는 복을 이어받게 하려 하심이라"(베드로전서 3:9). 이 구절들

42 위의 글, WA 32, p.316(31). LW 21, p.23.

은 앞서 인용한 산상수훈의 구절을 루터가 사랑의 계명으로 이해하고 있음을 알려준다. 악한 자를 대적하지 않거나 오 리를 가자는 자에게 십 리를 가주는 것은 악을 악으로 갚지 않는 일이고 상호적 정의의 원리를 벗어나는 일방적 사랑의 계명이다.

신약 성서에 나오는 사랑의 계명 때문에 그리스도인은 법에 호소해서 악인에게 벌주는 일을 하지 말아야 하는가? 그리스도의 가르침 또는 그리스도의 말씀이 법을 폐하고 지양하는가? 그리스도의 말씀은 계명이나 율법이기 전에 먼저 복음이다. 복음은 일차적으로 세상 나라가 아닌 하나님 나라에 관련된다.[43] 참 그리스도인은 복음의 통치를 받으며 하나님 나라에 산다. 우리를 향한 하나님의 사랑을 전하는 복음의 말씀을 믿음으로 받아들이면 하나님을 사랑하고 이웃을 사랑하게 된다. 그러므로 사랑의 계명은 믿음을 통해 이행되고, 믿음은 복음의 말씀에서 생긴다. 그렇게 보면 사랑의 계명이 법을 지양하는가의 문제는 복음이 법을 폐하는가의 문제이다. 그리스도인이 세상 현실에 대해 어떻게 대응할 것인지는 복음과 법이 양립할 수 있는가의 문제이다.

결론은 이렇다. 누구에게 불법적으로 피해를 보거나 손해를 당했을 때 그리스도인도 그를 법에 고발하고 공권력의 재판에 넘겨도 된다. 범죄자를 법에 고발해도 될 뿐 아니라 고발해야 한다고 루터는 결론을 내린다.[44] 마찬가지로 내가 불법을 행했을 때 자비를 요구할 수 없고 당연히 법의 심판을 받아야 한다. 루터는 국가의 형벌권이 개인의 사적인 복수를 막는 장치라는 점을 잘 알고 있다.[45] 국가는 개인 간의 분

---

43 「세상 권세에 대하여」, GW, p.4.356.

44 「교리문답에 관한 설교」, 『루터선집 10』, p.497에서도 루터는 이웃을 좋게 말하되 법정에는 고발하라고 가르친다. 정부나 부모는 잘못을 바로 잡기 위해 신체에 해를 가할 수 있다.

45 「세상 권세에 대하여」, GW, p.4.377. 「마태복음 5-7장 주간 설교」, WA 32, p.387,

쟁에 끼어들어 악을 당한 자가 직접 가해자에게 보복하지 못하게 한다. 개인의 직접적 복수는 정의가 아니며, 복수는 자칫 복수의 악순환을 낳는다. 반면에 법에 따른 처벌은 개인의 감정을 제거한 공공 이성에 따른 정의의 실현이라고 할 수 있다. 복수의 감정이 없다면 법에 고발하는 일은 악을 악으로 갚는 일이 아닐 수 있다.

그런데 그처럼 피해자가 법에 호소함으로써 자신의 이득을 지키는 것이 복음적인 사랑의 계명과 어떻게 양립하는가?

> 그리스도인은 자기를 위해서나 자기 일 때문에 검을 사용하거나 검에 호소하지 않는다. 그리스도인은 타자를 위해 검을 사용하거나 검에 호소할 수 있을 뿐 아니라 타인을 위해서라면 반드시 검을 사용하거나 검에 호소해야 한다. 그리하여 악이 잠잠해지고 정의가 세워져야 한다.[46]

그리스도인은 자기 유익이 아닌 남의 유익을 위해서 법에 호소한다. 남을 위하여 법에 호소한다는 것은 무슨 뜻일까? 악을 막고 정의를 세우는 일을 가리킨다. 만일 그리스도인이 참기만 하고 고발하지 않으면 불법을 행한 자가 두려움 없이 악을 반복할 것이다. 그러므로 잘못한 사람을 위해서도 그의 악행이 법에 의해 바로 잡히도록 해야 한다. 그처럼 악을 고치는 것이 범죄자에게도 좋은 일이다. 또한 법으로 악한 자를 처벌하면 질서를 보존하고 정의와 평화를 지키며 많은 사람들을 악에서 보호한다. 그렇게 보면 불법 행위를 고발하고 법에 의해 처벌받게 하는 것은 범죄자와 사회 구성원 모두를 위한 일이다. 그렇게 해

---

p. 392. LW 21, p. 106, p. 111.

46 「세상 권세에 대하여」, GW, p. 4. 378.

서 그리스도인은 법을 사용해서 사람을 섬긴다.[47] 법을 통해 정의를 실현하되 그 동기는 복수심이 아니라 범죄자 자신과 사회를 위하는 사랑의 마음에 있다.

「마태복음 5-7장 주간 설교」에서는 공권력에 의지해서 자기 유익을 지키는 문제가 타인의 유익을 위하는 일과 모순되지 않는다는 점이 강조된다. 그리스도인이 자기 안전을 위해 그리고 재산을 보호하기 위해 법에 호소하는 일은 전혀 문제가 안 된다. 그리스도인도 세상에 사는 동안 몸의 필요를 위해 또는 아랫사람에 대한 책임을 다하기 위해 자기 권리를 지킬 줄 알아야 한다.[48] 영적 인간으로서가 아니라 세상 사람으로서, 사람 그 자체가 아니라 세상의 역할을 가진 자로서 인간은 자기 의무를 다하기 위해 법을 따르고 자기 권리를 지키기 위해 법에 호소한다.

언제나 중요한 것은 내면의 마음가짐이다. 법에 호소할 때 타자에 대한 증오심이나 복수심에서 하면 안 된다. 자신의 권리를 방어할 목적으로 법에 호소하더라도 손해를 끼친 자에 대한 증오심이 없어야 한다. 인간에 대한 증오심이나 복수심으로부터 자유로운 그리스도인의 자유는 그처럼 법을 복수의 도구가 아니라 자신과 타자의 유익을 도모하는 도구로 사용할 수 있다. 법을 사용할 줄 아는 그리스도인의 자유가 그런 모습으로 나타난다. 외부적으로 보면 그리스도인이나 비그리스도인이나 법에 호소하고 법을 지키는 점에서 똑같다. 그러나 내면의 동기는 전혀 달라야 한다. 그리스도인은 세상 법의 적용을 받지 않는 하나님 나라에 살 줄 안다. 남다른 자기 세계를 가진 자의 자유로부터 동기

47 위의 글, GW, p.4.377.

48 「마태복음 5-7장 주간 설교」, WA 32, p.392. LW 21, p.111.

의 순수함이 나온다. "마음이 순수하면 모든 게 괜찮다 …… 오직 그른 것을 바로 잡는 마음에서 그리고 정의에 대한 사랑에서 하면 된다."[49]

마음이 순수하다는 것은 자기 유익을 방어하려는 마음조차 없음이 아니라, 인간에 대한 복수심이나 증오심이 없는 것을 가리킨다. 대개 사람은 자신을 해친 자에게 복수하고 자신이 받은 피해에 대한 보상 감정으로 법에 고발한다. 그러나 그리스도인의 상대는 악을 저지른 사람이 아니라 그를 통해 밖으로 나온 악이다. 그 악을 제거하는 일에만 집중해야 한다. 그것을 가리켜 루터는 '정의에 대한 사랑Liebe zu Gerechtichkeit'이라고 했다. 악을 저지른 사람에 대해서는 오히려 사랑의 마음을 가질 수 있다. 오직 죄를 미워해야 하며 죄인을 미워하지 않는다.

사람에 대한 사랑이냐 미움이냐. 내면의 동기에 의해서 그리스도인과 비그리스도인의 모습이 갈린다. 이러한 논리로 루터는 복음과 법을 모두 만족시키는 길을 택했다. 법에 따라 악을 벌하고 복음으로 악인을 사랑한다. 그리하여 루터는 악한 자에게 대적하지 말고 원수를 사랑하라는 산상수훈의 말씀과 누구나 세상 권세에 순종해야 한다는 로마서의 말씀을 동시에 만족시킬 수 있었다. 사랑과 정의를 동시에 만족시키고 구원의 질서와 보존 질서를 모두 만족시킨다. 사람은 하나님 나라와 세상 나라에 모두 충성해야 한다.

루터는 사랑으로 법에 고발하는 일이 자연이성으로 되는 일이 아니라 오직 성령으로 가능하다고 말한다. 자신을 해친 자에 대한 복수심을 없애는 일이 이성의 힘으로는 불가능하기 때문이다. 그래서 루터는 사랑으로 범죄자를 고발하는 일이 비그리스도인에게는 불가능하다고

---

49 위의 글, WA 32, p. 392(21). LW 21, p. 111.

본다.[50] 언제나 선의 원리인 하나님과 악의 원리인 사탄이 싸우고 있다. 그리스도인은 믿음으로 하나님 편에 서서 사탄과 싸워야 한다. 범죄자 자체보다 그를 움직이는 악한 영과 싸워야 한다. 하나님이 싸우고 그리스도인은 하나님의 싸움에 참여한다. 그러므로 법에 고발하는 일은 하나님이 법을 사용해서 악을 징계하는 과정에 개인이 참여하는 것이라 할 수 있다.

공직을 맡아 법을 집행하는 자가 되어도 마찬가지이다. 직무는 신성한 것이고 공직을 맡은 자는 자기 직무를 다해야 한다. 루터는 그리스도인이 사람을 처벌하는 직책을 맡아도 되는지, 즉 판사나 사형 집행인처럼 사법 기관의 공무원이 되어도 되는지를 묻는다. 법 집행의 공직에는 전쟁에서 적군을 죽여야 하는 군인도 포함된다. 산상수훈에 따르면 악인에게 대적하지 말라고 했기 때문에 사람을 처형하는 일을 하는 공직이 문제가 된다. 그런데 권력과 검이 보존을 위한 하나님의 수단이라면 그런 직책을 맡는 것 역시 하나님의 뜻에 맞다. 다만 내면으로부터 그런 직책을 좇아서는 안 되며, 다만 그 직책을 통해 외부적 평화를 지킨다는 목표 의식이 있어야 한다. 직무를 통해 공동체에 유익한 일을 한다면 그것이 곧 이웃 사랑이라고 할 수 있다.[51] 군인의 경우도 마찬가지이다. 국가 공권력에 의해 폭력을 진압하고 처형하여 질서를 유지하는 행위는 사랑의 행위이다.[52]

그리스도인의 지위와 공직자의 지위가 다르다. 앞에서 본 두 인격의 구분을 루터는 그리스도인의 지위와 직무로 인한 지위의 차이로 말하기도 한다. 그리스도인의 지위로 보면 자기 자신이 죄인임을 아는 게

50 「세상 권세에 대하여」, GW, pp.4.379-4.380.

51 위의 글, p.379.

52 「군인도 구원받을 수 있는지」, 『루터선집 9』, p.238.

타자의 죄를 따지는 것보다 더 중요하다. 신학적 정의는 죄인인 자기 자신이 하나님의 은총을 입는 데서 발생한다. 그러므로 그리스도인은 사람을 판단하면 안 되고(로마서 2:1) 용서하고 사랑해야 한다. 그러나 법 집행의 공무를 맡은 그리스도인은 공직자의 직무를 가진 자로서 죄인을 법 앞에 세워 판단해야 한다. 시민 질서를 어지럽혀 법 앞에서 죄인이 된 자의 죄를 판단해야 하고, 그를 벌로 심판함으로써 시민적 정의를 이루는 일이 그의 직무이다. 그 일은 그리스도인으로서 하는 일이 아니라 공무를 맡은 법 집행자로서 하는 일이다.

그러나 죄인에 대해 개인적인 감정이나 분노로 법을 집행해서는 안 된다. 그것이 그리스도인의 자세이다. 루터가 정의의 법을 집행하는 자에게 사랑을 요구할 수 있는 차원이 거기에 있다. 시민 규범을 어긴 죄인에 대해 법을 엄정하게 집행해야 하지만, 그 사람을 다치게 하려는 의도가 아니라 다만 질서를 확립하는 직무를 다하는 자세로 법을 집행해야 한다. 죄와 죄인을 구분해야 하고, 사람 그 자체와 시민을 구분할 줄 알아야 한다. 법을 어긴 자는 시민의 의무를 다하지 않은 죄로 벌을 받지만, 사람 그 자체는 공권력이 건드릴 수 있는 부분이 아니다. 법 집행자는 시민으로서의 인격에 대해 문제를 삼지만 사람 자체라고 하는 또 다른 인격은 사람이 건드릴 수 없는 하나님의 영역이다. 죄인이라도 사람 자체는 모욕하지 않고 존중하면서 법을 집행해야 한다. 그렇게 할 때 법 집행자는 그리스도인의 자세를 유지하며 자기 직무를 수행할 수 있다.

루터가 말하는 법 집행자는 사실상 종말론적인 시각을 가지고 임무를 수행해야 한다. 자신의 일에 대한 소명의식은 사탄과 싸우시는 하나님의 싸움에 참여하는 신앙인의 자세에서만 나올 수 있다. 사탄은 인간의 범죄를 통해 사회를 파괴하려고 호시탐탐 노리며 하나님은 범죄를 처벌하는 법을 통해 세상을 보존하신다. 형벌이란 형벌을 받을 인간의 인격을 훼손하는 일이 아니라, 시민으로서의 직무를 벗어난 행위를 처벌할 뿐이며 또한 그를 통해 세상 질서를 파괴하고자 하는 사탄의 힘을 물리치는 일이다. 사람 뒤에 있는 사탄을 본다는 점에서 법 집행은 좀 더 거시적이고 우주적인 의미를 지닌다.

결국 루터의 논리에서 현실적으로 남는 것은 법질서 존중일지도 모른다. 법질서를 어긴 자를 법에 의해 처벌하는 일은 하나님의 뜻이라고 루터는 강변하는 듯하다. 법에 호소하거나 법을 집행하는 자의 내면의 동기가 이웃 사랑이라고 하더라도, 어떻든 겉으로는 법적 정의가 매우 강화되기 때문이다. 그러나 루터의 주장에는 죄인의 인권을 보장할 논리가 숨어 있다.

헤겔의 형벌철학

믿음에서 나온 사랑의 동기가 법행위를 주도해야 된다는 루터의 가르침은 종교를 윤리로 바꾼 세몽주의를 통과하며 무엇을 남겼나? 루터는 성령이 인도하지 않으면 사랑의 동기로 법을 자유롭게 사용하는 일이 불가능하다고 말했는데 이성의 시대인 현대에 루터의 가르침은 어떤 모습으로 전달되었나? 앞에서 보았듯이 루터의 두 왕국론과 두 인격론은 죄와 죄인을 구분하도록 만든다. 법이 싸울 상대는 죄이고 법을 어긴 죄는 지위의 고하에 관계없이 반드시 처벌되어야 한다. 그러나 죄인도 사람 그 자체로서는 하나님의 용서와 은총의 대상이다. 루터는 그리스도교 신앙을 통해 그러한 구분을 확보할 수 있게 해주었다.

루터가 복음과 법의 구분을 통해 확보한 인간의 자유와 법의 권위는 헤겔에게서 철학적 사유로 변신했다. 18세기 계몽주의 시대의 칸트는 종교를 도덕으로 바꾸었고 19세기의 헤겔은 종교를 정신으로 바꾸었다. 루터에게서 개인을 지배하는 초월적 성령Geist은 헤겔에게서 역사 내재적인 인류의 정신Geist이 되었다. 만일 루터가 말하는 하나님의 성령이 헤겔이 말하는 객관정신이 된다면 신앙이 없더라도 법은 법대로 집행되면서 죄인은 죄인대로 자유로운 인격체로 존중되는 정신이 자리 잡게 될 것이다. 이것은 그 사회의 실력 문제인데, 서구는 그리스도교에서 유래된 인간 존엄성이 합리적 철학을 통해 사회의 정신이 되면서 죄인을 인간으로서 존중하는 길을 탐구했다.

헤겔은 법의 기반을 인간의 자유를 실현하는 정신에서 찾는다.[53] 그러면서 형벌의 근거 역시 범죄자의 자유의지에서 찾는다. 그렇게 함으로써 헤겔은 법은 법대로 집행되면서 동시에 범죄자에게 인간으로서의 명예를 확보할 수 있게 해주었다. "마치 개에게 지팡이를 휘두르는 것처럼, 사람(범죄자)이 그의 명예와 자유에 걸맞게 취급되지 않고 개처럼 다루어지는 사태"[54]를 막는 길을 헤겔은 법철학으로 탐구했다.

헤겔의 형벌철학을 간단히 소개하면 다음과 같다. 자유의 첫 단계에서 법이란 개인의 소유권 보장을 중심으로 짜여 있다. 사물을 자유롭게 지배하는 소유권을 통해 인간은 보편적 자유를 밖으로 실현한다. 다시 말해 인간의 소유권은 개인의 자유의지의 구현으로서 보편적인 것이며 필연이다. 그런데 보편적 자유의지의 소유권을 구체적 사물에 실현해서 특정한 사물을 소유하는 것은 특수의지로서 우연이다.[55] 보편적 자유의지라고 하는 법의 본질은 특정한 사물의 소유를 통해 특수의지에 의한 법현상과 결합되어 있다.

---

53 프리드리히 헤겔, 『법철학』, p.71, §4.

54 위의 책, p.209, §99 추가.

55 프리드리히 헤겔, 앞의 책, pp.141-142, §49.

본질이 아닌 현상은 언제든 침해될 수 있기 때문에 소유는 자유의 완전한 실현일 수 없다. 그런 점에서 헤겔은 소유권을 확립한 고대 로마법을 추상법이라고 부른다.[56] 남의 소유를 침탈하는 불법 행위는 소유물에 들어 있는 소유주의 특수의지를 부정하면서 동시에 특수의지 뒤에 있는 보편적 자유의지에 대한 부정이다.[57] 이 점을 설명해보자. 소유물에 대한 침해는 범죄자의 특수의지에 의한 소유주의 특수의지에 대한 침해이며 민사적인 배상으로 대가를 치른다. 그런데 소유자의 특수의지에는 보편의지가 구현되어 있으므로 남의 소유물을 침해하는 불법 행위는 법의 본질인 보편의지를 부정하는 행위이기도 하다.[58]

그런데 보편의지는 필연으로서 침해될 수도 없고 부정될 수도 없다. 다시 말해서 법현상은 침해될 수 있으나 법의 본질은 부정될 수 없다(p. 206, §99). 그러므로 불법 행위는 부정할 수 없는 것을 부정하는 행위로서 아무것도 아니다. 아우구스티누스가 악을 선의 결핍으로 보면서 악의 실체를 인정하지 않았듯이 헤겔은 불법한 범죄를 필연적인 보편적 자유의지의 부정으로서 아무것도 아니라고 본다. 아무것도 아닌 불법 행위를 아무것도 아니게 만드는 것이 형벌이다. 그것을 가리켜 헤겔은 부정의 부정이라고 했다(p. 206, §97).

그러므로 개념으로 볼 때 범죄는 그 자체 안에 형벌을 포함하고 있다. 형벌은 불법을 행하는 특수의지를 부정함으로써 보편의지가 회복

---

56 소유권은 근대 사회에서도 핵심적 권리이지만 그 기원은 로마의 시민법에 있다. 시민법이 보호하는 소유는 다른 사람과 대립하면서 자기를 확인하는 과정이 아직 없고 오직 내면이 없는 물건에 대해 자유를 실현한다는 점에서 추상적이라고 할 수 있다. 자유의 추상성은 개인주의와 공동체주의가 종합되는 국가에 가서야 완전히 해결된다.

57 프리드리히 헤겔, 앞의 책, pp. 202-203, §95.

58 헤겔은 사람의 신체도 주체의 소유로 본다. 그러므로 신체에 가한 범죄에도 같은 논리가 적용된다.

되는 일로서, 그것을 객관정신의 측면에서 보면 법의 자기 회복이다(p. 207, §99). 법은 불법을 부정함으로 자기 회복을 이룬다(p. 193-194, §82 추가). 그런데, 법의 자기 회복은 자유의 객관정신이 범죄자 자신 안에서 일으키는 일이기도 하다. 부정의 부정을 통해 시민 이성을 회복하는 것은 범죄자 자신이 원하는 것이다. 그러므로 형벌은 범죄자의 의무가 아니라 범죄자의 권리가 된다(p. 209, §100). 다시 말해서 형벌은 범죄자의 자유의지에 의한 것이다. 범죄자는 시민법을 어긴 잘못에 대해 주체적으로 형벌을 받아 자신이 자유인임을 확인함으로써 인간의 존엄성을 잃지 않는다.[59] 칸트의 말대로 주체만이 존엄하기 때문이다.

이러한 형벌철학의 기초에는 루터와 같은 내면과 외부의 구분이 있다. 루터에게 국가의 형벌은 바깥으로 나온 인간의 죄의 행위에 대해 국가가 외부적 억제력을 행사하는 것이다. 헤겔은 루터처럼 형벌을 외부적인 일로 보았다. 형벌을 도덕과 연관시키지 않고 범죄자의 주관적 회개나 속죄와 무관하게 본다는 말이다. 그래서 부도덕하지 않은 행위도 법을 어기면 처벌될 수 있다. 그러한 법적 처벌은 행위에 대한 처벌이지 그의 양심에 대한 처벌이 아니다. 그 점을 가리켜 헤겔은 형벌이란 오직 정의와 불법의 문제라고 말한다. 범죄는 외부의 물건에 구현되어 있는 자유에 대한 강제적 폭력이고, 형벌은 그러한 강제에 대해 외부적인 강제력으로 대응하는 것이다.[60] 그것이 법의 자기 회복이고 정의이다. 법적 정의란 인간의 내면을 건드리지 못하고 다만 외부적 차원에서 강제하는 것이다. 범죄자의 내면은 형벌이 미치는 범위 밖이다.

헤겔이 법적 정의를 외부의 문제로 본 것은 루터가 법을 바깥세상의

---

59 양명수, 「죄와 벌의 인과관계에 관한 연구 — 헤겔의 법철학과 형벌신학」, 『헤겔연구』 13, 2003, pp. 46-91 참조.

60 프리드리히 헤겔, 앞의 책, p. 202, §94.

문제로 본 것과 같다. 루터가 내면의 자유를 강제할 수 없다고 했듯이 헤겔에게서도 강제는 오직 외부의 문제이다. 범죄자 자신의 내면은 형벌에 의해 강제되지 않으며 범죄자는 훼손된 시민 이성을 스스로 회복하는 과정을 밟는다. 형벌은 내면과 외부의 두 층을 지니는데, 외부는 강제이지만 내면으로 보면 보편적 자유의지와 법의 자기 회복이다. 루터는 한 사람 안에 두 인격을 구분하여 하나님 앞에 선 사람 자체와 세상에서 역할과 직무를 가진 시민을 구분했는데, 그런 구분에 따르면 형벌은 사람 자체가 아닌 시민에게 일어나는 일이다. 헤겔이 외부의 형벌을 통해서도 범죄자의 내면은 자유로운 주체로 남아 있다고 할 때, 그 자유로운 내면은 루터의 사람 자체에 해당한다.

루터는 범죄자가 인간으로서 지니고 있는 존엄성을 죄인에 대한 하나님의 용서와 사랑에서 찾았지만, 헤겔은 범죄자가 형벌을 당하지 않고 형벌을 통해 스스로 자유를 회복한다고 하는 주체성의 논리로 범죄자의 존엄성을 확보한다. 헤겔은 내면과 외부, 사람과 시민, 죄와 죄인을 구분하는 루터의 도식을 가져와 형벌철학을 정립했다. 헤겔이 형벌을 범죄자의 권리로 보는 것은 형벌은 반드시 집행되어야 한다는 루터의 법신학과 같다. 그리고 범죄와 형벌을 외부적인 것으로 본 헤겔의 사유 방식은 인간의 내면을 사람이 강제할 수 없는 하나님의 영역으로 본 루터의 사고방식과 같다.

법질서의 권위를 높이고 동시에 인간의 존엄성을 확보하는 헤겔의 법철학은 루터의 법신학의 유산으로 보인다. 법을 집행하는 자의 측면에서 보면 범죄자의 시민적 측면은 형벌의 대상이지만 범죄자의 인간됨의 측면은 형벌의 대상이 아니다. 시민으로서의 범죄자에 대해 강제력으로 법을 집행하지만 범죄자도 사람 자체로서는 여전히 그 명예를 존중받고 존엄하게 대우받아야 한다. 이런 모습은 법을 어긴 죄에 대해 법적 정의를 엄격히 지키면서도 사람에 대해서는 사랑의 동기를 강조한 루터의 법신학이 헤겔의 형벌철학에 영향을 준 것으로 보인다.

헤겔의 국가와 루터의 하나님 나라

한편 국가론의 차원에서 헤겔이 루터에게서 받은 영향과 차이점을 살펴볼 수 있다. 헤겔의 국가는 시민적 정의를 뛰어넘는 사랑의 공동체이다. 그 문제에서 헤겔은 루터의 영향을 입었다. 만일 루터가 말하는 사랑의 법이 그대로 국가의 실정법이 된다면 성화의 주체가 개인이 아니라 사회가 되어 사회 성화에 도달할 것이다. 헤겔의 국가가 그렇다. 헤겔은 개인들이 가정 공동체로부터 분화되어 나온 이후 자각적인 개인의 주관적 의지와 권리를 중심으로 시민 사회를 이룬다고 보았는데, 거기서 더 나아가 국가 공동체의 객관적 의지에 의해 자기도 모르게 사랑을 실천하는 단계를 가장 이상적으로 보았다. 이러한 발전은 시간을 두고 역사 발전을 이룬다. 가정이 본능적이고 자연적인 사랑의 공동체라면 시민 사회는 개인의 권리 충돌을 조정하는 정의가 중심이 되는 공동체이고 국가는 사랑이 정의가 되어 법과 제도를 통해 구현된 사랑의 공동체이다.[61]

헤겔은 국가를 자유의 이념이 현실화한 것으로 보고 개인의 본질적인 최고 의무는 국가의 국민이 되는 데 있다고 본다. 개인의 자유와 공동체적 연대성이 통일된 유기체가 헤겔의 국가이기 때문이다.[62] 그러한 국가의 법은 강제성 없이 개인의 의무와 권리가 일치하고(p.454-456. §262

---

61 Timothy C. Luther, *Hegel's critique of modernity : reconciling individual freedom and the community*, Plymouth: Lexington Books, 2009, 5장과 6장 참조.

62 프리드리히 헤겔, 앞의 책, p.442 (§258), p.451(§259).

주해 추가) 자유와 필연성이 일치하는 차원(p. 459, §266)으로서 일종의 사회적 성화를 유도하는 역할을 한다. 헤겔의 국가는 루터의 용어로 말하자면 복음의 법에 의한 공동체를 가리킨다. 좀 더 정확히 말하면 시민법과 복음의 법이 통일된 공동체이다. "국가의 존재는 세상에서 신이 내딛는 발걸음과 같다"(p. 449, §258 추가)는 헤겔의 말이 그 점을 잘 표현한다. 국가는 이념의 현실태인데 말하자면 세상에서 실현된 하나님 나라이다. 헤겔은 국가의 구성원들이 사회적 역할Stand을 통해 서로의 필요를 충족하며 가정과 같은 유기체적 협동 공동체를 이룬다고 보는데,[63] 이는 그대로 루터의 사유이다. 사회적 역할 곧 직업 개념은 루터의 종교적 개인주의를 윤리적 공동체주의로 연결하는 핵심 개념이다.

그러나 루터는 인간의 죄의 문제 때문에 사회 성화 쪽으로 사유를 발전시키지 않고 깨어 있는 개인들의 역할을 중요하게 보았다. 루터는 국가를 이상적 공동체로 본 아리스토텔레스나 헤겔과 다르고, 인간의 폭력성을 막고 세상을 보존하기 위한 장치로 국가의 법질서를 이해한 홉스의 국가관에 가깝다. 루터에게서 하나님 나라와 국가는 언제나 구분되어야 한다. 그러나 이성과 역사의 낙관론에 기초한 헤겔은 그리스도교의 성화 개념을 대담하게 사회 성화로 발전시켜서 국가를 구현된 자유의 이념으로 보았다. 헤겔의 국가는 사회계약론에 근거한 개인주의적 시민 사회가 아니라 개인주의를 거쳐 나와 타자가 하나가 되는 사랑의 공동체이다. 헤겔의 국가 개념은 개인의 권리를 중심으로 형성된 근대 시민 사회를 극복하려고 헤겔이 내놓은 대안이기도 하다.[64]

---

63 Timothy C. Luther, 앞의 책, p. 171.

64 위의 책, p. 213 이하.

그러나 루터에게는 복음과 법이 다르다는 점이 강조되면서 복음의 법인 사랑의 계명은 원칙적으로 정치와 실정법의 원리가 되지 않으며, 다만 노예의지에서 해방된 그리스도인 개인의 행동 원리가 된다. 만인사제설을 통해 만인이 영적인 신분으로 격상되었기 때문에 이제 이웃에 대한 책임도 증가되었다. 그런데, 루터에게서 사랑이 정치의 원리가 되지 않는다고 해서 개인 윤리의 규범으로만 남지는 않는다. 국가나 정치와는 다른 차원에서 복음이 준 개인의 주관적 자유를 사랑의 공동체적 연대성으로 확장시키는 과정이 루터의 사유 속에 있다. 루터는 개인들의 일상적 직업 활동을 통해 형성되는 관계의 망이 이루는 유기체적 공동체를 생각했다. 헤겔이 말한 개인의 자유와 공동체적 연대성의 통일은 국가와는 다른 공동체의 형태로 이미 루터에게서 발견된다.

루터가 근대적 시민 사회를 생각하지는 않았지만 루터의 종교적 개인주의가 시민적 개인주의와 자유주의의 길을 열었음을 앞에서 보았다. 그리스도인이 두 인격을 가지고 하나님 나라와 세상 나라를 동시에 산다고 본 루터의 인간관은 시민 사회와 칸트적 도덕성Moralität을 거쳐 헤겔적인 객관윤리Sittlichkeit로 발전될 동력을 품고 있다. 법적 정의의 윤리와 복음적 사랑의 윤리가 사회 윤리와 개인 윤리로서 동시에 발생해야 한다고 본 루터의 생각은 정의를 기반으로 한 사회계약론의 시민 사회를 거쳐 정의와 사랑이 결합된 헤겔의 국가론으로 발전할 사상적 원천이 되었다. 루터가 말한 그리스도인의 자유는 진리 실현을 하나님이 하시도록 놓아둘 줄 아는 차원을 포함한다. 그것은 근대적 시민의 자율적 주체를 넘어서는 신율의 차원인데, 헤겔의 국가는 루터의 신율이 개인의 내면을 넘어 세상에서 구현된 형태이다.

그러나 루터의 하나님이 헤겔의 객관정신으로 해소된다고 할 수 없다. 개인의 신앙을 통해 임하는 루터의 성령이 비인격적 이성인[65] 정신이 되어 제도로 정착하는 것은 헤겔이 생각하는 역사의 발전이다. 그렇게 되면 사람은 자기도 모르게 제도를 통해 사랑을 실천하게 된다. 그러나 국가가 사랑의 공동체가 되어야 한다는 당위에 그치지 않고, 현재의 국가를 자유의 이념이 이미 현실화된 것으로 생각하면 헤겔철학은 모든 국가 행위를 정당화하는 전체주의로 빠질 수 있다. 국가를 설립한 영웅들의 강제를 자유의 이념을 위한 것으로 무조건적으로 정당화하고,[66] 국가가 자체의 권리로 개인의 재산과 생명을 요구할 수 있다고 보는(p. 210, §100 주해) 헤겔의 관점은 국가 폭력을 정당화하는 전체주의적 요소를 담고 있다.

"이성적인 것은 현실적이며 현실적인 것은 이성적이다"라는 헤겔의 유명한 명제에 포함되어 있는 위험성이 거기에 있다. 도덕과 정치의 거리를 부인하면서 국가와 정치에 구현된 법을 도덕보다 우위에 두려고 하는 사고(p. 576, §337 주해)만 가지고는 매우 위험하다. 루터에게서 법실증주의 사고방식을 찾을 수 있지만, 그것은 앞에서 보았듯이 법과 제도가 인간을 구원하지 못한다는 한계를 큰 전제로 삼고 있다. 루터는 헤겔과 달리 궁극적 자유를 법이 아닌 내면의 말씀과 복음에서 찾음으로써 현실 국가와 긴장 관계를 버리지 않는다.

루터는 교회의 권세를 제거함으로써 국가 주권을 가능하게 했고 세속국가의 문을 열었다. 루터의 정교 분리는 국가를 자유 이념의 실현으로 본 헤겔 법철학의 기초를 제공했다고 볼 수 있다. 또한 법을 그리스도인의 내면이 아닌 바깥의 문제로 보고 법의 강제력을 공고히 한 일

---

65 헤겔은 인격적 의지의 개념보다 비인격적 이성을 중심으로 사유를 전개했다. Chris Thornhill, *German Political Philosophy*, p. 159.

66 프리드리히 헤겔, 앞의 책, p. 201, §93 추가.

로도 루터는 헤겔 법철학의 기초를 제공했다고 할 수 있다. 이러한 루터의 주장의 배경에는 기본적으로 내면과 외부의 구분이 있으며, 헤겔 역시 내면과 외부의 구분을 사용한다. 그런데 헤겔에게서 진리는 내면이 외부로 나와야 하는 것이고, 내면의 추상적 개념이 외부로 현실이 될 때 진리가 발생한다(p. 496, §270 주해). 헤겔은 루터의 내면과 외부의 구분을 가져와서 루터와 달리 외부의 세상과 역사를 진리로 만들었다. 헤겔은 그리스도교 신앙을 추상적 이념으로 보고 이념의 구체적 현실성을 국가의 법에서 찾으려고 했다. 그러나 루터는 진리의 자리를 내면에서 찾고 외부를 내면의 보조자로 삼는다. 그렇게 해서 외부의 국가는 개인의 내면을 위해 봉사한다. 루터에게서 개인의 내면은 외부의 세상과 분리될 정도로 구분되어야 한다.

하나님 나라와 국가는 다르다고 본 루터의 두 왕국론은 국가를 하나님 나라로 보려고 한 헤겔과 다르다. 루터는 정치 공동체인 국가와 다른 사랑의 공동체를 추구했다. 헤겔과 달리 루터에게서는 개인이 진리의 담지자로서 사랑의 실천을 이룬다. 사랑은 초윤리이다. 루터는 윤리 문제를 근본적으로 초윤리로 풀려고 했고, 초윤리적 사랑은 신앙에서 생긴다. 신앙은 개인 내면의 문제이다.

루터는 개인의 주관적 신앙과 사랑의 연장선에서 정의와 사랑이 일치하는 공동체를 생각했다. 그리고 개인의 주관적 신앙을 가능하게 하는 것은 헤겔의 객관정신이 아니라 하나님의 인격적 의지이다. 헤겔에게서 필연적 주체는 정신이고 개인은 우연으로 전락하는 경향이 있지만 루터의 성령은 개인을 필연적 주체로 이끈다. 루터의 개인은 진리가 계시되는 자리요, 진리를 자신의 결단으로 행하는 주체이다. 루터가 생각한 그리스도교 사회는 그런 개인들의 모임이요, 사랑으로 이어지는 연대적 공동체이다. 그처럼 개인의 위치가 분명해짐과 동시에 루터는 사회를 거대한 유기체로 보려는 경향을 가지고 있었다. 개인의 내면에서 형성된 하나님 나라가 유기적으로 연결되어 이루어지는 하나님 나라를 생각한 셈이다.

헤겔이 유기체적 국가를 생각한 것은 루터의 유산으로 보인다. 그러나 루터가 생각한 유기체적 사회는 '보이지 않는 교회'와 가까우며 헤겔의 국가는 아니다. 루터에게 국가는 영혼 구원을 위해 적극적 역할을 할 수 없으며 자유가 아닌 구속의 질서일 뿐이다. 국가의 법질서는 존중되어야 하지만 동시에 내면에서 극복되어야 한다. 헤겔과 달리 국가는 목적이 아니라 개인의 영혼 구원을 위한 수단이다. 사랑은 실정법이 아닌 복음의 법에 의해 사회를 구성한다.

그렇게 보면 자유는 국가를 초월하는 목적을 가진다고 한 피히테는 루터에 충실하다. 피히테는 루터를 따라 국가의 역할을 개인 영혼의 영원한 자유를 위해 외부적 평화를 마련하는 데서 찾았다. 그리고 국가의 법을 따르는 시민 생활은 주체적 결단에 의한 것이 아니기 때문에 참된 삶이 아니라고 했다. 피히테는 좀 더 영원한 공동체적 사랑이 국가를 감싸야 한다고 보는데, 그것이 루터가 말하는 유기체적 사회를 가리킨다.[67]

루터의 유기체적 사회는 아리스토텔레스 철학에 기반을 둔 스콜라 신학의 유기체적 국가와도 다르다. 아리스토텔레스는 사회생활을 위한 최고의 덕목으로 정의를 꼽았다. 그는 사랑이 훌륭하다고 보았지만 사랑을 사회생활의 일반적 덕목으로 생각하지는 않았다. 우정(필리아 philia)은 친밀한 개인들 사이에 형성될 수 있지만 사회생활의 일반 원리가 될 수 없음을 아리스토텔레스는 알고 있었다.[68] 아퀴나스는 아리

67 Fichte, *Addresses to German Nation*, pp. 106–107.

스토텔레스를 따라 정의를 도덕적 덕목으로 보고 모든 인간에게 주어진 이성의 법으로 보았다. 그리고 그는 아리스토텔레스와 달리 사랑을 신학적 덕목으로 보아서 인간에 대한 사랑이 신앙으로 가능하다고 보았다. 아퀴나스가 말하는 사랑은 라틴어로 카리타스caritas이며 그리스어로는 아가페agapē이다. 아리스토텔레스도 사랑이 받기보다는 주는 것이라고 말했지만,[69] 그리스도교의 사랑은 믿음으로 하나님의 사랑을 먼저 받고 이어서 남에게 사랑을 주는 사랑이다. 아퀴나스는 그리스도교 국가에 살았기 때문에 사랑의 원리가 일반 생활에 적용될 수 있다고 믿었다. 그래서 교회가 법적 권위를 가지고 정의와 사랑의 법으로 국가법을 판단했다.

그러나 루터는 아퀴나스와 달리 세상 나라에서 사랑의 원리가 당연히 적용될 수 있다고 보지 않았다. 루터가 아리스토텔레스의 정치학을 타당하게 보는 점이 거기에 있다. 국가는 정의의 원리에 따라 통치해야 한다. 국민이나 통치자 개인은 내면에서 사랑의 원리를 따르지만 외부적으로 정의의 원리를 따른다. 정치와 윤리는 분리되지 않지만 구분된다. 그리스도인은 내면에서 자신의 도덕성을 살펴야 하지만 정치와 법질서는 도덕과 무관하게 돌아가야 할 때가 있다. 그래서 루터는 국가와 법질서를 구원과 자유의 질서로 보지 않았다. 루터는 실정법과 법조인들을 종종 경멸하거나 실정법을 병든 법이라고도 했다. 이는 법

---

68 아리스토텔레스는 『니코마코스 윤리학』의 8권에서 사랑(필리아)을 다룬다. 그는 사랑이 사회 조직을 튼튼하게 만든다는 점을 인정하면서 통치 체제에서 군주가 부모의 사랑으로 백성을 다스리길 바라거나, 친한 친구 사이의 사랑이 가능함을 얘기한다. 그러나 그는 사회 전체가 평등한 인간들 사이의 사랑으로 이루어지길 바라지는 않는다.

69 "필리아는 사랑받는 것보다 사랑하는 것에서 더 잘 성립한다." 아리스토텔레스, 『니코마코스 윤리학』, 이창우 외 역, p.295(1159a). 아퀴나스의 카리타스도 이웃과의 관계에서는 받기보다 주는 것이지만, 하나님의 사랑을 먼저 받아야 한다.

정신 없이 법을 다루는 법조인들이 많고, 실정법이 사랑의 법과 너무 멀어지는 현실 규범에 그친다고 느꼈기 때문이다.[70]

루터가 생각한 자연법은 하나는 정의의 법이고 다른 하나는 사랑의 법이다. 사랑의 법은 법을 집행하고 법을 사용하는 주체의 속마음에서 작동한다. 사랑의 법을 실정법의 원리로 삼거나 제도화하려는 생각은 루터에게 없었다. 국가와 하나님 나라는 다르다. 루터가 개인 내면의 사랑의 동기를 중시했지만 사랑의 법인 자연법으로 정의의 법인 실정법의 효력을 무력화할 수는 없다. 실정법은 상호성의 원리에 따라 정의를 세움으로써 질서를 잡으면 된다. 루터가 생각한 사랑의 공동체는 국가의 법질서와 별개로 개인의 직업 활동을 통한 봉사로 이루어진다. 국가는 법적 정의로 통치하고 개인은 자신의 직업을 통해 이웃에게 봉사함으로 하나님 나라를 구현하는 사랑의 공동체를 지향한다.

3. 직업소명설과 사랑의 공동체

소명vocatio, Beruf이란 부름을 가리킨다. 하나님의 부름이라는 뜻이다. 루터는 수도승이나 사제에게 적용했던 소명이라는 개념을 일반 직업 활동에 적용함으로써 소명 의식을 확대하고 일상생활에 신학적이고 영적인 의미를 부여했다. 사제들에게만 해당되었던 영적 신분의 지

70 "플라톤은 두 종류의 법을 말했는데, 자연법justum natura과 실정법justum lege이다. 나는 각각 건강한 법과 병든 법이라 부르겠다. 왜냐하면 자연(본성)에서 나온 것은 모든 법을 신선하게 관통하며 모든 법을 통해서 작동하기 때문이다. 자연(본성)이 없이 오직 법에서만 끌어오는 일이 있어서는 안 된다. 그런 일은 병든 본성에 기대고 있으니 허접하고 조잡하다." 「시편 101편 주석」(1534-1535), WA 51, p. 214(14-20).

위가 그리스도인 모두에게 해당된다. 종교 쪽에서 일어난 이런 의식의 변화는 신분 제도가 없는 근대 사회가 형성되는 데 큰 영향을 미쳤다. 직업소명설로 인해서 수도원 생활이 아닌 일반인들의 경제 활동이 중요한 의미를 가지게 되었고, 저세상이 아닌 이 세상이 궁극적 의미의 자리가 되었다. 교회가 중심이 되었던 중세 사회의 세속화에 결정적 영향을 준 것이 직업소명설이다.

루터의 직업소명설은 종교적 신앙에 기반을 둔 것인데 칼뱅주의를 거치면서 세속적 영리 추구를 소명으로 보게 만들고 자본주의 윤리를 형성한다. 막스 베버의 말대로 이윤 추구를 지향하는 경제적 합리주의의 배경에 종교적 초합리주의가 있었다. 오늘날 경제적 개인주의를 넘어 공동체적 연대감을 회복하는 길을 루터의 직업소명설에서 발견할 수 있다.

직업소명설과 사회유기체론

먼저 직업이라는 용어에 대해서 좀 더 해명해야 할 듯하다. 우리말로 직업이라면 우선 먹고살기 위한 생계 활동을 가리킨다. 루터가 직업을 소명으로 봄으로써 직업은 단지 생존 수단이나 돈 벌기 위한 수단이 아니라 하나님의 뜻을 실현하는 수단이 된다. 그런데 루터가 사용한 슈탄트Stand, estate라는 말을 자세히 보면 루터의 의도를 좀 더 자세히 알 수 있다. 슈탄트에는 직업의 의미도 있지만 지위, 신분 등의 의미가 있다.

중세에는 세 신분 또는 세 가지 지위를 생각했는데, 가르치는 신분Lehrstand과 사회를 방어하는 신분Wehstand과 양육하는 신분Nährstand이다. 세 신분은 각각 교회ecclessia와 정치politia와 경제oeconomia를 이룬다. 종교와 정치와 경제에 속하는 세 신분이 있던 셈이다. 중세의 세 신분론은 플라톤이 『국가』에서 말한 세 신분에 뿌리를 두고 있다. 플라톤은 통치자와 수호자와 생산자로 신분을 나누었다. 통치자는 단순히 현대적 의미의 정치인이 아니고 진리를 깨달아 백성의 스승 역할까지 할 수 있는 사람을 가리킨다. 그런데 그리스도교 사회였던 중세에는 진리와 높은 도덕성은 사제들의 영역으로 여겨져서 플라톤의 통치자 자리에 교회가 들어섰다. 그리고 정치는 질서를 유지하고 외침으로부터 국민을 보호하는 일을 맡았기 때문에 수호자의 신분으로 이해되었다.

루터도 대개 중세적인 신분의 구분과 명칭들을 받아들였는데 그 의미는 많이 바뀌었다. 1528년에 쓴 「그리스도의 성만찬에 관한 고백문」에서 루터는 하나님이 인간에게 준 세 가지 신분을 말한다. 그것은 사제의 신분, 결혼한 자의 신분, 세상 관원의 신분이다. 사제의 신분은 목회자뿐 아니라 교회에서 일하는 사람들 모두를 가리킨다. 결혼한 자의 신분은 노예를 포함해서 가정을 이루는 사람들 모두를 가리킨다. 관원은 통치자뿐 아니라 하급 공무원과 관청에서 일하는 종들을 모두 포함한다. 그 모든 일들이 하나님의 부르심을 받은 일이고 따라서 성직이다.[71] 사제의 신분은 여전히 가르치는 자로서 중요하지만 민인사제설에 따르면 사제는 더 이상 계급을 이루지 않고 모두에게 해당된다. 그리고 가정의 구성원으로서의 신분도 누구에게나 해당된다. 그렇게 보면 루터의 세 신분론은 더 이상 계급 개념이 아니다.

한편 오늘날 경제라는 말로 번역되는 오이코노미아는 원래 그리스어로 가정의 법도oikos nomos 또는 가정 질서를 뜻한다. 고대로부터 중세까지 가정에는 노예가 있었으며 그들을 통해 노동력이 공급되고 경

71 WA 26, pp.504-505. 『루터선집 7』, pp.489-490. 그 일들은 하나님이 세우신 거룩한 성직이요 올바른 종교제도die heiligen Orden und rechte Stifte이다.

제적 생산이 이루어졌다. 그래서 아리스토텔레스도 가정을 생산 기지로 이해해서 가정과 경제를 혼동해서 썼다. 오늘날에는 경제 활동이 주로 국가와 기업에 의해 이루어지지만 고대와 중세까지 농업이나 가내수공업이 가정을 중심으로 이루어졌으므로 국가 주도의 정치 경제 political economy라는 개념이 없었다. 루터의 경우도 농업 사회를 이상적으로 생각했기 때문에 가정과 경제를 동일시하는 중세 개념을 받아들였던 것 같다. 다만 고대나 중세와 달리 루터의 직업소명설에 따르면 경제를 담당하는 대부분의 국민은 낮은 계급이 아니라 자발적으로 남을 섬기는 중요한 직무가 된다. 그처럼 루터가 모든 노동과 일에 동일한 의미를 부여한 측면에서 슈탄트를 중세적 신분으로 볼 수 없지만, 루터가 특별히 중세의 정치 경제적 신분 질서의 변화를 꾀하지 않고 각자가 자기 신분에서 하는 일을 소명으로 받아들이길 바랐다는 점에서 슈탄트를 '신분'으로 번역해도 틀렸다고 할 수는 없다.

그러나 루터의 의도에 따라 말하면 슈탄트는 정치 경제적 신분 질서이기보다는 직업을 가리킨다. 막스 베버는 「아우구스부르크 고백」에서 사용된 직업 개념이 당시의 신분을 가리킬 때도 있고 인간의 직업 전반을 가리킬 때도 있음을 지적한다. 「아우구스부르크 고백」 26조는 이렇게 말한다. "금욕은 은총을 얻는 데 기여해서는 안 되고 각자가 자신의 소명(직업)에 따라juxta vocationem suam 행하도록 신으로부터 명령받은 것이 육체에 의해 방해받지 않도록 그 육체를 숙달시키는 데 기여해야 한다." 여기서 말하는 소명은 직업을 가리킨다.[72] 직업은 돈 벌기 위한 수단이 아니라 하나님의 부르심이다. 직업 활동은 생존 수단이기 이전에 삶의 의미이며, 그 기원에는 내 욕망 이전에 하나님의 뜻

72 막스 베버, 『프로테스탄티즘의 윤리와 자본주의 정신』, p. 144, 주 2.

이 있다. 직업 활동을 통해 타자와 사회에 봉사하라는 하나님의 뜻을 실현하려면 탐심을 억제하는 일이 필요하다. 금욕은 하나님의 은총을 얻는 수단이 될 수 없으며 오직 믿음으로만 은총을 얻을 수 있다. 다만 탐심을 억제하여 직업을 하나님의 뜻을 이루는 기회로 사용하는 데 금욕이 필요하다. 막스 베버가 프로테스탄트 윤리의 특징으로 말하는 세속 안의 금욕이 26조에 잘 나와 있다.

한편 슈탄트를 한 사람이 사회에서 맡은 역할로 볼 수도 있다. 슈탄트라는 말에는 서 있는 자리라는 뜻이 있다. 예를 들어 루터가 말한 아버지나 부모 같은 가족의 구성원으로서의 신분은 정치 경제적 지위를 벗어나 있는 지위로서 어떤 역할을 가리킨다. 자식을 교육하는 부모의 역할이 권위의 모범이 된다고 보아서 루터는 부모의 지위를 사제나 정치인과 별개의 독립된 신분으로 보았다. 루터주의는 수도원의 이상을 떠났기 때문에 남녀가 결혼해서 이루는 가정은 신앙과 삶을 위한 중요한 교육 장소가 되었다. 다시 말해서 중세의 사제가 맡았던 교육자의 모습을 기본적으로 모든 가정의 부모가 보여야 한다. 물론 교회의 사제가 여전히 종교 전문가로서 가르치는 일을 하지만 만인사제설에 따라 가정은 진리를 교육하는 중요한 장소가 된다.

부모의 역할을 중요하게 본 루터의 견해에 따르면 슈탄트는 우리말의 신분이나 직업이기보다는 역할이라고 봐야 한다. 또는 직업과 역할을 거의 같은 말로 봐야한다. 루터에게서 직업은 돈 벌기 위한 수단이기 이전에 공동체를 위해 맡은 역할의 의미가 더 크기 때문이다. 그런데 때로 사회적 역할이 불분명한 노동도 알 수 없는 방식으로 사회에 기여할 수 있다. 그러므로 루터가 말한 세 가지 신분에 속하지 않거나 특별한 직업이 없어도 인간이 하는 일과 노동을 모두 하나님의 소명으로 보는 폭넓은 관점에서 루터의 소명설을 이해할 필요도 있다. 프로테스탄트 윤리가 그렇게 발전했다. 그렇게 보면 루터의 직업소명설은 노동소명설 또는 일소명설이라고 할 수 있다.

직업소명설의 의미를 알기 위해 또 하나 염두에 두어야 할 개념이 사회유기체론이다. 직업소명설은 사회유기체론과 뗄 수 없다. 사회유기체론을 표현하기 위해 잘 쓰는 말이 '몸'이다. 한 몸을 이루는 여러 기관과 지체들은 서로 긴밀히 협력하며 몸을 살리는 일을 한다. 사회를 하나의 몸으로 보면, 개인들은 한 몸의 여러 지체처럼 자기만을 위해서 살지 않고 서로 협력하며 사회 전체를 살림으로써 개인도 살 수 있게 된다. 루터는 중세의 사회유기체론에 가까운 생각을 가지고 있었다.

> 우리는 타자로부터 벗어나 홀로 살려고 하면 안 됩니다. 하나님에 의해서 서로 낮추며unter die andern 연합된 것처럼 어떤 지위에 있든지 타자 곁에bei die andern 머물며 각자 타자를 섬겨야 합니다.[73]

종교개혁과 자본주의 출현의 관계에 대해서 중요한 업적을 낸 영국의 리처드 토니는 루터가 경제 윤리의 관점에서 스콜라주의의 사회유기체론을 따르고 있었다고 본다. 루터가 신학으로는 스콜라주의를 타도하며 종교개혁을 일으켰지만 사회 경제적으로는 중세적 공동체의 관념을 이어받았다는 말이다.[74] 토마스 아퀴나스에게서 볼 수 있듯이 중세의 사회유기체론은 그리스도교의 사랑의 이념을 바탕으로 개인의 욕망을 타자를 향한 공공선으로 승화시키는 역할을 했는데, 동시에 신분 질서를 유지하는 데에도 사용되었다. 그러나 루터의 사회유기체론

73 「부활절 후 세 번째 주일 서신」, WA 21, p.343(12-15).

74 리처드 토니, 『기독교와 자본주의의 발흥』, pp.170-171.

은 중세와 달리 만인사제설에 기초를 두었고, 그래서 모든 직업을 동등하게 하나님의 소명으로 볼 수 있었다.

공공선이라는 개념은 토마스 아퀴나스 윤리의 핵심 개념이다. 아퀴나스의 공공선은 개인들이 유기체적으로 얽혀 우정 어린 사랑으로 서로 타자의 유익을 위해 일할 때 성립된다.[75] 다시 말해서 중세의 공공선은 단지 국가나 사회전체의 유익을 가리키지 않고 구성원들의 인격적 관계를 전제로 하는 개념이다. 타자를 위한 봉사가 연결되어 사회 전체의 유익이 형성된다. 그 점에서 아퀴나스의 공공선 개념은 그리스도교적 사랑에 기반을 둔 중세 그리스도교 사회의 산물이다. 다만 중세의 공공선 개념에서는 개인이 두드러지지 않아 개인 상호간의 관계가 전체를 위한 봉사에 묻혀 들어가면서 신분 질서를 정당화하는 의도가 강했다. 루터 역시 신분 질서 속의 노동을 각자의 천직으로 생각하는 경향이 있었다.[76]

그러나 적어도 수도원 생활에 반대하며 직업을 하나님의 소명으로 볼 때에 루터는 개인들의 자각과 자유를 전제로 하고 있다. 중세와 달리 루터의 소명설은 자유로운 개인들의 주체적이고 자발적 봉사라는 측면이 강하다. 루터의 공공선은 경제 활동을 봉사로 보는 점에서 중세 윤리와 비슷하지만, 주어진 신분에 매여서 억지로 하지 않고 개인들이 주체적 사랑의 도구로 직업을 활용한다는 면에서 중세와 다르다. 아퀴나스에게 없던 타자에 대한 무한 책임의 모습이 루터에게 보이는 점이 다르다. 막연히 타자를 위한 봉사라고 여겨졌던 중세적 공공선의 의무는 루터에게서 타자의 고통을 내 고통으로 여기는 새로운 책임 개

---

75 John Finnis, "Aquinas' moral, political and legal philosophy", https://plato.stanford.edu/entries/aquinas-moral-political/#CommGood.

76 막스 베버, 앞의 책, p.129.

념으로까지 확장된다. 그것이 만인사제설에 따른 사제의 자세이고, 루터의 성만찬 신학이 보여주는 성례전적 공동체의 의미이기도 하다. 그리고 직업의 귀천을 없앤 점에서 루터는 중세와 근본적으로 다르다. 자유로운 주체가 하는 모든 일은 똑같이 영적이고 도덕적 가치를 가진다. 무엇보다도 사제 계급에만 해당되었던 소명의 개념을 벗어버리고 세상에서의 모든 직업을 성직으로 본 점이 중세와 다르다.

「독일 그리스도인 귀족에게」(1520)에서 루터는 이렇게 말한다. "우리는 모두 머리 되신 그리스도의 한 몸이며, 모두 서로에 대하여 지체이다."[77] 그리스도가 머리이고 사회는 그의 지시에 따라 움직이는 몸이다. 머리 되신 그리스도의 한 몸은 다양한 직업으로 이루어진 사회를 가리킨다.

> 사람들이 영적이라고 부르는 사제나 주교들이 다른 그리스도인보다 더 낫거나 가치 있지 않다. 그들은 자신들의 일이자 직무로서 하나님의 말씀이나 성례전을 취급할 뿐이다. 마찬가지로 세상의 권세자들은 (자신의 일과 직무로) 검과 채찍을 가지고 악한 자를 벌하고 선한 사람을 보호한다. 구두 수선공과 대장장이와 농부는 노동하는 직무와 일을 가지고 있는데, 그들 모두 성별된 사제요 주교이다. 사람들은 각기 자기 일과 직무로 다른 사람들을 이롭게 하고 섬긴다. 다양한 일들은 모두 공동체를 지향하여 공동체의 영과 육을 강화시킨다. 그것은 마치 몸의 지체들이 서로를 섬기는 것과 같다.[78]

---

77 「독일 그리스도인 귀족에게」, GW, p.1.332. 머리되신 그리스도의 한 몸: ein Leib des Hauptes des Jesus Christi

78 위의 글, p.1.333.

이 글에는 만인사제설과 사회유기체론과 직업소명설이 얽혀 있다. 직업소명설은 만인사제설을 전제로 하고 있다. 루터의 종교개혁은 인간을 모두 영적 지위에 있는 존재로 만들었다. 직무의 차이는 있지만 직무를 감당하는 개인들 모두가 사제라는 점에서 동등하다. 성직이 따로 있지 않고 모든 직업이 성직이다. 농부나 대장장이는 노동을 하지만 사제로서 노동을 한다. 사제는 사제로서 사제의 일을 하고, 정부 관원은 사제로서 관원의 일을 하고 농부는 사제로서 농부의 일을 한다. 사제의 일이란 세상을 위해 하나님께 탄원하고 다른 사람의 죄의 짐을 지며 그들을 위해 기도하는 일이다. 이제 모든 일과 노동은 기도요, 타자를 위한 봉사가 되었다.

루터는 모든 직업과 일을 직무Amt, officum로 이해했다. 직업의 차이는 사회의 필요를 위해 맡아야 할 직무의 차이이다. 직무의 차이는 사회의 존속을 위한 다양한 필요에서 비롯될 뿐이며, 근본적으로 주교와 농부와 왕의 신분 차별은 인정되지 않는다. 물론 루터가 말한 신분 평등은 정신적 차원에서 하는 말이다. 루터는 정치 경제적 신분 차이를 없앨 생각을 하지는 않았다. 그러나 누구나 자기 분야에서 사회의 필요를 위해 일함으로써 사회를 보존하는 데 이바지한다는 점에서 직업의 우열은 인정되지 않는다. 루터에게는 정치 경제적 신분보다 영적 신분이 더 중요했기 때문에, 모든 사람이 동등한 영적 신분을 가지고 자기 분야에서 하는 일과 노동은 동등한 의미를 가진다. 이제 직업의 귀천은 없어졌다.

루터는 직무를 가지고 일하는 개인들이 서로 한 몸을 이루는 지체들이라고 본다. 한 사회는 그리스도의 몸이다. 모든 사람은 각자 자신의 일과 맡은 역할을 통해 유기체적으로 연결되어 한 몸을 이룬다. 사람은 언제나 공동체의 일원으로 산다. 공동체와 별개의 개인은 생각할 수 없다. 그런데 손과 발과 심장과 폐 같은 몸의 지체들은 서로 돕고 섬김으로 몸 전체를 튼튼하게 한다. 공공선은 타자를 위한 봉사와 사회 전체를 위한 봉사가 일치하는 개념이다. 이제 루터의 형식 윤리는 직업 윤리에 의해 객관성을 띤다. 객관적 도덕 체계에 갇히지 않는 자유주의적이고 주관적인 루터의 윤리에서 개인의 도덕적 의무는 사회에서 맡은 역할에 따른 직업 윤리를 통해 어느 정도 범주화된다.[79]

물론 개인은 사회의 일원이기 이전에 하나님 앞에 단독자로 선다. 인간은 타자를 위한 직무 이전에 하나님 앞에서 자유로운 인격체이다. 루터가 한 개인의 인격persona과 직무officium를 구분하는 까닭도 그 점을 분명히 밝히기 위해서다.[80] 한 사회를 그리스도의 몸이라고 할 때에도 루터는 개인에 대한 그리스도의 통치를 염두에 두고 있다. 한 몸을 이루는 구성원들은 각자 머리이신 그리스도의 통치를 받는다. 각자가 그리스도 앞에 홀로 서서 그리스도의 통치를 받는 일이 전제되어야 그리스도의 몸의 지체가 되어 유기체적 역할을 다할 수 있다. 각자가 그리스도의 통치를 받는 일이 없다면 유기체적 사유도 불가능하다. 즉 자신이 하는 일을 타자를 위한 봉사의 직무로 보는 생각이 가능하려면 먼저 내면에서 그리스도의 통치를 받는 하나님 나라의 백성이 되어야 한다. 그때에야 자신의 직업을 단지 먹고살기 위한 수단이나 부자가 되기 위한 수단으로 생각하지 않고 사회와 남을 위한 봉사의 수단으로 생각할 수 있다. 그때에야 비로소 직업을 소명으로 보고 사랑의 공동체인 하나님 나라를 내다보는 일이 가능하다.

자신의 내면에서 하나님 앞으로 부름 받은 자야말로 세상 앞으로 그

79 파울 알트하우스, 『말틴 루터의 윤리』, p.69 참조.

80 루터는 한 사람 안의 두 인격을 구분하기도 했지만, 인격과 직무를 구분하기도 했다.

리고 사람들 앞으로 부름을 받는다. 내적 소명vocatio interna이 외적 소명vocatio externa으로 이어진다. 내적 소명으로 그리스도의 통치를 받는 개인은 반드시 타자를 섬기며 타자들과 함께 그리스도의 몸 된 사회를 이룬다. 그리스도의 몸이라면 전통적으로 교회 공동체를 가리킨다. 사도바울의 '그리스도의 몸 된 교회'라는 표현을 따라 그리스도는 머리요 교회는 그의 몸이라는 생각이 전통적 교회론을 이루었다. 그러나 루터에게서 교회 개념은 사회로 확산되는데, '보이지 않는 교회'라는 개념이 그 역할을 한다. 루터는 여러 가지 직업과 직무로 구성되어 있는 사회를 가리켜 그리스도의 몸 또는 그리스도의 세상이라고 말했다.[81] 그리스도인들이 일상의 직업을 통해 이루는 유기체적 사회야말로 보이지 않는 교회이다. 카를 홀은 루터의 직업 공동체가 보이지 않는 교회와 일치한다고 말한다.[82] 그리스도인은 믿음을 통한 내적인 소명으로 자신의 새로운 정체성을 확립하지만 동시에 외적인 소명으로 직업을 통해 타자를 섬김으로 자신의 정체를 밖으로 드러낸다.[83]

타자에 대한 사랑이 개인적으로 남을 돕는 방식으로 나타나기도 하지만, 직업을 사랑의 통로로 만든 일에 루터의 새로운 기여가 있고 프로테스탄트 윤리의 독특성이 있다. 그러므로 루터에게서 노동과 사회적 역할과 직업이 없는 개인은 생각할 수 없다. 직업 노동은 그리스도인다움과 사람다움을 실현할 신성한 의무이자 권리가 되었다.

직업 활동을 타자를 위한 사랑의 행위로 생각하는 데는 유기체론이

---

81 파울 알트하우스, 위의 책, p. 162 주3.

82 Karl Holl, *The Cultural Significance of the Reformation*, pp. 34-37.

83 소명을 이처럼 내적 소명과 외적 소명으로 나누고, 외적 소명을 사회 안에서 개인이 맡은 특정한 역할로 보는 관점은 오늘날 프로테스탄트뿐 아니라 가톨릭 윤리에도 그대로 반영되고 있다. Karl Hörmann (heraus), *Lexikon der Christlichen Moral*, Wien: Tyrolia, 1975, "Beruf." 참조.

중요한 역할을 한다. 직업 노동은 타자를 유익하게 하는 방식으로 공동체 전체를 유익하게 한다. 공동체 전체를 유익하게 하는 것만으로는 타자에 대한 사랑의 행위라고 할 수 없다. 개인이 전체를 위해 희생하도록 요구한 것은 중세까지의 사고방식이다. 한편 근대의 공리주의 윤리도 사회 전체의 유익을 꾀하지만 사랑의 윤리는 아니다. 개인들이 타자와 서로 도우며 하나가 되는 관계가 형성되어야 몸을 이루는 지체들의 유기체적 관계라고 할 수 있다. 그래서 루터는 개인의 노동이 공동체를 이롭게 할 뿐 아니라 각자 "자기 직무와 일을 가지고 다른 사람을 이롭게 하고 섬긴다"고 말했다.

구두 제작공은 사람들에게 구두를 제공한다. 농부는 사람들에게 곡식을 제공한다. 대장장이는 사람들에게 연장을 공급한다. 정치인은 악한 이들에게 벌을 주어 평화를 제공한다. 이처럼 남의 필요를 충족시키는 일이 직업의 본질에 가깝다. 직업은 직무로서 공공성을 띤다. 직업 활동으로 수입이 생겨 먹고살게 되는 것은 남을 섬기는 일의 부산물이다. 남을 돕는 일을 통해 자기도 산다. 폐는 산소를 공급해서 심장을 뛰게 해야 심장으로부터 피를 받아 움직일 수 있다. 심장은 피를 공급해서 폐를 움직이게 해야 폐로부터 산소를 받아 움직일 수 있다. 그처럼 개인의 생존을 봉사의 부산물로 보는 데서 사회유기체론의 핵심이 잘 드러난다. 개인들 모두가 각자의 자리에서 남을 섬기는 역할을 다할 때 지체가 살고 몸 전체 곧 사회도 건강하고 튼튼하게 유지된다. 한 지체가 병 들면 다른 지체도 영향을 입고 결과적으로 몸 전체의 기능에 문제가 생긴다.

한편 루터의 공동체주의는 성례전적 공동체론에 의해 조명될 수도 있다. 직업으로 엮어지는 유기체적 공동체는 보이는 교회에서 이루어지는 성례전적 공동체의 확산이라고 볼 수 있다. 성만찬 논쟁에서 루터는 가톨릭의 화체설을 반대했지만 칼뱅이나 츠빙글리와 달리 빵과 포도주 안에 실제로 그리스도의 몸과 피가 있다고 생각했다. 그 점은 「아우구스부르크 고백」 10조에도 명기되어 있다. 빵이 그리스도의 몸으로 변하거나 포도주가 그리스도의 피로 변한다는 가톨릭의 주장은 미신을 조장한다. 빵은 빵이고 포도주는 포도주일 뿐이다. 그러나 성서의 말씀대로 빵과 포도주에 그리스도의 몸과 피가 임재한다. 그렇게 되면 빵은 빵이면서 그리스도의 몸이고, 포도주는 포도주이면서 그리스도의 피다.[84]

그리하여 떡과 포도주를 받는 것은 실제로 그리스도와 연합하는 것이며, 그리스도의 고통은 나의 고통이 되고 나의 고통은 그리스도의 고통이 된다. 동시에 떡과 포도주를 같이 나누는 성도들과 연합하여 성도들의 고통은 내 고통이 되고 내 고통은 성도들의 고통이 된다.[85] 공재설을 두고 츠빙글리는 루터가 교황주의자들과 다를 바 없다고 맹비난했다. 그러나 루터는 공재설을 통해 그리스도와 개인이 고통을 나누고 개인과 타자가 고통을 나누는 성례전적 공동체주의를 확보할 수 있었다. 루터의 공재설은 개인주의를 넘어 타자의 고통에 대한 무한 책임이라는 초윤리적 윤리 개념을 제공한다. "그리스도가 내게 그리스도가

84 「교회의 바빌론 감금」(1520), 『루터선집 7』, pp.147-149. 이것을 루터는 그리스도가 사람이면서 하나님이고, 하나님이면서 사람이라는 점에 견주어 말한다. 빵과 포도주가 그리스도의 몸과 피로 바뀐다고 보는 가톨릭의 화체설transubstantiation과 달리 루터의 견해는 빵과 포도주는 그대로 있으면서 거기에 그리스도의 몸과 피가 임재하여 같이 있다고 해서 공재설consubstantiation이라고 한다. 반면에 츠빙글리는 성서에서 성만찬을 제정하는 말씀, "이것이 내 몸이니라"라는 구절을 상징representation, metaphor으로 보았다. 그는 빵에 그리스도의 몸이 내재하지 않고 빵은 상징에 불과하다고 보면서 루터의 공재설이 교황주의자와 비슷하다고 비난했다. 츠빙글리의 주장에 대한 루터의 반박은 1528년 「그리스도의 성만찬에 대한 고백」과 1529년의 「마르부르크 토론」에서 볼 수 있다.

85 「거룩하고 진실하신 그리스도의 몸인 성찬의 성례와 형제단」(1519), 『루터선집 7』, pp. 71-72.

되셨듯이 나도 이웃에게 그리스도가 되어야 한다."[86] 루터의 사회유기체론은 그러한 성만찬론과도 깊이 연관되어 있다.

루터에게는 분명히 사회적 이상이 있었으며 직업소명설과 공재설을 통해 루터는 국가를 넘어선 공동체 실현의 과제를 제시한다. 사랑의 공동체는 이성적으로는 실현불가능한 유토피아로 보이지만 신앙 안에서는 언제나 현실적 의미를 가지는 종말론적 공동체이다.[87]

직업, 섬김을 통한 연대

학자들은 사회를 그리스도의 몸으로 생각한 루터가 중세적인 그리스도교 왕국을 생각하고 있었다고 말한다.[88] 한스 바르트는 루터가 국가를 그리스도의 몸corpus christianum으로 생각하면서 만인사제설을 근거로 서로 이웃에 대해 책임을 지는 책임 사회를 생각했다고 본다.[89] 하인리히 보른캄은 루터의 두 왕국론이 산상수훈에 바탕을 두고 있다고 보면서, 산상수훈에 바탕을 둔 스콜라주의의 그리스도교 왕국론을 루터가 스콜라주의의 보물로 생각했다고 주장한다.[90]

86 「그리스도인의 자유」, GW, p.1.521. 『루터선집 5』, p.327. "Ich will gegen meinen Nächsten auch ein Christ werden, wie Christus es mir geworden ist."

87 17세기 한 루터주의자는 루터의 사회적 이상을 유토피아적인 그리스도교 왕국Christianopolis으로 묘사했다. Ernst Troeltsch, *The Social Teaching of Christian Churches II*, p.570.

88 카질 톰슨은 루터가 「독일 그리스도인 귀족에게」에서 크리스텐하이트Christenheit라는 말로 중세적인 그리스도교 왕국을 생각했다고 본다. 카질 톰슨, 『마르틴 루터의 정치사상』, p.185.

89 한스 바르트, 『마르틴 루터의 신학』, p.184. 한스 바르트는 루터가 신정정치까지는 아니더라도 국가가 그리스도교 공동체로서 지탱되기를 바랐다고 본다. 같은 책, p.615.

90 하인리히 보른캄, 「두 왕국의 교리」, 『루터 사상의 진수』, p.232.

위의 학자들의 말대로라면 루터는 세상 나라가 하나님 나라가 되기를 바란 셈이 된다. 그처럼 현실에서 그리스도교 왕국을 보기를 원했다면 루터는 신정정치를 주장한 자가 된다. 그러나 루터는 세상 나라가 하나님 나라가 될 수 있다고 보지 않았다. 국가의 제도와 법이 복음의 사랑의 정신으로 만들어질 수 없으며, 그래서도 안 된다고 보았다. 법은 법이고 복음은 복음이며, 국가와 하나님 나라는 같을 수 없다. 물론 루터는 그리스도인들의 삶이 단지 교회가 아닌 일상생활에서 실현되기를 바랐다. 그래서 '보이지 않는 교회'라는 개념을 매개로 하나님 나라의 상징인 교회와 사회는 겹칠 수 있다. 그러나 국가는 다르다. 교회와 국가는 겹쳐질 수 없으며 국가와 하나님 나라는 언제나 구분되어야 한다. 그렇게 보면 루터가 중세적인 그리스도교 왕국을 생각했다거나 국가를 그리스도의 몸으로 보았다는 주장은 받아들이기 어렵다.[91]

그 점에서 직업 활동이 이루는 유기체적 공동체를 가리켜 '국가'보다는 '사회'라는 말을 사용하는 것이 나을 듯하다. 국가와 구분되는 사회를 구상한 것은 그리스도교의 오래된 전통 중의 하나이며 루터도 그 전통을 잇는다. 칸트가 법적 공동체인 국가와 구분되는 윤리 공동체를 중요하게 본 것이나 마르크스가 국가와 사회를 구분한 것도 그런 그리스도교 전통과 무관하지 않다. 20세기 초에 베를린대학에서 하르낙의 동료 교수였으면서 루터가 근대 사회에 미친 영향에 대해 중요한 책을 쓴 카를 홀은 마르크스가 국가를 넘어 평등한 사회를 건설하려고 꿈꾸었던 일도 순수한 공동체 형성을 역사의 목적으로 본 루터의 영향이었

---

91 카질 톰슨은 「독일 그리스도인 귀족에게」에서 중세적 의미의 그리스도교 왕국을 생각한 루터가 「세상 권세에 대하여」에서는 중세와 달리 교회와 국가를 날카롭게 구분한다고 본다. 카질 톰슨, 앞의 책, p.33, p.185. 그러나 루터는 처음부터 중세적 그리스도교 왕국과 거리가 멀었다.

다고 본다.[92]

중세의 그리스도교 왕국은 교황과 황제의 위계질서 속에서 교황이 열쇠를 쥐고 있는 하나님 나라의 구원 질서에 황제의 국가를 편입시켰다. 그러나 루터의 두 왕국론은 중세적 그리스도교 왕국을 거부한 것이며, 루터가 생각한 유기체적 공동체는 국가와 구분되는 어떤 연대적 삶의 형태를 가리킨다. 국가는 국가대로 있으면서 복음에 의한 공동체적 삶을 생각한 것이다.

국가와 사회를 구분한 전통은 아우구스티누스로 거슬러 올라간다. 아우구스티누스에 따르면 인간은 본래 매우 사회적 동물이지만 본래부터 정치적 동물은 아니다. 타락하여 죄의 본성을 가진 인간들이 이루는 정치 공동체가 국가라면 신앙으로 서로 섬기는 공동체를 위해서는 다른 개념이 필요하다. 물론 그것을 교회라고 할 수 있지만 교회 역시 세상 나라와 하나님 나라가 섞여 있는 곳이라고 아우구스티누스는 보았다. 그러므로 권력 관계가 없는 자유와 평등과 사랑의 공동체 곧 하나님 나라는 교회와도 구분된다. 만일 세상에서 구현되는 하나님 나라를 꿈꾼다면 '보이지 않는 교회'라는 개념을 발전시키지 않을 수 없다. 그러므로 보이지 않는 교회라는 말은 하나님의 영적 통치를 받는 이상적 인간 사회의 모습을 담고 있다.

수도원 생활을 비성서적으로 보고 가정과 직장의 일상생활에서 그리스도인다운 삶을 살아야 한다고 본 루터에게 보이지 않는 교회는 신

92 Karl Holl, 앞의 책, pp. 124-125. 루터에게 역사의 목적이라는 개념을 적용하는 것은 조심스러운 일이다. 헤겔이나 마르크스적인 목적 개념은 역사발전론을 만드는데, 루터는 역사발전론과는 거리가 있다. 다만 하나님이 이루실 종말론적 사랑의 공동체를 내다본다는 뜻에서 역사의 목적과는 별개로 목적 개념을 루터에게도 적용할 수는 있으리라 여겨진다.

학적 개념이면서 동시에 사회학적 개념이다. 보이지 않는 교회는 국가가 아닌 어떤 이상 사회를 가리킨다. '사회'라는 용어는 사회적social이라는 말을 중요하게 사용한 프랑스 철학자 레비나스의 사상과 관련해서도 의미가 있다. 근대성 비판에 영향을 준 레비나스는 개인주의적인 근대 사회society와 구분해서 타자 우선의 인간관계를 사회성sociality이라고 부른다.[93] 직업 활동으로 얽혀 있는 루터의 유기체적 공동체는 말하자면 사회성이 살아 있는 사회로 볼 수 있다.

조지타운대학의 미첼 교수는 근대 초기의 정치사상가들이 국가와 정치의 한계를 인식하고 신학적인 담론을 가져와서 국가와 다른 이상 사회를 추구했다고 본다. 루터와 토마스 홉스, 존 로크를 그 예로 든다. 루터처럼 홉스와 로크는 이성으로 형성되는 국가는 이상 사회일 수 없다고 보고 법 이상의 단계를 생각했다. 법은 그 너머의 단계로 가기 위해 거치는 과정이다. 홉스는 정치적 통치자를 리바이던이라고 했는데 리바이던은 교만의 왕이다. 따라서 홉스 역시 국가를 죄의 나라로 보며 그에게 국가의 법은 그리스도의 재림 이전까지 임시적 질서를 이루는 데 필요하다. 홉스에게 그리스도의 복음은 법을 갱신하는 역할을 한다. 로크도 구약의 법과 신약의 복음을 변증법적 관계로 보았는데, 다만 그는 너무 쉽게 복음이 법을 완성한다고 보았다. 미첼 교수는 홉스나 로크가 루터처럼 법이 아닌 복음이 통치하는 이상 사회를 추구했지만 루터만큼 둘 사이의 긴장을 강하게 느끼지 않았다고 본다. 장 자크 루소 역시 루터처럼 법 너머의 경지를 찾았으며, 다만 그는 루터와 달리 신의 자연법과 무관한 자연 상태에서 이상 사회의 가능성을 보았다.[94] 미

93 엠마누엘 레비나스, 『윤리와 무한』, 양명수 역, 서울: 다산글방, 2000, p. 102.

94 Joshua Mitchell, *Not By Reason Alone*, pp. 1-13.

첼 교수는 루터가 이상적으로 생각한 평등한 인간관계를 가리켜 사회성sociality이라고 표현하고 루터에게 사회성은 국가와 다른 하나님 나라를 구성한다고 분석한다.[95] 미첼 교수의 지적은 매우 정확하다.

그리스도인이 국가의 국민으로서 타자와 이루는 관계는 정치적이고 법적이지만 그리스도인 개인으로서 타자와 이루는 관계는 사회적이다. 물론 루터가 생각하는 유기체적 사회의 구성원과 국가의 구성원은 같은 사람들이다. 재침례파와 달리 루터는 국가와 별개의 그리스도인 공동체를 구상하지 않았다. 그리고 타인의 필요를 공급하는 직업 활동이 세상을 보존하는 역할을 한다는 점에서 보면 루터의 직업 사회가 보존 체제인 국가와 겹치는 면이 있다.[96] 그런 면에서 루터가 그리스도왕국의 이상을 가졌다는 말도 완전히 틀린 말은 아니다.

사실 루터를 비롯한 주류 종교개혁가들이 재침례파를 비그리스교적이라고 본 이유 중의 하나는 재침례파가 그리스도교 왕국의 이상을 완전히 포기했기 때문이다.[97] 원래 그리스도교는 세상의 문화에 죄가 들어 있음을 보았지만 세상이 돌아가는 모습을 하나님의 섭리와 완전히 무관하게 볼 수는 없다. 때로는 자연 재앙과 권력의 폭력 속에서도 하나님의 뜻을 찾아야 했다. 세상은 타락해 있음에도 불구하고 하나님의 창조물이요 따라서 세상을 통째로 새롭게 하는 꿈을 완전히 버리기는 어렵다. 그 꿈을 현실에서 보려는 신학적 사유의 결과물 중의 하나가 중세에 번창했던 그리스도교 왕국 개념이다. 중세에는 황제가 교황의 지도를 받고 사제들이 평신도 위에 있는 위계질서를 통해서 세상과 국

---

95 위의 책, p. 23과 p. 37.

96 알트하우스 역시 루터의 직업소명설을 신분 질서에 초점을 맞추어 세상의 보존을 위한 것으로 말한다. 파울 알트하우스, 『말틴 루터의 윤리』, p. 71.

97 로버트 코크란 외, 『그리스도와 법』, 이일 역, 서울: IVP, 2015, p. 244.

가를 그리스도의 통치 아래 있는 그리스도교 왕국으로 보았다.

루터 역시 하나님 나라의 개념을 개인의 내면에서만 찾고 끝날 수는 없었다. 루터가 그리스도교 왕국의 이상을 가졌다고 보는 학자들의 견해는 루터 역시 세상에서 이루어지는 그리스도의 통치를 보고자했음을 의미한다. 그렇다고 루터가 중세적인 그리스도교 왕국을 생각한 것은 아니다. 오히려 하나님 나라와 세상 나라를 구분하고 그리스도의 나라는 개인의 내면에서 이루어진다는 점을 강조함으로써 루터는 껍데기만 남은 중세의 그리스도교 왕국 개념을 버렸다. 루터는 개인 내면의 하나님 나라가 외부의 다른 개인들과 연결되어 이루어지는 사회적 하나님 나라를 생각했는데, 그것은 개인 내면의 확장일 뿐이며 국가가 아니다.

루터는 정치적 통치자가 지배하는 국가와 달리 그리스도의 통치를 받는 유기체적 공동체를 생각했다. 그는 응보적 정의와 분배적 정의로 구성되는 국가와 구분되는 성서적인 코이노니아 공동체를 회복할 생각을 했다.[98] 그 공동체는 일상생활에서 이루어지는 것이기 때문에 단지 교회를 가리키지 않는다. 그것은 국가도 아니고 교회도 아닌 생활 공동체라는 점에서 사회라는 말이 적합하다. 국가와 사회는 그 개념에서 분명히 구분된다. 심지어 알렌 같은 학자는 루터가 국가와 구분되는 유기체적 공동체를 구상했다는 점에서 재침례파와 가깝다고 말한다.[99] 그러나 루터의 코이노니아 공동체가 국가와 다른 공동체이기는 하지만 국가를 배제하지 않고 국가와 병행된다는 점에서 재침례파와 다르다.

루터가 유기체적 사회의 연결고리로 직업을 들었다는 점도 그 점을 잘 말해준다. 직업 활동은 현실적인 규제를 받는다는 점에서 국가법의

98 Reijo Työrinoja, "Communio Sanctorum: remarks on the ideal society" in *Lutheran Reformation and the Law*, p.125.

99 J. Allen, *A History of Political Thought in the Sixteenth Century*, p.30.

통제를 받는다. 한 사람의 그리스도인은 세상 나라와 하나님 나라를 동시에 살아야 한다. 직업 활동을 통해 인간은 국가법을 만나고 동시에 복음의 계명을 실천한다. 직업 노동으로 먹고살며 세상을 보존하는 일은 국가법에 따라 일어나고, 직업 활동을 통해 남에게 봉사하는 사랑의 계명을 실현하는 일은 성령의 인도하심에 따른 복음의 실천을 통해 일어난다. 직업을 통해 시민 생활과 그리스도인으로서의 영적 삶이 복합적으로 발생한다. 그 점에서 루터의 직업론은 두 가지 자연법과 연관되어 있다.[100] 실정법의 배경이 되는 자연법과 태초의 사랑의 법으로서의 자연법이 직업에서 만난다. 직업 활동은 한편으로 국가의 실정법에 따라 정의롭게 이루어져야 하고 다른 한편으로 신앙과 복음의 법에 따라 남들이 필요로 하는 것을 공급하고 남을 섬기는 사랑을 실현한다. 그러므로 직업은 세상 나라에 살며 하나님 나라를 이룩하는 자리이다.

물론 개인이 자기 내면에서 신앙을 통해 하나님 나라에 살 줄 알 때에만 직업은 사랑의 하나님 나라를 실현하는 매개체가 될 수 있다. 공동체로서의 하나님 나라는 개인의 내면에서 시작된다. 그리고 그러한 내면들이 직업을 통해 연결되어 이루어지는 보이지 않는 공동체가 하나님 나라이다. 직업을 통한 유기체적 관계 형성은 개인이 자기도 모르게 타자의 필요를 충족시키는 결과를 가져오지만, 자신의 직업 노동이 타자를 섬김으로 하나님을 섬긴다는 자의식이 있어야 한다. 그것이 직업에 대한 소명의식이며, 소명의식은 결국 신앙이 모든 행위에 앞선다는 종교개혁의 기본 원리가 사회사상으로 구현된 것이다. 소명의식이 없을 때 직업은 복음의 법과 무관하게 되며 오직 국가법의 적용을 받을 뿐이다. 루터가 직업 활동을 통해 생각한 사랑의 공동체는 트뢸치의

100 Ernst Troeltsch, 앞의 책, p. 473.

표현대로 사랑의 연합[101]이라고 해야 할지 모른다. 게마인데Gemeinde라는 표현을 루터는 좋아했는데, 그것은 어디까지나 개인들의 연합체라고 볼 수 있다.

사람은 타자에 대한 사랑에 앞서 자기 앞에 서고 믿음으로 하나님 앞에서 자유로운 자가 되어야 한다. 사랑의 행위보다 내면의 믿음과 자유가 먼저다. 외부 활동인 직업이 소명이 되기 전에 내면에서 단독자로 하나님 앞으로 부름을 받는 소명이 있어야 한다. 오직 내적 소명을 바탕으로만 외적 소명이 가능하다.[102] 정치 경제 활동을 하나님의 부름으로 느끼려면 하나님 나라와 세상 나라가 분리될 정도로 분명히 구분되는 긴장을 유지해야 한다. 그럴 때 외부의 정치 경제 활동은 자유로워진 영이 자신을 세상과 타자에 대해 펼치는 자유와 사랑의 영역이 될 수 있다.[103] 그 자유는 탐심을 벗어나 하나님과 이웃을 섬기는 데서 생기는 자유이다. 내적 자유가 외적인 자유를 가져오고 세상을 사랑으로 정복한다. 그리고 사랑이 다시 자유를 가져다준다.

사회는 개인의 합이 아니라고 하는 19세기의 사회학적 명제는 부정적인 면에서만 타당하다. 부정적인 측면에서 그리스도교는 이미 사회학적 개념을 가지고 있었다. 인간 사회의 사탄적 힘은 개인들로부터 생겨났지만 개개인을 초월하여 개인 위에서 개인을 지배한다. 개인은 사회의 죄에서 벗어나기 어렵다는 직관을 루터는 가지고 있었으며, 그것이 그의 원죄론을 형성했다. 반면에 긍정적인 측면에서 볼 때 사회

---

101 위의 책, p.473.

102 Miroslav Volf, "Work, Spirit and New Creation" in *ERT*, 1/41(2017), p.75.

103 *Oxford Encyclopedia of Martin Luther*, ed. Derek R. Nelson and R. Hinlicky(Oxford: Oxford University Press, 2017)의 "vocation" 항목은 루터의 1520년 글인 「그리스도인의 자유」를 바탕으로 전개된다. p.457 이하 참조.

는 개인의 합이다. 그만큼 루터에게서 개인이 중요하다. 하나님 나라를 위해 개인들의 영이 연결되어 사회의 영을 이룬다. 인간 사회가 통째로 복음의 감화를 받기는 쉽지 않고 다만 복음에 감화된 개인들이 그리스도인의 삶을 살 수 있다. 그런 개인들이 모여서 어떤 사회적 움직임을 만들지에 대해서 루터는 말하지 않았다. 다만 개인은 각자 자기 일터에서 직업을 통해 남의 필요를 충족시키며 사랑으로 봉사한다. 개인들의 섬김이 연결망을 이루어 연대적인 섬김의 공동체를 이룬다.

악의 측면에서는 사회가 사람을 만든다. 그러나 구원의 질서에서는 사람이 사회를 만든다. 그 점에서 루터의 사상은 구조 개혁으로 사람을 바꿀 수 있다고 믿은 마르크스와 다르며, 정의와 사랑의 문제를 정치 문제로만 생각하는 현대의 다양한 정치 이데올로기와 다르다.

현대 복지 국가와 루터의 유산

학자들 사이에서 현대 국가의 복지 제도의 기원에 종교개혁이 있다는 주장이 출현한 시점은 얼마 되지 않는다. 1990년대 이전만 하더라도 학자들은 근대 국가가 중앙 권력을 형성하는 과정에 주변부에 속한 가난한 자와 부랑자를 국가로 편입시키기 위해 구제와 훈련 제도를 설립했다고 보았다. 독일의 경우에는 비스마르크의 프러시아가 그런 제도의 발전을 보였다. 그러나 오늘날 학자들은 근대 국가의 출현 이전에 교회와 정부가 협력하여 구제 정책을 실시한 종교개혁으로 거슬러 올라가 현대 복지 제도의 기원을 찾는다.[104]

---

104 Larry Frohman, *Poor Relief and Welfare in Germany from the Reformation to World War I*, Cambridge: Cambridge University Press, 2008, p. 3.

예를 들어 덴마크의 복지 제도가 정착되는 데는 사회주의 정당의 기여가 컸는데, 덴마크 사회주의 출현의 배경에는 수백 년간 교회에서 선포된 루터의 가르침이 영향을 주었다. 북구의 사회주의는 루터의 종교를 세속화한 것이라 할 수 있다. 사회유기체론에 바탕을 두고 이웃 사랑을 선포한 루터 교회의 가르침이 없었다면 북구의 사회주의도 없었으리라는 주장이 유력하다.[105] 그렇게 보면 루터의 사회사상은 두 갈래로 실현되었다고 할 수 있다. 루터의 종교적 개인주의는 사회사상이 아니지만 근대적 개인의 출현을 이끌어서 17-18세기의 정치적 자유주의의 철학적 기반을 제공한다. 그리고 루터의 사회유기체론은 교회를 통해 성례전적 공동체주의로 전달되었고, 이것이 정치철학으로는 근대를 극복하려는 19세기 헤겔의 국가론이나 북구의 사회주의사상과 현대의 복지 국가로 실현되었다.

복지 국가는 완전 고용의 추구와 사회 안전망의 구축으로 이루어지는데, 루터의 직업소명설이 완전 고용을 지향하는 복지 정책의 원인이 되었다.[106] 루터의 직업소명설은 직업 활동을 개인의 의무이자 권리로 만들었다. 이 문제는 구걸하는 자나 부랑자에 대한 사회의 책임을 묻는 차원으로 발전했다.

구걸은 자본주의의 발전과 도시의 확대에 따라 빈곤층이 늘어나면서 사회 문제가 되었다. 르네상스 시대에 이탈리아에서는 가난을 시 정부가 해결해야 한다는 주장이 나왔다. 종교개혁 이전인 15세기 말부터 신성로마제국에서는 구걸에 대처하는 시 정부의 공공 정책이 출현했다.[107] 1497년의 린다우 제국의회에서는 일할 수 있는 자의 구걸을

105 Jørn Henrik Petersen, "Martin Luther and the Danish Welfare State", p. 13.

106 위의 글, p. 20.

107 대표적인 것이 뉘른베르크의 1478년 법령이다. Larry Frohman, 앞의 책, p. 15. 루터의

중세 도시 고슬라(Goslar)의 거리 풍경. 도로 왼편 끝 건물이 옛 수도원이었다. 사진 속의 수도원 건물은 종교개혁 후에 시 정부가 접수하여 병원으로 사용했다.

금지하고 모든 시 정부가 가난한 자를 돌봐야 한다는 결론을 도출했다. 1501년에는 알사스 지방의 작은 마을 카이저스베르크의 한 설교자의 제안에 따라 스트라스부르의 시 의회가 빈민을 안정적으로 돕기 위한 공동 기금 마련에 착수했다.[108]

루터는 노동의 신성함에 대한 강력한 신학적 근거를 제공함으로써 결정적인 변화를 가져왔다. 루터는 수도승들의 구걸에 대해서도 부정적이었는데, 그가 1521년 1월에 이단으로 파문을 당하게 된 이유 중의 하나도 그의 설교에서 수도승들의 탁발을 비판했기 때문이다. 루터가 직업 노동을 소명으로 보면서 사회는 일 없이 놀고먹거나 구걸하는 사람이 없도록 직업을 보장할 의무를 지게 되었다. 가난한 사람들 중에서도 일할 수 없는 사람은 구제해야 하지만 일할 수 있는 사람에게는

주장은 「고리 대금업」, p. 303-304를 참조하라.

108 Kaarlo Arffmann, "The Lutheran Reform of Poor Relief, The historical and legal viewpoint" in *Lutheran Reformation and the Law*, p. 207.

일을 주어 일하게 해야 한다. 근면을 강조한 프로테스탄트 윤리에서 직업 노동은 사회에 대한 개인의 의무이면서 동시에 개인이 사회에 요구할 수 있는 권리가 되었다.

일할 수 없는 자들을 위한 식량과 의료 및 교육과 관련된 사회 안전망의 구축 역시 공동체의 책임으로 대두되었다. 이 문제는 이미 루터 당시에 구체적 구제책으로 실현되었다. 우선 루터는 가난에 대해 새로운 사고방식을 제공했다. 중세에는 가난에 종교적 의미를 부여했다. 부자보다 가난한 자가 구원에 가깝다고 가르쳤다. 그리고 부자는 가난한 자를 돕는 적선을 통해 구원의 길에 가까워진다고 교회는 가르쳤다. 교회법에 따르면 신자들은 십일조의 일부를 가난한 자를 구제하는 데 써야 했다. 가난을 매개로 가난한 자와 부자 모두에게 구원받을 길이 열렸다.[109] 이러한 중세의 생각은 루터에게서 완전히 바뀐다. 구원은 가난이나 적선과 아무런 관련이 없다. 오직 믿음으로만 구원받을 수 있다는 루터의 주장은 가난에 대한 생각을 바꿔놓았다. 루터에게서 가난은 개인이나 사회가 제거해야 할 악이 되었다.[110]

루터는 가난한 자의 구제를 위한 공동체와 개인들의 책임을 제도로 묶어놓을 필요가 있다고 생각했다. 그는 복음의 계명을 국가 제도와 법으로 만들 수 없다고 생각했지만 가난한 이들을 위한 제도 설립에는 적극적인 면을 보였다. 1520년 6월에 발표한 「독일 그리스도인 귀족에게」에서 루터는 가난한 자의 구제가 도시 전체의 책임임을 분명히 말한다.[111] 1520년부터 1521년 사이에 루터는 복음의 정신에 따라 시 의

109 Larry Frohman, 앞의 책, pp. 11-13.

110 Carter Lindberg, "Luther's struggle with social-ethical issues" in *The Cambridge Companion to Martin Luther*, p. 171.

111 『루터선집 9』, p. 201.

회의 도움을 받아 구제를 위한 자발적 기금 마련을 위한 법안을 구상했다. 기금은 비텐베르크 시 교회에 두고 시 의회가 선정한 사람 4인이 시장과 함께 관리 책임을 맡았다. 그들은 주일에 모여 구제할 사람을 정했다. 기금은 병원 운영에도 쓰였다.[112]

1522년 초에는 칼쉬타트의 주도로 비텐베르크 시의 법안을 통해 공공 기금을 만들어 복지 제도를 실시했다. 성 교회를 제외한 모든 교회들의 수입이 공공 기금으로 들어갔다. 처음에는 교회 수입과 기부금을 가지고 기금을 만들었다. 당시 법안을 만든 사람들은 루터의 신학을 따라 이웃 사랑의 복음의 법을 실현한다고 생각했다. 루터는 칼쉬타트의 급진 개혁에 반대했지만 구제 법안을 통한 공공 기금 마련에는 그와 의견이 같았다.[113] 그들은 공공 기금으로 고아와 가난한 집 아이들을 돕고 그들의 교육과 직업 훈련을 도왔다. 노인과 가난한 자들에게 의료 서비스를 공급하기도 했다. 교회와 시 정부의 합작으로 마련된 비텐베르크의 복지 법안은 저항도 없지 않았지만 곧바로 독일의 여러 도시들로 퍼져나갔다.

복지 제도의 실시에서 교회와 정부 그리고 목사들과 정치인들은 긴밀히 협력했다. 정치인들은 공공 기금이 시의 돈이지만 맘대로 쓰려고 하지 않았고 기금의 정신을 제공하는 교회의 존재를 존중했다. 물론 기금 운영의 책임과 사용 결정의 최종 권한은 시 정부와 의회에 있었다. 농민 전쟁 이후에 자발적 기부금이 줄어들자 루터를 지지하던 군주들은 국가 주도의 구제 기금을 시도했다. 그러한 군주로 대표적인 사람이 동 프러시아를 자신의 공국으로 만든 알브레히트 호엔졸레른Albrecht

112 Kaarlo Arffmann, 앞의 글, p. 210.

113 위의 글, p. 217.

Hohenzollern이다. 그는 각 도시의 시 정부가 교회의 재정으로 공공 기금을 마련하도록 했는데, 지방에서는 귀족들이 세금의 형식으로 공공기금을 위한 돈을 교회에 내게 하였다. 결국은 세금으로 구제 경비를 충당하는 셈이 되었으며 기금의 사용도 군주의 허락을 받게 되어 있었다.[114]

이런 추세는 루터의 두 왕국론에 따라 일어난 일이다. 구제사업에 관해서 시 정부나 국가가 교회를 존중했지만 구속력 있는 법을 제정하는 권한은 교회가 아닌 국가에 있고 국가는 법을 통해 교회를 관리하고 감독할 최종 권한을 가졌다. 사실 루터는 교회가 좀 더 주도적인 역할을 하기를 바랐지만 기대와 달리 교회는 별도의 기구를 설치하지 않고 교회 기금도 지지부진했다. 기금 운영에 참여하는 시의 관원이나 시 의회 의원들도 교인이지만 자신들을 교회의 대표이기보다는 행정 책임자로만 생각했다. 이런 경향은 루터의 두 왕국론에 근거한 교회론에서 비롯된 것이다.[115]

30년 전쟁 후에는 교회 교구의 기금이 바닥났고 국가가 전적으로 구제의 책임을 지게 되었다. 그리하여 국가가 복지에 전적인 책임을 지는 전통이 확립된다.[116] 독일에서 국가는 근대에 이르기까지 가난한 자와 노인들을 위한 사회 보장 제도를 확립해야 했는데, 그것이 루터의 유산이라는 데 학자들이 동의한다.[117] 다시 말해서 독일에서 국가가 교육과 의료와 구제에 책임을 지는 것은 루터의 사상과 행적에 그 기원을

114 위의 글, p. 223. 알브레히트 호엔졸레른이 1525년 7월 6일에 종교개혁을 받아들임으로써 프러시아 공국이 프로테스탄트 지역이 되었다. 그는 국가 교회를 정립한 후에 1544년에 쾨니히스베르크대학을 세워 개신교신학을 가르치게 했다.

115 Karl Holl, 앞의 책, p. 93

116 위의 책, pp. 94-95.

117 Robert Von Friedeburg, *Luther's Legacy*, p. 386.

둔다.[118]

루터는 구제를 개인과 교회의 자선 행위에 맡긴 중세의 교회법과 달리 정부의 정책을 통해 실현하고자 했다. 구제를 법제화함으로써 가난한 이들을 돕는 일은 개인 윤리가 아니라 사회 윤리의 문제가 되었다. 다시 말해 구제는 개인적 자비가 아니라 사회 정의와 공평의 원리에 의해 해결할 문제가 되었다.[119] 사랑의 자연법으로 볼 때 개인의 가난은 사회의 불의로 여겨졌다. 루터는 사회의 불의를 고치는 것을 교회의 역할로 보지 않았지만 적어도 교회가 불의를 지적해서 국가를 통해 시민적 정의를 세워야 한다고 여겼다.[120] 구제를 위한 공공 정책은 처음에 교회와 시 정부의 협력으로 시작되었으나 점차 세속 정부의 몫이 되었다.[121]

루터가 시도한 구제책은 종교적 사랑이 정의의 형태로 시민법을 형성한 좋은 예이다. 이렇게 보면 루터가 국가의 형벌 문제에 대해서는 복음이 배제된 차가운 법을 요구하고 복음으로 통치할 수 없다고 했으나 시민들의 기초적 생활 능력과 관련해서는 복음의 법을 국가법으로 제도화하려고 했다. 사회적 안전망과 관련해서 루터는 개인에게 맡겨진 복음의 법을 보편적 시민법이 되게 만든 셈이다.

그렇다고 루터가 국가를 구원의 공동체로 보거나 그렇게 만들려고 했다고 볼 수는 없다. 복지 제도는 보존을 위한 국가의 책임이라는 측면에서 생각할 수 있다. 가난과 고용과 질병에 대한 대책은 결국 생존 보장을 통해 세상을 보존하는 일이라고 볼 수 있기 때문이다. 가난과

118 John Witte Jr., *Law and Protestantism*, p. 296.

119 Robert Von Friedeburg, 앞의 책, pp. 171-172.

120 Heiko Oberman, *The Impact of the Reformation*, Grand Rapids: Eerdmans, 1994, p. 62.

121 Larry Frohman, 앞의 책, p. 25.

질병을 방치하면 사회의 불안 요소가 커지고 질서 유지가 어려워지기 때문이다. 그러므로 국가는 구원할 수 없으나 보존한다는 루터의 국가관과 정치관의 틀 안에서 복지 제도가 이루어졌다고 볼 수 있다.

평가

루터의 직업소명설이 현대에 얼마나 의미가 있느냐에 대해서는 논란이 있다. 내적 소명의 긴장이 사라졌을 때에 직업 윤리의 근거를 어디서 찾을 것인가. 칼뱅의 청교도는 깨어 있음의 긴장을 유지하기 위해 결의론적 규범들로 무장했다. 그러나 루터는 율법주의를 반대하고 자유주의의 경향을 지녔으므로 내면의 신앙이 약해지면 곧바로 탐심에 쉽게 휘둘릴 수 있다. 루터가 생각한 유기체적 공동체는 국가와 달리 공동의 규범과 법의 규제가 없이 개인들의 자발적 이웃 사랑으로 연결된 보이지 않는 사회이기 때문이다. 또한 루터의 직업소명설은 직업 수행에 따른 소외를 도외시한다는 비판을 받을 수 있다. 먹고살기 위해 할 수 없이 하는 일을 소명으로 보는 것은 부당한 처우와 고통을 정당화하는 역할을 할 수 있다. 그리고 농촌 사회가 아닌 복잡한 현대 사회에서 이윤 동기를 뺀 소명설은 현대의 직업 윤리를 구성하는 데 큰 도움을 줄 수 없다고 비판할 수도 있다.

그럼에도 불구하고 루터의 직업소명설은 세상에 대한 비관주의를 막고 일상의 삶과 노동에 충만한 의미를 부여하는 데 중요한 역할을 했다. 그리하여 그리스도교 신앙에 들어 있는 하나님 나라에 대한 꿈이 개인의 내면이나 교회에 갇히지 않고 사회생활로 확산되게 하는 데 이바지한 것이 직업소명설이다. 루터는 정치 공동체인 국가를 구원의 질서에서 배제했지만 직업을 통한 유기체적 공동체 구상을 통해서 하나님 나라의 실현을 나중으로 미루지 않고 지금 여기서 이루어나가도록 실천적 책임감을 부여했다. 헤겔의 용어로 말하자면 자유로운 사랑의 공동체라는 이념이 개념에 그치지 않고 현실이 되어야 함을 루터는 직업소명설을 통해 주장한 셈이다. 다만 그 현실을 국가로 보지 않음으로써 루터는 정치 공동체인 국가와 긴장 관계를 유지하면서 신앙의 초월성과 탈세상의 측면을 살려둘 수 있었다.

루터의 직업소명설은 인류 역사에서 처음으로 일상의 경제 활동을 영적인 것으로 만들고 윤리적 자기 통제 하에서 경제 활동이 가능하게 만들었다.[122] 먹고사는 일에 영성과 도덕성이 결합되면서 근면과 절약과 봉사라는 새로운 프로테스탄트 윤리가 생기게 된다. 이것은 인간 사회의 도덕성을 갱신하면서 에른스트 트뢸치의 말대로 인간 평등의 사회 개혁을 가능하게 하는 이론적 기반을 제공했다. 루터의 소명설과 유기체적 공동체론은 오늘날 오직 이윤 동기에 의해 움직이는 자본주의 사회의 도덕성을 갱신하고 노동에 새로운 의미를 부여하는 데 중요한 역할을 할 수 있다.

122 Max Stackhouse, "Business, economics and Christian ethics', in *Cambridge Companion of Christian Ethics*, ed. Robin Gill, Cambridge: Cambridge University Press, 2001, p. 237.

7장

결론: 한국 사회와 그리스도교의 미래

루터와 근대

루터가 주장한 그리스도인의 자유는 루터의 의도를 훨씬 넘어 자유와 평등을 전면에 내세우는 사회 변화를 낳았다. 오늘날 학자들은 루터의 종교개혁이 근대 사회의 형성에 큰 영향을 미쳤다는 데에 의견이 일치한다. 근대성이라는 말을 유행시킨 19세기 초의 헤겔은 근대적 주체의 출현을 루터에게서 보았다. 헤겔 이후의 수많은 학자들이 계몽주의와 근대 철학의 기원에 루터가 있음을 확인했다. 19세기에 프랑스 지성인들은 루터와 칼뱅의 종교개혁을 프랑스 대혁명의 기원으로 보았다. 세계대전을 겪은 20세기에는 서구의 지나친 이성주의를 반성하는 학자들이 루터 르네상스를 이루기도 했다. 그리고 이제 종교개혁 500주년을 맞은 21세기의 학자들은 루터 연구에 많은 힘을 쏟으며 근대 문명 초기의 사유 방식을 검토하고 현대 사회를 치유할 교훈을 얻으려고 한다. 루터는 근대적 해방의 기원이 되면서 동시에 근대성의 문제를 극복하기 위해서도 재조명되고 있는 셈이다.

근대 사회가 안고 있는 문제 때문에 종교개혁을 비판적으로 보는 시각도 있다. 세속화된 합리적 사회를 부정적으로 보는 가톨릭 측 학자들은 루터가 주창한 그리스도인의 자유가 이성 만능과 탐심의 자유를 가져왔다고 비판한다. 프랑스 혁명을 부정적인 눈으로 보는 학자들은 프랑스 혁명에 직접 간접으로 영향을 미친 종교개혁이 사회의 분열과 전쟁을 가져왔다고 비판한다. 과학의 발전을 부정적으로 보는 학자들은 중세의 자연신학을 부정한 루터의 십자가신학이 자연을 오직 자연과학의 대상으로 만드는 데 기여했다고 비판한다.

이런 주장들은 근대 사회를 비판하면서, 그 기원이 되었다고 보는 루터를 같이 비판한다. 그러나 이들이 근대 사회를 비판한다고 해서 근대 이전으로 돌아가야 한다고 주장하는 경우는 매우 드물다. 문제가 없지 않지만 근대에 나온 개인주의나 합리주의 그리고 인권의 확립이 인간 해방과 자유를 위해 필요한 자산임을 부정하는 사람은 드물다.

한편 근대 사회 형성에는 복합적인 원인이 작용했으며 루터는 오직 간접으로만 근대 형성에 영향을 주었다고 주장하는 학자들도 있다. 에른스트 트뢸치나 막스 베버가 대표적인데 그들은 주로 정통주의 루터 교회들의 보수성을 비판한다. 물론 그들도 근대 사회의 개방성에 루터의 사상이 준 영향을 부인하지는 않지만 루터 교회의 경직성에 근거해서 루터를 중세에 머문 사람으로까지 평가한다. 그러나 나는 이 책에서 루터의 유산이 교회뿐 아니라 철학과 법학 등의 근대 학문과 문화를 통해서 전달되었다고 보았다. 어떤 면에서 교회보다 사회에 루터의 유산이 더 많이 남아 있다는 것이 나의 생각이다.

그리고 루터가 끼친 영향은 꼭 루터 자신의 의도와 일치하지는 않는다는 점도 강조하고 싶다. 역사는 루터의 사상에 들어 있는 해방적 요소들을 루터 개인의 의도를 넘어 발전시켜왔다고 할 수 있다. 루터의 사상에는 루터가 모르는 해방적 요소가 들어 있었고 거기까지 봐야 루터가 일으킨 종교개혁의 의미를 알 수 있다. 그래서 트뢸치나 베버 이후에 진행된 수많은 학자들의 연구는 루터가 근대적 인간해방에 끼친 큰 영향을 증언한다. 그리고 트뢸치나 막스 베버가 본 루터의 중세적 요소는 루터의 시대적 한계를 느끼게 하는 것들도 있지만 근대 사회의 문제를 치유하는 데 도움을 줄 수 있는 것들도 많다.

한국 사회와 근대성

한국 사회를 위해 근대성은 여전히 중요한 주제이다. 그런 관점을 가지고 나는 이 책을 저술했다. 근대란 집단에 묻혀 있던 개인이 판단과 행위의 주체로 등장하고 개인의 존엄성이 사회의 중심 가치로 등장한 시대를 가리킨다. 주체의 등장이 법적으로는 권리가 의무에 앞서는 모습으로 나타난다. 정치적 자유주의와 개인주의적 소유권이 강화된 것도 근대의 현상이다. 물론 개인의 권리 주장에는 타자의 권리에 대한 배려도 수반되었다. 근대는 그런 점에서 상호적 정의가 발전된 시기이다.

이러한 근대성은 여러 가지 문제도 안고 있지만 인간 해방의 운동을 일으키며 인류 보편의 가치를 제시했다. 인간은 개인의 존엄성이라는 가치를 배제하고는 서로 품위를 지켜가며 평화롭게 사는 사회를 만들기 어렵다. 그 점에서 민주주의와 보편적 인권 사상을 발전시킨 서구의 근대성은 한국 사회에도 중요한 의미를 지닌다. 17세기부터 19세기 말에 이르는 기간 동안 갑자기 중요한 언어로 사회 전면에 등장한 자유와 평등의 이상은 더 나은 세상을 모색하는 인류가 찾은 미래의 길이다. 20세기 후반에 이른바 포스트모더니즘이라는 사상 조류가 등장했지만 그것이 근대와의 단절을 의미할 수는 없다.

근대성은 남의 과거 문제가 아니고 우리의 현실 문제이다. 주체적이고 책임적인 개인의 등장은 한국 사회를 위해서 매우 중요하다고 나는 믿고 있다. 한국인의 기질과도 맞다. 인간은 주체로서만 존엄하다고 한 칸트의 말은 곰곰이 되씹어야 할 우리 사회의 화두임에 분명하다.

어린 시절부터 스스로 판단하고 결정해서 자기의 삶을 살 줄 알 때에 개인은 자신의 숭고한 가치를 스스로 확립해갈 것이다. 그런 사회 분위기를 만들어야 한다. 인간에 대한 예의를 지키고 인격을 모독하지 않고 존중하는 사회가 되어야 한다. 한 사람이 자신의 고유한 가치를 인정받고 자기를 발전시켜나갈 수 있는 사회를 만들어야 한다. 개인이 너무 세상에 휘둘리지 않고 자기 세계를 가지고 품위를 잃지 않으며 살 수 있어야 한다. 그것은 개인의 과제이지만 사회의 과제이기도 하다.

그런 사회를 만들기 위해 종교는 어떤 종교가 되어야 하는지 루터가 잘 보여준다. 근대적 개인의 출현에 종교개혁이 중요한 역할을 했다. 근대의 자유주의와 개인주의 그리고 세속화의 맨 앞에 종교개혁이 있다. 거짓 종교로부터의 해방은 다른 모든 인간 해방의 기원을 이루었다. 루터가 주장한 신앙의 자유와 양심의 자유는 다른 모든 인권의 기초가 되었다. 루터는 공연히 죄의식을 불러일으키는 교회의 독단으로부터 인간을 해방해서 합리적 사유의 기반을 마련했다. 그는 개인의 내면을 진리 계시의 자리로 만들고 개인을 진리 인식의 주체요 행위의 주체로 만들었다. 만인사제설을 통해서 권위의 중심이 밖에서부터 개인의 내면으로 이동하게 되었다. '아무도 내게 명령할 수 없다'는 구호는 루터가 영혼 구원을 위한 진리 인식을 두고 한 말이지만 근대적인 자율적 인간의 탄생을 예비했다.

교회 안에서 이루어진 권위주의의 청산은 교육을 통해 사회의 권위주의 청산으로 이어졌다. 루터는 교육 기관을 설립하는 데 매우 관심이 많았다. 수도원에서 이루어진 엘리트 교육이 아니라 정부가 주도하는 국민 교육의 시작을 루터에게서 볼 수 있다. 루터는 하나님 앞에서 인간의 지위가 모두 동일함을 선포했고, 그 신앙으로 인간은 모두 사제요 주교일 뿐 아니라 모두가 왕이라고 했다. 루터는 복음이 주는 자유와 개인의 새로운 지위를 어린 시절부터 학교에서 가르쳐야 된다고 생각했다.

루터가 없앤 것은 교회의 위계질서이지만 사회 내의 위계질서 역시 루터에게서 원리적으로 극복되었다. 국가의 통치 권력과 권위는 평화를 위해 존중할 뿐이다. 루터의 교회 개혁은 사회 혁명을 향한 에너지를 품고 있었기 때문에 이미 루터 당시에 루터의 의도와 무관하게 다양한 혁명 상황이 초래되었고, 루터 이후에는 시간을 두고 단계적으로 자유롭고 평등한 민주 사회를 향한 발걸음이 이어졌다. 16세기의 종교개혁 이후 17세기부터 20세기 초까지 역사의 과정이 그 점을 알려준다. 먼저 교회의 권위를 제거하고 국가 주권이 확립되는 과정에 절대군주가 출현하고 이어서 계몽주의와 사회계약론을 통해 개인의 권리가 중요시되면서 자유주의가 출현하고 이어서 국민 주권 국가가 출현했다. 그다음에 루터 당시에 농민 전쟁을 통해 출현한 무산계급의 해방 운동이 공산주의를 통해 등장했다.

이 책에서 나는 루터의 개혁으로 인한 개인의 출현을 강조했기 때문에 종교적 개인주의, 종교적 자유주의 그리고 개인 주권 같은 용어를 사용했다. 영혼 구원을 추구한 루터에게서 그런 사상이 나왔다. 루터가 하나님 나라와 영혼 구원이나 신 인식이나 신앙과 관련해서 말한 새로운 신학이야말로 루터의 정치사상에서 가장 중요한 부분이다. 새로운 신학이 인간의 자기인식을 바꿈으로써 개인과 국가의 관계가 새롭게 정립되는 계기가 마련되었기 때문이다.

국가에 앞서는 개인

루터의 사상이 국가 권력에 너무 순종적이라고 비판하는 학자들이 많다. 그러나 루터의 사상은 그렇게 단순하지 않다. 루터는 종교적 진리 확립에 관심이 있었고, 그 과정에서 그는 국가가 개인을 무질서의 혼란으로부터 보호할 수 있다고 보았다. 개인의 영혼 구원을 위해서 할 수 있는 것이 없다고 국가와 정치를 주변으로 밀어낸 후에, 주변의 끝에서 국가를 다시 붙들고 그 권위를 강화한다. 그러므로 국가는 진리의 주변부 역할을 할 때에만 그 권위를 인정받는다. 루터에게서 국가는 진리의 중심부인 개인의 수단일 뿐 목적이 될 수 없다. 다만 수단의 역할을 다하기 위해 국가는 공공 질서를 지키는 힘을 가져야 하고, 국가의 권력은 존중되어야 한다. 그리스도인은 법에 새로운 지위를 부여하고 거기에 따른다. 순종 이전에 개인들이 법의 본질을 새로이 규정하는 과정이 있다. 개인들이 국가법에 부여한 새로운 지위는 영혼 구원과 자유를 위해 울타리 역할을 하는 수호자의 지위이다.

국가와 법을 따르는 겉모습은 비슷하지만 내용과 정신은 완전히 달라졌다. 아무 생각 없이 따르는 타율적 순종이 아니다. 개인이 법에 새로운 지위를 부여해놓고 그 지위에 합당한 법을 따른다. 개인이 법제정자의 위치까지 상승되지는 않았지만 모든 개인이 법 행위와 정치 행위의 주체가 될 첫 발걸음을 루터가 내디딘 셈이다. 루터에게 중요한 것은 개인의 자유요 구원이지 국가 숭배가 아니다. 루터가 국가의 법질서를 강조했다고 해서 루터의 정치관에서 국가 숭배를 읽어낸다면 큰 착각이다. 역사적으로 독일의 루터 교회가 국가 숭배에 가까운 태도를 보였다면, 그건 루터신학의 알맹이가 없이 껍데기만 붙들고 있는 셈이다.

현대 사회에서 우리는 루터와 똑같은 태도를 취할 필요가 없다. 루터의 정치관과 국가관은 그리스도교 신앙이 취할 수 있는 여러 가지 태도 중의 하나이다. 그리고 루터 당시와 상황도 많이 바뀌었다. 그러나 루터가 개인을 자유인으로 보았다는 점은 인류의 정신사에서 영원한 공헌으로 남는다. 그는 개인의 지위를 높였다. 그 과정에서 국가는 개인의 영혼 구원을 위한 수단이 되었다. 그래서 다음과 같은 명제가 가능하다. "국가는 개인을 위해서 있다." 개인이 국가를 위해서 있다고 본 전통적인 정치철학을 뒤집은 루터의 사유는 얼마든지 루소의 사회계약론으로 발전될 소지를 품고 있었다. 국가와 사회 현실의 여러 가지 문제들을 건너뛰지 않으면서도 자유로운 개인을 확보했기 때문에 루터의 사상이 의미 있다. 앞에서 말했듯이 루터 사상의 알맹이는 교회보다는 오히려 시민 사회의 철학과 법학 쪽으로 전달된 것 같다.

루터는 개인 내면을 진리의 자리로 만들면서 바깥세상을 상대화했다. 실제로 삶이 벌어지는 곳은 정치 세계이고 국가이지만 하나님의 통치를 받는 그리스도인의 내면에서 이미 황제나 교황의 절대 권력은 극복되고 개인은 권력에 맞설 수 있게 되었다. 안과 밖을 분리될 정도로 구분하지 않으면 인간은 바깥에 먹힌다. 현실적 힘은 바깥세상에 있기 때문이다. 이것은 단순히 영혼 구원의 신비주의가 아니다. 루터가 영혼 구원이라는 말로 표현한 것은 개인의 자유로운 자기 세계 확립이다. 그것은 그리스도와의 관계 안에서 형성되는 세계이므로 이기적이고 폐쇄적인 자기 세계가 아니다.

개인의 자기 세계를 고유한 것으로 만들었지만, 다른 한편으로 타자와의 관계를 본질적으로 보는 점에서 루터는 그리스도교 전통에서 벗어나지 않는다. 루터에게서 그리스도인이 살아야 할 곳은 교회가 아니라 세상이고 자기 안이 아니라 타자들 사이이다. 다만 개인이 세상으로부터 독립해야 세상에 끌려가지 않고 타자를 사랑할 수 있고 주체적으로 자유롭게 살 수 있다. 그래서 루터는 내면과 외부를 철저하게 구분했던 것이다. 루터가 초기에 독일 신비주의를 좋게 본 것은 세상을 자기와 분리될 정도로 구분하지 않으면 자유의 출발이 불가능하기 때문이었다. 그러나 신비주의가 세상으로부터의 후퇴를 유도할 수 있기 때문에 루터는 차차 신비주의에서 멀어졌다.

진리는 정치적이지 않다

루터에게 진리는 정치적이지 않다. 근대가 정치 이데올로기의 시대라면 루터의 종교적 개인주의나 자유주의는 정치적이지 않은 진리에 기반을 두고 있다. 루터는 정치 경제적 개인주의나 자유주의에 관심이 없었다. 그는 자신의 신학이 정치의 시대인 근대 형성에 이바지하리라고 생각하지 못했다. 루터의 신학에서 반근대적으로 보이는 요소가 근대적 개인의 탄생에 영향을 준 측면이 있다. 진리와 자유의 영역을 정치와 세상으로부터 독립한 개인의 내면에서 찾은 결과 대중으로부터 벗어난 개인의 출현에 영향을 주었기 때문이다.

근대에 접어들며 인간 사회에서 국가가 인간의 삶을 좌우하는 폭이 매우 커졌다. 그것은 루터의 교회 개혁으로 중세의 두 권세에서 국가의 권세만 남은 결과이기도 하다. 주권 국가가 탄생하면서 경제가 삶에서 차지하는 비중이 커졌다. 이른바 정치 경제political economy가 중요해지면서 모든 사람이 정치를 향해 촉각을 세우고 정치적 견해의 차이로 갈라진다. 그런 상황에서, 진리와 정치의 밀착 관계를 끊는 루터의 생각은 현대인에게 신선한 도전거리를 제공한다. 물론 정치적 무관심이 가져올 위험이 있지만 루터의 정치관은 모든 것을 지나치게 정치적으로 생각하는 한국 사회에도 생각할 거리를 준다.

정치에 대한 한국인들의 관심은 20세기에 한반도에 밀어닥친 이데올로기 대립의 영향이 크지만 전통의 영향도 있다. 조선 시대의 유학은 도학이었지만 언제나 내성외왕內聖外王의 정치를 염두에 둔 학문이었다. 유학에서 진리는 정치로 귀결된다. 적어도 조선 500년 동안 정치 권력과 대등하거나 그보다 높은 권위를 가지고 진리다툼을 할 수 있는 세력이 없었다. 조선이 서구의 중세와 다른 점도 거기에 있다. 서구에서 교황이 황제 위에 있었던 현상은 진리는 정치보다 높은 차원임을 대중에게 현실로 보여주는 의미가 있었다. 그러나 왕이 대제사장을 겸했던 전통을 가진 한국인들은 정치와 분리되는 진리를 생각할 여유를 갖지 못하고 만사를 정치와 연관시키는 관습을 가지고 있다. 한국의 그리스도교인도 예외가 아니다. 루터의 용어로 말하자면 통치의 혼동이 한국인의 습관이요 한국 사회의 관습인 셈이다.

진리가 정치적이지 않다는 말에는 개인이 책임적 주체로 서기를 촉구하는 의미가 들어 있다. 정치가 모든 문제를 해결할 수 없으며, 모든 문제를 정치 탓으로 돌릴 수 없다. 개인은 바깥세상과 무관하게 내면에서 자유를 누릴 줄도 알아야 하며, 그 자유로 세상을 구원할 길을 제시할 수도 있다. 그럴 때에야 세상 정치에 의연하게 대처할 수 있다. 적어도 루터가 우리에게 주는 교훈이 그렇다.

한편 서구에서는 17세기에 자유주의라는 정치 이론이 출현한 이후에 사회주의와 공산주의 및 무정부주의에 이르기까지 수많은 정치 이데올로기가 등장하면서 세상을 바꾸는 일을 중시했다. 그것은 고대부터 중세까지 내려온 인문주의자들의 고리타분한 인간교육론을 벗어난 점에서 신선하다. 근대 사회는 인간 이성에 대한 낙관론과 자유의지론을 바탕으로 정치에 매우 큰 비중을 부여했다. 그래서 삶의 모든 문제가 정치에 의존하게 되었고 모든 걸 정치적으로 풀려고 한다. 거기에는 개인들의 책임회피가 동반된다. 현대인들은 이익 집단과 계급이나 계층의 구성원이 되어 이득 수호를 위해 의사 표시를 활발히 하지만,

세상 풍조에서 떨어져보는 일에는 관심이 없다. 정치 투쟁이나 정치적 행위의 주체는 대중이므로 현대인은 대중의 일원으로 행동하는 데 익숙해져있다.

그러나 루터에게는 한 사람이 중요하다. 누구나 개인이 되어야 하고 단독자로서만 하나님을 만날 수 있다. 이것은 한 사람이 우주의 주인이 되는 종교적 해방을 가리킨다. 루터는 종교가 줄 수 있는 가능성과 자유를 잘 안 사람이다. 한 사람이 가능하면 우주가 가능해진다. 그리스도 안에서 자유로워진 사람에게는 바깥세상이 안 바뀌었어도 이미 정복되었다.

루터가 볼 때 세상의 변화는 꼭 정치를 통해 이루어지는 일이 아니다. 루터에게 정치는 보존하지만 구원하지 못한다. 물론 한 사람은 국가의 시민으로서 정치적 견해를 가질 수 있고 현실에서 정치는 중요하다. 그러나 그리스도인으로서 세상 나라와 거리를 둘 줄도 알아야 한다. 안 그러면 세상을 주체적으로 살지 못하고 세상에 끌려간다. 그리스도 안에서 세상의 주인이 되어 법과 정치에 끌려가지 않고 자유롭게 법을 사용할 줄 알 때, 그때에 세상을 바꿀 수 있는 지혜와 힘도 생긴다. 그러기 위해 정치를 벗어나 하나님 나라에 살 줄 알아야 한다.

진리가 정치적이지 않다고 해서 정치를 하지 말라거나 정치에 관심을 갖지 말라거나 또는 국가의 공직을 맡아서는 안 된다는 말은 아니다. 칼뱅만큼은 아니지만 루터는 공직을 중요하게 보았고 정치가 세상의 보존을 통해 영혼 구원에 간접으로 이바지할 수 있다고 보았다. 다만 정치가 제 역할을 하려면 정치인이나 비정치인이나 정치적이지 않은 내면을 가지고 있어야 한다. 그렇지 않으면 좋은 정치를 기대하기 어렵다. 그점에서 마키아벨리와 달리 루터의 정치사상에는 정치적 현실주의와 이상주의가 결합되어 있다.[1] 정치적 힘을 가지고도 겸손하게 하나님을 두려워하는 자가 적기 때문에 루터는 칼뱅과 달리 정치인이 되거나 국가의 관원이 되는 일에 대단한 가치를 부여하지 않았다. 그럼에도 불구하고 선한 정치인의 역할이 중요하다는 점을 루터는 강조했다. 사회를 정의롭게 만들어 평화를 이루는 일은 개인들의 자유와 사랑을 위해 도움이 되기 때문이다. 세상은 결코 하나님 나라가 될 수 없지만 정의롭고 평화로운 세상 질서는 개인 내면에 하나님 나라가 이룩되고 그것이 이웃에게로 확장되는 데 필요하다.

묵시적 종말론

루터의 국가관과 정치관은 세상 풍조에 휩쓸리지 않고 동시에 세상을 벗어나지도 않기 위해 역사적으로 그리스도교 신앙이 취했던 몇 가지 태도 가운데 하나이다. 미국의 윤리학자 리처드 니버는 그의 책 『그리스도와 문화』에서 역사 속에 나타난 그리스도교의 정치관을 다섯 가지 유형으로 나누고 루터를 사도 바울과 함께 '역설적 관계에 있는 그리스도와 문화Christ and culture in paradox'의 범주에 넣었다.[2] 역설의 신학은 세상의 정치를 악마적인 것으로 생각하지는 않지만 영혼 구원을 위해 세상에 너무 집착하지 않는다. 바울은 막 형성되는 그리스도교의 영적인 자유를 선포했고 루터는 물질과 권력 추구에 빠진 교회를 개혁하기 위해 바른 영을 세우는 데 관심을 쏟았다. 이런 과제에 직면한 이들은 세상을 바꾸기보다는 영적인 순수함을 회복하는 데 더 관심을 쏟는다. 그들이 정치에 기대하는 것은 질서 유지와 악의 처벌이다. 그

---

1 Pierre Mesnard, *L'essor de la philosophie politique de XVIe siècle*, Paris: J. Vrin, 1977, p. 233.

2 리처드 니이버, 『그리스도와 문화』, 김재준 역, 서울: 대한기독교서회, 1974, p. 172.

들은 세상 정치가 인간의 구원을 위해 대단한 일을 할 수 있다고 믿지 않는다. 그런 생각의 바탕에는 묵시적 종말론이 깔려 있다.

루터의 역설의 신학과 그의 정치사상은 묵시적 종말론에 바탕을 두고 있다. 과연 루터의 묵시적 종말론은 과학과 역사주의가 융성한 현대에도 의미가 있을까? 그런데 프랑스의 법학자이자 신학자인 자크 엘룰과 인류학자인 르네 지라르의 사상에서 루터와 유사한 묵시적 사유가 보인다. 20세기에 활동하고 21세기에 큰 영향력을 끼치고 있는 두 사람을 통해 묵시사상이 현대에 주는 의미를 다시 생각하게 된다.

묵시적 종말론은 인간 세상의 악의 힘을 심각하게 느끼고 생각의 주제로 삼는다. 그래서 경박한 낙관주의를 경계하고 지금도 호시탐탐 세상을 위협하는 파괴적인 폭력성과 죄의 힘을 주시한다. 세상 전체를 위협하는 죄의 힘을 가리켜 공중 권세를 잡은 자로 표현하며 사탄이라는 이름을 붙인다. 우주적 차원의 죄의 힘을 누구도 피해가지 못하기 때문에 사탄과의 싸움은 언제나 현재적이다. 그런 식으로 묵시적 종말론은 긴장감을 유지하며 한 개인을 깨어 있게 한다. 그러나 그 싸움은 개인이 감당할 수 없으므로 하나님이 싸우시게 하고 개인은 하나님과 사탄의 싸움에 하나님 편으로 참여한다. 세상은 자칫 사탄의 나라가 될 수 있으며 국가는 하나님의 나라가 올 때까지 질서 유지를 통해 세상을 보존한다. 그처럼 인간과 역사에 대한 낙관주의의 거부, 파괴적인 죄의 힘에 대한 경계심, 사탄과의 싸움, 마지막 때에 있을 하나님의 심판과 통치에 대한 믿음 등이 묵시적 종말론을 구성한다.

인간 사회에서 폭력의 악순환은 일상적 현상이며 그로 인한 개인들 사이의 증오심과 집단끼리의 분쟁과 국가들 사이의 전쟁이 끊이지 않는다. 21세기에는 불특정 다수를 대상으로 하는 테러가 일상적 현상으로 등장했다. 모방 이론을 통해 인류의 문화 속에 들어 있는 뿌리 깊은 폭력성을 파헤친 르네 지라르는 묵시사상가이다. 미국 스탠퍼드대학에서 오래 가르치고 프랑스 아카데미의 회원으로 활동하다 2015년에 작고한 르네 지라르는 모방 욕망으로 인한 긴장과 폭력성이 인간 사회에 팽배해 있다고 본다. 평화를 위협하는 폭력의 진실은 인간의 모방 욕망에 있으며, 모방 욕망으로 인한 경쟁 관계에 폭력의 기원이 있다.[3]

인간 사회는 희생 제물을 잡아 폭력성을 해소하고 결속력을 공고히 하는데, 종교의 기원도 거기에 있다. 고대 인문주의와 철학은 제물을 드리는 종교에 반대하면서 출현했지만 인문주의자들이 주장하는 도덕 교육을 통해 인간의 폭력성이 사라지지는 않는다. 여전히 인간 집단에서는 약자나 약한 집단을 희생양 삼아 결속을 다지고 평화를 유지한다. 희생양을 만드는 일은 만장일치의 군중 현상으로 이루어지므로 희생자가 죄 없이 희생되는 사실이 드러나지 않는다. 지라르는 그리스도교의 복음서에서 최초로 희생양 원리가 폭로되었다고 본다. 누군가를 희생양으로 삼으며 평화를 유지하는 인류의 비극적 현실을 인식하고 그 일에 자신도 공범으로 가담하고 있음을 인식하는 죄의식의 소유자가 그리스도인이다.

지라르는 악을 악으로 갚지 말라는 예수의 가르침과 그리스도의 십자가야말로 폭력의 악순환을 막을 수 있는 현실적 해결책이라고 본다. 폭력의 악순환을 끊고 평화의 선순환으로 가는 길이 거기에 있기 때문이다. 선순환을 주도하는 자가 하나님의 자녀인데, 그러려면 갈등 상황에서 악을 악으로 갚으려는 폭력의 모방을 멈추어야 한다.[4] 그렇다고 악과 싸우지 않고 고통을 받는 것이 해결책은 아니다. 그렇게 되면

3 르네 지라르, 『그를 통해 스캔들이 왔다』, 김진석 역, 서울: 문학과지성사, 2001, pp.16-17, 24.

4 위의 책, p.43, p.88.

자칫 자기학대에 빠지고 사탄적 힘에 의해 완전히 파괴될 수 있기 때문이다. 싸우되 악한 사람과 싸우지 않고 그를 지배하는 악 곧 사탄과 싸워야 한다. 인간에 대한 증오심이나 복수심 없이 오직 악과 싸우는 일은 성령으로만 가능하다. 사람은 성령의 종이든지 사탄의 종이든지 둘 중의 하나이며 중간 지대는 없다.[5] 세상을 파괴할 수도 있는 인간 세상의 폭력성, 끊임없이 희생양을 만들어야 해소되는 그 집단적 폭력의 힘이 사탄이다. 희생양을 제물로 드리는 종교는 사탄의 힘으로부터 세상을 보호하지만 사탄의 정체를 모른 채 그 권세를 유지시킨다.

예수 그리스도에 의해 사탄의 실체가 밝혀진 후에 사탄은 하늘에 있지 못하고 땅에 떨어져서(누가복음 10:14) 더 이상 숭배 받는 신의 기능을 수행하지 못한다. 이것은 희생 제물을 드리던 종교의 종말을 의미한다. 그러나 땅에 떨어진 사탄은 죽지 않고 살아 있으며 인간 세상에서 날뛸 기회를 본다. 어떤 면에서 사탄과의 싸움은 이제 본격적으로 시작되었다. 플라톤 같은 인문주의자들 역시 제물을 드리는 종교의 종말을 선언했다. 그러나 인문주의자들은 개인들을 지배하는 사탄에 대해 모른다. 근대 인문주의는 사탄과 하나님을 모두 망각했다. 그러나 근대 이후에 신분 제도와 각종 제약의 담이 허물어져 경쟁 사회가 된 틈을 타서 모방 욕망이 커지고 거기서 생기는 갈등과 충돌로 폭력의 힘이 커지고 있음을 지라르는 주목한다. 근대의 잘못이 아니지만 사탄은 근대화와 세계화의 개방성과 평등의 이상을 이용할 준비가 되어 있다. 지라르는 현대 신학이 인간과 역사에 대한 낙관주의 속에서 사탄을 모르고 묵시 사상에서 멀어지는 것을 매우 위험하게 본다.[6]

---

5 위의 책, p.112.

6 위의 책, p.107.

지라르의 주장은 루터의 신학과 놀라울 정도로 유사하다. 그는 신학자가 아닌 인류학자이지만 사탄을 말할 정도로 인류 문화 속의 폭력성을 심각하게 본다. 루터처럼 묵시사상을 가진 그는 역사의 발전보다는 보존과 평화를 중시한다. 그리고 사탄에 지지 않고 평화를 유지할 수 있는 길을 이성과 도덕이 아닌 성령과 신앙에서 찾는다. 해를 끼친 자에 대한 증오심 없이 그의 죄를 징계하는 일이야말로 사탄을 이기고 평화를 만드는 길이다. 지라르는 그 일이 성령으로만 가능하다고 보는데, 루터가 「세속 권세에 대하여」에서 한 말과 똑같다. 신학자 루터와 접근 방법이 다른 지라르가 같은 결론에 도달한 사실은 루터의 묵시사상과 그리스도교가 인류에게 주는 의미를 다시 한 번 생각하게 한다.

자크 엘룰(1912-1994) 역시 루터와 사유 방식이 비슷하다. 기술 문명에 대한 가장 강력한 비판자인 보르도대학의 자크 엘룰은 서구가 인류에 미친 가장 큰 폐단을 과학기술이라고 본다. 기술의 자율성 속에서 국가의 역할이 비대해지고 개인은 기술 발전의 노예가 되고 기술이 만드는 경제와 돈의 노예가 되었다. 그래서 현대는 신앙이 불가능한 시대라고 엘룰은 진단한다. 그는 그리스도교 신앙을 정치적 실천과 동일시하는 태도를 비판하고, 구조의 변화로 인간의 문제를 해결할 수 있다고 보는 주장과 거리를 둔다. 다시 말해서 루터처럼 엘룰에게도 진리는 정치적이지 않다. 국가와 정치는 인간을 구원할 수 없다고 본 루터처럼 엘룰 역시 현대인이 국가를 벗어나기 힘든 만큼 악에서 벗어나기 어렵다고 본다. 또한 엘룰은 자연신학을 비판하며, 인간이 만드는 문명에는 사람이 극복하기 어려운 파괴적 힘들이 있다고 본다. 이런 진단들이 엘룰을 묵시사상가로 만들었다. 현대의 예언자로 주목받고 있는 엘룰의 사상 역시 루터와 유사한 점이 많다. 엘룰 자신도 자신의 사상이 루터처럼 '역설적 관계에 있는 그리스도와 문화의 유형'에 속한

다고 말했다.[7]

르네 지라르와 자크 엘룰의 사상은 루터의 묵시적 종말론과 그리스도교 신앙이 현대 사회에 주는 의미를 헤아리는 데 큰 도움을 준다.

루터와 반유대주의

유대인 문제는 한국 사회와 직접적인 관계가 없다. 그러나 종교개혁 500주년을 맞아 루터의 사상을 재조명한 서구의 책들은 한결같이 반유대주의와 루터의 관계를 다룬다. 그만큼 유럽인들에게 반유대주의는 큰 관심사이다. 특히 제2차 세계대전 중에 벌어진 홀로코스트로 말미암아 유대인 문제는 반성의 측면에서 독일은 물론이고 유럽 전체의 관심사이다. 히틀러의 독재에 부응했던 루터 교회를 비판하면서 유대인에 관한 루터의 태도에 대해서도 논란이 많다.

루터는 생의 끝 무렵에 유대인에 대한 글을 썼다. 그 글들에서 루터는 유대인을 돈밖에 모르는 교활한 고리 대금업자요 그리스도를 믿지 않고 회개하지 않는 교만한 적그리스도라고 비난한다. 1520년대에는 상당히 우호적인 글을 통해 유대인들의 각광을 받기도 했는데, 다만 그때에도 개종을 촉구하기 위한 의도가 있었던 것 같다. 루터는 비텐베르크 시절의 초창기부터 유대인들의 불신앙이 끼치는 악영향을 지적했다. 유대인에 대한 반감을 드러낸 루터의 글은 유럽 역사에서 반유대인 정서에 영향을 주었던 것 같다.[8] 나치는 집권 후에 반유대인 정

7 Jacques Ellul, *Jesus and Marx, From Gospel to Ideology*, tr. J. Hanks, Grand Rapids: Eerdmann, 1988, xv.

8 Martin Bertram, "Introduction to Martin Luther's *On the Jews and their lies*", LW 47, p. 123.

책을 쓰면서 1936년에 루터의 반유대주의 글들을 출판해서 배포했다.

그런데 반유대주의는 그리스도교 세계에서 오래된 역사를 지닌다. 초대교회 때부터 유대인을 가리켜 그리스도를 죽인 자들이라고 정죄하는 정서가 있었고 교부들은 유대인을 영적이지 못한 육의 사람들로 치부했다. 아우구스티누스는 유대인들이 나라 없이 떠돌아다니는 까닭이 그리스도를 죽인 죄 때문이라고 했다. 5세기의 교황 겔라시우스는 반유대인주의를 내세웠고 6세기 동로마제국의 유스티니아누스 황제 역시 유대인을 하나님의 형벌을 받는 민족이라고 저주하며 불이익을 주었다. 590년부터 604년까지 재임한 교황 그레고리우스 1세는 유대인의 개종을 종용했다. 그의 유대인 정책은 중세 내내 모범이 되었다.[9] 중세 유럽이 점점 가톨릭 교회 밑으로 통일되면서 유럽 내에서 유대인들의 입지는 더욱 좁아졌고 중세 동안 유대인들은 추방당하거나 폭력을 당했고 거주지와 생업에서 차별받았으며 회당을 지을 수 없거나 개종을 강요당했으며 유대인을 비하하는 각종 괴담과 미신에 시달려야 했다. 종교개혁 당시에도 반유대주의는 기승을 부렸고 많은 학자들이 유대인을 적대시하는 글을 썼다. 스트라스부르의 명망 높은 종교개혁가 마르틴 부처도 그중의 하나이며 루터와 라이프치히에서 논쟁을 벌인 요한 에크도 반유대주의자로 이름을 높였다.

루터 전문가이자 유럽의 반유대주의 역사에 대한 책을 저술한 헤이코 오버만은 루터가 특별한 반유대주의자이기보다는 반유대주의 전통을 물려받았음을 강조한다. 더구나 16세기 당시의 지식인들에 비해서 루터의 반유대주의가 그렇게 강하지 않았다고 오버만은 결론을 내린다. 루터는 같은 시대의 인문주의자 에라스무스보다도 반유대주의의

9 Stephan Feldman, *Don't Wish Me a Merry Christmas*, p.30.

강도가 낮았다. 개종한 유대인과 이방인은 그리스도인들과 차별 없이 교회의 구성원이 된다고 루터는 주장했지만 에라스무스는 개종했다고 유대인이 바뀌지는 않는다고 주장했다. 가톨릭 측의 요한 에크는 루터를 가리켜 그리스도를 죽인 자들을 옹호한다고 비난했다. 물론 루터 신학이 결과적으로 반유대주의를 부추긴 측면이 없지 않다. 무엇보다도 그의 '오직 믿음으로만', '오직 성서로만'의 교리는 그리스도를 믿지 않고 신약 성서를 받아들이지 않는 유럽의 유대인을 박해하는 일에 신학적 정당성을 부여하는 역할을 했다.[10]

루터는 종교개혁의 지도자로서 교황주의자나 열광주의자들을 공격하는 글을 쓰는 한편 유대인에 대해서도 공식적인 태도를 표명해야 했다. 교황주의자나 열광주의자나 유대인은 모두 반복음주의자들로 여겨진 집단이었기 때문이다. 그렇게 남긴 루터의 반유대주의 글들은 다른 글들과 달리 당시보다 그 이후에 영향을 주었다. 루터가 남다른 반유대주의자였기보다는 그가 워낙 큰 인물이라 반유대주의를 정당화하는 데 루터의 글이 인용되었던 것 같다.

---

10 Heiko Oberman, *The Impact of the Reformation*, pp.82-83.

■ 참고문헌 ■

1차 문헌(루터의 저작)

루터, 마르틴, 『루터선집』, 지원용 편, 서울: 컨콜디아사, 1981.

_______, 『탁상담화』, 김민석 · 정애성 역, 서울: 컨콜디아사, 2017.

_______, 『갈라디아서 강해』, 김선회 역, 용인: 루터신학대학교 출판부, 2003.

Martin Luther, Gesammelte Werke, Heraus. von Kurt Aland, Directmedia, Berlin, 2002.

D. Martin Luthers Werke. Schriftliche Gesammtausgabe, 1 Band, Weimar: Hermann Böhlan, 1883.

American Edition of Luther's Works, Philadelphia and St. Louis: Concordia 1955–.

Martin Luther's Basic Theological Writings, ed. T.F. Lull, Minneapolis: Fortress Press, 1989.

The Table Talk of Martin Luther, tr. by William Hazlitt, Philadelphia: The Lutheran Publication Society, 1997.

* 이 책에서 사용하지 못했지만 최근에 번역된 1차 문헌이 있어서 소개한다.

루터, 마르틴, 『독일 민족의 그리스도인 귀족에게 고함. 교회의 바빌론 포로에 대한 마르틴 루터의 서주. 그리스도인의 자유에 대한 논설』, 황정욱 역, 서울: 길, 2017.

_______, 『마르틴 루터 대교리문답』, 최주훈 역, 서울: 복있는 사람, 2017.

_______, 『마르틴 루터 소교리문답』, 최주훈 역, 서울: 복있는 사람, 2018.

2차 문헌

김덕영, 『루터와 종교개혁, 근대와 그 시원에 관한 신학과 사회학』, 서울: 길, 2017.

김주한, 『마르틴 루터의 삶과 신학 이야기』, 서울: 대한기독교서회, 2002.

남성현, 『콘스탄티누스 가문의 기독교적 입법정책(313-361년)』, 서울: 한국학술정보, 2013.

니이버, 리처드, 『그리스도와 문화』 , 김재준 역, 서울: 대한기독교서회, 1974.

레비나스, 엠마누엘, 『윤리와 무한』, 양명수 역, 서울: 다산글방, 2000.

레스턴, 제임스, 『루터의 밧모섬』, 서울: 이른비, 2015.

로제, 베른하르트, 『마르틴 루터의 신학- 역사적이며 조직신학적으로 본 루터 신학』, 정병식 역, 서울: 한국신학연구소, 2002.

뢰베니히, 발터 폰, 『마르틴 루터, 그 인간과 그의 업적』, 박호영 역, 서울: 성지출판사, 2002.

리쾨르, 폴, 『해석의 갈등』, 양명수 역, 서울: 한길사, 2012.

매킨타이어, 알래스데어, 『덕의 상실』, 이진우 역, 서울: 문예출판사, 1997.

맥그래스, 알리스터, 『루터의 십자가 신학, 마르틴 루터의 신학적 돌파』, 김선영 역, 서울: 컨콜디아사, 2015.

몰트만, 위르겐, 『정치신학, 정치윤리』, 조성로 역, 서울: 대한기독교서회, 1992.

밀뱅크, 존, “밀뱅크와의 대화. 정통 신앙을 통해 근대성에 맞서기”, 『기독교사상』, 2013년 9월호.

바르트, 한스, 『마르틴 루터의 신학』, 정병식·홍지훈 역, 서울: 대한기독교서회, 2015.

바인트커, 미하엘 외, 『종교개혁 유럽의 역사를 바꾸다』, 김재진 외 역, 서울: 대한기독교서회, 2016.

박양식, 『종교개혁시대의 천년왕국운동』, 서울: 내일을 여는 지식, 2011.

박홍식, 『미완의 개혁가, 마르틴 루터. 500년 전 루터는 무엇을 이루고 무엇을 남겼는가』, 파주: 21세기북스, 2017.
버만, 헤롤드, 『법과 혁명 1』, 김철 역, 파주: 한국학술정보, 2013.
_______, 『법과 혁명 2』, 김철 역, 서울: 한국학술정보, 2003.
베인턴, 롤런드, 『마르틴 루터. Here I Stand』, 서울: 생명의 말씀사, 1982, 2016.
벤덤, 제레미, 『도덕과 입법의 원칙에 대한 서론』, 강준호 역, 서울: 아카넷, 2013.
보른캄, 하인리히, 「두 왕국의 교리」, 『루터 사상의 진수』, 지원용 편, 서울: 컨콜디아사, 1986.
불트만, 루돌프, 『학문과 실존 III』, 허혁 역, 서울: 성광문화사, 1980.
샤프, 필립, 『교회사전집 7. 독일종교개혁』, 박종숙 역, 서울: 크리스챤다이제스트, 2004.
손규태, 『마르틴 루터의 사상과 윤리』, 서울: 대한기독교서회, 2004.
스미스, 아담, 『도덕감정론』, 박세일 역, 서울: 비봉출판사, 2010.
스키너, 퀜틴, 『근대 정치사상의 토대 1』, 박동천 역, 파주: 한길사, 2004.
_______, 『근대 정치사상의 토대 2』, 박동천 역, 서울: 한국문화사, 2012.
아리스토텔레스, 『니코마코스 윤리학』, 이창우 외 역, 서울: 이제이북스, 2008.
_______, 『정치학』, 천병희 역, 고양: 숲, 2009.
아우구스티누스, 『참된 종교』, 성염 역, 왜관: 분도출판사, 1989.
_______, 『신국론』, 성염 역, 왜관: 분도출판사, 2004.
_______, 『그리스도교 교양』, 성염 역, 왜관: 분도출판사, 2011.
_______, 『성 어거스틴의 고백록』, 선한용 역, 서울: 대한기독교서회, 2013.
알트하우스, 파울, 『마르틴 루터의 신학』, 구영철 역, 서울: 성광문화사, 1994.
_______, 『말틴 루터의 윤리』, 이희숙 역, 서울: 컨콜디아사, 1989.
양명수, 『성명에서 생명으로』, 서울: 이화여자대학교출판부, 2013.
_______, 『한국교회, 인문주의에서 배운다』, 서울: kmc, 2014.

_______, 『토마스 아퀴나스의 신학대전 읽기』, 서울: 세창미디어, 2014.
_______, 『퇴계사상의 신학적 이해』, 서울: 이화여자대학교출판부, 2016.
_______, 『폴 리쾨르의 해석의 갈등 읽기』, 서울: 세창미디어, 2017.
_______, 「죄와 벌의 인과관계에 관한 연구 - 헤겔의 법철학과 형벌신학」, 『헤겔연구』 13, 2003.
_______, 「인간, 죽음을 향한 존재. 하이데거의 죽음 이해, 『신학사상』 175, 2016.
_______, 「아우구스티누스가 본 정치의 의미와 한계」, 『한국기독교신학논총』 1/62, 2009.
_______, 「신성과 거룩」, 『기독교사상』, 8/42, 1998.
오버만, 헤이코, 『하나님과 악마 사이의 인간, 루터』, 이양호, 황성국 역, 서울: 한국신학연구소, 1996.
위트 주니어, 존, 『성례에서 계약으로: 서양 혼인법의 역사와 신학』, 정경화 · 류금주 역, 서울: 대한기독교서회, 2006.
_______, 『권리와 자유의 역사』, 정두메 역, 서울: IVP, 2015.
이상조, 「17세기 루터교 정통주의 루터상(Lutherbild)의 역사적 발전 과정」, 『한국기독교신학논총』 1/76, 2011.
이영헌, 「루터와 교회」, 『루터 사상의 진수』, 지원용 편, 서울: 컨콜디아사, 1986.
장문강, 「마르틴 루터의 농민 전쟁에 대한 행동의 일관성」, 『민주주의와 인권』 3/12, 2012.
지라르, 르네, 『그를 통해 스캔들이 왔다』, 김진석 역, 서울: 문학과지성사, 2001.
지원용 편, 『루터 사상의 진수』, 서울: 컨콜디아사, 1986.
최주훈, 『루터의 재발견』, 서울: 복 있는 사람, 2017.
칸트, 임마누엘, 『윤리형이상학 정초』, 백종현 역, 서울: 아카넷, 2005.
_______, 『실천이성비판』, 백종현 역, 서울: 아카넷, 2004.

_______, 『이성의 한계 안에서의 종교』, 백종현 역, 서울: 아카넷, 2015.
칼빈, 존, 『기독교 강요』, 고영민 역, 서울: 기독교문사, 2008.
코크란, 로버트 외, 『그리스도와 법』, 이일 역, 서울: IVP, 2015.
코쯔, 토마스, 「종교개혁이 뜻하는 것」, 『루터 사상의 진수』, 지원용 편, 서울: 컨콜디아사, 1986.
콜린슨, 패트릭, 『종교개혁』, 이종인 역, 서울: 을유문화사, 2005.
토니, 리처드, 『기독교와 자본주의의 발흥』, 고세훈 역, 서울: 한길사, 2015.
톰린, 그레이엄, 『마르틴 루터, 정신의 자유와 평등을 주장한 종교개혁의 투사』, 이은재 역, 서울: 예경, 2006.
톰슨, 카질, 『마르틴 루터의 정치사상』, 김주한 역, 서울: 민들레 책방, 2003.
트뢸치, 에른스트, 『기독교 사회윤리』, 현영학 역, 서울: 한국신학연구소, 2003.
페브르, 뤼시엥, 『마르틴 루터, 한 인간의 운명』, 김중현 역, 고양: 이른비, 2016.
펠리칸, 야로슬라프, 『성서, 역사와 만나다. 민족의 경전에서 인류의 고전으로』, 김경민 · 양세규 역, 서울: 비아, 2017.
플라톤, 『국가』, 박종현 역주, 서울: 서광사, 1997.
헤겔, 프리드리히, 『법철학』, 임석진 역, 파주: 한길사, 2008.
헤그룬드, 「루터의 의인론의 배경으로서 중세후기 신학」, 『루터 사상의 진수』, 지원용 편, 서울: 컨콜디아사, 1986.
헨드릭스, 스콧, 『마르틴 루터: 새 시대를 펼친 비전의 신학자』, 손성현 역, 서울: IVP, 2017.
홉스, 토마스, 『리바이던 I』, 진석용 역, 파주: 나남, 2008.

Allen, J., *A history of political thought in the 16th century*, London: Methuen and Co Ltd., 1928, 1957.
Aquinas, Thomas, *Summa Theologiae*, II-II tr. Laurence Shapcote, Lander, Wyo: Aquinas Institute for the Study of Sacred Doctrine, 2012.

Arffmann, Kaarlo, "The Lutheran Reform of Poor Relief, The historical and legal viewpoint" in *Lutheran Reformation and the Law*.

Aurifaber, John, "Preface to the Table Talk of Martin Luther", in *The Table Talk of Martin Luther*, tr. by William Hazlitt, Philadelphia: The Lutheran Publication Society, 1997.

Bertram, Martin, "Introduction to Martin Luther's *On the Jews and their lies*" in LW 47, Philadelphia and St. Louis: Concordia, 1955.

Birmelé, André, "The Theological Self-understanding of the Evangelical Lutheran Churches" in *Martin Luther, A Christian between Reforms and Modernity (1517-2017)*, ed. Alberto Melloni, Berlin: De Gruyter, 2017.

Boer, Roland, "Luther and Marxism" in *Martin Luther, A Christian between Reforms and Modernity(1517-2017)*, ed. Alberto Melloni, Berlin: De Gruyter, 2017.

Bultmann, Rudolf and Five Critics, *Kerygma and Myth*, New York: Harper & Row, 1961.

Chadwick, Owen, *The Early Reformation on the Continent*, Oxford: Oxford University Press, 2001.

Dante, *Monarchy*, tr. and ed. *Prue Shaw*, Cambridge: Cambridge University Press, 1996.

D'Entreves, Alexander Passerin, *The Notion of the State, An Introduction to Political Theory*, London: Oxford University Press, 1967.

Dilthey, Wilhelm, "The Interpretation and Analysis of Man in the 15th and 16th Centuries", in Lewis W. Spitz, ed. *The Reformation: Basic Interpretation*, Lexington, Mass.: D. C. Heath and Company, 1972.

Dyson, R., *The Pilgrim City. Social and Political Ideas in the Wrintigns of Saint Augustine of Hippo*, Rochester: Boydell Press, 2001.

Ebeling, Gerhard, "Martin Luther, Theologie", in *Die Religion in*

Geschichte und Gegenwart, Bd.4, Tübingen: J.C.B. Mohr, 1956-1965.

_______, *Word and Faith*, tr. James Leitch, Philadelphia: Fortress Press, 1963.

Ellul, Jacques, *Jesus and Marx, From Gospel to Ideology*, tr. J. Hanks, Grand Rapids: Eerdmann, 1988.

Feldman, Stephan, *Don't Wish Me a Merry Christmas. A Critical History of the Separation of Church and State*, New York and London: New York University Press, 1997.

Figgis, John, *Political Thought from Gerson to Grotius*, Kitchener: Batoche Books, 1960,1999.

Finnis, John, "Aquinas' moral, political and legal philosophy", https://plato.stanford.edu/entries/aquinas-moral-political/

Flikschuh, Katrin, *Kant and the Modern Political Philosophy*, Cambridge: Cambridge University Press, 2003.

Friedeburg, Robert Von, *Luther's Legacy: The Thirty Years War and the Modern Notion of "State" in the Empire, 1530s to 1790s*, New York: Cambridge University Press, 2016.

Frohman, Larry, *Poor Relief and Welfare in Germany from the Reformation to World War I*, Cambridge: Cambridge University Press, 2008.

Gassmann, Günther, "Luther in the worldwide church today", in *The Cambridge Companion to Martin Luther*, ed. Donald K McKim, Cambridge: Cambridge University Press, 2003.

Gillespie, Michael, *The theological origins of modernity*, Chicago and London: The University of Chicago Press, 2008.

Gisel, Pierre et Tétaz, Jean-Marc, diréc., *Revisiter la Réforme*, Lyon: Olivétan, 2017.

Gray, John, *Liberalism*, Minneapolis: University of Minnesota Press, 2003.

Hagman, Patrik, "The End Of Asceticism: Luther, Modernity and How Asceticism Stopped Making Sense" in *Political Theology*, 14/2, 2013.

Härle, Wilfred, "»Niemand soll in eigener Sache Richter sein« Luthers Sicht der Obrigkeit und der demokratische Rechtsstaat" in *Luther heute Ausstrahlungen der Wittenberger Reformation*, heraus. Ulich Heckel, Tübingen: Mohr Siebeck, 2017.

Harnack, Adolf, *History of Dogma, vol. 7*, tr. Neil Buchanan, New York: Russel and Russel, 1958.

Harris, Frank, "Luther, individualism, liberalism", *Saturday review of politics, literature, science and art*, Vol.83, Jan. 2, 1897.

Hegel, G.W.F., *Lectures on the Philosophy of World History*, ed. and tr. R. Brown and P. Hodgson, Oxford: Oxford University Press, 2011.

Holl, Karl, *The Cultural Significance of the Reformation*, tr. Karl and Barbara Hertz and John Lichtblau, Cleveland and New York: The World Publishing Company, 1959.

Hörmann, Karl, heraus., *Lexikon der Christlichen Moral*, Wien: Tyrolia, 1975.

Howard, Thomas, *Theology and the rise of historicism*, New York: Cambridge University Press, 2000.

Hsia, Po-chia ed., *A Companion to the Reformation World*, Malden: Blackwell, 2004.

Keen, Ralph, "Luther for 2017" in *Havard Theological Review*, 4/110, 2017.

_______, "Political Authority and Ecclesiology in Melanchton's *De Ecclesiae Autoritate*" in *Church History*, 1/65, 1996.

Klovdahl, Alden, "scientific-technological revolution" in *The Blackwell Dictionary of Modern Social Thought*, Malden: Blackwell Pub., 2006.

Lindberg, Carter "Luther's struggle with social-ethical issues" in *The Cambridge Companion to Martin Luther*, ed. Donald McKim, Cambridge: Cambridge University Press, 2003.

Luther, Timothy C., *Hegel's critique of modernity : reconciling individual freedom and the community*, Plymouth: Lexington Books, 2009.

Macpherson, C. B., *The Political Theory of Possessive Individualism*, Oxford, New York: Oxford University Press, 1962, 1990.

Mannheim, Karl, *Ideology and Utopia, An Introduction of Sociology of Knowledge*, tr. L. Wirth and E. Shils, London: Lund Humphries, 1954.

Märkinen, Virpi ed., *Lutheran Reformation and the Law*, Leiden: Brill, 2006.

Markus, R. A., *Saeculum. History and Society in the Theology of St. Augustine*, Cambridge: Cambridge University Press, 1970.

McGrath, Alister E., *Reformation Thought: An Introduction*, 2nd. ed., Oxford: Blackwell, 1993.

McKim, Donald K ed., *The Cambridge Companion to Martin Luther*, Cambridge: Cambridge University Press, 2003.

Meilaender, Gilbert, *Faith and Faithfulness. Basic Themes in Christian Ethics*, Notre Dam, University of Notre Dame Press, 1991.

Melloni, Alberto ed., *Martin Luther, A Christian between Reforms and Modernity (1517-2017)*, Berlin: De Gruyter, 2017.

Mensch, Elisabeth, "Christianity and roots of liberalism" in *Christian Perspectives on Legal Thoughts*, ed. Michael W. McConnell, Robert F. Cochran, Jr., Angela C. Carmella, New Haven & London: Yale University Press, 2001.

Mesnard, Pierre, *L'essor de la philosophie politique de XVIe siècle*, Paris: J. Vrin, 1977.

Milbank, John, *Theology and the Social theory, Beyond the secular reason*, Oxford: Blackwell, 1990, 2006.

Mitchell, Johsua, *Not By Reason Alone. Religion, History and Identity in Early Modern Political Thought*, Chicago & London: Chicago University Press, 1993.

Minogue, Kenneth R., "Liberalism" in *The Blackwell Dictionary of Modern Social Thought*, ed. William Outhwaite, Malden: Blackwell Publishing, 2006.

Monod, Jean Claud, "Les effets politique de la Réforme" in *Revisiter la Réforme*, diréc. Pierre Gisel et Jean-Marc Tétaz, Lyon: Olivétan, 2017.

Nelson Derek R., and Hinlicky, R. ed., *Oxford Encyclopedia of Martin Luther*, Oxford: Oxford University Press, 2017.

Nemo, Philippe, *Histoire des idées politiques aux Temps modernes et contemporaines*, Paris: PUF, 2002.

North, Gary, *Was Calvin a Theonomist?*, Tyler: Institute for Christian Economics, 1990.

Obermann, Heiko, *The Two Reformations: the journey from the last days to the new world*, New Haven & London: Yale University Press, 2003.

_______, *The Impact of the Reformation*, Grand Rapids: Eerdmans, 1994.

O'Brien, George, *An Essay on the Economic Effects of The Reformation*, London: IHS Press, 1923, 2003.

Pelikan, Jaroslav, *The Christian Tradition A History of the Development of Doctrine 4 Reformation of Church and Dogma(1300-1700)*, Chicago and London: The University Press of Chicago, 1984.

Pesch, Otto, "Law And Gospel, Luther's Teaching in the Light of the Disintegration of Normative Morality", in *Thomist*, 1/34, Jan 1, 1970.

_______, "Kirche als Schöpfungsordnung?", *Neue Zeitschrift für*

Systematische Theologie und Religionsphilosophie, 1999, 3/41, 1999.
Petersen, Jørn Henrik, "Martin Luther and the Danish Welfare State" in *Lutheran Quarterly*, 1/32, Spring 2018.
Philajamäki, Heiki, "Excutor divinarum et suarum legum: Criminal law and the Lutheran Reformation" in *Lutheran Reformation and the Law*, ed. Virpi Märkinen, Leiden: Brill, 2006.
Rittgers, Ronald, *The Reformation of the Keys, Confession, Conscience and Authority in 16th Century Germany*, Cambridge and London: Havard University Press, 2004.
Rota, Giovanni, "Luther in Nineteenth and Twentieth Century Philosophy" in *Martin Luther, A Christian between Reforms and Modernity(1517-2017)*, ed. Alberto Mellon, Berlin: De Guyter, 2017.
Schaff, Philip, *History of Christian Church. Vol. 7, Modern Christianity, The German Reformation*, Grand Rapids, MI: Christian Classics Ethereal Library, 1882, 2002.
Schürmann, Reiner, *Broken Hegemonies*, Bloomington: Indiana University Press, 2003.
Schwöbel, Christophe, "Sola scriptura-Schriftprinzip und Schriftgebrauch" in *Luther Heute, Ausstrahlungen der Wittenberger Reformation*, heraus. Ulich Heckel, Tübingen: Nohr Siebeck, 2017.
Sider, Ronald J., *Andreas Bodenstein Von Karlstadt : The Development of His Thought, 1517-1525*, Leiden: E.J. Bril1, 1974.
Spitz, Lewis W. ed., *The Reformation: Basic Interpretation*, Lexington, Mass.: D. C. Heath and Company, 1972.
Stackhouse, Max, "Business, economics and Christian ethics", in *Cambridge Companion of Christian Ethics*, ed. Robin Gill, Cambridge: Cambridge University Press, 2001.

Stayer, James, "Luther and the Radical Reformers" in *Martin Luther, A Christian between Reforms and Modernity(1517-2017)*, ed. Alberto Mellon, Berlin: De Guyter, 2017.

Tierney, Brian, *Religion, law and the growth of constitutional thought 1150-1650*, Cambridge: Cambridge University Press, 1982, 2008.

Triglot Concordia: The Symbolical Books of the Evangelical Lutheran Church: German-Latin-English, St. Louis: Concordia Publishing House, 1921.

Troeltsch, Ernst, *The Social Teaching of Christian Churches II*, tr. O. Wyon, London: George Aleen & Unwin, 1931, 1956.

_______, *Protestantism and Progress, A historical study of the relation of protestantism to the modern world*, tr. W. Montgomery, Boston: Beacon Press, 1958.

Työrinoja, Reijo, "Communio Sanctorum: remarks on the ideal society" in *Lutheran Reformation and the Law*, ed. Virpi Märkinen, Leiden: Brill, 2006.

Volf, Miroslav, "Work, Spirit and New Creation" in *ERT*, 41/1, 2017.

Wacks, Raymond, *Understanding Jurisprudence. An Introduction to Legal Theory*, Oxford: Oxford University Press, 2005.

Wacquant, Loic, "positivism", in *The Blackwell Dictionary of Modern Social Thought*, ed. William Outhwaite, Malden: Blackwell Publishing, 2006.

Whitford, David, "Luther's political encounters", in *The Cambridge Companion to Martin Luther*, ed. Donald McKim, Cambridge: Cambridge University Press, 2003.

_______, "Cura Religionis or Two Kingdoms: The Late Luther on Religion and the State in the Lectures on Genesis", *Church History* 1/73, March

2014.

Wien, Andreas, "Luther's Relations with Peasants and Princes", in *Martin Luther, A Christian betwwen Reforms and Modernity(1517-2017)*, ed. Alberto Melloni, Berlin: De Guyter, 2017.

Witte Jr., John, *Law and Protestantism, The Legal Teachings of the Lutheran Reformation*, Cambridge: Cambridge University Press, 2004.

Wolgast, Eike, "Luther's treatment of political and social life" in *The Oxford Handbook of Martin Luther's Theology*, ed. Hubomir Batka, Irene Dingel and Robert Kolb, Oxford: Oxford University Press, 2016.

Zuber, Valentine, "Le protestantisme, est-il à l'origine des libertés modernes?" in *Revisiter la Réforme*, diréc. Pierre Gisel et Jean-Marc Tétaz, Lyon: Olivétan, 2017.

■ 찾아보기 ■

[ㄴ]

[ㄷ]

[ㄹ]

[ㅅ]

[ㅇ]

[ㅈ]

아무도 내게 명령할 수 없다

마르틴 루터의 정치사상과 근대

펴낸날 1판 1쇄 2018년 12월 6일
2쇄 2021년 9월 24일
지은이 양명수
펴낸이 이승아
펴낸곳 이화여자대학교출판문화원
주소 서울특별시 서대문구 이화여대길 52 (우03760)
등록 1954년 7월 6일 제9-61호
전화 02) 3277-2965(편집), 362-6076(마케팅)
팩스 02) 312-4312
전자우편 press@ewha.ac.kr
홈페이지 www.ewhapress.com
책임편집 민지영
찍은곳 한영문화사

ISBN 979-11-5890-295-7 93230
값 28,000원

이 도서의 국립중앙도서관 출판예정도서목록(CIP)은 서지정보유통지원시스템 홈페이지(http://seoji.nl.go.kr)와 국가자료공동목록시스템(http://www.nl.go.kr/kolisnet)에서 이용하실 수 있습니다. (CIP제어번호: CIP2018037736)